云儒文汇

守昧

文化论文选（二）

肖云儒 著

陕西师范大学出版总社

图书代号　SK20N1752

图书在版编目（CIP）数据

守昧/肖云儒著. —西安：陕西师范大学出版总社有限公司，2020.9
（云儒文汇）
ISBN 978-7-5695-1782-8

Ⅰ.①守… Ⅱ.①肖… Ⅲ.①中华文化—文集 Ⅳ.①K203-53

中国版本图书馆CIP数据核字（2020）第125185号

守昧
SHOU MEI
肖云儒　著

出 版 人	刘东风
责任编辑	张旭升
责任校对	王文翠
出版发行	陕西师范大学出版总社
	（西安市长安南路199号　邮编 710062）
网　　址	http://www.snupg.com
印　　刷	陕西龙山海天艺术印务有限公司
开　　本	680mm×1000mm　1/16
印　　张	24
插　　页	4
字　　数	317千
版　　次	2020年9月第1版
印　　次	2020年9月第1次印刷
书　　号	ISBN 978-7-5695-1782-8
定　　价	98.00元

读者购书、书店添货或发现印刷装订问题，请与本公司营销部联系、调换。
电话：（029）85307864　85303635　传真：（029）85303879

肖云儒

目录 CONTENTS

行走并思考着 / 1

激发全民族文化创造活力 / 32

弘扬民族精神要有创新思维和世界眼光 / 37

传统从来都是创新的历史积淀
　　——2008年北京文艺论坛演讲 / 45

切实发挥先进文化的功能 / 53

和谐文化，人类文明的结晶 / 61

大众文艺的当下走势 / 85

动感西部
　　——《凤凰卫视·世纪大讲堂》整理稿 / 122

呼唤忧患意识和科学精神 / 139

"鲁迅文化"随谈 / 145

称"国学"为"华学"是否更好？
　　——《岘峰山人说》序 / 148

炒煳了的国学热
　　——根据"华商大讲堂"讲稿改定 / 159

与张岂之谈黄帝文化 / 175

高原情怀　大山品质　孔雀风姿
　　——云南精神与文艺谈片 / 188

与易中天解码司马迁 / 193

与于丹、孔庆东谈《红颜为谁》 / 208

与文怀沙、魏明伦谈雅集文化 / 216

与朱大可对几个社会热点的人文观察 / 223

与徐城北、祝勇谈北京的"大" / 230

与葛剑雄、朱学勤谈上海的怀旧 / 243

与黄树森、黄爱东西谈广州的"吃" / 257

与杨锦麟、黄挺谈潮州文化的留守与出走 / 268

与木霁弘谈茶马古道 / 277

与李蕾谈传播文化 / 284

与雷达论冷热舞台 / 303

风追司马有新曲
　　——与郑欣淼、从维熙、蒋子龙等对话新丝路 / 310

山河竞秀 / 319

电视人文谈话节目的社会使命
　　——在全国电视人文节目理论研讨会上的发言 / 322

丝路牵手出好书
　　——在"重走丝绸之路大型书系版权输出签约仪式"
　　上的讲话 / 326

国学八字释义
　　——为国学展示墙拟词 / 328

世界文明史论的读书笔记 / 331

书为生命 / 334

美的信札（七则） / 338

行走并思考着

人的生命特别是青春的生命，主要是动、静两种状态。行走是生命的动态象征，思考则是生命的静态象征。生命应该有这么两个层面：一个就是行走，进入实践的生活；一个就是思考，包括感悟、感情，对实践的生活进行形而上的提升，进入意义的生存。人就在这两个层面中生存，一个实践性的生存，一个意义化的生存。马克思曾经说过这样一个意思，任何我们看到的人、事、物，事实上都有两部分。一部分是可见的、可叙的。在可见的、可叙的之外，还有就是可感的、可思索的。人的感情世界、人的思维方式，还有隐藏在事件背后的结构，这些东西我们看不到，很难表述出来，但是它们也会作为人类文化遗产一代一代流传下来。为什么很多寓言能够启发我们，就是因为它们提供了一种内在的逻辑结构。比如"狼和羊"的故事，大家都知道，狼要吃羊是不讲道理的。狼说你在上游喝水，把水弄脏了我要吃你。羊说我在下游呀。好，你在下游，那你把我喝剩的水喝了，我还是要吃你。这就是强盗逻辑，它成为一种逻辑结构流传下去，强者对弱者，强国对弱国，常常用的是狼吃羊的这种逻辑。

我国伟大的建筑学家梁思成先生也倡导人要有形下形上两种生存。他说一个只有实践生存而没有意义生存的人，是半个人，叫"半人生存"。你吃了、喝了、玩了、乐了，也干事了，但是你没有对你的实践生存做意义上的审视和精神上的感悟，那么你是"半人生存"。西方的一位学者马尔库赛把这叫作"单维人"。所以，我今天想用这样一种方式来讲，边走、边看、边想、边说，散点漫谈的方式。（全场活跃）

我们从西安走起，走到云南，走到南方，一直走到南非、印度。我准备了二十个点，今天只能讲五六个。

第一站　钟楼

钟楼，是我们西安市的标志。你站在钟楼上看到了什么？看到了东西南北大街上的人流、车流、建筑群，其实我们应该看到的远远不止这些。任何一个地方都是时代和历史的脉点，你都可以号出人类生存和人类文化的脉象来。钟楼是我们古长安的中心，不但是历史文化的脉点，还是移民文化的脉点，是民族文化的脉点，是农本文化的脉点。

先说钟楼是西安历史文化的脉点。我曾经做过一个比喻，西安的城墙就是一个图章，图章上面的那个柄就是钟楼。它盖在关中的黄土地上，也盖在我们陕西人的心里。（掌声）站在钟楼上朝南朝北一看，南北大街延伸出去的这条路，被我们命名为"龙脊大道"。龙脊大道的延长线恰好是东经109度。这个东经109度，是一条十分神秘的线。我们中国人的祖先北京猿人、蓝田猿人在这个经度上，我们的文化祖先人文初祖轩辕黄帝也在这个经度上，周、秦、汉、唐的辉煌聚焦于古长安，西安也在这个经度上。我们知道革命的圣地延安也在这个经度上。东经109度就这样集中了我们中华民族许许多多的精神文化亮点。

那么西安的东、西大街呢？历史文化内涵毫不亚于南、北大街。东、西大街的延长线是北纬34.5度。大家记住，这也是一条很神秘的线。因为它属于北温带，所以人类最早就生存在这个纬度上。这个纬度是中国古代都城线，夏、商、周、秦、汉、唐、宋（北宋）的都城大致都在这条线上。中国的八大古都，在这条线上横列了五个——西安、洛阳、郑州、安阳、开封。开封是一个衔接点，它和中国其他三个古都——北京、南京、杭州，沿南北运河构成一条南北纵向的连线。所以我说过中国的古都集中在两条河周围：一条叫黄河，集中了五座古都；一条叫运河，集中了北京、开封（汴梁）、南京

和杭州四座古都。一号一箭,开封是这一号一箭的交叉点。这一号一箭是中华民族历史文化发力射向世界的象征。(活跃,掌声)

北纬34.5度还有什么呢?你再往前延长,把地球仪这么旋转过来,便发现一个非常有趣的现象,原来整个地中海文化也大致处在这个纬度上。我们知道人类文明最早在两河流域,即幼发拉底河和底格里斯河。两河流域就处在34.5度附近,雅典36.5度,伊斯坦波尔37.5度,埃及32度,罗马38.5度,大约都在这个区域。为什么呢?因为它是北温带,有淡水,适合人类生存,所以人类在这儿铸造了自己最早的文明。

站在钟楼上你横向东西一望就是这么一个格局,我们处在一个世界的、中国的古都城线上,是最早孕育人类文明的地方。而纵向南北一望,又是中华民族文明聚集的一条线。这就是西安钟楼,人类文明和中国文化的一个重要的脉点。

钟楼也是西安民族文化的一个脉点。站在钟楼上往西北方向一看,那是莲湖区,是西安回民坊上伊斯兰文化景观和穆斯林社区生存的聚集地。鼓楼可以说是回民区的大门。一进鼓楼就是回民风情的小市场、小吃街,就是大清真寺。西安最经典、最地道的羊肉泡馍,烤羊肉串都在那里,比已经宾馆化的老孙家、同盛祥好吃多了。

站在钟楼上朝东北一看,是新城,就是现在的陕西省人民政府。那是清朝时候满族八旗子弟集聚地,它是清朝政府在西北地区最大的一个衙门。辛亥革命以前,钟楼四个拱门的东门,通向东大街的门,是用砖砌起来的,不让汉人从那里走,因为从东门一出去就到了新城区,到了满人居住的地方。受歧视的汉人,只能绕很大一圈走到东北城区。八国联军打进北京,慈禧太后逃到西安,就住在回、满、汉交汇的北院门,鼓楼成了慈禧行宫的"午门"。

钟楼又是西安移民文化的一个脉点。钟楼下的开元商城,原来叫开元寺。20世纪五六十年代被毁后形成一个大市场,叫解放市场。那里面集中了西安的各种异质文化。有越剧团，越剧团旁边是上海风味的东亚饭店，有西安评剧团，东北二人转也在那个地方，秦腔三意社在那个地方，还有河南坠子、河南曲子。

为什么会有这些呢？西安是古都，自古有敞开大门容受各方文化的气派。河南人在黄河决口之后，携家带口逃进潼关来到西安，他们需要有豫地的文化生活。这就产生了豫剧团、狮吼剧团。他们同时在钟楼开元寺这个窗口搞了七八种河南曲艺。第一个五年计划，大量国防工厂内迁到西安，国防厂的老根据地是东北老工业基地，于是大批说东北话的人来到西安，这是又一个移民潮。他们需要他们的地域文化生活，于是评剧团在西安诞生。20世纪50年代，整个西安东郊的纺织城是从南方迁过来的，从上海、苏浙一带迁过来的，还有交大的西迁，使吴侬软语来到了西安，他们也需要他们的地域文化生活。看越剧，吃东亚的饭，是当年上海人和交大教授们非常自豪的事情。每隔一段时间就要跑到这里来，回味一下上海滩的生活。西安的移民文化，便这样聚集到钟楼下。

钟楼还是我们西安农本文化的展览厅。不是有人说西安是一个大堡子，是中国最大的乡村吗？我1961年大学毕业来西安工作，住在位于东大街的陕西日报社旧址。东大街当时是西安的"王府井"，最繁华的地方。但在下班之后，高峰期交通管制结束，我能够听到乡村的骡马大车，车夫啪啪摇着鞭子吆喝着通过东大街，到钟楼下的骡马市街那里的骡马大店歇下，然后拿出自带的锅盔去泡馍馆泡着羊肉汤一吃，吃完看三意社名角苏育民的《火焰驹》。赶大车进城，看秦腔，吃羊肉泡，你说农本文化的气息有多浓郁吧。（活跃）钟楼就是西安农本文化的一个橱窗。现在的骡马市已经改造成一条步行街，成了西安现代化的橱窗。

钟楼又是西安现代历史的一个展览厅。你别看现在的钟楼漆得金碧辉煌，很是灿烂，其实充满了历史的沧桑。北洋军阀打仗的时候，二虎守长安，钟楼堆满了沙袋，钟楼是碉堡，战云密布；当时先进的科学技术也首先在钟楼展示，西安最早的电影放映厅就在钟楼上；供展览用的天文望远镜最早也架在西安钟楼上，有三十八米这么高；还有，西安最早的摄影展也在钟楼举办。当然钟楼也是西安的政治晴雨表，周总理逝世，所有的单位、高校、市民都把横幅纸和悼念诗贴到钟楼周围。钟楼是陕西甚至西北现代史上一个非常灵敏的温度计，有一点变化马上就在钟楼反映出来。

前不久有个生病的女孩，是一位少女作家叫珍真，后来和我成为朋友了。她的书稿没有出版社接受，她要公开叫卖她的书稿，第一个念头就是"我要到钟楼去卖"，为什么？因为钟楼是西安的门面，是古都皇冠上的珍珠，到那里去卖才有新闻价值，才能构成新闻事件。果然她后来卖了十几万，引发媒体广泛关注。珍真后来到北京发展，把意大利一位像司马迁那样被阉割了的歌唱家叫法比奥的，写成一部长诗，还在意大利驻华大使馆开了新闻发布会。意大利邀请她到他们国家当访问学者。这个孩子已经走向世界了，她起步点是在钟楼。（掌声）

所以，我的行走从钟楼说起。只要站在钟楼上就能打开西安，就能打开陕西，也就一定程度上打开了中国。我们应该为西安而自豪。

第二站　乾陵

我们从西安往西走几十公里，就到了乾陵，到了兴平的马嵬坡。在乾陵和马嵬坡埋葬着两位历史上著名的女性，一个叫武则天，一个叫杨贵妃。

陕西有七十一座皇帝陵墓，埋了七十二位皇上，七十一座陵墓里面怎么能埋葬七十二位皇上？实际上乾陵埋了两个皇上，一个是唐高宗，一个是大周王朝的武则天皇帝，他们是夫妻，两口子都埋在那里。武则天是一位非常伟大的女性，是中国历史上二百六十几个皇帝中唯一的一个女皇帝。历史上，以垂帘听政方式掌握实权的女性很多，包括慈禧太后，但是敢于称帝的，向整个中国封建宗法制挑战的只有武则天，仅此一人。大家知道那要经历多少斗争，要有多么坚忍的意志。

武则天开始是昭仪，后来是贵妃，再后来是皇后，最后成为则天大帝。但她最终还是失败了，不是败在军事和权力斗争中，而是败在文化，败在宗法文化上。她在临死之前给她的儿子发了最后一道诏书，下令去帝号，以则天大圣皇后的身份入葬乾陵。也就是重新当了唐朝皇帝高宗的妻子，葬到唐朝的皇陵乾陵中。这是一个非常无奈的历史悲剧。武则天活到八十多岁，夺取权力用时八年，垂帘听政二十年，称帝十五年，八十多岁才去世。一个人，用自己的经历、智力，以自己的生命为代价夺取了这个皇位、这个政权，但最后在临死前却平和地交出自己的政权。这为什么？当然有很多具体的原因，比如关陇集团也就是李世民的后代的旧族势力非常大，武家的那几个孩子武三思什么的又不争气，她一死关陇集团必定要夺取政权，她有掘墓之忧。种种具体原因使她选择去帝号。

但从文化上来思考这个问题，最根本的原因是：一个再有能力、再有智慧、再有力量的个人，也是没有办法战胜一个制度的。这个制度叫作父家长制和嫡长子继承制，也就是封建宗法制。封建社会是怎么传承的呢？老子传给儿子；儿子又是怎么传承的呢？传给老大；老大怎么传呢？传给长孙。长子、长孙、长重孙，就是这样一个制度，延续着中国封建社会。它形成了一个文化模板，也就是一种模式。这个文化模板是家国同构的，国家是嫡长子继承制，社会最底层的单位——家庭也是嫡长子继承制。封建社会之所以超稳定，就在于它内部有这样一个超稳态结构。你再改朝换代，没有动摇这个父家长制和嫡长子继承制，结果整个社会还是建立在每个家庭细胞的嫡长子继承制的基础之上，封建制度和封建王朝就在这个基础上得到了维护。因为李自成、黄巢起义都没有改变这种社会结构和制度，所以他们建立的还是和以前一样的封建王朝。奴隶起义失败了重新当奴隶，奴隶起义胜利了又去当奴隶主、当皇帝。

武则天在这个制度面前，困窘了，尴尬了，无奈了，没有办法了，她如果要把她的皇位传给武家的侄子，那她得罪的就不仅仅是李家朝廷里的这些人，得罪的就是天下，那样势必要求所有的家庭都革除父家长、嫡长子传统，而把自己的家业传给外婆家，可能大多数中国的父系家长都会反对，中国社会便大乱了。如果她不传给武家武三思这些人，她传给李家亲儿子，大周王朝就自然复归李姓大唐王朝了。这是个无法逾越的制度障碍，无法逾越的制度与权力更替的悖论。以武则天的伟大，最后也只能碰得头破血流，而且灰心丧气。

可以说武则天以感情征服了皇上，又用感情置换了权力。但是封建宗法制最后又逼着她把权力交还给她所置换的那个对象。她的一生是一个"！"（惊叹号），一个弱女子，经历了千难万险，爬到权力的顶峰，创造了中国封建社会女性生命的奇迹，不是"！"（惊叹号）是什么呢。但是最后转化为"？"（问号），转化为对封建宗法制、对自己命运的叩问：命运为什么会发生这样的逆转？对此她只能无奈、无言、无字。（场内活跃）

从乾陵东南行几十里，便到了马嵬坡，那里有一个很小的墓，杨贵妃就埋葬在这里。大家可能知道我和于丹、孔庆东在那坡前曾经谈论过杨贵妃和女性问题。杨贵妃也很伟大，她和武则天有类似的地方，她也是从一介平民成为"万千宠爱集一身"的贵妃，人生也是一个"！"（惊叹号）。她以感情征服了皇上——唐玄宗李隆基，但是却没有去攫取政权（当然她也纵容外戚杨国忠篡权，从大的方面讲，杨贵妃没有以感情去置换最高权力）。她是用感情去消解最高权力，她把皇帝消解成一位平民化恋爱的对象，把唐玄宗消解为李三郎（李隆基又称李三郎）。这位李三郎除了皇帝的一面，还有平民的一面，他会演戏，懂音律，和杨贵妃有真爱。我们都到华清池去过，《长恨歌》也都读过，都被那种刻骨铭心的爱情感动过。她把感情升华为爱情，不用感情去置换权力，却用感情去消解权力。大家知道，最后杨贵妃虽然也为政治斗争和兵变殉葬了，被缢死了，但是李杨的爱情永生了。她的人生由"！"转化为"……"（省略号），永无止境而又联想无穷的感动和爱。白居易在《长恨歌》里写的"此恨绵绵无绝期"，也就是"此爱绵绵无绝期"，那是永无绝期的爱啊。（掌声）

这是一个非常值得我们思考的问题，就是权力不见得能让人永存，而感情、爱可能会使人永生。我们现在去乾陵看武则天，感到的是威严，是伟大，而到马嵬坡去看杨贵妃，感到的则是亲切、温馨。特别是你们，年轻的孩子走到那里，心中总会有某种情绪被拨响，引发自己对生命中的恋情、友情的联想。这是旅游欣赏过程中的一种再创造。你脑子里的那个杨贵妃已经不是杨贵妃本人了，可能是埋藏在你们各自心里面的李贵妃、王贵妃了。当然，你们每一位现代超级贵妃心里，也埋藏着自己的李三郎、王三郎。当我们自己很平民化的生活一旦和一个著名历史故事相结合，就会引发许多共鸣、思考和联想。杨贵妃的故事就这样一代一代永存、绵延下来了，像霏霏细雨一样侵入我们每个人的生活，特别是每个人的青春生活，从这个角度来说，杨贵妃是成功的。（掌声）

中央电视台十套《探索与发现》这个栏目在做乾陵的节目时，采访我，问："肖老师你认为武则天的无字碑，为什么没有字？"我当时说了四点，具体解释无字碑为什么无字。

第一点，如果无字碑是武则天自己立的，那是因为她不便评说。在中国文化语境中，自己对自己的功过一向不好说。不像现在，有很多年轻的作家、演员，非常喜欢也非常善于炒作自己，说自己如何如何辉煌伟大，或者通过别人来说自己辉煌伟大。当自己实在没有多少伟大可说的时候，就制造各种绯闻，反过来说自己如何如何丑恶，丑恶也出名呀！是吧，正反都可以炒。在武则天的那个社会里面，她不能评说自己，她是有争议的人物，所以不予评说。

楼堆满了沙袋，钟楼是碉堡，战云密布；当时先进的科学技术也首先在钟楼展示，西安最早的电影放映厅就在钟楼上；供展览用的天文望远镜最早也架在西安钟楼上，有三十八米这么高；还有，西安最早的摄影展也在钟楼举办。当然钟楼也是西安的政治晴雨表，周总理逝世，所有的单位、高校、市民都把横幅纸和悼念诗贴到钟楼周围。钟楼是陕西甚至西北现代史上一个非常灵敏的温度计，有一点变化马上就在钟楼反映出来。

前不久有个生病的女孩，是一位少女作家叫珍真，后来和我成为朋友了。她的书稿没有出版社接受，她要公开叫卖她的书稿，第一个念头就是"我要到钟楼去卖"，为什么？因为钟楼是西安的门面，是古都皇冠上的珍珠，到那里去卖才有新闻价值，才能构成新闻事件。果然她后来卖了十几万，引发媒体广泛关注。珍真后来到北京发展，把意大利一位像司马迁那样被阉割了的歌唱家叫法比奥的，写成一部长诗，还在意大利驻华大使馆开了新闻发布会。意大利邀请她到他们国家当访问学者。这个孩子已经走向世界了，她起步点是在钟楼。（掌声）

所以，我的行走从钟楼说起。只要站在钟楼上就能打开西安，就能打开陕西，也就一定程度上打开了中国。我们应该为西安而自豪。

第二站　乾陵

我们从西安往西走几十公里，就到了乾陵，到了兴平的马嵬坡。在乾陵和马嵬坡埋葬着两位历史上著名的女性，一个叫武则天，一个叫杨贵妃。

陕西有七十一座皇帝陵墓，埋了七十二位皇上，七十一座陵墓里面怎么能埋葬七十二位皇上？实际上乾陵埋了两个皇上，一个是唐高宗，一个是大周王朝的武则天皇帝，他们是夫妻，两口子都埋在那里。武则天是一位非常伟大的女性，是中国历史上二百六十几个皇帝中唯一的一个女皇帝。历史上，以垂帘听政方式掌握实权的女性很多，包括慈禧太后，但是敢于称帝的，向整个中国封建宗法制挑战的只有武则天,仅此一人。大家知道那要经历多少斗争,要有多么坚忍的意志。

　　武则天开始是昭仪,后来是贵妃,再后来是皇后,最后成为则天大帝。但她最终还是失败了,不是败在军事和权力斗争中,而是败在文化,败在宗法文化上。她在临死之前给她的儿子发了最后一道诏书,下令去帝号,以则天大圣皇后的身份入葬乾陵。也就是重新当了唐朝皇帝高宗的妻子,葬到唐朝的皇陵乾陵中。这是一个非常无奈的历史悲剧。武则天活到八十多岁,夺取权力用时八年,垂帘听政二十年,称帝十五年,八十多岁才去世。一个人,用自己的经历、智力,以自己的生命为代价夺取了这个皇位、这个政权,但最后在临死前却平和地交出自己的政权。这为什么?当然有很多具体的原因,比如关陇集团也就是李世民的后代的旧族势力非常大,武家的那几个孩子武三思什么的又不争气,她一死关陇集团必定要夺取政权,她有掘墓之忧。种种具体原因使她选择去帝号。

　　但从文化上来思考这个问题,最根本的原因是:一个再有能力、再有智慧、再有力量的个人,也是没有办法战胜一个制度的。这个制度叫作父家长制和嫡长子继承制,也就是封建宗法制。封建社会是怎么传承的呢?老子传给儿子;儿子又是怎么传承的呢?传给老大;老大怎么传呢?传给长孙。长子、长孙、长重孙,就是这样一个制度,延续着中国封建社会。它形成了一个文化模板,也就是一种模式。这个文化模板是家国同构的,国家是嫡长子继承制,社会最底层的单位——家庭也是嫡长子继承制。封建社会之所以超稳定,就在于它内部有这样一个超稳态结构。你再改朝换代,没有动摇这个父家长制和嫡长子继承制,结果整个社会还是建立在每个家庭细胞的嫡长子继承制的基础之上,封建制度和封建王朝就在这个基础上得到了维护。因为李自成、黄巢起义都没有改变这种社会结构和制度,所以他们建立的还是和以前一样的封建王朝。奴隶起义失败了重新当奴隶,奴隶起义胜利了又去当第二点，如果无字碑是她的儿子李显立的，那是因为儿子不便评说。李显作为李家王朝的血亲，作为李家王朝的继承人，他不能肯定武则天，因为肯定武则天就意味着背叛、不忠。作为儿子，他又不能非议自己的母亲，那是不孝，他在忠和孝中矛盾。两者的冲突使他不便评说。

第三点，还有一种说法，无字碑是后人立的，如果是这样，那也可以说是无法评说。为什么呢？因为后人对武则天的褒贬多得很，特别是贬，说她怎么淫乱、残酷。其实武则天实行了很多新政，对初唐时期的社会发展起到了一种巩固延伸的作用。特别是减免赋税劳役、解除农民沉重的负担，改变一些歧视妇女的法规，约束李唐旧族关陇集团的权力等方面，都具有进步意义。但是，因为她是女人，牝鸡司晨不符合封建男权社会的习见，后世常常以单纯而偏执的道德评价掩盖了她的历史功绩。到了一百多年以后的后唐，偏见的覆盖和遮蔽，已经没有办法再评说她了，这就是无字碑的来历。

第四点，对今人、对我们来说，又可以说是无须评说。真正站在历史唯物主义的观点上，武则天滥用酷吏、道德沦丧是不好的，但她的许多政策有利于历史进步，应予肯定。这是无须评说的。

第三站　汉中

离开马嵬坡，我们往南走，从宝鸡往南拐到汉中。就这么说着走着。一提到汉中，有许多同学会意地笑了，可能你们看了前不久中央电视台搞的中国魅力城市评选晚会，我有幸被汉中市选为他们的文化代言人。现场由易中天和敬一丹做点评，和晶和阿丘主持，汉中和呼伦贝尔、丽江三个城市组合为一场。这个活动在报名的总共八十几个城市里面选十个，那一场是三个城市。

汉中是一个养在深闺人未识的城市，世界和中国知道汉中的人不是很多。但细细一说汉中的文化，谁都会吓一跳。汉中是"汉家发祥地，中华聚宝盆"。

今天我想说说汉中的四大文化：一是朱鹮文化，也就是绿色生态文化；二是天汉文化，汉族称谓的源头；三是三国文化，刘、关、张，诸葛亮的主要舞台在汉中；四是石门文化，中国书法和石刻艺术的顶级瑰宝。

汉中有一种非常美丽的鸟，叫朱鹮，被日本尊为国鸟。当时朱鹮已经是引起世界关注的几种濒危鸟类之一。有一种香气扑鼻的玉，是著名的金香玉，它们都产在秦巴山的深处，和汉中一样养在深闺人未识。我年轻时当过记者，三十年前我还是记者的时候，在秦岭山区的采访现场拍到了世界上仅存的第十只朱鹮，当时海内外很多报纸都登了我们拍的那些图片。日本通过卫星搜索，发出警示说，全球只有七只。那以前，最早只有三只，后来才增加到五只、七只的。朱鹮生活在中国陕西汉中的洋县，因为汉中生态好极了，秦巴山区层层叠叠、浓浓厚厚的树林，成了它们最后的家园。

我在1982年的夏天作为记者去秦岭南坡的汉中。1982年，我们很多同学还没有来到这个世界上，就是说你们比小朱鹮还小，保护区的老乡给我们报告，朱鹮孵蛋孵了好多天，小鸟已经孵出来了。朱鹮巢筑在一棵二十多米的青冈树上，人不能上树，上树就惊飞了朱鹮，濒危动物要保护啊。所以谁也不知道那个窝里到底是几只小鸟，是两只还是三只，只听见叽叽的叫声。记者和专家下午三点多钟到达现场，然后在三十米远的山坡上架起了长焦照相机，耐心等待小鸟伸出头来。雌鸟妈妈一直在巢边站着，像忠诚的卫士一样守护着它的宝贝。但没见雄鸟的踪影。

朱鹮和鹤一样，是有责任感的鸟，一夫一妻生儿育女相守到死，中途丧偶则独身终生。我们一直等到下午六点夕阳西下，蓦然看到一只大鸟翩然而至，雄鸟觅食回来了。山区很宁静，那朱鹮张开翅膀悄无声息地滑翔，翅膀底下有两团胭脂红，在绿色林子里显得非常漂亮，很美。为什么叫朱鹮啊？指的就是双翼下这两团朱红色。雄鸟可能感觉到了有人，飞了好久就是不落窠，让我们欣赏了个够。它吃了很多小鱼装在自己的嗉袋子里，带回窠里喂给小鸟。我们屏住呼吸等它降落，刚一降落，哈，伸出了三个小脑袋，肚子饿了想吃鱼，也顾不得害羞了，顾不得有没有记者了，叽叽喳喳地在老爸的嘴里啄食。我们就"啪啪啪啪"拍下来了。这些照片当时世界各地报纸抢着登，宣告濒危鸟类朱鹮在中国汉中人的悉心照看下，已经由七只增加到了十只。后来我在中央电视台和主持人做"精彩中国·陕西篇"的时候，我一拿出这张照片，主持人"哎呀"了一声，抢过去对着镜头说："观众朋友们，三十年前全世界只剩下了三只朱鹮，现在已经有了一千只了。这是肖老师他们二十八年前在汉中秦岭拍到的世界上第十只朱鹮，这是一个珍贵文物。"（掌声）汉中，就是这么一个地方。朱鹮是汉中最好的名片。汉中非常美丽，生态好，也体现了人类的爱心。

我们为什么叫汉族？为什么叫汉语？为什么叫汉文化？这不是跟很远古很远古的事情有关，就跟两千多年前我们的汉中有关。汉江之滨有座山叫汉山，汉江从宁强县发源流过汉山，因而得名汉水。秦末，刘邦和项羽打得不可开交，但是楚王项羽的力量更强大，把刘邦赶到了汉中，封了个汉中王。两个人约定同时攻打秦二世。项羽是个英雄气短儿女情长的将军，力拔山兮气盖世，却又爱美人。他是个实实在在的人，很有阳刚气质。刘邦原来是一个亭长，基层干部，有人说他是一个流氓，指他的江湖味、痞味、灵活狡黠应付各方面的能力。他到汉中以后，埋头于汉中盆地，休养生息，韬晦自强。他广纳人才，拜授了大丞相萧何、大将军韩信、大谋士张良。大家都知道月夜追韩信，人才跑了不行，要赶快追回来。再加上耍了一点小计谋，把秦军重兵引到项羽面前，让项羽去对付。项羽是个英雄嘛，能正面抗击秦军他自感伟大。就在他自我陶醉的时候，刘邦从汉中杀出秦岭，大败秦军，天下便这样归了刘家。后来，一代英雄项羽自刎于乌江，美人虞姬也自刎。同学们，这个自刎不是接吻的"吻"啊，是自刎的"刎"，是自杀，大家不要误会啊。（全场大笑）刘邦称帝后不忘他的根据地汉中，立朝称汉，汉朝，天下是汉家天下。汉使张骞把这个"汉"带到了西域,让世界知道东方有一个国家,有一个群体叫汉人。因此我们的文字叫汉字,我们说的是汉文,我们的文化是汉文化。包括你们学校有汉语言文学专业,是吧?许多大学都有。汉文化还是全球华人的精神符号,汉文化把全球华人凝聚到一起。这么伟大的汉文化现象,你道来自哪里?就来自我们的汉中。我在一篇文章中写过,在陕西这个地方,稍不留意就和历史撞了个满怀。你们看是不是这样!(掌声)

在央视魅力城市评选会上,我讲这些时,也是全场掌声。我又当场画了一个金鸡形状的中国地图,我说,汉中是中国的"两心","鸡心"和"机芯"。如果中国是一只金鸡,汉中就在这金鸡的心脏部位,呼伦贝尔也很好,在金鸡的喉咙部位,呼伦贝尔为中国引吭高歌。这丽江的位置有点不雅,用我们陕西话来说是"尻子"部位,山东人叫"腚"的那个地方。我又不好意思直说,我说,丽江位置也很好,是金鸡生金蛋的部位。(掌声)这是第一个心,鸡心。第二个心,音同字不同,叫"机芯",是计算机的那个芯片。汉中是汉文化的集成芯片,是汉文化称谓的源头,是汉文化故事的源头。所以余秋雨先生到汉中以后,题了一句词,刻在了汉江公园石碑上,叫"汉中的故事就是民族的故事,汉中的历史就是民族的历史"。最后,汉中被评为中国最佳历史文化魅力城市。刘邦的家乡徐州也参加了这次评选,落选了,他们不平衡。我开玩笑说,刘邦在你们那里只是一个亭长,到了我们的汉中成了王,再到长安成了皇帝,别忘了是我们陕西成就了你们的刘邦。

三国文化,主角又是刘家人,刘备,自称是刘邦第多少代玄孙。刘备、关羽、张飞、赵云、诸葛亮,这些在整个中国、全球华人和东亚、南亚家喻户晓的人物,主要的人生戏剧就展现在汉中的山山水水之中。陈仓栈道,定军山麓,六出祁山,九伐中原,大家都熟知,无须我来讲。我也不敢讲,哪里能讲过易中天先生呢。记得在央视搞魅力城市评选节目的时候,我们设计了一个鬼点子,就是要逼易中天大夸汉中。录下了但后来没有播出,当然也不宜播出。就是由市长赵乐秦提问：易中天老师，你在讲三国的时候说过一句话，说刘邦到了汉中以后，挥鞭一指说："汉中这个破地方。"难道你认为汉中是个破地方吗？这个问题我不好提，因为我和易中天认识，一起谈过司马迁，我提等于与朋友过不去。但是这个坏点子是我出的。赵乐秦作为汉中的代表来提身份正合适。易中天马上站起来说："不不不，那是刘备说的，不是我的看法。汉中当然是个好地方，在古代，所谓天府之国最早是指关中，所以开始在那里建都。后来关中由于周、秦、汉、唐王朝的消耗，历代战乱频频，养活奢侈的皇室负担又太重，破坏了关中的森林生态，使得水量剧减，养不起皇室了。所以迁都洛阳，走了。那以后，便把汉中称为天府之国。再后来，在汉中之后，刘备入川主蜀以后，才把四川称为天府之国。所以汉中是天府之国呀。"赵乐秦市长这时拿出了一把鹅毛扇，说："易老师，我送你一把鹅毛扇，是诸葛亮在汉中用过的，你以后再讲三国，希望摇上这把诸葛亮的扇子，为我们'破'汉中做一个广告。"这是个精彩的玩笑啊。

石门文化，可说的也很多。石门创造了好几个中国之最。石门是中国最早的隧道，有中国最早的摩崖石刻。刻在它上面的书法，是中国最早由篆书向隶书转换的开始，是最早一篇隶书的萌芽。这些文字也是中国书法最早由无意而书到有意而书的转折。就是说，它记录了中国最早的书法艺术家的手迹。在这以前，中国没有有意而书的书法家，都是无意而书的随意书写，到了石门以后才开始注意对书法本体的探讨，有了专职书法家。大家都看过《辞海》，《辞海》封面上的"辞海"两个字，就取自石门摩崖石刻。于右任写过一首诗，我背不出来了，说他每天晚上反复地读石门颂，读到入睡。石门书法文化就是这么有分量。现在石门水库把它的原址淹没了，部分碑石移到汉中汉台的石门艺术博物馆里。

一个地方，一个城市，对一个民族的贡献不仅是GDP，是经济、政治、文化、生态方方面面的贡献。汉中这个地方之所以有魅力，就是它对民族的综合贡献。现在中国有一部分人，我把他们叫GDP主义者，就是只追求GDP，政绩就靠GDP来维持，而不考虑对民族、地域的精神文化贡献。经济上又竭泽而渔，不考虑可持续发展。汉中不同，它对中华民族精神是有很大贡献的，它给我们的民族精神提供了许多优秀的养分。

第一，刘邦、刘备蓄势待发、韬晦自强的精神。他们都是在汉中休养生息，而后强势出击的。年轻人要学习这个精神，不要张扬不要炫耀。幼儿园的孩子得了一百分回去给妈妈报喜那是可爱，到了大学，你考了一个好成绩，在宿舍里到处炫耀，那就叫可笑。一定要蓄势待发，韬晦自强，悄悄地。咱们陕西人有个特点，叫生、愣、蹭、倔，就是埋住头咬住牙苦干，不干则已，一干就惊人。在做惊人之鸣前一般不张扬，好像很木讷。蓄势待发、韬晦自强的精神使得汉中在历朝历代成为文化沉积盆地。大家知道抗日战争时候，整个国家的文化、经济西移，日本占领了半个中国，首都从南京迁到了重庆。那个时候有两个地方成为中国文化的蓄水池，一个是昆明西南联大，大家都很熟，北大、清华很多学生都到了那里。杨振宁就在那个学校，闻一多、朱自清、钱锺书也是那个学校的。一个就是西北联大，在汉中城固，南开、辅仁（北京师范大学前身）、北京女子师范大学聚集在这里，也出了一批人。罗章龙，我们党的创始人之一；江隆基，后来成为北大党委书记、校长；侯外庐，中国思想史研究的宗师，西北大学老校长张岂之的老师；还有翻译家曹靖华；等等。它是一个蓄水池，当我们国家遇到变乱的时候，文化开始向西北西南迁移，在西部沉积下来。

第二，张骞矢志不渝、执着开拓的精神。张骞为了一个信念，颠沛流离几十年，执着地朝西部地平线走去，在无数常人无法想象的困难面前，从不回头从不言败。他是第一个让中国走向世界的人，也是第一个让世界认识中国的人。陕西的文化精神中其实有非常开放的一面。

第三，蔡伦创造发明、重视实践的精神。大家都知道蔡伦发明了造纸术，但可能不知道蔡伦墓在汉中洋县,这里是他的封地。虽然在蔡伦之前也有人造出过纤维纸,但蔡伦是被皇家认定的纸的发明者,而且组织了纸的批量生产。纸的发明改变了文化传播方式,使大规模的典籍文化积累有了可能,这是世界公认的。蔡伦的创造发明精神对中华文明有特别的意义。中国文明是伦理本位的,重道轻器。我们常常重视推广人文的、道德的、伦理的楷模,很少树立推广创造发明的科技楷模。我们知道孔子,知道孟子,知道韩非子,但是我们很少用像对孔孟那样,包括用像对关公那样的宣传力度,去宣传沈括、宣传华佗、宣传蔡伦、宣传僧一行等科学家。我们重视坐而论道,轻视实践,以致常常清谈误国。我觉得蔡伦精神弥补了这一点。我们要重视人文精神,也要重视科学精神,更要重视发明创造。

第四,诸葛亮鞠躬尽瘁、死而后已的精神。这种精神构成了诸葛亮的主要人格意义。而诸葛亮的这种精神的主要舞台就在汉中,我不多讲了。原来我曾为诸葛亮遗憾,这么智慧的一个人却因为正统观念去为大草包阿斗鞠躬尽瘁、死而后已,太不值了。这是高价值的人才、智力与低价值甚至零价值、负价值的目标定位的错位,这种错位造成了极大的浪费。最近北京师范大学有个教授写书,说诸葛亮早有称帝不臣之心,说他怎么擅权,如果真是如此,历史可能改写,这未必不是幸事。这些姑且按下不论,学术问题嘛,可以争鸣。但是千百年来诸葛亮在民间一直是鞠躬尽瘁、死而后已的形象。一个人,一个团队,一个民族,要成就一个事业就需要这种精神。

诸葛武侯墓在汉中。记得十年以前我给武侯墓题过词,武侯墓有两棵汉桂,非常茂密,我触景生情,就题了:"汉桂犹绿也,良相安在哉。"和诸葛亮同代的汉桂现在还开花,还那么香,那么绿,但是一个鞠躬尽瘁的丞相,哪里去了呢?在岁月的烟尘中灰飞烟灭了!历史把他掩埋了。诸葛亮精神实在应该像汉桂一样,永远香在我们的心头、绿在我们的心头。

第五,张良不计得失、功成身退的精神。这一点,别说年轻人不容易做到，老年人也不容易做到，但这却是非常重要的人格修养。现在要建设和谐社会，更需要这种精神。张良被封留侯，在留坝县。他为什么叫留侯？刘邦在长安建立大汉王朝之后，论功行赏，萧何封相了，张良是刘邦的大谋士、大功臣，让张良进京，也要给他封官。张良是个有大智慧的人，一路上他想，古往今来鸟尽弓藏、狐死兔烹的事太多了，现在刘邦成了大事，把我叫去封侯，但封个侯又能怎样？封了能长久吗？一路内心斗争，思忖着风险有多大。走到留坝县，眼看就要翻过秦岭了，他决定不走了。他上表说，谢谢皇上了，我就留在这里吧，我早就志在江湖，不愿意身居高位，请皇上恩准我在这个地方隐逸起来吧。于是刘邦做了个顺水人情，就封了他个留侯。就这样留到留坝那里了。张良功成身退，不争功诿过，跟范蠡一样，成为千古佳话。这是一种大眼光，一种很高的境界。

这就是汉中给予我们的东西，给予我们的精神的、文化的、历史的、故事的营养，可见的和不可见的营养。

第四站　云南

我们再往南走，越过川西成都平原，进入横断山脉，到云南转一转。我非常喜欢云南，已经有十次到过云南，不久还要去。云南是中华民族的展览馆。中国有五十六个民族，云南就有四十个。云南最拿人的旅游纪念品，就是用盒子装起来的一排有五十六个穿各种民族服装的小人，真漂亮。

杨丽萍在《云南映象》里边唱了一首歌，叫《高原女人歌》。后来在中央电视台，我还听过丽江一位老大娘原生态唱这首歌。杨丽萍是舞蹈家，不是歌唱家，嗓门儿不见得多好，但是唱得叫你潸然泪下。这个"女人歌"不是大家想象中的现代情歌或劲歌，不是"我爱你爱得山崩地陷、海枯石烂"或"我爱你，我爱你，就像老鼠爱大米"，不是这个。（笑声）它是一首非常忧郁的、非常沧桑的歌，是对女性生命的吟叹。它把女性生命在这个世界上一些最根本的承担，通过非常通俗的口语唱出来。没有什么华丽的乐句和飞高遏低的唱法，就是叹息，一个妇人在那里叹息，一边纺着线、织着布，一边吟叹着唱。

我还是给大家念一念吧，这比我的解释要好得多。我学着用川滇一带的口音念，要不出不来那个味道："太阳歇歇么，歇得呢。"太阳要休息么，是可以休息的。"月亮歇歇么，歇得呢。"月亮要休息么，也可以休息的。可不是嘛，白天月亮就休息了，晚上太阳就休息了。"女人歇歇么，歇不得嘞。"女人是不能休息的，"女人歇下来么，火塘会熄掉呢"。女人一休息，就没人照看火塘，火塘会熄掉的。在西南许多少数民族，每一个堂屋里都有一个永不熄灭的火塘，一年四季靠那个维持着火种，一家人围着火塘过日子。女人一歇息，火塘熄灭了，家还是家吗？"冷风吹着老人的头么，女人拿脊背夫门缝上抵着。刺稞戳着娃娃的脚么，女人拿心肝去山路上垫着。"高原女人是要拿自己的心肝去山路上给她的孩子垫脚的。所有做过母亲的人都能体会到这种无私的爱。"有个女人在着么，老老小小就拢在一堆了。"一个家庭最重要的凝聚力是什么？是女人！一个家如果没有了母亲，不定就散伙了。有母亲在，这个家就会永远围着火塘坐在一起。"有个女人在着么，山倒下来男人就扛起了。"别看男人那么伟岸，力拔山兮气盖世，没有女人给你精神和感情上的支撑是不行的。女人在你才能把山扛起来，没有女人你就趴下了。当下有一句话表达了大体相同的意思：男人要征服世界，女人只征服男人。（笑声）女人征服了男人才能驱使男人去征服世界。从这个意义上来说，男性生命力的源泉在女性身上，当然双方是互为源泉的。"苦荞不苦么吃得呢，槟榔不苦么嚼得呢，女人不苦么咋个得？"女人不吃苦那咋能行啊？"女人不去吃苦么，日子过不甜呢。"真的，女人不吃苦，日子怎么能过得甜呢？"天上不有（没有）女人在着么，天就不会亮了；地下不有女人在着么，地就不长草了；男人不有女人陪着么，男人就要生病了；山里不有女人在着么，山里就不会有人了。"的确是这样，别看说得朴素，却把女性在整个生命群体、整个人类世界的分量和女人全部的承担都说出来了。

当时，我第一遍听便流泪了。第二遍，我在央视现场听那个老大娘唱，也流泪了。它整个儿就是一种生命运行和人生况味的叹息，整个儿是文化。大家都知道纳西族是走婚的，只有一个带有母系社会留存的地方，才会给女性压上这么重大的承担，才会有这样的歌。这样一首歌面前，你说你去偷鸡摸狗，你去耍奸弄巧，能行吗？一个男人听到这样的歌，你不冲锋吗？你不陷阵吗？你不建功吗？你不立业吗？（掌声）一首非常好非常好的歌，这就是云南文化。南方少数民族，不像北方少数民族是在马背上疾驰的民族，刚性外露。它像山泉水一样，总是化百炼钢为绕指柔，遇着山它躲开，待到把所有的山都躲开，它却流向了大海。这就是云南文化的象征。

下面说说云南的茶马古道文化。我到云南，是那年去参加茶马古道瑞贡京城的一个出发典礼。他们在那里复活茶马古道，用一百匹骡子驮上普洱茶和其他一些商品，包括金银器，原来是走西藏的，这次活动从普洱市出发，走昆明，走成都，走西安，过黄陵，过黄河，过太原，最后到北京西山。那是一个公益性的宣传活动，他们请我去参加出发典礼，所有的典礼都是模式化的，没有什么可说的。可说的倒是典礼之后，我们来到澜沧江边的布朗族自治县，参加了他们的"千年茶祖节"。

在那里我被一本书震动了。对于书的理解，我们常常容易有学院色彩，容易把书本当作一种或者理性的，或者感性的，总之是非常形而上的东西。我从来没有一次感触那么深的是，书本和生命，和民族生存的命脉休戚相关。我到的那个山寨在深山里，不通车，人家用摩托车把我带到千年古茶林中。云南的普洱茶不像绿茶长在很低的树上，那里的茶树又高又粗，采茶姑娘爬在树上摘叶子、对歌。我为"茶祖节"写了一篇祭文，我说，我走过黄河九十九道弯，来到布朗山，像跪拜轩辕一样，匍匐到你的脚下。还说了茶祖帕埃冷的不朽功绩，这些话和下面一个节目比，便显得苍白。

下面是由布朗族的一个叫苏国文的老师，念了一段布朗文的创世诗史。他是老头人的儿子，他的爸爸头人于20世纪50年代到过北京，见过周总理。现在虽然已经没有头人了，但大家还是习惯叫他头人，把他看作是部落的精神领袖。据苏老师介绍，布朗族没有文字，用的是傣族的文字，为找到这部民族的创世诗史，他们两代人没有停止过奔波。听说书流落到缅甸的布朗族中，他七次去缅甸拜访。开始人家不给他，他又跑到北京找缅甸驻华大使馆，通过外交部联系，缅甸方面才同意让他重抄一份。他就在缅甸住了七个月，一字一句地抄。那本书很厚，原来像佛经一样写在贝叶上，现在抄在土纸上，纸是毛边的，封面烫金，用黄绢包起来装在盒子里，非常漂亮。

他只念了一段，大体是这样的意思：帕埃冷在临死的时候，给他的家属说，"我留给你们什么呢？我留给你们牛马，牛马生病了死了你们怎么办呢？我留给你们金钱，你们乱花了挥霍了，又怎么办呢？我还是留给你们茶树吧，把茶树种在山上，它可以千年万年留下去"。就是这样一些非常深的有象征意味的话。苏老师念得很慢，念到第三句，人群里突然有一个老人，"扑通"跪下了，接着大部分人都跪下了，怀里的孩子也不哭了，成年人都泣泪成河。其实他们中间有好多年轻人并不懂古傣文，但是那种从远古发出来的声音，让他们找到了民族的认同感。啊，我们这个民族是有文字的，是有祖先的，有根的。这种归属感形成了一个气场，一个群体场。无数个"我"融入了"我们"中间，脆弱的自我于是有了自信，有了力量。群体的归属感就这样点燃了一个族群的生命之火，叫我非常感动。

然后，所有的布朗人又去"喊茶魂"。他们走到一个山崖绝壁上，头人领喊："帕埃冷……"大家响应："回来哦……""帕埃冷……回来哦……"（掌声）在这个时候，茶魂就是文化魂，就是布朗魂、民族魂。正是因为有茶祖帕埃冷，有茶魂，有传世古书，有这样一些民族精神流脉的传载物，使得一个民族千秋万代地凝聚在一起。

茶马古道从这样一个地方出发，就决定了它深厚的文化意义。后来我在电视台解析茶马古道时，谈了它的两重含义。一方面，茶马古道，有生存实践方面的意义。马驮着茶还有别的物资，从云南到滇西进入西藏，从那又驮出西藏的一些物资到川滇，进行物资交流。这是生存实践的表现。另一方面，茶马古道又有着意义层面的内涵，这就非常有意思。"茶"，刚才我说了，千年古茶，是一种农耕文明符号，是静态生存，永远扎根在山林里面，一千年不动，绿色繁衍。"马"，是一种游走文明符号，是动态生存，永远在走着，又永远在离开，永远在到达，刚到达又离开。地平线上的风景永远在激励着、呼唤着人类那种动态的游走的生存。马儿和马夫、马锅头是动态生存符号，小伙子永远要跟着马队走向远方。

人类就这么两种生存状态，在家里，或在路上，或茶或马，或静或动。静给动以内容，在土地上种了茶或粮食，在家里造了各种器具，到西藏去才有可驮行的东西，茶给马的行走以内容。动又给静以一种交流的力量，在行走的交流中，驮回来我没有的东西，既有异地异形的物资，又有异地异质的文化，是物资和文化的双重交流，动静互换，在互换中双赢。我们今天讲课的题目叫《行走并思考着》，其实也就是"动着并静着"，"茶着并马着"，就是人生的两种状态，是吧，行走是动，思考就是静下来。人不可能一生在动态中生活，也不可能一生在静态中生活。当你动的时候心灵需要恬静，静久了，心灵又有动的渴求，志存高远会激励你向往天边的地平线。

这种动静平衡、茶马互换，对现代人很有意义。现代社会是一个快节奏的社会，容易浮躁。一个人在快节奏的生活中要能使自己的心灵情绪慢下来，静下来，才是高人。这很不容易。我在这里给我们白鹿书院和思源学院做一个广告，我看咱们的书院和学院就是一个在高速动态社会里让人沉静下来的地方。我们在高高的塬坡上，学校的建筑很像布达拉宫，有一种宗教的神圣感，书院的四合院更是非常安静，远离城市尘嚣，俯瞰着那个红尘滚滚的西安。这就是茶精神呀。青年人今天的静，今天对知识文化的沉浸，是为了明天的动，明天的人生拼搏。而今天生活的静态中，又含寓着思想的飞扬，含寓着内在的动。

所以我说，茶马古道象征着生存的两种状态和人生的两种境界。茶马古道有些规矩、有些故事很有意思。千里走马驮，走上世界屋脊的青藏高原，非常艰难，非常触目惊心。有一个马队在途中突然遇到了山洪，瞬间被整个卷走，卷得无踪无影。三十年后，另外一个马队重走这条路，发现在这片树林的树梢上面，挂着一片一片的白骨。当年山洪把整个马队卷走，山洪落下去后，所有的人和马架在了树上，三十年后成为这片白骨！（全场惊叹）

马队的小头目叫马锅头，马锅头有很严格的规定，马队的小伙子上路以后不准谈恋爱，不准采"路边的野花"。为什么，因为在文化心理上，它要保持动态生存群体的凝聚力，保持人在异乡对于家乡对于土地的永远的维系，对于根的维系。你的爱你的归属永远在家里，而不在路上。你采野花，就像猪八戒那样到高老庄去了，不去西天取经了。这不行。必须要坚定地往西天走，往布达拉宫那个圣地走，沿途任何诱惑都要排斥。云南有一首民歌叫《小河淌水》，是韦唯唱的，还有个同名花灯剧，是根据那首民歌改编的。剧中有个小伙子在路上遇到了另外一个民族的小姑娘，两人产生了非常纯真的爱情，被马队强行阻止。小伙子哀求让他留下来，马锅头最后同意了，但小伙子必须永远离开马队，离开古道。当小伙子离开的时候，告别他的马背生涯时，小伙子痛哭流涕，心灵上有一种撕裂的痛苦。因为他告别的是自己执守的一种价值观，是一种永远前行的精神。他得到了家的温柔，却失去了行走的权利和行走的人生追求、人生乐趣，有强烈的被抛弃的感觉。

云南和陕西一样，是一个到处都有文化的地方。陕西到处都有历史文化，一不小心，碰见的就是秦皇、汉武、唐宗，是刘邦，是刘备，是诸葛亮，是司马迁、李白、杜甫。但是在云南，你碰见的大都是平民老百姓，也非常有文化，你能够碰见那个唱女人歌的老大娘，你能够碰见那个半路留下来的马夫，你能够碰见那个念布朗古经的苏老师。这一切给我留下太深刻的印象。云南告诉我们，不能光从碑载文化、典籍文化、庙堂文化、精英文化来解读中华文明。中国所有的文字、历史、典籍几乎大都是以王朝更替为主线的，但还有更丰富的历史在民间，不光在汉族，也在其他各个民族。就是前面说的，每一个地方，都是一个文化的脉点，都是一本书。

第五站　潮州

由云南往东，越过广西，进入广东。再越过广州，就到了潮汕地区，到了著名的侨乡潮州。我是应潮州淡浮院院长岘峰山人李闻海先生的邀请，来这个美丽幽静的文化书院和凤凰卫视名嘴杨锦麟先生，加上韩山师范学院黄挺教授和才女主持人李蕾，共同做一期《望乡：留守与出走》的文化节目。

淡浮院依山而筑，山绿德厚，房子建得古雅。从两边回廊拾级而上，展开了几百幅各朝各代的系列碑刻，全是广东著名的学者型领导吴南生先生收藏的历代珍品拓片，由李闻海先生集资勒石修建，启功题"中国历代书法碑林"八个大字，吴南生撰文、国学大师饶宗颐书丹《中国历代书法碑林序》。顺回廊一路朝上看，有甲骨、金文、石刻，到二王，到颜筋柳骨、张颠素狂，到苏东坡、赵孟頫、文徵明、董其昌、于右任以及当今大家，有《石鼓文》《石门颂》《曹全碑》《圣教序》《九成宫》《平复帖》，几千年中国书法的精华尽收眼底。他们本来想做"南北碑林对话"的节目，我建议改成现在的题目。一是淡浮院的碑林虽然珍贵，却只是中华碑刻的精练展示，也可以说是长安碑林的潮州版，并未形成可以与长安碑林对话的、独立的南派碑林，因而二者很难对话。二是现在这个题目可以探讨潮汕文化最有特色、最本质的问题，又可以拓展到潮汕乃至广东文化的方方面面。

广东文化统称岭南文化，其实有三个板块，广州珠三角一带的广府文化，粤北五岭山地一带的客家文化和东边韩江三角洲的潮汕文化。三者比较，广府文化在省内国内影响大，但从海外来看，潮汕文化的实力和影响超过了广府文化。我举出几个人大家就明白了，一个是香港的李嘉诚，一个是正大集团的谢国民，一个是华学宗师饶宗颐，在经济、文化方面都是海外华人华侨中坐头把交椅的人。潮人旅居海外的同胞有一千多万，分布在世界五大洲、四十几个国家地区。海外每五个华人中就有一个祖籍在潮州。

岭南文化有五个关键词，而潮汕文化将其表现到了极致。

走先——不死守陈规旧习，有求异的激情和思维，既敢先人一步想到，也敢先人一步走出去。你们看这"六敢""六走先"——

敢闯洋，敢下南洋。几百年前他们就敢走出土地，冒生命危险闯朝廷的海禁，漂洋过海开拓海疆，创造新生活，为我们这样一个有几千年土地文化传统的国家，创造了海洋经济、海洋文化、海洋文明。

敢打侵略者。虎门销烟、虎门炮台和三元里抗击英军，是中国最早大规模打击侵略者的地方。这之前，明代戚继光打的是倭寇。

敢把皇帝拉下马。从康梁变法到孙中山革命，再到黄花岗七十二烈士，领头的大都是广东人。

敢跟"孙小头"去打"袁大头"。（全场活跃）辛亥革命之后发行的银圆，有铸着袁世凯与孙中山头像的两种，银圆上袁世凯的头比孙中山的头大，民间便以"孙小头"和"袁大头"来称呼这两种硬通货。广东人敢跟孙中山北伐，坚决打倒称帝复辟的袁世凯。

还敢于提出新的思想见解和保护新的思想见解。中国第一条铁路的修建者詹天佑的创造性思维就是这块土地孕育的。新中国成立后，毛泽东邀请著名历史学者陈寅恪北上京华主持历史研究所，陈以不允许他不信奉历史唯物主义为由谢绝。后郭沫若又代表中国科学院邀请，陈亦谢绝。在那个"左"

的阴霾很浓重的时代,这位持异见的学人却能在中山大学生存下来,按照自己的意志去从事学术研究,这也只有在广东的文化环境下才能办到。

到了社会主义新时期,广东又敢于走先改革。在严冬逝去的那个春天,"有一个老人"——小平同志在广东南部画了一个圈,广东人,尤其是深圳人,迎着各种风险与困难,以坚定而又成功的实践,演绎了一个动人的春天的故事,实践了党中央的历史决策。后来,又是在广东高州,江泽民总结并首先提出了"三个代表"的重要思想。这些影响历史进程的重大事件和思想,都发生在这块敢于走先的土地上。

揾食——揾食或揾两餐饭,是广东话"弄点吃的"的意思,发展为找饭碗、找生计。这是典型的广东文化表达方式,表现出一种强烈的实干、务实精神,干活就是为了吃饭,工作就是饭碗,人生就是埋头揾钱。反映了同样文化心理的话更多,比方炒更,兼职,加夜班兼职,多熬时光不是为形而上的理想,而是为多挣一份钱。拍拖,婚姻爱情不是花前月下山盟海誓,而是切切实实手拉着手同走人生路,一起玩,一起吃,实实在在,同甘共苦。

广东人就这样实在,做实事,实实在在做事。他们调侃北京人爱神聊、爱侃大山,说"广东人'会生孩子不会起名字'固然遗憾,总比你们北京人'总是起名字却不生孩子'要好、要切实"。(掌声)是的,他们从不提空口号,或囿于空口号,而是切切实实地践行"时间就是金钱",还提出"主意就是金钱"。他们点子多,敢冒风险,"红灯绕道走,黄灯抢着走,没灯想怎么走怎么走",很是智慧。(掌声)

广东人揾食能力最主要表现在"工于工,精于贾"(《潮州志》)。这里出了李嘉诚、霍英东、谢国民这样世界知名的大企业家。据2004年统计,华商百位富人排行榜中,台湾人占第一,有二十四人,潮汕人占第二,有十九人。广东人以市场格局打破中原重农抑商传统,以民间海上贸易打破海禁的官商传统。

生猛——这又是一个与吃有关的关键词。广东的"生猛海鲜",其实是一种广东的文化方式,是生龙活虎、猛虎下山的风格。他们干事喜欢生猛,把热水器叫成浴霸、洁霸,奶茶叫成了波霸奶茶,开个店铺也往生猛叫,叫成什么家私城、世纪娱乐城、东方大广场。什么都要生猛到极致。(全场活跃)揾食,也有一股狠劲。在家种田、做手工,讲究做出绣花功夫,茶艺也叫工夫茶,精美到家。海外从商,也做到极致。在中国,潮州人被公认为拓殖外域的"东方犹太人"。

闯洋、广汇——广东是中国最早实现了世界性的人力、物资、经济、金融交流和文化交汇的地方。广东人是中国最早闯南洋、闯世界的人。他们接触异质文化早,融入异质文化快。他们日常用语中有很多"水"字,可能与闯洋不无关系:进水货,货从水上来;发水财,出海就有财;走水路,水陆交通都叫水路;交水费,交通费都叫水费。广东人吃饭爱煲汤,而且第一道菜就上汤。(全场活跃)市面最早流行番银,即外币,从唐宋时开始,到明末清初盛行,与我们的纹银同时流行。沈复《浮生六记》写到过当时以番银结算买卖甚至嫖妓费用。

但是潮人、粤人的闯洋史是充满了血泪的。他们坐红头船、猪笼船到番邦当猪仔,被视为畜类,只能与驴马同道,干比驴马还重的活。闻一多的《洗衣歌》用诗写过这血泪:"年去年来一滴思乡的泪,半夜三更一盏洗衣的灯……下贱不下贱你们不要管,看哪里不干净哪里不平,问支那人,问支那人。"想到美国西部与俄国西伯利亚、加拿大的铁路都是华工修的,还得不到承认,我们能不热血沸腾?当然,随着历史的进步,广东人闯洋也大致分出了三个阶段:19世纪以前主要是打工,为揾食、为生存闯洋;20世纪前半期,主要是为救亡、启蒙,闯洋去西方寻找真理,闯洋人中许多都成为革命和科学的先行者;改革开放以来,主要是留学,为了学习现代科学文化管理知识闯洋,很大程度上成为中国人在全球化进程中的个人选择。

总的说，闯洋与广汇构建了粤人艰苦创业、自强不息、海纳百川、诚实守信的文化精神。他们有令人钦佩的守土意识：用揾食、生猛和绣花功夫般的精神创造了各方面的文化精华，又有表现到极致的动态生存能力：以走先、闯洋、广汇精神创造了华人文化在海外的灿烂。他们勇敢地出走，又深情地望乡。无论自己成功与否，总是竭尽全力反哺国内、反哺家乡。辛亥革命，广东除了为民族贡献了孙中山、廖仲恺这样的领袖，还有许多普通华侨华人的涓滴贡献。越南一位卖豆芽的小贩黄景南，将一生积蓄六千大洋全部捐给孙中山的革命活动。抗日战争时期，潮州籍华侨关景，挑水为生，每担只赚一分钱，却捐了三千元，也就是说，他为抗日要挑三十万担水。抗战期间，华人华侨捐款十三亿，侨汇达五十五亿，还捐了飞机二百一十七架，坦克二十七辆，救护车一千辆，机械工人十批三千二百人。（掌声）

潮汕文化将岭南文化的这五个关键词表现到了极致。

第六站　南非和印度

最后，咱们到国外转一转。我到过南非，从土耳其到埃及，再到南非。后来我又去过印度，从泰国到尼泊尔进入印度。

南非和我想象的完全不一样。去南非之前，在出国人员身体检查中心，一气给我打了八针，防艾滋病的针，防黄热病的针，我的夫人、孩子对我去非洲都非常担心，叮咛我小心再小心。我也有点紧张，赴汤蹈火般地登上飞机。（活跃）土耳其当然很好看，伊斯坦布尔，也就是君士坦丁堡，是世界五大古都之一，也是伊斯兰教之都；埃及当然也好玩，我始终觉得，从旅游角度，印度、土耳其、埃及、南非这些国家比欧美，特别比美国更可看可说。美国是一点看头都没有，高速公路很好，摩天大楼很好，先进富足，但是说不出个什么。说来说去南北战争，已经到了我们的康乾盛世了，还拿出来给我们显摆。（活跃）地中海则非常有文化，可以追寻，可以思索。

到南非为什么吃惊，它的现代化程度叫我吃惊。为什么？因为它的现代化程度非常高。它有三个首都，比勒陀利亚是它的行政首都；开普敦，非洲最南边印度洋和大西洋交界处的那个城市，是立法首都；约翰内斯堡是经济首都。那个漂亮啊，不比老牌资本主义英国、法国差。城市的环境整洁，生态好。比勒陀利亚的市树叫紫槐，槐树，开的花不是白的，是紫的。全城飘着紫色的花朵，真是没有见过那么漂亮的。然后和他们的议员接触，他们的主要领导都是黑人。后来又参观了几个城市，才知道南非的立法制度、行政规则、市场经济、社会管理都很现代化。

我到了好望角，那里有一座山叫桌山，山顶像桌子那么平。站在那里可以看见在大西洋中间，大概离岸很近，几海里的地方，有一个小岛，那是流放曼德拉的小岛。一个非常小的小岛，跟外界隔绝，有人看守，不能上去。那哪是监狱，绝对是一个高级疗养院，岛上全是花是树，空气之好超过氧吧，有许多服务人员为曼德拉服务。曼德拉怎么能不长寿，八十多岁了还活跃在政坛上。在服刑的那几十年里，曼德拉依然能够适度地参与政治，人家那种人道精神真是令人钦佩。后来我们又到了它的邻国肯尼亚。肯尼亚的孩子那么瘦，瘦得两个大眼睛那个凄凉，叫人不敢对视。两相对比，我不由得思考，为什么自然条件差不多，南非这么富裕、现代化，而中部非洲、肯尼亚却那么落后贫困？

是因为制度，因为管理。南非在摆脱殖民统治独立之后，用我们的话来说，没有走极左的路，没有走否定一切、打倒一切的路，没有像中非，像肯尼亚那些国家一样，把白人全赶走，把原有的法规和管理全打烂。我想起邓小平好像说过这样的话，他说资本主义的管理制度是人类文明的结晶，人类可以共享。阶级剥削是不对的，霸权主义是不对的，但管理是一门科学，成熟的社会管理是可以借鉴的。为什么要在结束殖民统治的时候，把先进的管理制度也抛弃呢？

曼德拉为什么得诺贝尔和平奖，就是由于他了解这一点，他提出，南非既是黑人的故乡，也是祖祖辈辈在这里生活的白人的故乡。白人在那里生活了三百年，近十代人为建设南非出了力，如果一个国家、一块土地三百年还不能认同一个种族，那是多么狭隘。白人愿意继续在这块土地上生活，我们要尊重他们的选择。曼德拉有一种人类的情怀，只要是人类先进的东西，好的东西，都要留下。白人的很多管理制度、管理经验，很多知识和技术，就可以成为新国家的财富，融入大家共同的事业。因而在摆脱殖民统治以后，南非没有乱，井然有序地过渡到一个新阶段。科学的立法和制度太重要了。这是南非给我最深的印象。在南非，主宰国家的领导全变了，但这个国家依然科学运转，是法制管理的传承使国家得以正常运行。曼德拉是一个宽容的、有人类情怀的、有科学头脑的政治领袖。所以他像孙中山、毛泽东一样，在南非威望极高，已经成了整个非洲、整个第三世界的精神领袖。

管理重要，但还有比管理更重要的东西，这是我到了印度以后的感觉。印度太让我感到亲切了，和中国，和西安很像，人多得化不开。从新德里往泰姬陵走，路上的交通规则是弹性的，人流搅和着汽车，最多的是前几年西安到处可见的奥拓小汽车、摩托车、自行车，往前流动。还有人力车，前面后面一共拉四五个人，我拍了照片，回来好多杂志都用。（活跃）不是说人家不好，那是一种异国风情。印度也有很多先进的地方，我到了印度的"硅谷"班加罗尔，也到了玄奘西天取经学佛的那烂陀寺，这都是先进文化。包括印度人的语言能力，除了山区农村，英语和印度语同时成为日常用语，这是它们走向世界的优越条件，没有语言距离，比我们不知道先进多少。

文物局长陪我们到了印度中部奥兰加巴德的古代石刻洞窟，那些洞窟比我们敦煌早七百年，里面全是圆雕石刻，甚至镂空刻出一座大礼堂那么大的有石梯上下的二层楼房子，里面上上下下全是印度教的神像，精致辉煌的程度超过敦煌。敦煌壁画风格是由印度传过来的，而印度的洞窟是浑然一体的石刻。

但我在印度也的确看到它的另一面。在北部一个城市，我看到很让人心酸的一个镜头。在一个十字路口的安全岛上有几个孩子在玩耍，每当红灯一亮，路上的车停下来，他们几个，其中包括一个十来岁的小姐姐抱着一个两三岁的弟弟，全冲到汽车跟前，伸着小手乞讨。当红灯换成绿灯，车要走了，这些孩子又很高兴地回到安全岛上继续他们的游戏。我伸头看过去，他们在安全岛的两棵树中间，吊了一个烂吊床，吊床旁还有锅灶碗盆，那三个孩子，一个姐姐带着两个弟弟，竟然就在安全岛上安家，以乞讨为生。红灯一亮他们便要饭，绿灯亮了车走了，他们便玩，一切习以为常。正是孩子们这习以为常的乞讨生活，让我看得心酸。那么小的孩子已经不认为要饭是一种异态的畸形的生活，他们觉得这一切就是正常的人生。当他们懂事以后，接触了更大的世界以后，真不知道会怎么想。

参观印度中南部的古代石窟时，我还接触到一群沉默的人。他们是种姓制残留影响的受害者，是低种姓的贱民的后代。因为我们是外宾，走到哪里都安排几个人侍候你。有的拿着矿泉水，有的端一个盘子，盘子里边有食品、毛巾，走哪儿都跟着你。洞窟里面没有灯光设施，便有个人扛一块白铁皮跟着，一个洞一个洞用白铁皮反射阳光照进洞里。我们心里很不安，他们每次要请我喝水，我都谢谢他们，但他们从来不回话，脸上没有任何表情，跟木头人一样。我很奇怪，是不是我这英语说得不对？翻译说没说错啊。我问那为什么他们丝毫没有反应？翻译说，他们是旧种姓制中贱民的后代。印度原来有种姓制度，高种姓的人能参与公共生活，低种姓的人，你前世造了孽，永远不能跻身于上层社会生活。现在这种制度早已废除了几十年，尼赫鲁时代就废除了，有些低种姓的人都当上国会议员了。但是在中南部、在农村还残存着。他们的后人还受歧视，他们自己也自认低人一等。

这也就是说，心灵的解放、思想的解放，比制度重要得多。制度已经废除了，宣布你们不是贱民了，你们可以享有平等权利。可是实际上不行。印度现在只有百分之一二的人信佛教，主要信印度教。印度教告诉你的是，"凡是投胎贱民家里，那是前生造了孽，这辈子一定要低声下气地度过，下辈子才能获得正常人的命运"。他们在这样一种思维和精神阴影下，在这样一种文化误解和迷信的阴霾下生存，无异于头上戴上了紧箍，即便有了解放他们的制度，也依然不敢越雷池一步。他们之间也这样沉默吗？不，我去厕所，看到他们就住在挨着厕所的破房中，互相有说有笑的，一见我们来了，所有的人又都缄口如瓶。

后来我们吃了一顿很特殊也很辛酸的饭。在一个林子中间的场子上，路边是高树，树上是猴子。印度的生态保护得很好。牛在新德里的闹市上随处可见，是"神牛"。晚上，贫民席地而卧，牛则像幽灵一样在卧着的人群中巡游。猴子也可以在林子随便活动，不会有安全问题。林子中间摆了一个桌子，我们坐在那里吃鸡肉抓饭，树上全是猴子，一不留意，猴子就跳下来抢你的饭。我们这些外宾一共才六个人，热情的主人让二十六七个沉默的佣人，拿着棍子背对我们，面对着猴子，像足球场上面对观众的警卫一样。他们假装棍子是枪，猴子一蠢蠢欲动，他们就拿棍子这么一举，一瞄准，吓得猴子不敢动了。我们就是在这种戒备森严的环境下，在动物、低等公民、高等公民这种等级森严的环境下，吃的这一顿饭。我真想叫他们一起来吃，但不能，他们是另外一层，不能跟我们外宾一起吃。于是我只希望赶快结束这不平等的状态。

在南非，一个制度、西方的制度，唤醒了民众，唤醒了起码的民主意识和自由意识。当他们的心灵被唤醒，那个制度才能起作用。而在印度的这一部分人群中，虽然已经有了制度，有了废除种姓、废除贱民、给贱民以平等自由的制度，但是，心灵还没有自由，心灵还在沉睡。如果他们还沉睡在印度教的来世报应和现世救赎等观念之中，还沉睡在种种世代相传的习惯势力、心理定式之中，制度就只能是外在的力量。外力是拯救不了自己的，特别是拯救不了心灵的。在这种情况下，制度所能起到的作用微乎其微。

所以，说来说去，我是想说，南非的例子，证明了在社会进步的历程中，制度是非常重要的。而印度的例子，则进一步证明还有比制度更重要的东西，这就是人本身的解放，人的内部世界的解放，心灵的解放。

好了，我就讲到这。谢谢大家来听我这么长的演讲，讲错的地方，大家批评。谢谢大家。

2007年6月11日，西安，根据在西安二十所大学的演讲整理

激发全民族文化创造活力

"要坚持社会主义先进文化前进方向,兴起社会主义文化建设新高潮,激发全民族文化创造活力,提高国家文化软实力,使人民基本文化权益得到更好保障,使社会文化生活更加丰富多彩,使人民精神风貌更加昂扬向上。"胡锦涛同志在十七大报告中的这段论述,明确将"激发全民族文化创造活力"作为坚持社会主义先进文化前进方向、兴起社会主义文化建设新高潮的一个重点,同时,又指出了"激发全民族文化创造活力"的重要意义:它能够促进国家文化软实力的提高,能够使人民精神风貌更加昂扬向上。

创新是一个民族的灵魂,创造与人类文明共始终。文化创造活力是人类进步的风帆,更是社会主义先进文化前进的发动机。中国特色社会主义既是中国共产党人领导亿万人民群众的一场伟大的社会改革实践,也是中华民族旷古未有的一场思想解放运动。它使我们从各种精神枷锁和文化桎梏中解放出来,探索具有中国特色的社会主义理论和实践。它使我们国家在二十多年中大踏步和平发展,自立自强于世界民族之林。这本身就是中华民族创造活力的一次历史性喷涌。中华民族自古以来就以富于创造活力而著称于世;自古以来就敢于并善于继承和发展人类既有的经验,因时因地提出自己的新思想,走出自己的新路子;自古以来我们一次又一次以创新、发明、探索,为人类的进步做出了独有的贡献。中国以此受到世界的尊重,中国人也以此在世界有了良好的形象。这一切,都构成了"中国软实力"。

激发全民族文化创造活力,最重要的是在全社会强化创造意识,营构创造氛围。近几百年来的历史,一再严峻地告诫我们,没有创造就没有高速发展,没有高速发展就会落后挨打。无论是文艺创作还是社会实践,在一个创造力贫乏的平面上转圈圈，再勤奋再刻苦，也只能是一种量的叠加和数的积累，唯有创造性的实践才可能引发质的飞跃，唯有质的飞跃才可能引发数量等比级数的增长。进入新时期，我们已经逐步具备了发展文化生产力的两个基本条件，即人力资源的高素质化和社会活动（包括经济活动和文化活动）的高信息化，在全社会树立敢想敢说敢实践敢为人先的风气，以创造为荣，以创造为乐，培育、发现、爱护创造性人才，人人争当创造性人才，恰是正当其时。

激发文化创造活力，要营造宽容博大的氛围，以利于创造性事物的萌芽，利于新生事物成长。新生事物常常稚嫩而不成熟，创造更是要以错误和失败为代价。对此整个社会都要培育健康的心理。什么是创造？就是以异向或反向思维，对既在的、众所认可的、习以为常的秩序、规律、方法、理念、现象、习惯，进行反思、诘问、校正、调整、发展，甚至否定。创造或迟或早总会导致原有状态的改变，但是这种改变无疑是一种进步。美国经济学家约瑟夫·熊彼德曾提出"创造性破坏"的著名观点，后来美国文化史学家泰勒·考恩在自己的专著《创造性的破坏：全球化与文化多样性》中集中阐发了这一思想。他们对新经济、新文化带来的原有状态的颠覆和破坏，都持积极态度。他们更看重一种文化在转型或颠覆之后所产生的创造活力，认为这是"充满创造力的文化破坏"。

当前，和物质生产领域一样，我们的精神生产领域也存在着由"中国制造"向"中国创造"提升的问题。就文艺创作来看，名著反复移植、旧作不断翻新、群起跟风克隆，在各门类艺术尤其是影视创作和节目中可以说成为一种风气。选刊、文摘盛行，网络、短信文化大批量地复制传播，网络给艺术文化和学术论文的拷贝在技术手段上提供了从未有过的便利，以致剽窃事件屡见不鲜，等等，都从一个侧面反映了文化创新力的萎缩。一个文化体系由于自身创新力的贫弱，或由于外力（比如市场利润）的左右而走向同质化，走向自我循环、自我复制，不仅悲哀，而且极其危险。

如果说这些还是浅层的表现，那么艺术思维的平庸，尤其是想象力的贫乏，则已经成为当下文艺创作的痼疾。艺术想象力是作家、艺术家创造活力的重要标尺。艺术想象力来源于创作者的生活积累和人生阅历，来源于创作者的生命感悟和艺术感悟，更有赖于不断从人民群众创造性的社会实践中吸取新的营养，获取新的激情，不断将人民群众的创造活力转化为自己的艺术想象力和文化创新力。可以说它是作家、艺术家创造生命活跃程度的检测器。艺术想象力可以促发我们生命个性、艺术个性的张扬，帮助我们冲破习见观念和定式思维，冲破陈旧的艺术方法和表现手段，帮助我们从生活原型和感情原型的土地上起飞，翱翔在艺术创造的宇空之中。

激发全民族文化创造活力，要将个体的创造活力融入群体的、民族的创造活力，将文化的创造成果转化为社会的创造实践。文化创造活力是所有社会创造活动的火车头，而生命的、心灵的活跃和自由又是文化创造活力的渊薮。创造力的解放当然源于每个人生命本体的解放，它需要我们走出各式各样外部的文化屏障和内部的心灵云翳。不言而喻，这一点对文艺家尤其重要。艺术创作是创作者用审美形态再现自己情感体验的心性活动，无论是感受、理解、记忆、联想和创造性的重构再现，都需要心灵的自由，需要生命的释放、思维的开放、想象力的奔放。但这还远远不够，个体的创造活力并不意味着无度自由，而是一种有度自由。不论其自觉不自觉，创作者心灵的自由总需要，也总是会和他所具有的社会责任意识和谐地融为一体。同时，也只有个体的创造活力和群体的、社会的、民族的创造活力融为一体，只有你的创造成果（譬如文艺作品）能够不同程度转化为民众的共鸣（譬如文艺欣赏的共鸣）和社会的实践，个体的创造力才能够得到真正的实现。

文艺工作者的创造活力是需要营养的，这营养要到人民群众的创造性实践的土壤中去汲取。现代资讯传播的发达，已经在现代人和真态的生活之间构成了一张无所不在的拟态生活隔层，布下了一道很难逾越的"文化膜"。

参与了这种文化膜制造的文艺家，极容易不由自主地陷进"膜生存"而不能自拔，以致愈来愈远离了真态的、原创的生活。这是我们要格外警惕的。文化膜给我们脑子里喂满了别人的、"类象"的素材。此类素材作为一种"他者经验""伪经验"，会无孔不入地渗透到文艺家的心灵深处，并且日积月累沉淀下来，挤兑、替代了创作者直接的、自我的、原生的生存体验，有时甚至到了创作者自己都无法分辨真伪的程度。我们常常看到，有的作者不自觉地将这种"伪经验"作为自己的人生资源，将"伪经验"诱发的各种"伪想象"作为自己的艺术想象在作品中使用，以致造成大量作品的雷同。在这种情况下何谈文化创造活力呢？再有能耐，也是在别人布设好的、既在的文化膜中翻筋斗，有什么原创可言呢？文艺的创新绝不是为了尽可能多地分享公共经验，而是要在公共经验一望无际的草原上，找到自己生命的小草。我们要冲出"膜生存"，涤除"伪经验"，在"贴近实际，贴近生活，贴近群众"的过程中，尽可能多地获得独有的生命体验，实现艺术的创造。

近年来，一批引发好评的主旋律电视剧，如《激情燃烧的岁月》《亮剑》《士兵突击》，之所以受到欢迎，最主要的就是作家、艺术家感知、捕捉到了当今重要的时代情绪：一旦物质化的生活追求无法遏制地膨胀，真情的和意义的生存便正在离我们远去，你会困惑没有精神依赖的日子为什么竟然比没有钱的日子更苦恼。这几部电视剧的成功，恐怕正是因为作者能够以自身极富活力的、自由的艺术创造，来表现剧中那几位鲜活的、带有原生气质的人物性格，表现主人公们痛快到极致的生命活力，表现他们将自己的生命活力融入民族解放和国家进步的历史性创造活动，而给了观众巨大的感情震撼和精神提升。

激发全民族文化创造活力，还要有政策、体制上的支持，运用科学的机制不断拓宽文化创新的领域，促进文化创造活力持续涌流。要加快建立国家文化创新体系和知识创新体系，加大文化人才培养和文化专利保护。要组建像高新科技开发区那样的文化创新试验基地、试验单位、试验团队，给他们开小灶，吃偏饭，允许在实践中走弯路、犯错误，经济上少收益、打水漂。经过试验，总结经验，探索规律，上升为对文化创新的科学认识，并在这个基础上制定相关政策，改革机制、体制，形成有效的激励机制、雄厚的信息基础设施和动态的人才、技能交流平台，以引领全局性的文化创新活动。

　　文化创造力的核心是文化创意能力，文化创造力最强大的动力是文化产业、文化市场。要花大力气培养文化创意人才，发展文化创意产业。尤其要培养一批具有国际视野和战略眼光的创意专家，大手笔才能写大文章。成熟的市场经验，能适应多种产业融合的文化管理人才、文化经销人才、文化资本运营人才的培养，是我们要主攻的弱项，而且刻不容缓。

2007 年 11 月 25 日，西安不散居

弘扬民族精神要有创新思维和世界眼光

文化艺术要培育和弘扬民族精神，一直是社会主义文化建设的重要课题。改革开放以来，尤其是我国加入世界贸易组织之后，中华文化将会更为深刻地进入世界文化格局，弘扬民族精神的问题更是备受关注。江泽民同志在中国文联第七次代表大会和中国作协第六次代表大会的讲话中，集中论述了文艺弘扬民族精神的问题。他高屋建瓴地指出，中华民族精神不仅体现在中国人民的奋斗历程和奋斗业绩中，体现在中国人民的精神生活和精神世界里，也反映在我们民族优秀的文艺作品中，反映在我国杰出文学艺术家的创造活动中。他指出，文艺在弘扬民族精神方面可以发挥独特的作用，鼓励文艺工作者通过自己独创性的艺术劳动，使文艺成为国民精神的火炬、人民奋进的号角。

和经济相比，文化艺术有自己的独特之处，它具有不同社会制度意识形态的差异性，具有不同国别民族文化精神的差异性，也具有个体创造性精神活动的不可规范性。因而，同处世界格局中的各民族文化，除了由于历时的同律和共时的同构造成的许多相似性，也必然会出现许多差异甚至悖论，尤其是价值层面深刻的差异和悖论。这些差异、悖论引发了历史上一次又一次的文化冲突，甚至文化、宗教的战争。世界文化就这样在流血或不流血的历史河床中前行，合合分分，好好恼恼，才形成了现代世界以西方文化为中心的欧美文化区，以中华文化为中心的东亚文化区，以印度文化为中心的南亚文化区和以伊斯兰文化为中心的中东和北非文化区这样一个多元文化格局。显然，将世界各民族的文化艺术纳入类似 WTO 那样的组织，希图以一种法定的约束力来达到全球各国各族文化艺术协调一致的发展，恐怕是不可能的。

其实，经济全球化并不一定能消除不同国家之间的冲突，在一定情况下还可能加剧不同文化传统的国家、民族之间的冲突。上世纪末到本世纪初的全球形势充分证明了这一点。有的学者说未来世界的冲突主要是文化冲突,甚至连战争也大都是文化冲突的武力表现,应该说不无道理。也许正因为看到了这一点,改革开放以来,国人在谈论文化艺术全球化问题时,常常更多从抵御和反对新形势下的文化霸权主义,维护民族精神和保存民族文化传统的角度着眼。抵御、维护、保存,显然是十分必要的。但是,对于民族文化艺术如何走出去,如何在创造、开放中弘扬发展,则议论较少。这方面不多的一些议论,又大多集中在工具理性和市场运作层面,谈论民族文化如何由事业转为产业(文转产),由智力转为股份(文转股),谈论民族文化如何通过现代市场操作进入世界市场格局。这些研讨也是十分必要的。只是千万不要忘了问题还有更重要的一面,这就是换一种眼光——以全球眼光,对民族文化艺术定位,换一个坐标——以开放、融汇、更新、创造的坐标,思考民族文化艺术加快走向世界的步伐,以便在全球文化格局中占得更大份额,发挥更大作用。在这个层面上,民族文化艺术的保存、维护和民族文化艺术走向世界、走向现代,实际上都是弘扬民族文化的题中之义,是这个问题互促互动的两方面。

以积极、进取、开放的精神弘扬民族文化艺术,首先要发扬中华文化固有的在兼容并包、开放融汇中不断创新的品格。

前些年,有人认为中华文化是一种僵滞封闭的超稳态结构,这显然是偏见导致的谬误。中华文化的内在结构应该说是稳态和动态两种机制的统一。千百年来形成的许多民族传统,譬如团结凝聚、自强自信、奋发进取的精神品格,天人合一、家国同构、伦理中心的文化结构以及种种政治、法律、伦理、科学、艺术的形态意识和非形态意识(文化心理即其中的一种),都构成了我们民族相对稳态的精神传统。所以说这种稳态是相对的,是因为它们是在历史运动中不断创造、积累而成的,具体内容又无不随时代的变迁而不断变化发展着；也是因为它们并不是纯一的，而是一个庞大的体系，一个多维复合体。这个多维复合体的各部分、各层次，这个大系统的各个子系统之间，构成多种对立统一关系，处在不停的矛盾运动之中。这是一方面。

另一方面，更为重要却往往被忽略的是，中华文化又具有多维动态融汇的机制。中华文化在发展过程中总是不断吸收新的文化因子，经过汰选、改造、融汇，化为自己的血肉生命，使自己得以周期性地更新、发展、进步。一部中华文化发展史就是不断融汇各种异质文化因子更新壮大的历史。遍布黄河、长江流域和华南、东北、青藏地区上百个文化遗址，不断证明中华文化是多源发端、多流生成的。中华文化是五十六个民族共同创造的多民族文化，而汉文化内部自古以来又呈现多地域、多流脉的复合色彩。这个多维文化的复合体，在漫长的交汇融合中形成了以儒为核心、儒道释为主干，各种文化成分枝繁叶茂、硕果累累的参天大树。中华文化发展的几次高峰，都和文化的开放交汇有着深刻的联系。试想，没有秦汉之际董仲舒等思想家对先秦诸子百家学说的创造性综合，哪里有秦汉文化？哪里又有后来成为民族文化重要基石、对世界文化产生重要影响的儒文化？没有汉唐乃至宋明中华文化对印度佛教文化上千年的吸收、改造，没有近于《中庸》的天台宗，近于《周易》的华严宗，近于《孟子》的禅宗等中国化佛教的先后创立，哪里会有融汇了佛学内容的儒学——宋明理学的壮大？更不会有中华儒道释文化系统的形成和直至今天对世界文化巨大的平衡、启迪作用。

这种多维文化在融汇中的创新发展，有一个不可或缺的基础，便是在时代精神中融汇，在本土文化中融汇，在民众生活中融汇。耐人寻味的一个例证是，当中国化的佛教禅宗日益兴盛之时，过分拘泥"原版性"的佛教流派，如玄奘及其弟子窥基创立的一味追逐"天竺化"（印度化）的法相唯识宗，由于忽视和本土文化在整合中创新，逐渐衰败了。也是由于不与时更新，印度本土的佛教日益衰败，佛教徒日见减少，据说只占总人口的百分之一，不但早已不敌印度教、伊斯兰教，甚至已经不敌锡克教了。

中国在近百年来，几次西方文艺的引进高潮，如五四运动时期和改革开放初期，也都是从对域外文艺生吞活剥的单向模仿开始，走向与本土精神、民族生活相融相洽，走向逐步深入地描绘作家、艺术家在民众生存中的真切体验，从而完成了自己的整合和更新。从20世纪二三十年代文学狂飙派的前卫色彩，到后来巴金、老舍、茅盾、赵树理的民族现实生活写真，从20世纪80年代中期开放之初西方现代思潮对诗歌、小说铺天盖地的贵族化影响，到后来平民化的新写实作品润物细无声的出现以及现实主义在主旋律作品中的高层次回归，都说明了异质文化因子的确是文化创新的触媒，而本体文化脉流又更是文化创新的沃土。"和实生物，同则不继。以它平它谓之和，故能丰长而物生之；若以同裨同，尽乃弃矣。"（《国语·郑语》）"以它平它"就是将不同的事物联结在一起，并且相互配合达到和，才能产生新的事物。如果"以同裨同"，把相同的事物放在一起，就只有量的增加而不会有质的变化了，哪里能产生新的事物呢？孔子继承了这种"重和去同"的思想，提出了"礼之用，和为贵""君子和而不同，小人同而不和"。和而不同，有容乃大，适时地、多维地、创造性地将异质文化转化为自身发展的营养，这是中华文化几千年生生不息的根本原因。

千百年来，中华文化在将异质文化营养转化为内部活力时，体现出这样一些规律：它总是从自身发展的内在需求来选择先进的异质文化成分与之交融；它总是在自身文化体系中产生了对旧文化的批判力量，即具备了内因的前提下，先进的异质文化才有可能被吸收、整合；在民族文化系统中最积极、最活跃地融汇异质文化的，往往是旧系统中最坚决的社会、文化批判力量；中外文化的融汇过程，大都表现为在中华主体精神的基础上，中外文化做不同程度的"双向扬弃"，在双向的扬弃中，本体文化和异质文化都要程度不同地重组、重建自己，才可能实现动态的、有机的结合，产生文化新质；这断变化发展着；也是因为它们并不是纯一的，而是一个庞大的体系，一个多维复合体。这个多维复合体的各部分、各层次，这个大系统的各个子系统之间，构成多种对立统一关系，处在不停的矛盾运动之中。这是一方面。

另一方面，更为重要却往往被忽略的是，中华文化又具有多维动态融汇的机制。中华文化在发展过程中总是不断吸收新的文化因子，经过汰选、改造、融汇，化为自己的血肉生命，使自己得以周期性地更新、发展、进步。一部中华文化发展史就是不断融汇各种异质文化因子更新壮大的历史。遍布黄河、长江流域和华南、东北、青藏地区上百个文化遗址，不断证明中华文化是多源发端、多流生成的。中华文化是五十六个民族共同创造的多民族文化，而汉文化内部自古以来又呈现多地域、多流脉的复合色彩。这个多维文化的复合体，在漫长的交汇融合中形成了以儒为核心、儒道释为主干，各种文化成分枝繁叶茂、硕果累累的参天大树。中华文化发展的几次高峰，都和文化的开放交汇有着深刻的联系。试想，没有秦汉之际董仲舒等思想家对先秦诸子百家学说的创造性综合，哪里有秦汉文化？哪里又有后来成为民族文化重要基石、对世界文化产生重要影响的儒文化？没有汉唐乃至宋明中华文化对印度佛教文化上千年的吸收、改造，没有近于《中庸》的天台宗，近于《周易》的华严宗，近于《孟子》的禅宗等中国化佛教的先后创立，哪里会有融汇了佛学内容的儒学——宋明理学的壮大？更不会有中华儒道释文化系统的形成和直至今天对世界文化巨大的平衡、启迪作用。

这种多维文化在融汇中的创新发展，有一个不可或缺的基础，便是在时代精神中融汇，在本土文化中融汇，在民众生活中融汇。耐人寻味的一个例证是，当中国化的佛教禅宗日益兴盛之时，过分拘泥"原版性"的佛教流派，如玄奘及其弟子窥基创立的一味追逐"天竺化"（印度化）的法相唯识宗，由于忽视和本土文化在整合中创新，逐渐衰败了。也是由于不与时更新，印度本土的佛教日益衰败，佛教徒日见减少，据说只占总人口的百分之一，不但早已不敌印度教、伊斯兰教，甚至已经不敌锡克教了。

中国在近百年来，几次西方文艺的引进高潮，如五四运动时期和改革开放初期，也都是从对域外文艺生吞活剥的单向模仿开始，走向与本土精神、民族生活相融相洽，走向逐步深入地描绘作家、艺术家在民众生存中的真切体验，从而完成了自己的整合和更新。从20世纪二三十年代文学狂飙派的前卫色彩，到后来巴金、老舍、茅盾、赵树理的民族现实生活写真，从20世纪80年代中期开放之初西方现代思潮对诗歌、小说铺天盖地的贵族化影响，到后来平民化的新写实作品润物细无声的出现以及现实主义在主旋律作品中的高层次回归，都说明了异质文化因子的确是文化创新的触媒，而本体文化脉流又更是文化创新的沃土。"和实生物，同则不继。以它平它谓之和，故能丰长而物生之；若以同裨同，尽乃弃矣。"（《国语·郑语》）"以它平它"就是将不同的事物联结在一起，并且相互配合达到和，才能产生新的事物。如果"以同裨同"，把相同的事物放在一起，就只有量的增加而不会有质的变化了，哪里能产生新的事物呢？孔子继承了这种"重和去同"的思想，提出了"礼之用，和为贵""君子和而不同，小人同而不和"。和而不同，有容乃大，适时地、多维地、创造性地将异质文化转化为自身发展的营养，这是中华文化几千年生生不息的根本原因。

千百年来，中华文化在将异质文化营养转化为内部活力时，体现出这样一些规律：它总是从自身发展的内在需求来选择先进的异质文化成分与之交融；它总是在自身文化体系中产生了对旧文化的批判力量，即具备了内因的前提下，先进的异质文化才有可能被吸收、整合；在民族文化系统中最积极、最活跃地融汇异质文化的，往往是旧系统中最坚决的社会、文化批判力量；中外文化的融汇过程，大都表现为在中华主体精神的基础上，中外文化做不同程度的"双向扬弃"，在双向的扬弃中，本体文化和异质文化都要程度不同地重组、重建自己，才可能实现动态的、有机的结合，产生文化新质；这种融汇，不仅是文化的融汇，更是异质文化和中国社会生活实践的交融过程，在和中国社会生活实践的交融中，异质文化受到远比在文化交融中更深刻的改造，从而参与到中国实际生活的进程中来，甚至成为中国社会的精神文化现象之一。

在创新中弘扬，在融汇中发展，这才是弘扬发展中华民族精神的要义。

以积极、进取、开放的精神弘扬民族文化艺术，还要转换视角，转变观念，在当代全球文化格局中对民族文化艺术做新的把握。

在当代世界文化格局中对民族文化做再认识，最重要的是以世界眼光和现代科学体系对民族文化精髓、民族美学体系和民族文艺现象重新扒梳整理，发掘更深更新的内涵，做出科学而有力度的再肯定。只有在当代的、全球的大时空里，才能判断、识别民族文化中的先进因素（这是我们应该大力弘扬，而且可以营养世界文化的瑰宝），也才能发掘民族文化中那些适应全人类、被人类普遍认同的精神资源（这是民族文化和世界文化的衔接点，是民族文化进入世界格局的绿色通道）。同时，对民族文化中落后、过时的东西，也要从当代世界文化的坐标上做出更具科学理性的再批判。如果我们立足于过时的或脱离中国实际的文化立场和方法，立足于有着自然经济、计划经济或全盘西化浓重投影的文化立场和方法，对民族精神无论是扬弃还是发展，都可能误入歧途。

20世纪初叶，西学东渐，以体系化的、思辨的西方文论全面否定经验的、感悟的中国美学和传统文论，一时成为时尚，王国维却力主在世界格局中认识本国文化的观点。他指出："欲完全知此土之哲学，势不可不研究彼土之哲学。"而且躬行实践，借助叔本华的学说和西方的逻辑方法，将古典文论意会层面的意境说，发展为有初步科学阐释的境界说。同样，叔本华对欧洲文化哲学做反思的时候，也从印度哲学和中国的《易经》、佛学中吸取了思想资源，这帮助他表达了仅用西方纯粹理性哲学和思辨逻辑难以阐释清楚的人的生存困窘。20世纪初始的五四运动期间，有些激进的国人痛切非议象形的汉字，不料这同时，中国古典诗歌却在美国引发了一场意象派诗歌革新，涌现了庞德那样的大诗人。而后来在海德格尔那里，我们又看到了中国传统文论中虚静精神的影响。

在全球文化日渐趋于综合的大背景中，东西方文化艺术的关系正在更新，一方面不断以新的形态冲突着，另一方面又走向对话和互补。随着信息社会和生态社会的到来，随着人对主客体世界复杂性愈来愈深刻的认识，工业社会的许多文化观念和审美观念已经失去了它的自洽性。西方文化也正在重新建构。在这种重构中，东方的中华文化，以儒家的"天人合一"和道家的"顺其自然"，和谐着人与自然的关系；以儒（重善）、道（重真）、释（重美）的三位一体，协调着人与社会，平衡着人的内部世界；以中国式认知的模糊色彩和感悟色彩，拓展着人类对世界、对心灵、对艺术的把握；还有，以"中庸"把握思维和实践的分寸和尺度，避免不良的倾斜和断裂；等等。所有这些都正在被世界重新认识，成为现代文化和现代思维极有价值的资源。

正如马克思在谈到世界市场的开拓时说的："民族的片面性和局限性日益成为不可能，于是由许多民族的和地方的文学形成了一种世界的文学。"今天，旧的封闭的民族文艺研究正在日益广泛地被多语言的比较文艺研究所取代。我们应该加强比较的研究和系统的观照，在全球化格局中发掘、发扬民族文化中具有世界意义和现代价值的精华，并且做好科学的阐释推介，使之在文化全球化的现实进程中发挥鲜活的推进作用。

以积极、进取、开放的精神弘扬民族文化艺术，还要下功夫做好双向话语转换，在转换中接轨、整合、创新。

这方面，半个多世纪以前，就有宗白华先生以中国文论为纲，融入西方文论话语的成功尝试，也有朱光潜先生以西方文论为纲，融入中国传统文论话语的可贵努力。近来，杨义先生又大力提倡以现代科学的精神和方法，全面建设中国文艺学体系，而且提出了极富创造性的框架设想。但是应该说，民族文化的现代化、学科化，世界文化的中国化，作为一个长期的、全国性的跨学科系统工程，还没有正式开始。

首先要下功夫将民族文化艺术精神转换为世界通用的现代科学话语体系。现代世界对中华文化青睐的同时，也将中华文化和相关的艺术精神现代化、科学化、体系化的任务极为迫切地提了出来。要建立"中体西用"的民族文化科学话语体系，将中华文学艺术的一些结晶，如灵象触发特色、意象传输特色、整体感悟特色和模糊表述特色等在当代仍有生命力的精华，融化到现代世界通用的科学话语体系中去。这个话语转化工程，重点当然是学术研究，同时也要走出书斋、学院，和文艺创作的实践、社会精神文明建设的实践结合起来，还要采用现代运作方式，进入互联网等各种传播渠道，使其在一定程度上变为一种社会行为。这样，学术成果才可能有效地促进整个社会精神文明的民族化和现代化进程。

建立民族文化艺术的智性体系，一不能"言必称希腊"，二不能把立足点放在国外流行的现代概念上，三不能完全沿着中华文化已经形成的老路数走。要从世界文化坐标系出发，尽量返回民族生活的源头和民族文化的原生点去解读中国文化密码，经过切实的发掘、化育，创造出一种能对民族文艺做新的整体表述、能和当代世界对话的话语体系来。这是在现代世界的语境中，大力弘扬民族文化的有效途径。

同时，也要重视"西体中用"的话语转换。除了直接译介，不妨用民族的话语体系和符合国人接受心理的形式，对世界各国先进文化的精华"意译"甚至重写，以改变目前西学走不出精雅文化圈的现状。我们不妨这样设想，在五四运动时期和20世纪80年代中期两次西方思潮引进的高峰中，假如一开始就意识到西方话语中国化的重要性，做好思潮引进中"意译"和重写的工作，做好异质文化进入社会、进入民众的工作，我们对西方思潮的吸取和融汇，也许不会走那么多弯路，可能会比现在的进程早得多、快得多、好得多吧。当然这只是一种设想，文化的发展和历史的发展一样，是无法超前、无法缩略的。每个弯道都有它的必然性，每个弯道又都会启示行者走好以后的路。我们在这里只是想说，世界先进文化如果难以在民众中普及，转化为我们民族的文化营养和百姓生活话语，也就会成为空中之楼阁。世界文化的优秀成果只有经过民族的、大众的、科学的话语转换，才能在中国文化的土壤中生根开花，成为中华文化的血肉。不重视双向话语转换，对民族文化在交流融汇中发展，对民族文化在现代世界的弘扬，都是不利的。

2002年3月31日，西安不散居

传统从来都是创新的历史积淀

——2008 年北京文艺论坛演讲

一、传统怎样形成？

（一）传统文化是历代创造性的文化精粹联结的等高线

我以为一个民族文明程度和文化水准的标志有两条等高线：一条是民众等高线，即整个社会文明程度和大众文化水准的平均海拔高度；一条是精英等高线，那是指不同历史时期各个领域里的一批最高文明成果联结成的等高线。俄国文艺批评家别林斯基认为，后面这条等高线才真正标志着人类文明和民族文化的海拔高度。我想，能够跻身于这条精英等高线的文化精品，大约便属于经典文化，而且流传下来，便积淀为传统了。民众文化等高线虽然不好归入经典，但因为它的价值标准和某些形态融化进了民众的日常生活中，也会转化为我们民族世世代代的活的生存相，而构成传统不可或缺的一部分。

因此不妨这样来表述传统文化：共时态地看，传统文化是一定历史时期精英文明和大众文明成果组建的精神平台，它常常构成那个时代的文化标高或文化共相；历时态地看，传统文化是几千年典籍文化和民间文化精粹连缀成的等高线，它常常构成一个民族的精神原典。

传统文化产生于特定的历史文化语境，在它所处的时代产生过巨大影响，又经受住了历史长河严格的淘选。由于时代、历史和民众普遍的认同，它会转化为文明积淀，成为民族的集体记忆，构成一代一代人的精神家园。

这中间，作为传统文化中的文学艺术作品又有着自己的独特性。因为美的理念和形态，虽然总会在不同程度上反映人类的真知与善断，反映人的本质力量和客观规律，却不等于真与善本身，不等于本质力量和客观规律本身。

美总是要通过各类有意味的形式，使真与善、规律和本质形象化、情感化、个性化。它传达的是形象中的感情、意绪中的规律、个案中的共相、偶然中的必然，也就是那种被康德称之为"无目的的合目的性"。正因为这样，传统文艺作品较之其他传统文化来，常常有更大的模糊性和可争议性。

（二）传统是在否定之否定，而不是在肯定之肯定中形成的

否定之否定是辩证法表述事物发展的一个普遍规律，后者却不是。传统是在对前人突破性的创造，或曰否定性的创造，或如美国经济学家熊彼德所说是在"破坏性创造"中形成的，而不是在对前人一味拷贝、克隆、阐释和迎合中形成的。马克思指出："任何领域的发展不可能不否定自己从前的形式。"否定是事物发展过程中具有决定作用的环节，只有通过否定，才会有新东西的诞生和旧东西的消亡。奥巴马当选后说的一句话"只有改变才有希望"，很快被全球舆论炒热，原因也在这里。如果传统是一条环环相扣的铁链，铁链的下一环一定是与上一环有90度的不同向度，只有异向异态异见，才能衔接贯连下去。这种"铁链原理"是极启发人的。当然这里的否定，不是单抛弃旧事物，而是在吸收旧事物的积极成果的基础上产生的。启功说，唐以前的诗是长出来的，唐诗是嚷出来的，宋诗是想出来的，宋以后的诗是仿出来的。唐诗正是以自己迥异于前朝的青春感、生命感、创造感，成为中国诗歌史的巅峰，成为中国诗歌乃至中国文化的核心传统之一。如果说宋诗还勉强可以不同于唐诗的理性思辨的特点在中国诗歌传统中聊备一格，那么，元、明、清以后仿出来的诗歌便地位衰微，而不能不在体裁上另辟新途，以词曲（宋、元）与小说（明、清）来为传统的长河增添新的光彩了。

（三）传统是在新阶范畴和新质文化中，而不是在同质范畴和同质文化中传承的

传统是在新质生产力要素出现之后，逐渐向社会生活、社会文化层面辐射，开始形成新质文化，又在新质文化的涵养中逐步传承的。不是新质文化，不能积淀为传统，构不成传统链条新的一环。历代农民起义与封建王朝的斗

争，为什么不能使历史进入新的社会形态？那是在对立的两个阶级的斗争。例如李自成与崇祯的斗争中，始终没有产生第三范畴，即新阶范畴和新质文化。是新质生产力——蒸汽机和工人阶级与新质制度、新质文化——资本主义、社会主义，使历史在一个新阶段、新时代中传承下来。第三范畴、新阶范畴是事物发展，亦即传统延续的必要条件。

（四）传统是在真识和异见中，而不是在陈见和庸识中延续的

并不是所有具有新形态的文化都必然构成传统，只有那些带有新的真理元素的真识和异见，才能进入传统流布延续下去。有的文化虽然新异，却并非真善美，则会被文化遗传机制自然淘汰。这在文化史上不乏其例。

二、继承什么传统和继承传统的什么？

（一）传统文化会在许多层面上泽惠后人

记得马克思表达过类似这样的意思，他说，每一个历史事件都会给后人留下许多层面的精神财富。最显在的层面，是这个具体事件中所含纳的带有普遍意义的、具有辐射力的经验。例如马克思在《路易·波拿巴政变记》中分析的，历史的各种机缘如何使一个小人物登上了历史舞台。正如越王勾践卧薪尝胆而终于反败为胜给予后人的启示。

再深一层，人们处理这个历史事件的思维方式和操作方法，会作为一种实践理性和思维智慧使后人永远得益。例如，韩信甘受胯下之辱以成全自己的高远之志；刘邦败于项羽之后，埋头经营汉中，重用人才，韬晦自强，终于以弱势之师大胜强敌。这些都给予我们超越性的启示。

还有，历史事件深处所包蕴的某种结构模式，会转化为新的认知模式，增强后人把握客观世界的能力。例如，老子哀兵必胜、韩信背水一战以及孙子兵法、三十六计等，都成为现今社会成功学的内容。

而人是历史的主角，我们总能在每一历史事件的最深处感知到特定时期具体参与人或整个社会群体的精神状态和感情折光，如创造之力、奋发之情、忠烈之心、仁厚之爱，或者反过来，怯弱、庸常、宵小、奸佞等等。如程婴舍子救孤、公孙忤臼忍辱含冤表现出来的忠烈之心，张良功成身退表现出来的散淡境界和人生智慧，等等。

马克思对历史遗产作用的这个价值层面的看法，大体上也适用于传统文化。传统文化给予后世的泽惠也是多层面的，既有某一理性思考价值、知识智慧价值、艺术审美价值，又有隐藏在文本中的感性表达程式和理性结构模式。

人类理性的进化发展，是靠一代一代智者、学者和科学家所发现、所创造的公理、定律、公式以及观点见解的积累和延伸造就的，它最终不仅会作为一种理性知识，而且会作为一种理性思维结构模式在人类的思维方式和精神世界中积淀下来，长久地起作用。

人类感性的进化发展，也是靠一代一代作家、艺术家、文艺评论家和艺术欣赏者的心理经验、感情体悟和对美的形态、感情范式、表达程式的积累和延伸造就的。例如，中国戏曲的行当、脸谱、唱腔、曲牌和表演程式，中国画的皴、点、晕各种笔法和线条，诗歌的韵律和平仄，特定民族和地域的独特色彩所包含的文化记忆和独特色彩关系所包含的心理暗示，特定民族和地域独有的、相对稳定的音乐舞蹈语汇和它的标志性旋律、节奏、动作，等等。所有这些艺术文化程式，作为感性的结构模式，也会在我们的精神世界中积淀下来，构成中华文化的传统和艺术的传统，构成我们在生物基因之外的文化遗传"觅母"（法语音译"同样的"，即文化遗传基因）。

传统文化在传承过程中，随着岁月的推移，它在具体内容上的可继承性会逐步减弱，但隐匿其中的结构模式、思维方式、审美范式和精神情绪状态的可继承性却反而会逐步增强，其认知历史和参照现实的价值会愈来愈被现代人看重。哲学大家冯友兰先生在20世纪五六十年代曾有"道德的抽象继承"一说，似乎大致也是这个意思。

（二）继承什么传统和继承传统的什么？

现在回到小标题，我们到底继承什么传统和继承传统的什么呢？以国学的继承为例。我对时下被炒的国学热一直持谨慎态度。牟宗三说国学分道统、学统、政统。道统是心性化儒学，学统是世俗化儒学，政统是制度化儒学。如果说心性化儒学、世俗化儒学还可以适度继承、弘扬，制度化儒学则可继承之处极少。我赞成他的看法。

道统、学统有些含有真理性的元素可以按抽象继承的方式，在改造更新中吸收，不能原汁原味端给当代人，要有一个于丹、易中天式的以其原料重新烹制为"心灵鸡汤"的现代化与大众化过程。就是在这个烹制过程中也要警惕，不能曲解原意，也不能把现代化与大众化与庸俗化、浅表化混同。中国传统文化中的政统部分，主要是皇权主义和宗法制度，其核心价值观和中国当下的现代化进程，在主要方面实在是南辕北辙，嫡长子继承制、血亲分封制、家国同构、忠孝一体、主奴根性基础上的绝对的人治，等等，这些东西毫无疑问要摒拒它。

"修齐治平"，国学修身齐家的一些道德修为思想，可以在批判的改造更新中吸收其中的营养，国学关于治国平天下的核心价值观我看不出在今天有什么积极意义。对传统文化的"家国同构"模板，以修身齐家模式来治国平天下，更要反思。如梁启超所说："吾中国之社会组织，以家族为单位，所谓家齐而后国治是也。"像这样以家族伦理道德为基础的治国，把道德范式放在科学管理和行政功能之上，法治怎能替代人治？公平竞争又如何开展？科学发展观怎么落实？现代管理又怎么实现？在不公正的体制制度下，道德自律与道德感化只能是天真地希望狼变得更温顺些，狗变得更规矩些。过分褒扬清官与统治者的让步政策，其实是不触动传统制度的牧师行径。

（三）如何继承？具体到传统原发的历史环境中去理解，抽象到精神修为层面上来继承

前者，具体到传统原发的历史环境中去理解，例如书法学习碑帖，既要抽象地练习模仿各种字体，又要了解书家为什么这样写，在当时书家的情绪心理和独有的艺术追求及笔墨体式的结合中来理解，了解其妙在哪里，我之可取处在哪里，才能抓住内质，把传统的精神和方法真正学到手。学行草尤其需要这样。学习继承以程式为特点的各类中国艺术都应取这种态度。当年齐如山正是以此点拨梅兰芳，方有梅派的诞生。

后者，抽象到精神修为层面上来继承，与上面相反，是将传统与它产生的具体时空剥离，抽象到普适性道德和方法层面，即精神修行层面上来生发继承。于丹与易中天以及当下许多经营学、成功学的讲座，深浅虽有不同，但或多或少都具有这样的色彩。

三、创新是对传统最积极的继承和发展

（一）传统是一条流动的河

原创性、权威性、历史感和社会的认可度，构成了传统文化质的规定性，这种规定性是清晰的。但传统文化不是固化的文化化石，它是一条流动着的五彩缤纷的河。文化是在永不中断的创造—传播—接受—反馈—再创造的互动机制中实现自身并传承下去的，传统应该永远不会被风化、硅化、僵化。

传统文化的生成和发展其实都是一个动态的过程。譬如经典作品，它的原创者无疑是第一创造者，但作品真正的经典性，真正的传世价值，往往是原创者在当时当代无法意识到也难以确定的。它总是在漫长的传播流布过程中，由一代又一代的文化传播者和接受者无数次地感知、发掘、联想、评断、提升，从更大的时空坐标，更宏阔纵深的历史境界和艺术境界上逐步明确认定的。我们今天从《楚辞》《离骚》《红楼梦》《黄河大合唱》中得到的社会历史信息、感情意绪信息和艺术美学信息，肯定要比屈原、曹雪芹、冼星海本人在创作当时有意和无意输入的信息，在量和质上都多得多。那原因，就在于融进了经典在历代传播过程中，文化接受群体不断再创造所积累的成果而增值。因而，文化的原创者和各代各国的文化接受者，都是创造、积淀、传承、传播传统的人，是这一活动不可或缺的参与者。

这里说的接受群体不仅是指文化精英，更包括广大民众。这时候，无论是典籍传统还是民间传统，实际上都由具体的作品或民俗民艺活动、行为变成了一种文化载体、一种感情的空筐和心理的坛场。谁都可以在原作的触发启动下，把自己相关的生活经验和心理经验装进去。传统在历代的解读过程中，便这样吸聚融汇万千人的创造智慧而使自身不断得到丰富和深化。这个和传统对话的历史过程，构成了传统文化极其重要的创造过程。

甚至包括社会在某些时候对传统的质疑、误读、解构，也都是传统文化动态创造过程的有机部分。伪传统、伪经典会在这种质疑解构中被淘汰出局，真正的文化瑰宝却会在反复的解读乃至解构中焕发新的光彩，更牢固地确立自己在传统中的地位。从这个意义上来说，解构对传统和经典不全是坏事。

今天的我们和历代的文化接受者一样，在享用传统文化的同时，也积极参与了对传统文化的创造。我们自觉不自觉地会将时代新的认识水平、新的见解、智慧和人生体悟融入传统。正因为如此，传统文化才得以在这种反复的再创造中涅槃，化为文化的血脉，流淌在一代一代民众心里，活在时代生活和民族精神之中，发挥现实的作用。

（二）每一代都要为后代留下新的精神创造

代代相衍，将自己的精神创造融汇为传统大河中新的波浪，推动传统不断丰富和发展，是一代一代人的责任，也是我们的历史责任。

我们要当好子孙，把祖先创造的好东西留下来，但不能"装孙子"，躺在前人的遗产上毫无作为。我们更要当好祖先，给子孙创造新的文化，把自己创造的好东西传下去；当然也不能"装爷"，歧视压抑下一代的创新活动。

当代人常常生活在文化膜的笼罩之中，以"他者经验"和"类象经验"作为自己精神生活的主要资源。这种"膜生存"状态使现代人面临创造危机。我们可以学点国学，也可以学点西学，但这并不是当务之急。精神创造、文化创新最活跃的源泉，在历史新阶段的现实生活之中，在科学发展、在市场经济、在和谐社会的构建、在与传统和世界的开放性对话之中。

奋力冲决文化膜对创新的窒息，在鲜活的社会生活和精神生活实践中，把德先生、赛先生请进每个中国人的脑子里，用科学发展观创造性地指导社会建设与精神建构，续写中华民族光华熠熠的传统，这才是迫切而又迫切的要务啊。

和我们继承了什么传统、继承了哪些传统相比，我们为后代创造了什么传统、创造了哪些传统，永远更为重要。

2008 年 12 月 11 日，西安鱼化湖畔

切实发挥先进文化的功能

先进文化从人类的实践活动和精神劳动中创造出来,经过历史的汰选和积淀结晶而成。先进文化标示着社会进步的方向,引导着人们行为与思想的坐标、精神和审美的走向。先进文化为时代提供科学理想和价值追求,为人类设置高尚的道德境界和合理的行为规范,为社会持续、快速、健康发展指明方向。

"三个代表"重要思想特别重视先进文化在丰富人们精神世界、增强人们精神力量中的作用,特别重视先进文化在培育民族精神、建构民族文化人格中的作用。党的十六大报告明确提出:要把弘扬和培育民族精神作为文化建设"极为重要的任务",要把文化的力量"深深熔铸在民族的生命力、创造力和凝聚力之中"。

党的几代领导人还特别论述了文艺在精神上的引领作用。江泽民同志指出,历史上一切优秀的文艺作品,都不同程度反映了人民最深刻的心灵呼唤和时代最迫切的前进要求,都是艺术魅力与社会进步相结合的结晶,都是文艺家们思想感情和创作灵感被时代生活深刻感召的产物。因而,世界各民族无一例外地受到各个历史阶段的文艺精品和文艺巨匠的深刻影响。文艺应该在培育和弘扬民族精神方面,发挥独特的重要作用。文艺是民族精神的火炬,是人民奋进的号角。

在有关代表先进文化的问题上,我们往往谈先进文化的内涵和作用多,谈如何建设先进文化多,对怎样最大限度发挥先进文化的作用,怎样将创造建设和传播弘扬当成一个有机整体,互补互动、良性循环,则谈得较少。有时还会陷入两个误区。一是消极的自在论,认为文化既然是对心灵和感情的潜移默化，听任其自在地陶冶熏染便可以了，切忌执意去"发挥""弘扬"什么作用，否则效果适得其反。一是强行灌输论，主张用大造声势或行政手段去灌输某种文化效应，极端者便是十年浩劫中用群众运动和政治高压等非文化手段强行实现反动的、错误的文化功利，严重地阻碍、影响了文化功能的正常发挥。

改革开放以来，我们在创建和弘扬先进文化方面做了大量卓有成效的工作，形成了一整套科学思路和相关的方针、政策、措施。尤其在倚仗体制、机制、法制和文化市场、文化产业，充分发挥优秀文化在两个文明建设中的作用方面，积累了许多好的经验。但也存在着一些不均衡，比如政府主导体制和机制，国有文化场馆和国办文化活动以及主流媒体，在弘扬先进文化方面比较得力，成效也大，而非政府主导型文化体制、机制这方面则显得力度不够；应时型、应用型、功利型的短平快的传播弘扬活动比较活跃，精雅型、积累型、基础型的长线的传播弘扬活动力度不够；先进文化在社会和民众中的传播比较开阔，在文教界、思想界和青少年中的传播弘扬，广度和深度都还亟待加强。正是在这些不均衡中，我们看到了进一步发挥先进文化社会功能的广阔空间。

一般来说，先进文化是在三个层面上发挥其作用的。一个层面是影响文化的个体接受者的心灵，对人的理想追求、人格建构和感情尺度起作用；一个层面是影响文化的群体接受者的精神，对社区价值坐标、地域文化人格的形成起作用，其最高表现便是对民族精神、民族思维和审美特质的生成所产生的作用；再一个层面是历时态和共时态文化的交互影响层面，即历史文化和时代文化、民族文化和世界文化在多层次的复杂交汇中，营构和而不同、美美与共的人类文化图谱。我们要在这几个层面上来探索怎样积极、科学地发挥先进文化的社会作用，建立起一套能够最大限度实现先进文化功能的社会机制。这是实践"三个代表"重要思想的题中之义，应该积极统筹规划，列进建设社会主义先进文化的系统工程之中。

要最大限度地发挥先进文化的作用,从社会管理和组织层面看,我以为当务之急是尽快建立和完善四个机制,即先进文化的传播弘扬机制、先进文化的现代市场机制、先进文化的再生创新机制、先进文化的国内外循环机制。

第一,建立先进文化的传播弘扬机制。

先进文化作为社会主流文化现象,应该是创造工程、传播弘扬工程和实践—反馈—整合工程有机的系统组合。先进文化是全民族共同创造的,这个创造过程,是民众与专家、普及与提高、源流与结晶在反复地交流、传播、实践中动态互补的过程。文化的先进性,要通过传播来验证其社会效益和心灵效应。传播是创造链条的一环,创造也总是在传播中最后完成并得以提升。要在人民的历史实践中创造文化,也要在人民的历史实践中传播文化、弘扬文化,实现文化的功能。

社会主义的制度优势和意识形态优势,保证了先进文化在广播、电视、报刊、出版、电影、戏剧、视觉艺术展厅和民间文艺场馆等各类主流媒体和主流文化渠道的强劲传播,为先进文化功能的发挥奠定了坚实的基础。现在的症结在两点:一点是先进文化如何以更快的步子、更大的幅度,由主流文化传播渠道进入大众的、民间的,甚至边缘的文化渠道。这不仅涉及传播渠道和运作方式的改变,而且涉及文化接受对象的改变以及新的接受对象在题材内容、表述方式、关注兴趣、艺术情调上的变化。如何处理好先进文化真善美的内容、形式和文化市场、大众渠道新的接受要求之间的关系,在二者中找到最佳坐标,是摆在我们面前的课题。另一点是在先进文化的传播中,反馈机制还有待完善。现在从主渠道对传播效果的追踪、反馈、分析、对策研究,大都在做,譬如电视广播的收视调查、出版发行的市场分析,都有专门的机构和人员在做,初步形成了机制。对了解文化产品两个效益的情况,把握民众接受心理和市场走势,引领和校正文化建设和文艺创作起到了积极作用。但是文化主渠道的某些部分，像某些报刊、表演、展览和其他城镇文化活动，由于没有形成像电视广播那样宏大的网络覆盖和书籍出版那样统一的市场，而由某个具体单位来做全行业的传播追踪，是相当困难的，这就极需行政主管部门的统筹协调，组织发动相关的民间机构来完成。国外早有这方面专门的民间机构，专事文化进入社会后的追踪反馈，及时将相关信息和对策，有价转让给文化制作生产部门。这种快速反馈机制，将文化生产—文化传播—文化效应组构成一个动态的、活跃的良性循环，很值得我们借鉴。

第二，建立先进文化的再生创新机制。

先进文化是民族精神的流脉，是一条流动的河。每个时代的生活实践和文化实践都会结晶出新的文化因子融入这条河，这条河才可能后浪推前浪，永不枯竭。历代优秀文化的既在性成果，积淀成丰厚坚实的河床。河床也不全是静止的，而是处在相对的动态之中。每个时代都会对既在文化传统做新的发现，每个时代的生活实践和文化实践都会激活传统中相应的因子，熔冶出新的文化元素，汇入这条长河。先进文化之河在历史时空中流过，一路吸纳更新，一路融汇壮大，生生不息地前行。这是一种多维动态的文化创造机制。

应该有与这种文化创造机制相适应的文化弘扬机制，以保证优秀文化在可持续创造的同时能够可持续发挥作用。这是一个完整的文化再生机制。这个机制起码要求建立三条绿色通道。

第一条通道，是及时从当代社会生活中采集优秀精神文化的苗头，经过提炼、弘扬，充实融汇到先进文化中去的绿色通道。在狙击非典的战斗中，我们受到了一次忧患意识和科学精神的全民教育，这给民族文化人格的现代建构提供了许多新营养。

忧患意识自古以来就是民族精神的题中之义，从屈原到鲁迅，为国家为民族，有多少志士名贤进行了穷究天理世情的忧患追寻。但是缺乏深虑和危机感，安贫乐道而不思进取也的确是国人的一种精神疾弊。"非典"灾难猝不及防地把每个中国人推到了生与死这样最大的人生困境和忧患命题面前，逼着你从当下的、形下的物质生存中拔出脚来，从纠缠着我们的小是非、小悲欢中拔出脚来，直接面对社会和人生最严峻的问题，做痛苦的、深刻的反思。每个人都经受了生命真正的疼痛，在许多重大问题上有了铭心切肤的感悟。这是对长期生活在和平岁月中的人们一次十分必要的精神补钙，我们因此而稍显深沉，生命因此而有了质量。

中国传统文化的一个重要特点是伦理中心主义，我们常常是人伦理性至上而不是科学理性至上，"重道轻器"根深蒂固。在村社文明、家族文化大背景下的伦理观，还常常使科学理性面对着哈哈镜，发生令人啼笑皆非的畸变。抗"非典"斗争中，千千万万人为科学而一往无前献身，为征服一个未知的医学科技领域而万众一心、团结奋斗，这对于自古以来重人伦道统，轻科学技术的中华民族是史无前例的。科学意识、科学思维、科学方法、科学生存方式正在植入国民心灵。

我们及时将现实生活中闪现出来的这些新的道德、精神光彩在理性层面提炼总结，运用社会主义精神文明建设的各种机制，大力宣传、弘扬、推广，民族精神不但可以增添新的基因，先进文化也就能在不断更新中持续地发挥作用。

第二条通道，是及时从现时代文化发展的前沿汲取新的文化需求、文化动力，发掘、提炼新的文化因子，融汇、整合到先进文化中来。现时代文化发展的前沿，无论是内容、形式，还是传输方式，往往都和青年人紧密联系在一起，他们是文化发展最活跃的社会群体，因而在这条通道中提炼、整合新的文化因子的过程，同时也就是在青年一代中传播、弘扬先进文化的过程。

第三条通道，是及时从各民族文化的优秀结晶中，进行再开掘再发现，给先进文化不断补充新的营养。文化传统是历史存在，是一种过去时，但对文化传统的开掘是随着人类认识水平的提高而不断拓展和深化的，又包含着现在时和未来时。胡锦涛同志在抗"非典"斗争中以"万众一心、众志成城、团结互助、和衷共济、迎难而上、敢于胜利"二十四个字对中华民族精神做了最新的概括。这六句话本是民族精神固有的传统，由于在新情况下得到了集中而又生动的体现，添进了新时代的实践内容和人格光彩，一经新的概括，这些传统的中华精神便启动人们新的理解，引燃人们新的激情。这既是先进文化的再传播，也是先进文化的再创造。

在这里，我们看到可持续的创造机制和可持续的弘扬机制是互为表里，胶着一体的。

第三，建立先进文化的国内外循环机制。

充分发挥先进文化的功能，还要重视对中华民族和世界各民族优秀文化艺术结晶的积累、整理、交流、推介、研究，从多方面进行资源重组，实现资源共享。在文化发展上，我们要以更加积极的姿态走向世界。一方面继续奉行文化开放主义，更广、更深、更新地"引进来"，同时以更大的力度实行文化开拓主义，更多、更宽、更自信地"走出去"，充分利用国际国内两种文化资源、两个文化市场，创建和弘扬社会主义文化。无论"引进来"还是"走出去"，都要下功夫做好创造性的话语转换，做好双向融合的工作。

对外国的优秀文化，在继续做好原创作品的引进、译介和评论的同时，更要注重与民族文化、民族生活的融合。不妨用民族的话语体系和适合国人接受心理的形式，对其进行重组、重构、重写，使之进入社会、进入民众，以改变目前西学走不出精雅文化圈的现状。只有这样，人类文化的优秀成果才能真正转化为中华民族的文化营养和中国百姓的日常话语，并逐步进入中国文化的循环机制，在现时代的生活实践和精神建构中发挥积极作用。

一个不争的事实是，我们在中外文化交流中出现了巨大的逆差，中国优秀文化走向世界和外国文化涌入中国，数量质量上都难成比例。中国入世之后，我们如果不能对这种逆差做有力而有效的扭转，西方的文化霸权主义将会在国内找到坚实的市场依托，民族文化的独立品格和现代转型将会面临严峻的挑战。文艺的诺贝尔奖情结、奥斯卡奖情结，时尚的哈韩、哈日、迷好莱坞，已经给我们发出警示，扭转这种逆差，不只要加大向世界译介、输出中国文化的力度（这方面已有许多人做了卓然有成的工作），更重要的仍然是要在融合上下功夫。近百年来，有许多学者都在探索以民族文化心理、民族文化体系为基础，用现代科学的精神和方法，全面建设创造性的中国文艺学和文化学体系。但应该说，民族文化的现代化、学科化，世界文化的中国化，作为一个长期的、全国性的跨学科系统工程，还没有正式开始。

首先要下功夫将民族文化艺术精神转换为世界通用的现代科学话语体系。要从世界文化坐标系出发，尽量返回民族生活的源头和民族文化的原生点去解读中国文化密码，经过切实的发掘、化育，创造出一种能对民族文艺做新的整体表述，能和当代世界对话的话语体系来。在这种转换中，将中华文化的一些精华，如艺术创作的灵象触发特色、意象传输特色、整体感悟特色和模糊表述特色等有生命力的东西，融化到现代世界通用的科学话语体系中去。这个话语转化工程，重点当然是学术研究，同时也要走出书斋，和文艺实践、社会实践结合起来。还要采用现代运作方式，进入互联网和各种传播渠道，在一定程度上变为一种社会行为。这样，文化成果才有可能最大限度发挥自己的功能，为民族文化现代化和世界文化多维化做出我们特有的贡献。

在"引进来""走出去"的活跃交流过程中，通过中外文化话语的这种双向转换和双向融入，建立起国内外先进文化的良性循环机制，各国先进文化可以更好地为我所用，中华民族文化也就有可能在世界上发挥更大的作用。

第四，建立先进文化的现代市场机制。

在文化体制改革中，不仅要把调整结构、转换机制和促进创造发展结合起来，也要把调整结构、转换机制和促进传播弘扬结合起来，使得文化的社会传播和功能发挥机制，能够在政府主导、民众需求和市场规律三位一体中健康运转。我国文化市场，当前还处在起步阶段。拿政府当市场，伸手要钱搞活动，把节余下来的钱当利润。影视剧组不是靠市场回报生存，而是靠吃制作费过日子（其实这都是伪利润）。经纪人制度不完善，业者把不准市场的脉搏，赢利模式单一落后，投资目的参差不齐，这都表明我们许多文化产业，还没有真正找到文化企业在市场经济环境中生存和发展的道路，还没有掌握最佳赢利模式。正因为整个文化市场还处于起步阶段，主流文化板块如能及时介入，充分利用原有资产存量的优势和体制的优势，也就完全有可能和其他文化产业站在同一起跑线上。市场是以销售拉动生产，以消费刺激创造的，它逼着你改变认识，把先进文化的弘扬机制和市场效应放到十分重要的地位，逼着你在社会效益和经济效益双重动力驱动下去加强、弘扬机制的功能，逼着你按照市场原则和市场方法去探索弘扬机制的崭新思路和运作方式。这样，资源重新优化配置，资产跨行业、跨国、跨境交叉重组，产业重组过程中资本的介入、文化产业向资本市场挖掘资金、孵化产品与竞争力等现代市场方式，将会在实践过程中使现存的传播弘扬机制极大改观，呈现蓬勃的生机。

　　有了传播弘扬机制，先进文化的作用便能扩展到社会实践和人民群众中去；有了培育创新机制，先进文化的作用便能在不断更新中可持续地发挥作用；有了国内外循环机制，先进文化得以在全球范围内发挥作用，被人类共享，并在这种交互作用中取长补短、共同提升；有了现代市场机制，先进文化的传播弘扬便获得了强大的经济动力和现代运作方式，从而驶入快车道。

2005 年，西安雁塔北楼

和谐文化，人类文明的结晶

一、引子：建设和谐文化是文化工作的新主题

建设富强、民主、文明、和谐的社会主义现代化国家，已经写进了中国共产党第十七全国次代表大会的报告。构建和谐社会、建设和谐文化，在十七大报告中多次被提出，并成为学习报告的关键词之一。此前，早在2004年，《中共中央关于构建社会主义和谐社会若干重大问题的决定》第一次鲜明地提出和阐述了"构建社会主义和谐社会"这个科学命题。2005年，胡锦涛同志在文代会讲话中从这个科学命题出发，明确提出了繁荣社会主义先进文化、建设和谐文化，是现阶段我国文化工作的主题。

（一）什么是和谐社会？

胡锦涛同志指出，和谐社会建设的基本内容是："我们所要建设的社会主义和谐社会，应该是民主法治、公平正义、诚信友爱、充满活力、安定有序、人与自然和谐相处的社会。"

胡锦涛同志指出，建设和谐社会的基本途径是："要通过发展社会主义社会的生产力来不断增强和谐社会的物质基础，通过发展社会主义民主政治来不断加强和谐社会建设的政治保障，通过发展社会主义先进文化来不断巩固和谐社会的精神支撑。"

胡锦涛同志在十七大报告中指出，积极构建社会主义和谐社会，是深入贯彻落实科学发展观的要求。"社会和谐是中国特色社会主义的本质属性。科学发展和社会和谐是内在统一的。没有科学发展就没有社会和谐，没有社会和谐也难以实现科学发展。构建社会主义和谐社会是贯穿中国特色社会主

义事业全过程的长期历史任务，是在发展的基础上正确处理各种社会矛盾的历史过程和社会结果。"科学发展观所要求的以人为本，全面、协调、可持续发展，正是构建和谐社会的必由之路。

"君子和而不同，小人同而不和"，和的前提是不同，是差异，甚至是对立和冲突。"和"的读法中有 he 与 huo，其中 he 可读 hé（阳平）与 hè（去声），huo 可读 huó（阳平）与 huò（去声）。读阳平时，是指事物的状态，一种和谐的状态。读去声时，是指事物的动态，一种正在协调、整合，正在走向和谐的动态。也就是说，和谐作为一个动态过程，是"因'不同'而需要'和'（阳平），'和'（去声）不同而达到'和'（阳平）"的过程。

与构建和谐社会相适应的和谐文化，既是构建社会主义和谐社会的重要内容，也是其必要条件。从总体上说，社会和谐就是广义的文化和谐。

从这个意义上，我们是否可以说，中国共产党在成立近一百年中，实际上为我们中华民族做了三件大事：一是通过斗争求解放，使中国"站起来"；二是通过改革抓建设，使中国"富起来"；三是通过科学谋发展，使中国"和起来"。

（二）什么是和谐文化？

广义的文化，是指人类改造客观世界和主观世界的活动及其成果的总和。其中包括物质文化，指一切已经人化了的自然，以器物的形态存在；精神文化，指意识形态及其外在表现上的人类文化，如道德理念、科学理性、社会习俗、语言文字、文学艺术、制度体系等方面的文化。文化的要点在"化"字上，化入人心，成为人们的生活理性和行为方式。

如果要对现代和谐社会的最低配置做简明表述，我想应该是：思维方法上，注意事物各种因素的平衡；经济发展上，让人不愁温饱；社会生活中，让人把话说完；精神生活中，让人找到归属感、成就感。

和谐在不同场合、不同背景下有特定的含义，但共同的基本含义则是"四要"：要差异中见协调，个体中见整体，整体上见平衡、和顺；要承认多样性，多个主体才有"和"的问题；要协调差异性，没有差异也就无所谓"谐"；要允许"和而不同"，最终求得大同。

总之，和谐文化就是以和谐为思想内核和价值取向的文化，以倡导、研究、阐释、传播、实施和谐理念为主要内容的文化。和谐文化存在于思想观念、价值体系、道德理念、行为规范、文化产品、社会风尚、制度方法等各方面，既有文化形态，又有文化现象。

二、和谐精神是中华民族传统文化的精髓

中国古代的"和谐"一词，开始用于礼乐教化：讲究韵律与心灵的相应，如《中庸》云喜怒哀乐"发而皆中节，谓之和"。继而泛化为人伦关系：夫妻和悦谓之"琴瑟和谐"，"交情通体心和谐"（司马相如《琴歌》）。后来再引申到社会政治领域："八年之中，九合诸侯，如乐之和，无所不谐"（《左传》）。"和谐则太平之所兴也，违戾则荒乱之所起也。"（曹操谋士仲长统）从语源意义上看，和谐是多音和鸣，孤音无所谓"和"。和谐是一个由人心，至人伦，再至社会的多层次的系统。

中华民族传统文化中的和谐精神，我将它概括为"三知三和三乐"：三知——知天，知人，知己；三和——宇宙和谐，社会和谐，心灵和谐；三乐——乐天，乐人，乐心。乐天知命，乐人知命，乐心知命。这"三知三和三乐"，表现在中国文化主要理念的各方面，也表现在中国人文化心理和社会生活、行为风俗的各方面。

（一）宇宙和谐，知天乐天，所对应的中国传统文化的理念是天人合一

由于宇宙中只有人是主体性的存在，故而宇宙和谐的关键在于天与人的和谐。"天人合一"的前提是"天人相分"，人只有从宇宙这个客体中分离

出来，确立自己主体性的存在，才会引出"天人合一"的问题。两千三百多年前的中国诗人屈原以长诗《天问》较早提出了"天人相分"的问题。"人"（诗人）一口气问了"天"一百七十多个问题，从宇宙之谜到人类的忧患——"敢问何故"，表现出人相对于天（宇宙）的独立精神。后来，唐代柳宗元又写了《天对》，与《天问》形同姊妹篇。天人既然相分，"天人合一"的命题也就确立了。"天人合一"解决的是"知天"的问题，解决好了，便进入了"和天"的状态，也便有了"乐天"的效果——和谐。

在与自然的关系上，人类经历了崇拜自然、征服自然和协调自然三个阶段。随着现代人类对自然的大规模征服，一方面使社会发生了深刻而迅速的变化，同时，环境污染、生态失衡、能源短缺等一系列问题，也日益严重地困扰着人类。严酷的事实迫使人类反省。在处理天人关系上，中国古代大多数思想家都主张一种整体观，即天人和谐说。它强调人与自然的协调统一：既要改造自然，又要顺应自然；既不屈从自然，又不破坏自然。人既不是大自然的主宰，也不是大自然的奴隶，而是大自然的朋友，要参与大自然化育万物的活动。如此，才能达到"与天地合其德，与日月合其明，与四时合其序"的人与自然和谐的"天乐"和"乐天"境界。

（二）社会和谐，知人乐人，所对应的中国传统文化理念是伦理中心（由亲而礼）和家国同构（由家而国）

人与人和谐是社会和谐的基础。中国传统社会是一个等级森严的社会，传统文化强调不同社会身份的人要在伦理基础上，由亲而礼，由家而国，和谐相处。儒家将建立和谐社会的途径、方法，归结为仁爱，仁义礼智信。孔子的忠恕之道要求待人诚恳、宽厚，互相关心、理解，与人为善、推己及人、团结友爱、求同存异，其理想的目标状态则是达到"父子有亲，君臣有义，夫妇有别，朋友有信"。这就是以"知人乐人"来实现人际和谐。

人与人的和谐扩大为族群、阶层乃至某些可以和谐相处的阶级（例如原先说的工人阶级、农民阶级、小资产阶级和民族资产阶级）之间的和谐，便是社会的和谐。社会和谐主要体现在三个方面：其一，政治和谐。行"仁政"，"以德治国"，"以仁施政"，"保民而王"。"仁政"的核心是孟子所说的"以民为本"。其二，经济和谐。对百姓要"先富后教"，孟子反对"富者地连阡陌，贫者无立锥之地"的两极分化现象，认为这是社会动荡的根源。他主张"有恒产者有恒心，无恒产者无恒心"，即让百姓拥有固定的收入，社会才会有稳定和谐的基础。其三，文化和谐。发扬中国文化一统多元的传统。一统性，就是需要一个能兼容并蓄的主导意识形态；多元性，就是各种思想能在这个基础上相互糅合。从先秦诸子开始，经两汉经学、魏晋玄学、隋唐佛学、宋明理学至清代朴学，以儒家文化为基础，各种学派与民间信仰交流激荡成博大精深的中国文化，正体现了"和而不同"的文化精神。

伦理中心、家国同构虽有利于和谐，却不能忽视其严重的历史弊端。伦理中心导致人治重于法治，家国同构导致主奴根性，这是中国传统文化和文化心理弊端的两大潜结构。人治重于法治，人人知道它的危害，不多说了。主奴根性，如鲁迅说：人人亦主亦奴，主奴集于一身，被人凌辱又凌辱别人，被人吃又吃人。一级一级以礼教制驭着，在忍受中煎熬到主奴易位，新一轮主奴结构又周而复始。主奴双重社会角色和双重身份，必然造成双重人格、双重精神状态。西汉萧何善韬晦不矜功，辞让封赏，散财优军，以向主子刘邦表明自己毫无反意。刘邦登基后，萧何又故意压价购田，败坏自己的名声，好让刘邦放心：一个毫无德行的萧何对自己的皇权构不成威胁。自古"勇略震主则身危"，连儿子在父亲面前亦要装得百般温顺。这是萧何有好结局的原因。而晚明苏杭一带李贽、徐渭、金圣叹等狂狷文人群体，由于都是以畸格狂态寄寓真性童心，都是反抗依附人格与主奴根性的，结局没有一个不悲惨。所以，英国法律家梅因认为，从古代到近代，人在形态上的变迁,是从身份到契约的转变,从服从共同体到意愿共同体的转变。

伦理中心、家国同构,在伦理宗法制社会是有遗传机制的,学术界称为社会结构、制度、文化的同化惰力和模板修复功能。正是这种功能,形成了中国封建社会的超稳定结构,使中国有了世界上最漫长的封建社会。国家可以改朝换代,但因为家国同构,父家长专制和嫡长子继承制的结构未变,又会通过同化和修复功能,使国家的本质无法改变。千百年便这样换汤不换药。金、元、清作为征服者,最后都认同被征服者汉族的文化,元、清建国之后,不久都到黄陵祭黄帝,认可黄帝非汉人一族之祖,乃中华各族之人文初祖。军事的征服便这样演变为文化的被征服。那原因,恐怕便在这里。

(三)心灵和谐,知己乐心,所对应的中国传统文化理念是执用两中(思维和谐)、儒道互补(精神和谐)

人的自我和谐,主要是要处理好"知己乐心"的问题。中国传统文化讲究"允中""执中""执用两中"。"中"即"度",过度与不及都不行。要合"度"就要"执中"。但"度"与"中"又不是一成不变的,要随时间和条件的变化,在实际生活中灵活把握。当前,改革开放不断深入,利益结构不断调整,生活节奏加快,价值观念、行为方式和利益要求多元化,选择性、自主性和差异性增强,尤其要注意使自我处在一个适度、适时、适当的和谐状态。

心灵世界存在情感与理性、知识与信仰的矛盾,中国传统文化总是将平和心理冲突、追求心灵和谐作为个体的价值目标,无论是"养心""正心",还是"心斋""坐忘",都是追求心灵和谐。而儒道互补,儒道释三足鼎立,更构成中国人的最佳精神结构。即所谓"正清和"——"孔子尚正气,老子尚清气,释迦尚和气",所谓"以儒治国,以道养身,以佛养心"。

儒道释三家都重和。儒家认为"天地生万物",人与万物都是自然的产儿,主张"仁民爱物",由己及人、由人及物,把"仁爱"精神扩展至宇宙万物。道家把自然规律看成宇宙万物和人类世界的最高法则,认为人与自然的和谐比人与人的和谐还要崇高快意。佛家认为万物共生共处是缘分,是"佛性"不同的体现,所以众生皆有生存权利,应该平等。在这个基础上,三者以鼎足之势构成了中国人和而不同的精神结构——

儒是中国人精神的动力系统,重善,追求完美人格,在服务社会中追求幸福度。如诗圣杜甫的"哀民生之多艰""挽弓当挽强,用箭当用长""安得广厦千万间,大庇天下寒士俱欢颜"。

道是中国人精神的控制系统,重真,追求完美生命,在实现生命中追求幸福度。如诗仙李白的心无羁束:"人生得意须尽欢,莫使金樽空对月""谁挥鞭策驱四运,万物兴歇皆自然""天子呼来不上船,自道臣是酒中仙"。

释是中国人精神的检视系统,重美,追求完美理想,在憧憬理想中追求幸福度。如诗佛王维的禅意:"古木无人径,深山何处钟""薄暮空潭曲,安禅制毒龙"。

中国人精神的三窟,可进可退可超越,可热可冷可平和。这是封建社会超稳定的原因,却又要看到它平衡精神、和谐社会之功劳。唐代是儒道释三维鼎足而立的典范。崇儒、尊道、礼佛,既可三教并行,又可调侃三教。如《三教论衡》记唐懿宗御前演参军戏竟有调侃三教的场面:

> 曰:佛祖何人?答:释迦?妇人尔。《金刚经》云"敷座而坐",夫坐了才坐,非妇人何人!曰:道祖何人?答:太上老君,妇人尔。《道德经》云"吾有大患是吾有身"(身体是祸患之源,吾有身才知患也),非妇人何"有娠"?曰:孔圣何人?答:仲尼,妇人尔。《论语》云"沽之哉,吾待价而沽也",非妇人何"待嫁"?

如此自由开放,真乃盛世气象。

中国历史在或倚儒或倚道的交替中，以2/4的节奏曲折前进，大约八百年一周期。中国各朝各代的衰败缘于单维文化造成的闭塞沉滞，振兴则因了多维文化的交融，包括民族斗争中强行的流血的交融，单维多维互换成为规律性现象。中国历史演进的二拍子节奏大致是：周（合）— 春秋战国（分）— 秦（合），汉（合）— 魏晋南北朝（分）— 隋唐（合），隋唐（合）— 五代十国（分）— 宋（合），宋（合）— 元（分）— 明（合），明之后有清。历史学家计算，一个节奏大约八百年，真是"八百年必有王者兴"。周的八百年，五百年时，楚合并南方各小国自立，后统一于秦；秦至隋唐八百年，汉是合的高峰，到东晋五胡乱华；隋至宋元八百年，前几百年隋唐较和谐太平，到南宋式微，元尚武而灭；明至清，康乾之前几百年较和谐太平，五百年一过便内乱外患、分裂倾覆。这当然是约略的说法。

中国传统文化的核心价值，既这样分别体现在宇宙和谐、社会和谐、心灵和谐三个方面，也体现在"心灵—社会—宇宙"三和谐的内在联系上，即"乐人""乐己""乐天"交融。首先，儒学强调心灵和谐与社会和谐的互动。以"乐人"的群体认同原则"乐己"，实现个体自足，又以"乐己"导致"乐人"，实现群体认同。通过"己欲立而立人，己欲达而达人"，从一己之乐推广到众人之乐。这样，个体的心灵和谐就可以通向群体的社会和谐，实现孔子所说"修己以安人""修己以安百姓"。其次，中国文化对心灵和谐与宇宙和谐的互动关系也有深入的思考。先秦道家认为，在没有人为干预的情况下，宇宙自然本来是十分和谐的，是人们为了自己的欲望而对自然宇宙不断干预，破坏了宇宙自然的和谐。所以道家强调回归到没有人为干扰的自然和谐状态，即所谓"道之尊，德之贵，夫莫之命而常自然"。同时，人无止境的贪欲也破坏了自己心灵的和谐。他们主张仿效无为的自然来建设和谐的心灵，所谓"人法地，地法天，天法道，道法自然"。先秦道家认为，心灵和谐与宇宙和谐之间有很强的互动关系，宇宙本体的和谐决定着心灵的和谐；

人要保持心灵的和谐又必须效法宇宙自然的和谐，不做任何违背天道自然的事情。道家的许多修养方法就是教人如何实现"我与万物合而为一"的和谐，这种境界称之为"乐"，《庄子·天道》云"与天和者，谓之天乐"。显然，"天乐"所达到的正是人乐、心乐，也就是"心灵—宇宙"和谐统一的精神境界。

社会和谐而"知人""人和""人乐"，心灵和谐而"知己""心和""心乐"，天道和谐而"知天""天和""天乐"。只有实现心灵和谐、社会和谐、宇宙和谐三者的统一，才能最终达到"天人心和"的境界。自先秦始，到唐宋出现儒、释、道诸家追求"心灵—社会—宇宙"普遍和谐的趋势，再到占东亚文明主导地位的宋明儒家，将"和谐心灵—和谐社会"的互动纳入"和谐心灵—和谐宇宙"的更大体系，为中国文化建立了一个以儒家人文价值为本位的"天人和"的宇宙论体系。

三、社会和谐、文化和谐是人类共同的理想

（一）西方文明的和谐观

有人说，西方文明重竞争、重微观分析、重精确实证，因而他们不重和谐。这是片面的。西方文明的确不像中国文明重三易：简易（整体观，宇宙天人合一，社会四海一家，历史古今一体）、不易（本质观，万变不离其宗）、变易（变化观，所谓"周易"即所有事物都在变易，"人间正道是沧桑"），但和谐精神也同样是西方文明的主要内容，只是表现不同而已。

西方早期朴素唯物主义认为，联系世界万事万物的标准就是和谐。古希腊辩证法的奠基人赫拉克利特说，"自然追求对立，对立产生和谐"，"不同的音调造成最美的和谐"。毕达哥拉斯认为："整个天就是一个和谐"，"和谐起于差异的对立，是杂多的统一，不协调因素的协调"。柏拉图认为世界一切事物都会从"无秩序变成有秩序"，在他的理想王国中，人们各守

其德，各司其职，秩序井然。亚里士多德提出"混合政体"，认为参与城邦政治生活的各阶级力量能够合作与平衡，从而减少冲突、实现和谐。他还特别强调"社会中间层"的作用，认为一个庞大的中间层是社会上下层冲突的天然缓冲带，是和谐社会的基础。从经济上看，这就是中产阶级。西方早期的和谐思想还体现在民主的进程上。古希腊创造了人类最早的民主制，几百年后的罗马也创造了比较发达的民主共和制。民主是社会各阶级的调和品，是人们渴望平等、追求和谐的产物。

到了中世纪，宗教占据统治地位，认为社会的和谐由上帝掌握，只有皈依上帝，人类才能找到内心与社会的和谐，强制人们的理性服从信仰。

文艺复兴时代的宗教改革与启蒙运动，使人们对社会和谐有了新的认识。开普勒写成了《宇宙和谐论》，探讨了宇宙之所以成为一个和谐整体的原因。路德和加尔文的新教运动，用"以人为本"反对"以神为本"，对基督教教义进行了重大改造，把社会和谐奠基在人与神的和谐之上，使基督教成为更具普世意义的行为准则和道德规范，即新教伦理。马克斯·韦伯说，"理性、克己、勤俭、救赎、节制"等新教伦理，能够产生"真正的资本主义精神"，使资本主义社会自我完善，修复补充，得以延续。

到了近代西方，伦理、人性与理性成为哲学的主题。斯宾诺莎主张在理性指导下，遵从自然必然性，达到身心和谐，进而"人人追求全体的公共福利"，就可以实现国家内部的和谐。康德提出了人为自然立法，实现人的自由与自然规律的统一和谐。黑格尔用辩证法完善康德的思想，认为"对立的东西产生和谐，而不是相同的东西产生和谐"，和谐的本质就是对立统一。

正是这一时期丰富多彩的哲学探索，为近代西方资本主义思想奠定了三个基础：卢梭的社会契约理论，奠定了社会和谐的道德基础；洛克和孟德斯鸠的三权分立机制，确立了国家权力运行的平衡和谐；约翰·密尔对私权和公权的界定，设计了公民和政府和谐相处的制度框架，最后发展成以自由、民主、平等为核心的"自由社会"理念。

然而，根据"自由社会"的"自由选择"原则，对私有财产主权的过分肯定，对市场的过分依赖，对力量的过分崇拜，对人类理性能力的过度迷信，加上资本主义无限消费观对资源环境的过度消耗，反倒加重了人与人的不公平、人与社会的不协调、人与自然的不和谐。

亚当·斯密洞悉了自由市场经济所带来的巨大经济变革，同时也对这种"利己主义"经济运行方式必然带来的贫富不均、社会失序、阶级矛盾以及道德问题表示了担忧。他在构思《国富论》之前，预感自己所要描述的"看不见的手"，是一只没有羁绊的欲望之手。为此，他先写了一本《道德情操论》，试图构筑一个"利他主义"的道德屏障来促进社会和谐。他认为经济过度发展必然带来阶级分化，而阶级分化必引起阶级斗争。《道德情操论》表达了对和谐社会的向往，即"人类社会的所有成员，都处在一种需要互相帮助的状况之中"，"所有不同的社会成员通过爱和感情这种令人愉快的纽带联结在一起，好像被带到一个互相行善的公共中心"。

"利己主义"的经济思想与"利他主义"的道德原则是一个悖论，如何处理好个人主义价值观和市场公平有序的竞争之间的矛盾，始终是资本主义制度的大难题，这个难题被称作"斯密难题"。西方各派学者都想解决它，其中"社会均衡论"认为社会各个部分各司其职，可以促进社会和谐；"社会分工论"认为分工造就统一，进而带来社会和谐；"社会系统论"认为社会系统现存结构的均衡稳定，可以造就社会和谐；"社会融突论"认为社会冲突与社会均衡的互动平衡，可以促成社会和谐；"社会解压论"认为将潜在的社会冲突及时转移释放，可以实现社会和谐。但他们都失败了。

现代西方社会，人与人、人与自然的不和谐，引发了西方资本主义国家的工人运动和经济危机。20世纪初,面对经济大萧条,西方资本主义国家调整了思路,采取了一种"国家干预主义",代表人物是凯恩斯。他认为市场并不能保证资源有效配置和达到充分就业,国家有必要采取一系列干预政策,这造就了罗斯福"新政"。"新政"是西方经济思潮从自由放任论向政府干预论转变的一个重要里程碑,但这只是一国内部的调节。各大列强对资源和市场的争夺使矛盾不断加剧,终于激发了两次世界大战。"终极和谐社会"的信念被动摇了。

(二)马克思主义的和谐社会观

"斯密难题"被马克思主义的社会有机体理论破解了。马克思主义从起源到目标,就是为了追求和谐社会。空想社会主义的傅立叶就发表了《全世界和谐》一书,提出了不和谐的资本主义制度将被"和谐制度"所代替。欧文进行的共产主义试验也以"新和谐公社"命名。《共产党宣言》肯定了他们的部分思想,认为这些思想中包含着很多"关于未来社会的积极主张"。

按照马克思的辩证法思想,和谐社会就是社会矛盾体系中各种要素处于一种相互依存、相互协调、相互贯通的稳定状态。马克思的社会有机体理论认为,社会就是各要素、各方面、各成员利益关系的综合体,社会和谐则是一个历史的实践过程。

马克思称自己的哲学为"实践的人道主义"。他的社会和谐思想也带有浓厚的人道主义。他将社会和谐解释为,"它是人和自然界之间,人和人之间的矛盾的真正解决"。也就是说,真正和谐的社会,使人类摆脱异化、回归自我,使人的社会属性和自然属性合二为一,使人与人、人与自然的和谐成为现实。"是通过人并且为了人而对人的本质的真正占有。""这种共产主义,作为完成了的自然主义等于人道主义,而作为完成了的人道主义等于自然主义。"马克思社会和谐思想为中国社会主义和谐社会理论体系奠定了坚实基础。

由于各国历史条件的不同，社会主义运动分化成众多流派。其中有代表性的两大主流：一是科学社会主义，主张通过经济的必然性来批判资本主义，强调通过暴力革命、阶级斗争来建立无产阶级专政；二是民主社会主义，强调通过和平的斗争和对资本主义的纠正来走向社会主义。近十几年，一些新的社会主义流派发展也很迅猛，市场社会主义是将社会主义与市场经济相结合，即把市场效率和社会主义公平价值统一起来。同时还提出要使生产资料不同程度地社会化，认为公有制仍是争取平等的基础。生态社会主义是将生态运动和社会主义相结合，谋求经济与环境的和谐，认为资本主义制度是全球生态危机的根源，只有社会主义才能解救全球生态危机。这两个流派为社会主义运动提供了新的活力。

中国共产党提出建设社会主义和谐社会、和谐文化，是我们从当前国际国内政治、经济、社会、文化的现实状况出发，创造性继承发扬中国传统文化、西方文化和马克思主义的和谐思想并与实践结合的结果。正如胡锦涛同志指出的，面对当今世界各种思想文化相互激荡的大潮，面对国家发展和人民生活改善对文化发展的要求，面对社会文化生活多样活跃的态势，如何找准我国文化发展的方位，创造民族文化的新辉煌，增强我国文化的国际竞争力，提升国家软实力，是摆在我们面前的一个重大现实课题。

提出建设社会主义和谐社会、和谐文化，表明中国共产党执政理念的成熟，表明我们党基本完成了从革命党向执政党的转变。认识到斗争哲学并不是马克思主义的全部，只是马克思主义根据现实斗争的具体情况的阶段性理论。实现社会主义和谐社会，追求人和社会的全面发展，才是马克思主义的终极目标和理论归宿。这是对所有社会主义运动的借鉴和超越，更是对马克思主义的发展。

四、建设和谐文化中的一些文化问题

（一）弘扬和谐文化不能离开建设和谐社会这个基础

建设和谐文化要防止无差别、无冲突论，要在发展的基础上，把促进正确处理各种社会矛盾、协调各方面的利益关系放在首要地位。

首先，要落实十七大报告提出的保障公民的基本文化权利，接受基本国民教育的权利，无偿使用公共图书馆、文化馆、博物馆和其他公共文化和休憩设施的权利等基本文化权利，要与公民的民主权利、物质权利一样，纳入公民基本权利的范围，得到法定的保障。"发展是硬道理"，应该理解为经济发展、文化发展都是硬道理。这就要求"六硬"：公民文化权益应是"硬权益"，政府对文化的投入应是"硬投入"，文化产业的产出和经济产出一样应是"硬GDP"，文化建设和整个精神文明建设的成果和绩效应是"硬政绩"，文化工作责任的落实和考查应该是"硬落实""硬考查"。只有这样，才能保障人民群众，尤其是底层民众、弱势群体在共享改革开放物质成果的同时，也能够共享改革开放的文化成果。

其次，文学艺术家要有人文责任，要关注和关爱底层，及时而又较有深度地反映底层生活中种种新的走势和矛盾，捕捉社会情绪的流变和民众的真实需求，以我们的作品促进各种社会矛盾的化解。近年来"底层写作"（不论这提法是否准确）盛行，写城市农民工和乡村留守者的优秀作品时有涌现。它们不停留在写底层的生存之苦难，更写底层的精神之困窘，还表现底层民众情绪之乐观昂扬，如贾平凹的《高兴》，表现出一定的心灵深度和强劲的历史乐观主义精神。

只有个体的创造活力和群体的、社会的、民族的创造活力融为一体，只有个体的创造成果（譬如文艺作品）能够不同程度转化为民众的共鸣（譬如文艺欣赏的共鸣）和社会的实践，文艺创作促进社会和谐的功能才能够得到真正的实现。

近年来,一批引发好评的主旋律电视剧,如《激情燃烧的岁月》《亮剑》《士兵突击》等大受观众欢迎,最主要也是因为作家、艺术家感知、捕捉到了在当今时代情绪中,追求灵与欲、神与物平衡和谐的强烈呼唤:一旦物质化的生活追求无法遏制地膨胀,意义的和真情的生存便离我们远去。你会困惑没有精神依赖的日子为什么竟然比没有钱的日子更苦恼。几部电视剧以极富活力的、自由的艺术创造,塑造了几位极具原生气质和理想精神的人物,不但表现了主人公痛快到极致的生命活力,更表现了他们如何将自己的生命活力融入民族解放和国家进步的历史性创造活动。这对当前社会精神层面的"三信"危机,即信仰、信念、信任危机,是一种震撼和冲击。

和谐不仅体现了矛盾的同一性,同时也体现了矛盾的差异性。和谐关系既表现为协调性,又表现为竞争性。不同的民族、国家,或同一民族、国家,在不同的社会实践中会形成质地各异的文化。不同的文化在价值立场、内容体系等方面会存在分歧,形成矛盾冲突。文化冲突表现在多个层面,既包括不同形态文化间的价值冲突,也包括同一形态文化内部不同文化观念、不同文化风格、不同欣赏趣味的冲突。现代社会的和谐、现代人的成熟,不表现在它无视这些冲突,正表现在它善于包容、协调、转化、解决种种冲突矛盾,在社会主义核心价值体系引领整合下,使多方面的"不同"最终归于"和谐"。冲突越多越能考验、锻打现代人在协调关系、和谐矛盾中推进社会发展的智慧和能力。简单的同一、一律,反而容易掩盖矛盾,造成隐患。

在这种"冲突—和谐"螺旋式反复的过程中,文艺应当成为重要的精神和感情力量。创作者总是通过叙说社会的、人性的、性格的、灵魂的冲突,提出人生的疑问,排解内心的积郁,表达对人生社会的反思或憧憬,从而达到平衡精神和安妥灵魂的目的。欣赏者则是在接受作品对冲突叙说的审美再造中，通过联想、感应、共鸣，释放对生活的疑问、反思或憧憬，从而平衡精神和安妥灵魂。文艺便这样由实现个人的和谐推动了社会的和谐。这也就是中国古典文论中的"兴、观、群、怨"说。文艺不但可兴（激励）、可观（认知），而且可怨（倾吐积郁）、可群（和谐人群），可以在充分发挥文艺表现各类冲突的职能中，促进社会和心灵的和谐。和谐发展观在进入美学和文艺领域时，有时会出现复杂性，科学地解读这种复杂性，有助于文艺的创新。要特别警惕20世纪五六十年代文艺创作"无冲突论"的回潮。

（二）建设和谐文化要有人类文化的共生意识和共享意识

建设和谐文化，对外要警惕西方文化霸权主义和文明冲突论，对内要防止文化地域主义，防止内部争夺文化资源、妄自尊大。

《礼记》中"以中国为一人，以天下为一家"，说的是儒家主张用超越一国一族的"天下观"来构筑一个和谐有序的世界。提倡"以德服人"的王道，反对"以力服人"的霸道。《论语》提倡："远人不服，则修文德以来之。"即以文德感化外邦，所谓"仁者无敌"。古代中国除了天朝大国的政体观念，在自我定位和自我感觉上大都用的是"文化中国""文明共同体"的观念，主张以和平的、公正的、文明的手段来解决国际争端，这才是真正的世界主义。最具代表性的是儒家描述的"大同社会"。"大同社会"代表了中国古代理想和谐社会的最高境界，与柏拉图的"理想国"同期，比欧洲最早的空想社会主义"乌托邦"早了两千年。后来康有为还写了《大同书》。

为了避免日常生活中文明冲突的潜在因子，我们应当自觉主动地化解各种文化交流的障碍。譬如：不要把民族文化云朵说成是普照世界的文化太阳。文化在至高的精神层面上，是人类共通的精神价值。每个民族都处在不同的文化云朵下面，但透过云层照射我们的其实是同一个太阳，这就是人类文明的终极价值。云朵的不同色彩，只是同一阳光从不同角度折射的结果。我们常常把民族价值、地域价值置于人类价值之上，把自己头上的这一朵云彩说成是普照世界的太阳。任何文明，都会在发展过程中接受人类共同原则即普世原则的筛选，并把自己的优秀成分加入人类的大文化。没有这个意识，就会沦为井蛙观天式的部落文明观、酋长文明观，从而失去在人类文化大格局中的生命力。故而中国文化中经常出现"天下公理""人间大道"这些带有普世意义的词汇。从这个角度看，亨廷顿的文明冲突论是狭隘的、浅表的，某种程度上为霸权主义的文化扩张做了理论前导。

同时，也不能把普照世界的文化太阳说成仅仅是本民族的文化云朵，只此一家别无分店。我们应该在一些精神大原则上承认共同性、人类性、普世性，而不要把人类常识性的文明强调成中国人的独创，这会使别人产生共同精神财富被剥夺的感觉。例如，"己所不欲，勿施于人"的原则，人类几大古文明中都提出过。"以人为本"原则，既是中国文化古已有之的格言，也是西方以人性、人道、人权为基点的人文主义起点。"和平""科学""和谐""平衡""与时俱进"这些概念，也一直是全人类的智者所共同坚持的，是人类文明的共同财富。当然，各民族是以各自的语言来表述它们的，也赋予了它们许多新的有针对性的含义。在文化意义上，我们不宜说成是中国的独创，唯我独尊容易成为冲突的引线。

我们也不能把普世性的优秀文化结晶说成是西方国家的专有。近现代以来，由于历史形成的全球文化的西方中心主义，尤其是表述体系上的西方化色彩，常常使我们将许多人类共有的文化精神价值误读成是西方一家的文化资产。比如现代市场经济、现代科学管理，过去被极左思潮戴上了西方资本主义的帽子，长期被我们拒之门外。改革开放之后，是邓小平同志为它们摘掉了帽子，并指出，资本主义可以搞市场经济，社会主义也可以搞市场经济，现代科学管理许多好的规律和经验我们应该引进、学习。我们不能一说到西方文化便产生民族主义的防范心理。明明置身在人类的共同精神价值谱系之中，却总是走不出狭隘民族主义的话语，一味孤芳自赏。这既降低了自己，又排拒了他人。狭隘容易导致抵触，抵触容易引发冲突。

再有一点便是，也不能以自己民族和地域的文化云朵强行覆盖、遮蔽别民族和别地域的文化。我们在至高的精神价值层面承认人类文化的共通性、承认九天之上的太阳，在具体的呈现形态上则要承认云朵与云朵之间的差异，提倡五彩缤纷的差异互赏。这两方面，我们千万不能搞颠倒了。不能一方面对人类可以融通的精神价值心存疑虑，另一方面又对不可能趋同的民族、地域和不同的文化样式进行强制性趋同。例如，在文化宣传上动不动就提"×××征服了世界""×××称雄世界""×××天下第一""×××源于中国"等等词语。再如，你要反思一下地域文化的陋习常常不被容忍，而推动地域之间的"文化征讨"却广受欢迎。还有就是对各种文化资源，从炎黄到大禹、从杨贵妃到孟姜女，乃至西门庆这样并不光彩的人物，展开激烈的地域性争夺，往往演化为文化冲突。

人类的历史是人类共同创造的，任何一个世纪都是各国共存共荣的世纪。亚里士多德曾提出"混合政体"，平衡城邦政治生活的各种力量，以求减少冲突、实现和谐，成为古希腊文化的标志性人物。但他的学生亚历山大大帝，却以武器的批判替代批判的武器，东征亚洲以强力推行自己的价值观，结果半途夭折，反而造成了希腊文明的历史性衰落。历史教训是如此深刻，一切自以为是、居高临下、单向输出的文化话语，都会走向失去自身定位的泥潭。所有自警、自省、自律、自嘲的态度，倒有可能带来一种文化的理性复兴。

总之，我们很难赞成亨廷顿的"文明冲突论"，而愿意赞成南非大主教图图所说的那个意思：人类应该为差异而欣喜。

（三）建设和谐文化要激发全民族的创新活力

首先，我们追求的和谐，不是停滞的、低水平的平衡，而是一种动态的、发展的、不断进入新境界的平衡，创新正是推动这种动态平衡持久而深刻的动力。创新是一个民族的灵魂，创新引发事物的质变、历史的突变。文化创造活力是人类进步的风帆，更是社会主义先进文化前进的发动机。无论是文艺创作还是社会实践，在一个创造力贫乏的平面上转圈圈，再勤奋再刻苦，也只能是一种量的叠加和数的积累，唯有创造性的实践才可能引发质的飞跃，唯有质的飞跃才可能引发数量的等比级数的增长。自古以来中华民族一次又一次以创新、发明、探索，为人类进步做出了独有的贡献，从而受到人类的尊重，在世界树立了良好的中国形象。这一切，都构成"中国软实力"。建设和谐文化要在全社会树立敢想敢说敢实践敢为人先的风气，以创造为荣，以创造为乐，培育、发现、爱护创造性人才，人人争当创造性人才。

新生事物常常稚嫩而不成熟，创造更是要以错误和失败为代价。什么是创造？就是以异向或反向思维，对既在的、众所认可的、习以为常的秩序、规律、方法、理念、现象、习惯，进行反思、诘问、校正、调整、发展，甚至否定。创造或迟或早总会导致原有状态的改变，但这种改变无疑是一种进步。美国经济学家约瑟夫·熊彼德曾提出"创造性破坏"的著名观点，后来美国文化史学家泰勒·考恩在自己的专著《创造性的破坏：全球化与文化多样性》中集中阐发了这一思想。他们对新经济、新文化带来的原有状态的颠覆和破坏，都持积极态度。他们更看重一种文化在转型或颠覆之后所产生的创造活力，认为这是"充满创造力的文化破坏"。

和物质生产领域一样，我们的精神生产领域也存在着由"中国制造"向"中国创造"提升的问题。就文艺创作来看，名著反复移植、旧作不断翻新、群起跟风克隆，在各门类艺术尤其是影视创作和节目中可以说成为一种风气。选刊、文摘盛行，网络、短信文化大批量地复制传播，网络给艺术文化和学术论文的拷贝在技术手段上提供了从未有过的便利，以致剽窃事件屡见不鲜，等等，都从一个侧面反映了文化创新力的萎缩。一个文化体系由于自身创新力的贫弱，或由于外力（比如市场利润）的左右而走向同质化，走向自我循环、自我复制，不仅悲哀，而且极其危险。

如果说这些还是浅层的表现，那么艺术思维的平庸，尤其是想象力的贫乏，则已经成为当下文艺创作的痼疾。艺术想象力是作家、艺术家创造活力的重要标尺。艺术想象力来源于创作者的生活积累和人生阅历，来源于创作者的生命感悟和艺术感悟，更有赖于不断从人民群众创造性的社会实践中吸取新的营养，获取新的激情，不断将人民群众的创造活力转化为自己的艺术想象力和文化创新力。

文化创造活力是需要营养的，这营养要到人民群众的创造性实践的土壤中去汲取。现代资讯传播的发达，已经在现代人和实态的生活之间构成了一张无所不在的拟态生活隔层，布下了一道很难逾越的文化膜。参与这种文化膜制造的文艺家，自己也极容易陷进"膜生存"而不能自拔，以致愈来愈远离了实态的、原创的生活。这是要格外警惕的。文化膜给我们脑子里喂满了别人的、"类象"的素材。这些素材作为一种"他者经验""伪经验"，会无孔不入地渗透到文艺家的心灵深处，日积月累沉淀下来，挤兑、替代了创作者直接的、自我的、原生的生存体验，有时甚至到了创作者自己无法分辨真伪的程度。有的作者常常不自觉地将这种"伪经验"作为自己的人生资源，将"伪经验"诱发的各种"伪想象"作为自己的艺术想象在作品中使用，以致造成大量的雷同。这种情况下，有什么原创可言呢？文艺的创新绝不是为了尽可能多地分享公共经验，而是要在公共经验一望无际的原野上，找到仅仅属于自己生命的那棵小草。我们要冲出"膜生存"，涤除"伪经验"，在"贴近实际，贴近生活，贴近群众"的过程中，尽可能获得独有的生命元体验，实现艺术的元创造。

激发全民族文化创造活力，还要有政策、体制上的支持，运用科学的机制不断拓宽文化创新的领域，促进文化创造活力持续涌流。要加快建立国家文化创新体系和知识创新体系，加大文化人才培养和文化专利保护。要组建像高新科技开发区那样的文化创新试验基地、试验单位、试验团队，给他们开小灶，吃偏饭。经过试验，总结经验，探索规律，上升为对文化创新的科学认识，在这个基础上制定相关政策，改革机制、体制，形成有效的激励机制、雄厚的信息基础设施和动态的人才、技能交流平台，以引领全局性的文化创新活动。

文化创造力的核心是文化创意力，文化创造力最强大的动力是文化产业、文化市场。要花大力气培养文化创意人才，发展文化创意产业。尤其要培养一批具有国际视野和战略眼光的创意专家，大手笔才能写大文章。有成熟的市场经验，能适应多种产业融合的文化管理人才、文化经销人才、文化资本运营人才的培养，更是迫不及待。

其次，还要注意绝不能以一种复古的情怀，冲淡现实的和谐文化建设。在学习和建设和谐文化的热潮中，几乎同步出现了国学热。如前所述，建设和谐文化是我们党根据新时代的要求，找准我国文化发展方位的战略决策，并不是照搬中国和外国古代的和谐思想，我们不能以复古冲淡创新。

对国学热要具体分析，如果是为了在民众特别是在青少年中传承普及民族文化，整理、抢救古代典籍，以增强凝聚力，进一步树立中国形象，是应该赞成的。如果是溺于旧学而食古不化，或者借各种国学活动来作秀邀宠，甚至以术代学、化学为产，从中捞取功名利禄，是不应倡导的。在学术界，也有种种视国学为准国教的倾向，需要警惕。譬如国学中心论、国学救世论、西学中源论、以儒立国论等观点，都是我无法同意的。

现代社会有三个基本条件，即市场经济、民主体制、自由思想，而国学以及它所蕴含的制度文化、管理文化、精神文化、艺术文化，不可能成为现代社会这三个基本条件的前导。从"重耕轻商，重义轻利"中产生不了现代市场经济模式，从家族宗法文化中产生不了民主法治制度，从主奴根性与依附人格中产生不了自由平等精神。以父家长制为基础的家国同构，从社会分工体系看，所有权和经营权不分，政企、政事、政文不分，造成难以克服的权力设租和寻租性腐败。从道德评价体系看，忠孝同义，以天地君亲师作为偶像顶礼膜拜，置放于大道之德、大真之理之上的崇高地位。从人才选拔机制看，是忠孝本位而不是能绩本位，人才不靠选拔竞争，而靠伯乐点马。从社会发展体系看，先修身齐家后治国平天下，"家齐而后国治"（梁启超），即把道德范式放在科学发展、科学管理、行政职务之上。

国学大师牟宗三曾说，国学分政统（制度文化）、道统（心性文化）和学统（世俗文化）三方面。他认为道统和学统中的优秀成分是可以也应该继承的，但政统即制度文化方面可继承的实在不多。也就是说，国学用以修身齐家，今天仍有其积极作用，但对于现代社会的治国平天下，可用之处实在不多了。于丹、王立群、易中天讲《庄子》、《论语》、《史记》、三国，实际走了抽象继承的路子，将古典故事和其中的政统内容、政权背景做了剥离，或者把故事的政统内容做了道统、学统的转化，如于丹，或者把潜藏在政统故事内的民族智慧做了思维学和成功学的转化，如易中天、王立群。

（四）建设和谐文化是一个长期培育、长期积淀的过程，要防止庸俗化、普泛化、政绩化、经院化

社会和谐、文化和谐是一个漫长的过程。和谐不是事物作为唯一存在的状态，而是矛盾同一性相互依存的表现形式之一。随着社会的发展，会孕育新的不和谐。事物的发展就是由不和谐到和谐再到不和谐的循环往复过程。所以一方面，政府要努力协调各种利益关系，使不同利益群体在社会生活中发挥各自的作用，并能和谐相处。另一方面，要教育群众逐步认识到和谐社会的构建不可能一蹴而就，而是一个长期发展和积淀的过程。

防止庸俗化：和谐社会、和谐文化不是一团和气，不是掩盖矛盾、没有原则，不是"表扬和自我表扬"。以前用阶级斗争压制不同意见，现在不能用和谐、稳定来压制不同意见，从而使它成为一言堂的大棒。

防止普泛化：和谐不是一个筐，什么都能往里装。泛而无疆，大而无当，啥都乱套，便什么都不是。中国文化常常有一种强大得令人哭笑不得，却又叫人无可奈何的机制，那就是使"和谐"这一类鲜活而有创造性的理念，经过庸俗化、普泛化的处理，让民众对原有的活的内容、意义和责任完全失去感觉，变成没有任何特指内涵的时尚套语，最后淹没在汪洋大海的陈词滥调中。这种悲剧是反复出现过的。

防止政绩化：和谐社会、和谐文化的建设是相当长一个历史阶段的任务。为政不过一方，为文却功在天下，为政不过一时，为文却功垂万代。要把一个历史阶段的任务，硬压缩到几年任期内，立竿见影让见成效，必然急功近利。绕开内在的、奠基的工作，热衷于走过场、讲形式、做表面文章，甚至搞不计后果的文化"掠夺性开采"。

防止经院化：建设和谐社会、和谐文化要重在建设、重在实践。理论研讨不能经院化，只有与实践结合，理论才能鲜活，才能解决问题，才能有观念创新、思维创新、表达创新。

最后我想说，我们国家二十几年的改革开放，把经济改革放在前面，是一个智慧而又无奈的设计。因为国家百年积贫积弱，在现代化的道路上需要日夜兼程，老百姓更是要很快见到实惠。目前中国财富积累的速度很快，但我们处处看到一种没有精神准备的富裕。局部的竞争可能成功，却缺少思想奠基、竞争规范，成功之后又找不到目标。最受社会欢迎的，是各种"成功之术"的传授。大家都在追问"怎么富裕"，谁也不去追问"富裕为了什么"，只问"术"，不问"道"。因而当经济改革初见成效之时，我们应该及时从科学发展观与和谐理念的高度，物质文明、精神文明、政治文明、生态文明四个文明一起抓。为了民族的独立和新中国的建立,我们曾经"斗"字当头;为了国家的强大和民众生活的改善,我们正在"富"字当头;为了社会的科学发展和百姓全面的福祉,我们更需要"和"字当头。

      2007、2008 年在中国文联知名艺术家高级研讨班的讲稿

大众文艺的当下走势

一、超越四次冲击,进入最好时期

半个世纪以来,我们的文艺大体遭遇了四次冲击,又超越了四次冲击,终于进入最好的发展时期。现代大众文艺就是伴随着这个过程诞生、成长起来的。

这四次冲击主要来自文艺之外的力量,即社会的、政治的、经济的力量,却又深深切入文艺精神的内里,影响我们文化发展的轨迹。这四次冲击大致表现出一种历时的线性顺序,有时又会共时地存在着、交织着。

(一)"左潮"冲击——极左思潮对文艺的冲击

这是来自政治思潮对文艺的冲击。

"文革"前。极左思潮蹂躏文艺并不从"文化大革命"始,此前已经阴云密布。在极左思想影响下,在整个社会的政治斗争格局中,文艺界搞过好几次大批判,如批胡风,批右派,批"中间人物论"。

"文革"中。"文化大革命"是一次极左路线、极左思潮策动下的对文化的"革命"。"文革"中对文化和文化人"全盘否定"和"横扫一切"的结果——整个民族没有了文化和艺术。老百姓调侃说,全国只剩下了八个样板戏、一个忠字舞、一个作家(浩然)。毛泽东也说,没有小说,没有诗歌。人民无法欣赏艺术文化之美,人民也无法欣赏自然之美。极左的中国在政治思想上也不允许有这种"闲情逸致",贫困的中国人没有旅游的经济条件。全国人民只好跟着那时唯一的风光片《西哈努克亲王在我国参观访问》,跟着西哈努克在银幕上欣赏祖国的山河。至于人体美,那时已经被戴上了"黄帽子",更绝口不敢提。全国"谈美色变",中国人优美的体形,被汪洋大海般军绿色的红卫兵服和工人阶级的蓝色工作服掩盖了,淹没了。

"文革"后。粉碎"四人帮"后,我国进入了新的历史时期。在党的十一届三中全会精神指导下,邓小平发表《在中国文学艺术工作者第四次代表大会上的祝词》,力挽狂澜、拨乱反正,使中国的文艺出现了历史性的转机。那以后,极左思潮对文艺的影响已不能通过错误路线和权力干预推行了,但作为一种潜在的思想观念和思维方法,总会有一段不短的惯性和定式,因而直至今天,我们也不能说文化上极左的东西就完全消失了。

(二)"西潮"冲击——西方思潮对文艺的冲击

这是改革开放之后,西方的哲学、美学思潮进入国门,对原有社会文化观念和文学艺术观念必然会引起的冲击,也是对"左潮"冲击的一次反弹,一次惩罚。

极左思潮使社会封闭,文艺封闭,作家、艺术家封闭,思想和创作的路子越走越窄。改革开放之后,睁开眼看世界,除了强烈感受到世界的进步和自己的差距外,也为西方那些闻所未闻的、新颖的、独到的、怪诞的,有的又相当深刻的人文思想和理论观点而兴奋。它激活我们的思考,缭乱我们的眼光,让创新的冲动在兴奋中孕育。这时期,一大批在"西潮"孕育下的小说诗歌,虽然大多数读者不爱读、读不懂,却成了文坛的时尚和热点。与其说这是简单的模仿,不如说这是借模仿为创新探路。

"西潮"对文艺的冲击具有两面性。一方面,应该说它们促进了当时文化艺术的思想解放和艺术更新,是中国文化现代化进程的积极因素。另一方面,它们也极容易使文艺疏离民族传统,远离读者趣味,以致出现暂时的"双向冷落"的局面。西方思潮以前卫和先锋为旗帜,使文艺一定程度冷落了民众,民众也便在一定程度上报之以冷落。有一度,这又引发了"双向危机"。文艺出现了被社会和读者遗弃的危机,民众则面临文艺产品极度匮乏的危机。也可能正是这种双向危机,警醒了文艺,震撼了文艺,使文艺反思自身。

的确需要反思，因为老百姓对文艺的冷漠，是整个民族的一种态度，一种提示，一种策励。这帮助文艺正确对待"西潮"，取其精华而走出其遮蔽。在 20 世纪 80 年代现代主义盛行之后，大量出现的被称为后现代的文学现象，以及再后来的底层写作、民族小说的路径探索等等，其实可视为是中国文艺力图超越"西潮"冲击的一种尝试，一种努力。

（三）"商潮"冲击——商品大潮对文学的冲击

这是经济社会发展新气候下引发的对文艺的冲击。市场经济引发价值观念和运作方式的变化，把文艺推到新的考验面前。原先文艺处在以政治、社会、文化为主的三维背景中，现在则扩展到政治、社会、文化、经济、生命、心理等更多维、更复杂的背景下。

娱乐消闲、追星拜金的作品，黑幕、曝私的作品，言情而至色情、通俗而近庸俗的作品一时铺天盖地而来。这类书刊和盗版音像制品，开始大都在夜幕下的地摊上叫卖，被叫作"地摊文艺"。

"商潮"的冲击，挤压甚至吞噬原有的文艺生态群，旧的平衡被打破了。"地摊文艺""通俗文艺"作者群，或者叫"写手""码字儿的"，一夜之间已经疯长成一个庞大而自信的群体，甚至一些作家也参与其中。更多的作家则程度不同地按市场经济时代新的审美取向调整自己的创作。从写什么到怎样写，再到怎样出版发行、怎样宣传炒作，都发生了极大的变化。

在这次冲击中，一方面政府大力提倡和扶持高雅艺术和严肃文学，尽可能保持其主体的地位。另一方面，一大批具有人文责任、审美理想和艺术追求的作家，仍然坚定守望着文艺的圣殿，不断拿出有分量的作品。这使处在"商潮"冲击中的文学基本保持了自己的质地。他们中有人极为悲壮地提出了"文学依然神圣"的口号——因为文学眼下已然不那么神圣了。

（四）"网潮"冲击——网络大潮对文学的冲击

这是随着高新科技对文艺各个方面的渗透引发的冲击波，它由文化传播手段的现代化、科技化，进而引发写作方式、表述方式和文学观念的大变化。

这里仅举两例说明：

"说话文运动"——我感觉在五四运动时期的白话文运动之后，现在似乎又开始了一个说话文运动。五四白话文运动是为了社会的开放和发展，在科学、民主的大旗下兴起的。它打破了中国几千年书面文字和百姓日常口语的隔离，使平民有了话语权，使文化大幅度走进日常生活。五四白话文运动过去快一个世纪了，由于汉语语法的严谨和文字形态的相对稳定性，白话文在使用过程中总是跟不上民众日常口语鲜活的发展，因而白话文在使用过程中总是不断出现滞后、脱离口语的趋势。像公文写作中的连篇套话、论文写作中的概念轰炸、新闻写作中的"新华体"模式，都不同程度地再度使文字与语言分离。

时代呼唤我们的书面文字进一步贴近日新月异的口语，贴近日新月异的生活。广播电视在将书面文字转化为现代说话文方面开了好头，声像传播那种非文字化的口语直接传播，特别是专业说话人——广电主持人和广电评论人群体，其中也包括《百家讲坛》《开坛》《艺术人生》这些栏目的学者、作家、艺术家嘉宾的出现和走红，极大地开发了语言文字在表现人类真生活、真情绪和真心灵时的能力、潜力、活力、张力，并借助强势传媒覆盖全社会。而后，更为强势的网络媒体又把生活中的新鲜口语即兴地、快速地，几乎是无间距地直接转化为文字。它以更为强势的传播，普及、覆盖了全社会。从规模、声势，从影响，都是不亚于五四白话文运动的又一次说话文运动。问题当然也有另一面，大面积的公众传播常常给说话人和写作人以压力，使他们在面向话筒、镜头和屏幕时，往往不由自主地露出"秀"态来。

随着表述方式由文字向口语的转化，引发了内容、结构、语法甚至标点符号一系列的变化。譬如，由更重视书面逻辑的展开转为重视在内在逻辑基础上的散点缀连和亮点辐射，更重视在叙述、评论和感慨中自由出入，更重视在双边和多边的对话、会商和审美信息接受者的多维选择中引出结论。即兴的表述也使其在相当程度上忽略了各类标点符号的精确含义，而代之以一点到底的间隔，还有便是在原有文字符号中插入各种网络符号，等等。"现代说话文学"对汉语写作的意义是多面而深远的，将会在汉语写作史上划出一个新段落而留下重重的一笔。

五四白话文运动，曾经结束了中国古文写作和民众日常言语相隔离的漫长历史，在相当程度上改变了写作被少数精英垄断的局面，使普通民众在一定程度上有了表述、言说的权利，是一次历史性的进步。可以说这次"说话文运动"，是继五四白话文运动之后又一次历史性进步。在新的时代，它把表述和言说的权利交给了更广大的民众，这使文化民主和政治民主有了便捷的通道。当然也有另一面，大面积的公众传播常常给言语创作者以心理压力，使他们在面向话筒和镜头时不由得多少露出表演态，而降低了真实性。

网络时代——网络文化是最有现代感觉、全球感觉、青春感觉的文化，最率真又最作秀、最真诚又最需要真诚的文化，最开放多维又最封闭隔离的文化，最大众化、普泛化又最私人化、隐秘化的文化，也是最民主平等又最霸权垄断的文化。从世界范围看，普及网络就是认可英语霸权。1997年1月，美国制定《全球电子商务框架》，要求各国遵守这个法规，把网络控制权、信息发布权、共同话语权抓到手里。

网络时代培养了一代表达狂，滋生了不少"伊妹儿"依赖症、网虫和短信收发强迫症患者。宽泛意义上的网络一族，在当下生活中充满了矛盾和困窘。

网络改变时空，使遥远的变得近在咫尺，也使零距离变得有若鸿沟天堑。变换的距离和间隔，会产生新的感觉。网络又开放又封闭，双方能在人群里当众孤独，在喧闹中独得宁静，在亲密接触中和对象隔离，保持自我的独立空间，保持一份心灵的私密和温馨。封存私密以保有神秘感，而神秘感又诱发人追索探究的欲望。

网络使辐射传播变为定向传播，人们有了更多的个性化选择余地，也有了更多的个人化交流空间。这不仅意味着个人的兴趣得到更多的满足，而且意味着人格得到更多的尊重，生命得到更多的实现。网络又使单向传播变为多向传播，作者、传者与受者主体三合一而且随意互换，在对话中随时转换角色。故事不止是在你身边发生，简直就直接发生在你身上。那种亲历性的现场感，那种和读者同时交织在一种命运里的感觉，实在是妙极了。以上种种，便是网络文化时代新族群的生存相。

网络文化是一片新的处女地，不成熟文化在短期内遽然膨胀，必然会出现一些问题，譬如过度的率真的私语，容易使作者淡漠文化的社会意义和责任意识；人人即兴而随意发表作品或博客，容易影响文字写作的精神品位和质量；和互联网文化相关的各种新的价值转换，会挑战文艺原有的精神坐标。这也是我们文化正在面临的冲击。

中国当代文艺一次次承受冲击，又一次次战胜冲击。在每一次冲击中，我们都去糟取精，将经验和教训转化为营养。在每次冲击后，都出现一次辩证的发展和进步。

中国当代文艺坚守着也与时俱进地校正着航向，走向新的海域，进入最好的发展时期。

我们在四次冲击的背景上来谈当代文艺的变迁，实质上是说，"左潮"和"西潮"使文艺为某种理念服务而脱离现实、脱离民众，它们催发了"商潮"和"网潮"。而"商潮"和"网潮"则提供了大众文艺的社会条件和审美心理，这使文艺在更大更深层面上进入大众生活和大众心灵。因此，谈大众文化实际上也是从另一个角度在说当代艺术运动的文化轨道。每个艺术时代的到来，都记录了人类文化史精神演化的轨迹，如魏晋、盛唐。艺术时代的变迁，又只不过是人类文化变迁和历史变迁的一种书写形式。科林伍德说得好:"艺术变迁的动力是历史与精神的力量。"

二、大众文化总定位

如果说,"左潮"大致是以意识形态为背景的文化,"西潮"大致是以精英文化为背景的文化,"商潮"大致是以市场为背景的文化,"网潮"大致是以科技数字化为背景的话,大众文化则应该是以经济为背景的文化。我想这样定义大众文化:它是以市场为发育空间,以利润为主要目的,以批量复制形成规模,以市民情趣为主要追求的文化现象。它对促进文艺观念和机制的转变、文化市场的创建起到了积极作用,但负效应也不可忽视。

对于大众文化,西方一直有争论。法兰克福学派从工业社会的现代理论出发,认为其反文化,反精英,反价值。西方马克思主义学者杰姆逊从后工业社会的后现代理论出发,认为大众文化容易制造社会人生的幻觉而误导民众,均持批判立场。

但是,费克思的大众与生产性文本理论和耐格特的大众文化空间理论则均持赞同观点。他们认为,文化也者,文是意义的生产,化是意义的流通。只有大众文化的平民化、生活感和便捷的互参互动,才能创造跨群体的公共文化空间,它拓展了对文化的认识,符合文化的本义。而大面积覆盖的动态传播,有利于形成全社会的共知共识,促进公开公正、民主平等。他们认为大众文化的特点有五:①去中心、反元价值;②张扬个性、消解整体性;③平面复制商业化;④平民化、生活感;⑤交互参与的动态性。

俄国文艺批评家别林斯基认为,一个民族的文明水平,并不是由该民族所有成员文化水准的平均数决定的,而是这个民族最杰出的文化创造者的水准所连成的那条等高线,显示着这个民族的文明水平。我们姑且把别林斯基说的这条等高线称之为精英文化等高线。很显然,大众文化理论则主张,一个民族的文明水平除了由精英文化等高线决定,还应该由该民族的大众文化等高线来决定。

在大众文艺语境下，文艺家在理念、实践方式、创作手段各方面都和过去有了不同：

理念层面，文艺由重视对人的精神和审美层面起作用，转为重视对人的生命实践层面起作用。文艺的功能不再只是教育，也不纯然是审美，娱乐、宣泄愈来愈有了重要地位。文艺愈来愈平民化、青春化、个性化甚至"酷性化"，愈来愈重视生命释放甚至欲望释放。文艺的接受者不纯是受教育，也不纯是欣赏，而是投入、互动、玩酷，在消闲和娱乐中完成艺术创造和欣赏，整个价值坐标也日益由群体认同向个体自足转化。

创作实践层面，现代科技声光电大举进入文化艺术，甚至形成独立的艺术新品种，如光效应艺术、激光音乐、音乐喷泉、水幕电影等，尤其是网络虚拟游戏艺术铺天盖地地涌现。

为了实现上述要求，大众文艺的审美风格日趋简洁明快、通俗直截、日常而多样、奇幻却又可批量复制。各种拟真手段，使生活自如地进入艺术，艺术又成为日常生活的文化伸延。大众文化就这样显示了自己在当下生活进程中的渗透力量。

三、走势之一：由文化自娱到文化失语

从文化接受学角度看，文艺可分为他娱和自娱两大类。前者在他人的创作、表演中获得审美和娱乐，后者则在自己的创作、表演中获得审美和娱乐。在大众文艺时代，出现了一个几乎带普遍性的现象，那便是他娱文艺式微，而自娱文艺崛起。

自娱文化、亚文化、亚艺术的兴起，表现在很多方面，譬如：卡拉OK的普及，使数以千万计的人成为自娱歌唱家。舞厅和晨练使数以千万计的人成为自娱舞蹈家。网络文学、百姓副刊使许多人成为自娱文学家。这可以说

是网上和纸上的文学卡拉，如小男人、小女人、小市民、小情趣的散记随感。近年来，海外文学网站新语丝、橄榄树、花招迅速挺进本土，国内文学网站大量涌现。1996年"网络文学"一词正式在纸媒上出现。1997年，美籍华人朱威廉在上海创立了世界最大中文原创网站榕树下，每天发布几千篇作品。现全国已有五百多个文学网站，一些网络写手名声大噪。有的网站和作品日点击量超过五十万次。一篇网络文学作品，往往成为百姓尤其是年轻人的热门话题。

现场随机采访、热线、DV、手机偷拍，可以说创造了数以百万计的自娱广电人。DV大赛，催生了许多大学生的影视作品。现在电视台的制作和播出，和出版一样，正在走向分离。写作和出版的主体是分离的，将来的电视台主要也只是为播出提供一个阵地，而自娱广电人就成为重要的投稿者。你拍好，剪辑好，送到电视台，编辑看中了，就可以播出。中国人现在对影视的心态发生了很大变化，过去只要电视台记者的镜头对准自己，就赶紧整理衣服，整理头发，因为上电视很光彩。现在变了，谁知道你会剪辑到哪里，如果是曝光批评怎么办？比如我用公车送孙子上学，你要剪辑成爷爷爱孙子的感情片，这是在表扬我；你要剪进《焦点访谈》，说开学第一天有多少公车私用去送孩子，那不就完了，得赶紧逃离。在现代人看来，传播未必都是好事。这是自娱文化的贡献。

服饰和美容的风行，使相当一部分男性和大部分女性，成为起码的自娱化妆师和自娱模特儿。他们以自己为画布，为创作材料，通过美化自己的容貌和形体，在一个更高更美的层面上实现自己。他们在色彩与风度、气质的关系，在容装与职业、环境的关系，在时尚与突显个性的关系等方面，懂得的不比专业即他娱的设计师少多少。

家庭装修更是几乎使城乡大部分人成为自娱工艺师和美术家。中国人太爱家了，国家国家，国与家连在一起对中国人才有意义，才会爱她、依恋她。

中国农民最大的愿望是给儿子娶媳妇、盖房子。房子封了顶，媳妇娶进门，才算是完成了人生使命。这十多年，随着生活水平的提高，这些年大部分城乡居民都买了房、盖了房，装修美化自己的居所成为中国人普遍的追求。城乡居民一旦有了房子，每个人都会速成学习装修，每个人都能讲出自己的审美观点和设想，整个中国于是乎成了一个家居装修和环境设计的强化美术训练班，这是世界上最大的，也是旷古未有的。同时中国也有了世界最大的建材和装修行业。关于结构、关于色彩、关于构图、关于比例，什么是功能区，什么叫玄关，什么叫对比，什么叫倾斜，什么是暖调、冷调，等等等等，这些过去美术专科生才懂的概念，现在几乎无人不懂。你说装修艺术，也就是大美术、泛美术，普及什么程度了吧。

自娱文学艺术在近十多年简直是铺天盖地，它的吸引力远比他娱文化要大。现代人的审美认同有了变化：与其去感知别人的人体美、生命美，不如去扭迪斯科，用自己的肢体语言，证明、感知自己的美丽，建立或恢复自己在人生赛场上的自信心。这种生命的自审美欲望，可能要比欣赏别人作品的欲求还要大。有的人想演节目，想进入自娱状态到了急不可耐的程度，别人容易误解这是有表现欲，其实这是急切地想通过自审美达到自实现、自确证。这是人类很重要的一种生命和感情冲动。

由他娱到自娱的文化，实质是什么呢？实质上就是由大多数民众被动接受文化到主动参与文化创造，由审美中的他引导到自引导。在他娱文化中，创作者、传播者和接受者是分离的，作家、出版者和读者不是一个人。而在自娱文化中，我们既是文化的创作者，同时也是文化的传播者和接受者，是一种作者、传者和受者三合一的状态。这也就是我们所追求的文化民主和文化平等，标志着文化平等话语权、平等参与权、平等享用权在一定程度上的实现。

自娱文化是社会物质文明、精神文明和政治文明水平提高的表现，但也可能出现负面的东西，我们要防患于未然。自娱文化、大众文艺与国民素质的提高，总体上是相应的。但是，若用图表表示，两者关系不是一直呈斜线上升趋势，而是一个抛物线。也就是说，大众文艺在初始阶段对国民素质的影响一直是正面的、上升趋势，具有积极的意义。但若无节制地发展，上到了抛物线的顶端，超越临界点，也就是泛滥的时候，事情便走向了反面。在泛滥的情况下，大众文化越发展，极可能越不利于国民素质、民族文化水准的提高。我们可以从下面几方面看。

一是要注意潜在人称由"我们"向"我"转化的趋势。自娱艺术使得"我们"文艺的潜在人称发生了根本性转移。他娱艺术、专业文艺、精英文化，由于承担着营养、娱乐民众，提升社会精神境界和审美水平的责任，它的潜在人称（不是指具体作品的人称）常常是社会的、群体的、"我们"的，只是在具体作品中以"我"的、个体生命的形态表达而已。这是一种以"我"表达"们"的方式。而自娱艺术、业余文艺、大众文化，潜在的人称常常是单数的、个人的、"我"的，它主要为的是自己而不是他人或社会的娱乐、审美、满足、宣泄。在自娱艺术中，你不是作为群体而是作为"个我"存在。比如罗京和李咏。罗京的潜在人称就是"我们"，我们中国，我们的北京，我们中央台。罗京，还有李瑞英、邢质斌，他们是国家的形象代言人，是群体的标识，这是他们多年的角色定位。而李咏的潜在人称则是充分的"我"。你要让李咏、王小丫来播新闻，充当"我们"的代言者，大家能笑掉牙，为什么？观众对他们从未有过"我们"的角色定位。你让罗京去主持《幸运52》，大家也能笑掉牙，因为观众对他们从未有过"我"的角色定位。过去只有"我们"的文化，个体的、"我"的文化欲求，只能通过他娱文化人代言、代宣泄。现在自娱文化使"我"可以越过文化代言者直抒胸臆，代言便在相当程度上变为倾诉。"我们"瓦解为"我"，"我"又集合为"我们"。自娱使我们的文化在更大和更充分的程度上表现了"我"，但却隐藏着忽视"我们"，忽视代表大家发言，忽视群体和社会价值坐标的隐忧，无度泛滥极容易导致失语，走向误区，这是必须警戒的。

二是自娱对于自娱艺术的参与者没有任何准入门槛，没有任何业务上、思想上的素质要求。拿歌厅来说，是完全的商业运作，有钱就能唱歌。不要求业务素质，不看你钢琴几级或者是否上过音乐学院，也不要求道德标准，只要你当时没有犯事，买了票就可以进去。参与者、从业者没有门槛或门槛很低，便可能有负面效果。而他娱文化的文化代言者却有严格的准入门槛，有着文化素质、专业水平、社会职业道德和公共约束各方面的严格要求，多年来形成了相应的评价体系和考核机制，这在一定程度上保证了文艺的质地。

拿陕西电视台《秦之声》栏目来说，已经十多年了，前四到五年处于抛物线的前端，即上升段落。大众传媒的秦腔活动与秦腔的发展、民众审美水平的提高，呈正比例。《秦之声》用现代传播手段极大地普及了秦腔，给这个古老的艺术注入了新的发展活力，应该说以现代方式救活了秦腔。但过了几年，就出现了一些负面的东西。为了维持栏目，参加拍摄需要交费，于是渐渐成为一个地区、行业借秦腔宣传展示自己形象的窗口。或者是某某市县银行信用社，或者是全省某某系统，只要给钱，就可以办《秦之声》专场。业余演员水平自然低一点。秦腔自娱者占领了一次可以给几千万人传播的最大的媒体，而那些最出色的秦腔艺术家却只能在剧场里给稀稀拉拉的观众演出。任其发展下去，传播的不对称将使社会和民众对秦腔真正的代表性人物渐渐陌生。没有了名家，没有了流派，秦腔的整体审美水平会开始下降，长此以往，秦腔史将如何写法？我们将这个隐忧告诉给栏目，他们立即着手改革，每期推出精彩的名角唱段，又搞"秦腔四大名旦"评选活动。这使《秦之声》真正成为秦腔艺术的最高殿堂。

自娱文化泛滥到无法控制的程度，文化就走向无声，文化艺术史将无法书写。当最大的传播渠道没有了秦腔的名角名派，看不到刘毓中，看不到任哲中，看不到李瑞芳，秦腔将无声；京剧没有了梅兰芳、程砚秋、尚小云、荀慧生，京剧在历史上也将会无声。推而广之，中国文学没有鲁迅、郭沫若、茅盾、巴金、老舍、曹禺，没有谢冰心，没有张爱玲，没有丁玲、赵树理，中国文学史将无从写起；中国思想界没有从孔子到孙中山，包括胡适那些精英，中国将是无声的中国，中国的思想史将没办法写。

自娱文化导致失语的原因，还可以列举一些，譬如杂乱和喧闹导致失语。当公众视角变为个性视角，宏大叙事方式变为私人叙事方式，群体认同价值坐标变为个体自足价值坐标，必然会影响时代和民族文化主旋律的强度，听不见最强音，便如市场一样，进入了一个喧闹而无声的文化时代。

文化自娱者的顽主心态导致失语。言不及义，只关注如何生活得更舒适、更实惠，少有人去关注如何生活得更高尚、更深刻，醉心于闲言碎语、闲聊神侃、闲人得志而导致失语。

自娱文化的大批量生产、拷贝和克隆之风日盛，也导致失语。缺乏有个性的声音，只有宏大的、普泛的、时尚的声音，必然淹没创造性。在文化史上，只有创造性的、独特的声音才不会喑哑，才留得下来。

造成失语最根本的原因,不在民众而在人文知识分子的整体失职。在"商潮"和"网潮"的冲击下，人文知识分子一度出现了迷茫，有的人不同程度地放弃了思考和代言的天职。首先是他们自身精神境界、生活情趣的俗化与物化，使自己不自觉地远离终极话题。或者对变动不居的社会生活失去了深度把握和表述的能力。或者只能用过时的老话解释新的精神现象，不被时代接纳。或者只能用大众视觉和话语，解释深刻的精神现象，想迎合大众反被大众冷淡。或者是赶新潮，用西方话语唬人，用另类酷评贴金，虽哗众取宠于一时，却解释不了当下的时代而失语。正是他们的失语导致民族与时代的失语。

四、走势之二：由文化熏陶到文化消费

大众文化第二个走势，是由文化熏陶到文化消费。

为了扩大市场份额，大众文化力图将一切文化元素转化为消费元素，在一切精神审美现象中发掘商业卖点和市场价值。文化在相当大的程度上由精神营养品变成了精神的消费品、欲望的消费品。文化接受由审美过程变为消费过程。

文化由审美到消费，一般有两个途径：一是娱乐化途径，二是偶像化途径。

在娱乐化途径中，大众文化的操弄者，即文化策划人和经纪人，尽可能地把一切文艺审美元素转化为娱乐消费元素。譬如：

作品中的悬念打斗本来是塑造人物、推动情节的艺术手段，现在相当程度上成为消费和娱乐的元素。我们看成龙，除了在感受他扮的人物和故事，还在消费他打斗中体现出来的生命极限的力量以及悬念激起的解索欲望。

作品中的爱情描写本来是推动情节发展、塑造艺术形象、揭示人物内心世界、打动观众有力的艺术手段，现在也相当程度上成为消费和娱乐的元素。泛滥于荧屏的纯情、伪情、滥情之风，豪华奢靡之风，为的就是吸引票房市场。

一时甚嚣尘上的"黄祸"与"皇祸"，不也是消费化、娱乐化的表现么？"黄祸"渲染美色、美体，展示枕头、床头。"皇祸"则用野说——不可信但可娱乐的野史传说、戏说——随意编造、调侃历史以娱乐，另说——以另类观点解读历史以影射现实或哗众取宠，在荧屏上掀起了持久的皇族宫闱热。皇帝戏宣扬皇权主义、等级观念、主奴根性，引发对现代人格平等观念的瓦解；宣扬朝廷、王法，激发现实的权力崇拜、宗法传统和人治，会引发现代民主与法制观念的瓦解；宣扬夫权思想，使历史上的男尊女卑成为现实的氛围，引发妇女解放观念的瓦解；等等。这些都在本质上与科学、民主、法制、平等的现代文明对立。

更有把评论娱乐化、学问卡通化、能力修养操作化的倾向。评论娱乐化，如制造艺术争鸣，策划文坛官司，故意酷评棒杀，以作秀炒作，引发眼球效应。娱记们更是在造谣、传谣、议谣、辟谣的怪圈中轮回。学问卡通化，如学术传播读图化、故事化，漫画、连环画、说书式的人文讲座一时走红全国。能力修养操作化，把能力、修养乃至情调，都化为成功学，做量化的、操作化的培训。"格调"不再是文化情调的积淀，成了可以短期培训的操作方法。

从这些现象中，可以感受到当下大众文化是如何通过娱乐化途径，将文化的功能由熏陶转向消费的。

在偶像化的途径中，我们看到大众文化致力于培育两类偶像，即品牌偶像和娱乐偶像。通过明星形象、广告和商标的亿万次烙印，制造品牌的质量信誉感和时尚威慑力，如皮尔卡丹、大众、肯德基，转为社会文化环境和社会心理氛围的元素。有了品牌偶像为什么还要娱乐偶像呢？因为明星可以把商业品牌和市场导向人格化、人性化，商业品牌因明星而有了亲切感和人情味。这就是一个企业、一个商品成为品牌了，还要找形象代言人的原因。光搞商标，那还只是非人格的图案。电脑中的苹果机广告，你用两个小美女一扭腰身，笑喊一声"苹果熟了"，就有了人性化、感情化的视觉震撼。这是将"孔雀开屏"的效应注入营销。对商品形象化、人情化的宣传，能促使商品销售进入绿色通道。

娱乐偶像，"像"，是底板，是复制时尚、包装新潮的模式和底板，所以常能引发新潮青年的追星崇拜。从"像"的角度看，明星的确是够伟大的。"偶"，是木偶，是被策划人、经纪人包装起来的玩偶，是制造出来的公众形象，充其量只是满足消费市场需求、商业利润需求的手段，也是满足欲望的对象，因而，从"偶"的角度看，明星又的确是够可悲的。尽管某些人已经是如雷贯耳的巨星，还是脱不了这玩偶的实质。

我感觉娱乐偶像有三重作用。

第一，推销某种时尚的价值观念和生活方式，以拉动高端消费。近几年轮番炒作靓，炒作丑，炒作酷，炒作寇，炒作爽，炒作甜，炒作软，炒作闲，炒作博客、拍客、播客、晒客，炒作驴友、布波、丁克、红唇、拇指等各种族，甚至炒作苦难，都是先推出一批新偶像，让他们示范一种新潮人生和时尚消费，然后推动追星潮，把明星的示范性消费转化为全社会的时尚热，掀起一波高端产品新的销售热潮，以获取高额利润。

  偶像所制造的形象模板，提供一种消费范本，引领与提升社会消费的时尚和档次。他教你如何衣食住行，成为群众的消费手册。这时他们便由欲望对象转成模仿对象。有时甚至读着、看着、想着他们，都成了一种生活方式和情调。我们便这样在陶醉中沉没，在沉没中陶醉。拥有了或一部黎明用着的那种手机，或王菲正穿的时装、常读的报刊，或小甜甜布兰妮的吊带、T恤、迷你裙，一定样式和价位的物质消费会使你感觉到自己进入了一样文化档次的新的社会阶层。就是麦当娜嫁了一位导演盖里奇，都会掀起模仿潮，说是"知本"时代，要嫁就嫁这种有真才实学的男人。真是群星造就了灿烂的夜空。

  因为目的是制造时尚热潮，推销时尚产品，故而明星必须按签约公司的策划来做人行事，形象、体重、腰围、发型、衣着，一切都经过策划和设定，没有丝毫个人的自由空间。明星的魅力仅仅闪烁在市场需要的那一张特定的面具上。所以玛丽莲·梦露在自传中深有感慨地写道："你亲身经历过明星制，便容易理解奴隶制。"梦露梦露，不过是出现得快也消失得快的梦中之露啊。梁咏琪也曾对媒体的刁难哭着说，"你们把我当个人看好不好！"长年被当作玩偶，他们对自由和随心是那么渴望。

  第二，将物欲性的消费情调化、文化化。进入时尚消费后，不但被这些商品的质地和美感吸引，更被这些美化拔高了的生活方式吸引。明星的魅力投射到商品上，使陌生的商品变得有了文化光彩和人性化的亲近感。器物只是一个外在符号，买了它，便拥有了它所象征的某种情调身份。这时，消费被人格化、文化化、情调化，利润披上了文化的、形象的纱裙，消费也就洗尽了铜臭，成了超然于物欲之上的有情、有调、有档次的高贵行为。人们为自己的高端消费找到了正当的理由，心灵便得到了抚慰。因为，人都有耻感。再不懂事的孩子，譬如初中生，已经有了成人的消费欲望，但还没有相应的道德力量来承载，就是那样的孩子，他还知道雷锋，知道八荣八耻。没有一个孩子敢于对自己的爷爷奶奶说我要穷奢极欲，我要纸醉金迷，谁也不会用非道德化的、欲望化的语言来表述自己的购物要求。千元以上一条裙子，对工薪家庭的初中生来说是天文数字，她想买，但她绝对不会用物欲泛滥的语言来表述，而常常是用文化化、情调化的语言提出要求。父母不同意买，她就会说这是王菲穿的式样呀，是小资情调呀，是"派"，是"谱"呀，我们这一"族"都穿了，老爸老妈太老土啦。只有包裹上文化的外衣，购物需求才得以理直气壮地表达。取得了文化化的认同，你就有理由大把花钱。因为这已经不是花钱，是文化情调的追求，谁不希望自己的孩子有情调，有文化呢。

时代发展到今天，按生产资料占有划分阶级的时代已经过去，现代社会已经进入按文化档次、人生姿态划分人群、划分阶层的时代。"派""谱""族"便是这样的文化族群。有什么办法？老爸老妈只好借钱让女儿去有情调，去进入较高层次的文化族群了。

在消费社会，不再是需要造成商品，而是商品造成需要。人的消费行为从一种经济行为转为一种文化行为，不仅是以商品的物质本体为消费对象，而是以含纳着形象和感情的商品，即精神-物质本体为消费对象。这样的消费，会消费出一种"派"，一种"谱"和一种情调、等级来。明星偶像和品牌偶像便这样以高贵的姿态拉动高端的消费，用文化手段推动物质主义。在广告千万遍诱发下，原有的欲望一一膨胀，没有的欲望也一一被制造出来。欲望让我们大量分泌荷尔蒙。在欲望的诱惑下，我们死无葬身之地却无怨无悔。

第三，大众偶像满足窥私欲。窥私欲是人类共有的弱点，总想知道窗帘和钥匙孔后面别人在怎样生活。但窥探隐私是违拗道德甚至法律的，名人作为公众人物某种程度上却愿意被窥，因为可以提升眼球关注度、提升价位。

被窥是有回报的。明星以出卖隐私获取丰厚回报，大家以窥探隐私来满足自己某种趣味和隐秘心理，欣赏自己想看、想有而难以看到、难以具有的。当我们放论明星的绯闻时，既充满兴趣又故作不屑，这便既满足了深藏在内心的不良情趣，又满足了自己道德上的优越感。梦露说，人们总是习惯将我当成是某种类型的镜子来观看，而不是活生生的人。他们不理解也不想理解我，只顾自己的欲望和淫心，然后把我称为淫乱的人，掩盖自己的心灵。这充分道出了明星被窥时那种莫泊桑笔下"羊脂球"式的无奈。希腊哲人也说过，处于被窥探地位是悲哀的。虽然无奈和悲哀，却又因利益而情愿。

崇拜偶像、追星，原因多多，我想从这么几方面来谈：从追星族的感觉来看，我想，它能使脆弱的个体聚成一族，而让自己有某种归属感，也能使他们对物欲的追求具有高尚感。从偶像明星感觉看，明星在自己的被窥探消费中获得了利益，享受了富裕，实现了一种虚幻的价值，也就是说他们既被社会消费，也消费了社会。明星被名利逼迫而出售自己的精神空间，任大众占有，这也是一种精神卖身，即所谓大众情人。从精神传承看，追星是传统社会的盲从和现代社会的趋时的合体。只有民众精神不够充盈弥漫、不能自信自立，才需要在这种盲从和趋时中，使孤独软弱的个体转化为相依的群体和时尚的潮流。精神弱者只有融入群体潮流，才能虚幻地感觉到自身存在的力量。这种力量当然是自欺欺人的。在张国荣歌会上聚集时，一人变为万众，会自感强大。倘一自杀，则支柱崩塌，也跟着他去寻死。

五、走势之三：由传媒覆盖走向生命委顿

现代人不同程度地处在现代文化膜的遮蔽甚至窒息之中。回想一下每天的生活，除了睡眠，我们几乎无时不处在网络、电话、电视、广播、书刊、文艺演出、文件、课堂、广告、MP3、电子眼以及城乡尤其是旅游点上各种人造的文化景观和游乐场所构筑的虚拟世界之中，就连面对面的聊天和独对

灵魂的遐想，就连一帘幽梦，也不过是文化虚拟世界各种信息余唾的反刍和反哺。被文化膜包裹得严严实实的现代人，便这样可悲地陷入了一种拟态生存状态，人类实态生存的空间，像大地上的绿地，正日见缩小。

当人类愈来愈将自己整个的人生放置于文化的云霓下，当人类愈来愈依赖现代传播工具来实现自己的人生时，文化膜的拟态真实对实态真实的遮蔽，便不可避免了。任何文化膜都不是百分之百透明的，信息通过文化膜时会被过滤、被衰减，它至多是半透明的。它总是有目的或无目的地对真实的生活信息和生命信息做这样那样的衰减、改造、整合、提炼、概括。现代人和最真切的原生态生活便这样被隔离开来。

有了网络、书刊、电视，人类所能知道的，你都能知道。现代科技使现代人有了千里眼、顺风耳、孙悟空的速度，他们可以说无所不知，连天上的都知道一大半，地上的当然全知道了。但他们的所知都是二手货，都是文化膜传播给他们的。现代人能知道一切，但无法经历一切。知道和经历完全是两回事。亲见、亲闻、亲知、亲感以及这"四亲"基础上的亲想、亲思——原创性思考，对现代人来说是越来越少了。用自己的双腿亲自去丈量大地，用自己的双手亲自去创造生活，这"亲自"两个字，对现代人来说是越来越稀罕了。所以我们常常能听到"你亲自吃饭来了""你亲自上厕所来了"这样的调侃，皆因亲自在当代已经物以稀为贵了。

亿万观众看世界杯足球赛，几乎都不在现场，而是在电视机前。他们没有亲历，却津津乐道，在文化膜中生存得津津有味，生存得自得自足。我们已经建立了膜生存中的生命自洽体系，就像在缺氧的高原生活了四十年，到了平原反而不习惯，"醉氧"。我们长期在传播膜里生存，如果把我们放到真实的生存空间中去，反而无法适应。文化膜便这样剥夺了现代人真实生活的权利和义务。所以说，现代人是有知识而无阅历的。真切的人生阅历给予我们心灵的痛感和美感、快感、幸福感，二手知识却基本是无关痛痒的。现代人没有新鲜的体验生命，只是同一意义层面的移动，不增加任何对生命的感受和知识，不诱发新鲜的思考。

在文化膜的覆盖下，常常化育出一代知识丰裕而阅历贫乏、思考贫乏的"知道分子"。没有实践垫底的人生，是没有分量的人生。没有阅历的人，智商高而情商低、知之甚多而能力甚少。这样的人容易缺乏主见、新见、恒见，容易追风气、赶时尚、当粉丝。由于对真实的、复杂的、严峻的、深奥的人生涉及较浅，又极易对人生缺乏敬畏，对生命缺乏尊重，轻视生命甚至轻佻地对待生命。现在不少人游戏人生，而游戏人生的另一种说法，就是游戏死亡。马加爵在没有充分犯罪理由的情况下残酷杀死同室学友，就是从游戏人生到游戏死亡的恶性例子。就连政治和战争也被时尚化、消费化了。伊拉克战争中美国女兵林奇传奇式的宣传，中国台湾选举陈水扁的种种恶搞，在策划和传播方式上，采用的都是准好莱坞方式。

文化膜使人际的许多直接交往中断，一切通过电话与网络交往，陷身于数字符号世界中的当代人人际交往能力日渐衰竭。物欲得到了更大程度的满足，心灵和感情却因缺乏浇灌而枯萎。于是我们看到：人的交际面越来越广，交际深度却越来越浅；认识的人越来越多，朋友越来越少；房间越来越多，家的感觉越来越少。人与人、人与物的关系越来越带上功利性质和临时性质。这种在超载信息布下的网络中挣扎而出现的丧失自我的空虚感和无根的漂泊感，使现代人有了新的审美尺度：以感性刺激、表面印象、欲望放纵替代理性和深层意蕴感情。正是这种新的审美尺度构成了大众文艺的心理基础。

文化膜对个人心理、社会心理的遮蔽，具有一种非强制的强迫性与非密闭的密闭性。广电节目和网络可以自由出入、自由选择，其实节目的制作者与管理者早已预设了各种节目平台的价值取向和审美口味，自由选择实在是无可选择。文化膜以自己的坐标和口味，把生活中某些一闪而过的画面留下来，通过艺术处理放大、强化，无可逃遁地灌输给大众。这也是无可选择的。文化膜的强化与遮蔽，导致民众认识的偏斜，并且使这种偏斜在年深日久中成为习惯、成为当然。这就是传播文化学中的"斯德哥尔摩综合征"和"沉默的螺旋"理论。文化膜以自己制造的虚拟共识涵化民众，以自己类似性生产产生的共鸣效应、连续性生产产生的积累效应、广泛性生产产生的遍在效应，对沉默的多数产生认知诱导和心理压力，导致社会舆论在不情愿中情愿地一边倒。

文化膜的涵化作用，甚至可以导致传媒杀人，如八十年前的女影星阮玲玉，死于传媒制造的铺天盖地的绯闻，死于不堪承受的可畏的人言。她被舆论制造的现实性压力压死。

人类作为个体是脆弱的，极容易被文化膜所涵化，但作为群体、族类，人类有着强大的生命力。自从受到文化膜遮蔽的那一天起，人类就开始尝试着冲决文化膜。这些年，大众行走文化和体验旅游十分兴盛，驴（旅）友、好色（摄）族成为新潮人群，电视、网络各种行走类节目走红，《走遍中国》《纵横中国》《走进非洲》《话说长江》《话说长城》，还有唐蕃古道、茶马古道、蜀道纪行，沿着玄奘、张骞、郑和的足迹等行走类节目，收视率一路看涨，不能不说与走出文化膜的社会心理有关。

前几年，报纸上有一条消息，说西安电子科技大学有两个学生，穿牛仔服、耐克鞋，却仿照藏传佛教徒磕长头。从西安三桥出发，一直磕到咸阳。他们向公安局正式申请，也通知了传媒，为了不影响交通，一直走在公路边的小土路上。社会上对此有许多非议，电视台就来采访我。我说这也许是一种行为艺术，应该是积极、健康的。他们一直被囚禁在城市的水泥森林中，想用这种有寓意的方式走出文化膜对人类的窒息，有什么不好？为什么要坐汽车，为什么要骑自行车？为什么一定要走柏油路？不，我们要用身体去一点一点地丈量大地、亲吻大地，大地是我们的母亲啊。这有什么不好？青年人意识到了他们生命在拟态生存窒息中的危机，他们要冲出文化膜，走进真自然。当然，他们的行为稍稍有一点作秀，这也应该理解，年轻嘛。

但还需要警惕新的怪圈。人类不停地去突破膜生存，但是人类又不断地在给自己编织新的文化和心灵的网膜。不停地冲出来，又不停地把自己关进新的网膜里。你想突破城市文化的膜生存，你走出城住进了"农家乐"，但人人都去"农家乐"，"农家乐"开始到处克隆、批量生产。当你意识到要去住"农家乐"的时候，"农家乐"早已经标准化、批量化了，早已经成了新的网膜。你想吃乡土风味的岐山面吧，可今天的岐山面也已经标准化了、"麦当劳"化了。

六、走势之四：从深虑思维到浅近思维

易中天、于丹现象并不自今日始，早在二十年前，汪国真通俗而浅近的哲理诗歌在年轻人中洛阳纸贵，那股高雅文学大众化、深虑思维浅近化的风势便已经兴起。后来的余秋雨，虽然一直恪守着精英的深虑思考，却尝试通过大量的文化散文和文化演讲，大幅度地朝浅近的表达方式和大众的传播渠道上靠拢。他和汪国真都成功了，大量占有了公众的眼球。

从汪国真到易中天的二十多年中，这种以浅近思维的形态来传达深虑思考的趋势有增无减。它有点接近康德的"知性"观念。不是学院的高高在上的学理诉求，却又不是一般大众文化的感性的诉求；相当切近我们的日常生活，却又有高于生活的理性观照。它是一种"切身"的智慧，一种具体而微的生活哲理的表达。它不是理论的通俗化，它是通俗生活的理论思考，因而和学院的理论其实完全不是一种东西；它又不是我们习惯的大众文化如电视剧或者歌星的演出，它总能让我们从"知识"中获得应对人生的具体而微的策略和行为方式，大致属于成功学范畴。它不需要太高蹈的分析，却自有其值得回味的妙处；它不需要高深的学理的展开，却要在感性和理性之间找到一块自己独特的园地。其实这种"浅思维"文化的兴起是一个新的时代的标志，也是后现代文化平面化的必然景观。

"浅思维"的运作依赖电视的有力传播，却又更依赖草根的网络的口碑。余秋雨当年是靠一本《文化苦旅》打出名气，而如今却主要靠电视维持声誉。但是，余秋雨的"浅思维"还是以学术性的思考和写作为基石的。先是学术和散文书籍的传播，之后，由于电视对于"浅思维"文化有强烈需求，余秋雨才登上电视。易中天的崛起前期却几乎全是电视的功劳。他开始也写了许多相当有特点、有趣的著作，却并不流行。电视的平台将易中天变成了新的偶像，然后反过来带动著作的出版。这和余秋雨的情况正好相反。当年的电视媒体还没有像今天一样无所不包、无所不能，还是"精英"不大涉足的领地，余秋雨还有着靠几本书成为公众偶像的机会，但到了他，情况已经变了。只有著作而没有电视，不可能有易中天的火爆。易中天的讲课有点"说书"的淋漓痛快的风致，又有一点教书先生的博雅，可以提供不同于一般感性满足的有趣的电视观赏经验。

　　我们总是议论电视搞不了文化，譬如读书类节目总是办办停停，人文类节目总是收视率不高。像崔永元这样一直在电视圈里打转，却又高调抨击电视低俗的"精英明星"，也为此充满焦虑，觉得电视降低了人们的文化水平。如今却真有了比崔永元正宗得多的学者现身说法了，他们崛起为真正的电视明星。看来，电视不是不能走文化路线，只是这文化路线有其限制。当年央视《读书》节目，其实是没有找到自己和观众结合的点，没有"浅思维"的发挥而试图将学理通俗化，也没有切切实实把握好媒体在今天的特性。这种特性不是靠几句高调的批评就能够解决问题的。

　　当然，今天电视里的名人还需要大量"后小资"的"草根"在互联网上的追捧，才可能广为流传。网络"草根"的支持才使得易中天成了今天最为引人瞩目的明星。让易中天脱颖而出，较老一代的电视观众的支持虽然也有一定的力度，但在文化市场上有如此瞩目的表现，起决定作用的毕竟还是新"草根"们。

这种"浅思维"有两个关键点：首先，它需要对知识和理性思考做巧妙的"软"性处理，将知识变为具体可感的素材和有趣的叙述。故事是这类思考的核心，浅层的人生哲理和处世之道是这类思考的支柱。引人入胜的趣味和漂亮的表达是这些浅思维的关键。形式当然大于内容，也必然要让这样的文化形态有其完全不同于传统知识分子宏大叙述的新的大众特点。传道、解惑、启蒙，已经被观众频繁的互动所取代，高高在上的宣讲已被热热闹闹的签售所替代，被启蒙的群众已成了着迷的粉丝，激情的事业已成了找乐的狂欢，现代的大叙事已被后现代的碎片所覆盖。

其次，这些"浅思维"的思路，要切切实实契合当下民众正在改变的文化欲求和所关切的当下社会问题。今天的"草根"不仅仅需要感性的宣泄和满足。他们其实相当见多识广，互联网使他们知道了许多事情，文化水准比起当年计划经济时代的"群众"高多了。所以，光靠"超女""好男儿"的感官满足是不够的，他们今天还需要各种"有用"的、"知性"的文化。用"浅思维"的文化来启悟"草根"的人生，迎接市场化进程中让人感到相当严峻的挑战，这才是易中天流行的社会大背景。

这种"浅思维"文化自有其独特的价值，也有值得反思的问题。但它在今天的流行，毫无疑问地说明了当下文化本身的丰富性，值得我们深入探究。

七、走势之五：从"心灵美学"到"视听盛宴"

当下，一个由电子传媒、电视广播和 CD、VCD、DVD、MP3，再加上手机彩铃为主导的视听文化成为大众文化的宠儿。大众审美的日常形象被夸张地"视觉化""听觉化"，成为凌驾于心灵体验、精神追索之上的视听性存在。过去的文化艺术虽然亦有视听样式，但主要作用于心灵、感情，现在则常常置换为由视听引发的快感。

我们在生活中能够看到，"美丽"已经常常不在心灵，而成为写在美女浓妆上的冲击你视觉的媚态；"诗意的栖居"也不再仅仅是指精神的栖居，而成了楼市的"风景佳园"。审美在一定程度上被经过悉心经营而且极度强化了的色彩、构图、光影等可视的物象所替代。审美趣味便这样被物化。

这同时，我们在文艺中也感觉到了一个读图时代的到来。许多礼品"巨书"都是"图说"，还带可视可听的光盘，在教学的课件中，文字常常被"图说"和音响淹没。可视的形式挤压着可感的内容。

在视象的展示中，一方面用"物"挤压"心"，另一方面又对"物"做文化包装。视象的展示首先不是为了体现"物"的日常实用功能，而是刻意突出人对物的消费能力和消费态度，醉翁之意还是在人。艺术视象的生产，从色、形、图的角度，探讨人在日常生活中审美趣味物化的可能性，并且竭尽全力去促成这种可能性的实现。它的直接表现就是以读图促进购买力的提升。如情人节期间对巧克力进行爱意包装，用美图、彩铃、缠绵的留言，将巧克力的物态功能（好吃），强行提升为情态、心态效应（好感动人）。当爱意效应远远超过食用效应，糖果的价格也便提升为艺术品的价格。这就如同精湛的工艺使钻石戒指超值，引发超值的不是克拉，而是附加其上的苦心与爱心。

这样一种现实，即由视听表达与视听满足所构筑的日常生活美学，是对传统美学"无功利性要求"那一理想世界的现实颠覆，也就是"眼的美学""耳的美学"对"心的美学"的现实颠覆。它通过"视听盛宴"，营造一种更具官能诱惑力的实用美学理想，来取代用精神笼罩心灵的传统美学。美感更多地表现为快感，视听与快感逐步显示出一致性，都显示了当下大众文化和时代生活的感性特征。

这样，视听的消费与生产，在使文化与审美平面化的同时，肯定了一种新的美学话语：消费性的日常生活活动的美学。这一美学使追求快感和感官享乐具有了合法性。

八、走势之六：以科技渗透改造艺术

近年来随着网络、影视、舞台、图书出版相关科技的长足发展，现代科技对文化艺术的渗透日益全面而深刻，引发了文艺在许多方面的变化。当声光电和各种数字技术手段进入文化艺术之后，使许多不可能成为可能。现代化的戏剧舞美，无须繁复的布景，只要有数字芯片控制的灯光，便可创造出花团锦簇的色彩和千变万化的空间，这使我们对舞台艺术空间环境、气氛和意境的创造，有了全新的理解和实践的新天地。有时，声光电和各种数字技术还会由技术手段结晶为艺术样式，甚至形成独立的新艺术品种，如当下流行的激光音乐，如音乐喷泉、水幕电影等光效应艺术。

网络虚拟文艺也是在这种科技对艺术的渗透中逐渐形成的。在数字式超文本作品中，给网络的数字语言赋之以形，通过在线传播而虚拟在场景观，将文字、图像、声音整合一体，兼具声光色之美，而且读者可以直接参与，成为其中的一名作者或一个人物。这种网络超文本作品，非文非画非乐，亦文亦画亦乐，和以往所有的艺术样式、艺术门类都不同。它以参与互动使你有一种亲历性的感受。它又以假名假面式的参与，使你在互动中毫无顾忌，能够最真切地宣泄自我，而得到以前在文艺中从未有过的满足。

现代科技对文化艺术的渗透，会引发文化立场的变化。网络空间以其拟态的真实、自由、兼容、民主、共享吸引民众。用一种"在线民主"的神话虚构一个"在场民主"的幻觉，用"人人都能当作家""人人都对整个社会有发言权"诸如此类的安慰性幻觉，激励大众的文化热情，以实现文化话语权回归民间立场。

现代科技对文化艺术的渗透，会引发文化创作者和文化接受者价值坐标的变化。网络写作的基本动机是追求个我欲望的极致表达，使自己能够在电子牧场上以虚拟的主体孤独地驰骋、肆意地狂欢，甚至裸身书写。这是一种欲望修辞。由于解除了传统社会的"面具焦虑"，这种欲望修辞可以肆无忌惮到采用市井的"粗口秀"，把宣泄推向极致。消解神圣和理性的无厘头"大话"模式，调侃一切的王朔语气，便是这样被创造出来的。

现代科技对文化艺术的渗透，也会引发艺术观念的变化。技术的进入不仅提供了手段，而且深化为文化理念，改变艺术观念，譬如网络写作在艺术上的个我自由、独立品格和非功利色彩。由此带来的更为偏重新奇性、偶发性、狂欢性，还有选材的个人化、风格的时尚化、语言的市井化、趣味的极端化。又如，科技手段渗透引发创作者们对大制作大投入的喜好。《无极》《英雄》《天地英雄》等等，似乎崇尚大而贵则美。高科技手段乃至其他创作手段、技巧，日益成为审美评价的重要坐标。

文化手段的科技化，还会引发写作方式、表述方式的大变化。前面我谈到了"说话文运动"，就是这一变化最有力的表征。它揭开了汉语写作史的新篇。

更值得我们重视的是，现代科技对文艺的渗透，使文化和社会交流空前便捷、广泛，催发了通过参与文化而吸聚、组合、生成社会族群的现象。一部作品、一个艺人、一种文化时尚的同好者，会聚合甚至组织成粉丝团之类的社会族群。同一交流传播平台也会聚合社会族群。譬如网虫和拇指族的形成，就培养了一代一代e族表达狂、"伊妹儿"依赖症和短信强迫症患者。这些共同寄生在网络上的人，在社会上已经是一个庞大的文化族类。进而，同类的小族群又聚合、滚大，成为以某种文化姿态为标识的潜在社会阶层，这都是前信息时代从未有过也不可想象的。当下文化便这样通过科技手段，聚合成巨大的社会力量。它给我们的社会管理、社会心理、文化、道德、法制都提出了许多新的课题。

总之，科技手段的拟真化使生活自如地进入艺术，艺术成为日常生活的真切的和虚拟的文化伸延，大众文化就这样显示了自己在当下生活进程中的渗透力量。

九、走势之七：由边缘到另类

边缘化是当代文化新潮的一个重要表现。你若留意观察体味，会发现后现代主义的大旗上绣着"五去"的标记，这便是去中心，去经典，去元价值，去传统，去规则。去者，远离中心也，边缘化也。当然边缘化不是目的，只是手段，边缘化的目的是远离之后在地平线上的再度聚集，导致新的中心、新的族类的形成。这新的族类，在原有的话语平台看来，就是另类。边缘化是一种以酷的姿态，表明自己不和循规蹈矩的人群为伍的文化主张。边缘化群体，常常在十五到二十五岁之间，这是正在形成自己人生价值坐标的阶段，精神世界还没有元价值垫底，是最容易接受另类的时期。他们一般到了三十岁以上归属感就强了。这部分人蔑视世俗，比如，他们喜欢说俗了吧，土了吧，老帽儿了吧。

所以"垮掉的一代"克鲁克亚宣布："我们永远要处在世界的边缘。"也就是说他永远不与中心话语合作。至于有一天他们自己成了社会中心话语，会不会强制别人与他们合作，则不得而知。

"新新人类"则将自己定为"酷一代"。他们在宣言中说："我们是酷一代，不追求螺丝钉的价值，却要追求机械人的专业技能和变形金刚的应变能力。我们把大脑变成电脑，不断录入新信息，又用大脑操纵电脑，不断创造新知识。"

蔑视世俗但没有激情；享受生活又厌倦生活；随心所欲又不为所动；喜欢吸引别人的目光，又不在乎别人如何注视；不刻意创造时尚，是时尚刻意创造了他们。可见，从另类的边缘化言行到走向大族群的中心，常常只有一步之遥。从酷到俗，从一意孤行到哗众取宠，也只有一步之遥。

愤青、小资、白领、金领、嬉皮士（愤青变）、雅皮士（小资变）、飘、族、海龟、e族、新新人类、拇指族、行走族、丁克族、布波族，这些年来走马灯似的另类族群，虽然寿命苦短，却无不各领风骚三五年。它们像节日的礼花，以短暂的闪光创造了天空的绚丽多彩。

试说几种族类和另类现象。

小资和愤青。小资是颤抖的甜果冻，所贴的标签是"帅呆"。愤青是愤怒的酸葡萄，所贴的标签是"酷毙"。中国小资倒多是真小资，无大用亦无大碍，更无大害，他们看重私人的生活情调，追求自己活得滋润，而不太关注国计民生、社稷伟业。中国的愤青，我看有一部分怕是假愤青，关心国家大事往往玩虚，若动真，却又有过之而动乱。现在小资日益比愤青多了，这是时代的进步，表明社会和谐，更多的人想安心过日子。

布波族。布，指布尔乔亚，资产阶级，有钱人；波，指波西米亚，小资产阶级。他们是既有钱又讲情调的一族。他们的爱好真够另类的：着装，喜欢锦织唐装与牛仔裤搭配，要的就是不伦不类；装备，追求二手悍马车和过时的旧手机，显示自己风尘仆仆的行走人生，也显示有钱人的高度自信；读物，肯斯顿的《飞碟飞机》；爱好，小提琴，但不是小提琴的旋律，而是它的松香味，玩什么典雅情调，我就是大俗人一个，怎么着？外语嘛，正学阿拉伯语，英语早八辈子学过了，你不见美国人都往中东跑；朋友圈子，UFO会员，酷毙雪茄客；住宅，绝不买大房，不动产是人生最大的累赘，租一所小"汤耗子"，随时准备离开，去漂泊；度假？几大洲已经跑得差不多了，只好去库克岛了；婚姻，可以，最好"1.5式"的，比爱情过一点，比婚姻少一点；同居，或者尝尝"分开同居"的味道，同住但不同房，保持独立，你真爱我，结婚也可以，但话要说到前面，我只"嫁给你一部分"，嫁给你，但不嫁给你背后那个庞大而又传统的社会关系，成天去为七姑子八大姨，去为风俗礼节烦恼，一辈子还有幸福吗？

身体写作。现代三位大思想家以各自的坐标论述了自己的人体美学观。马克思从劳动的身体、尼采从权力的身体、弗洛伊德从欲望的身体的角度，建构了自己的美学体系。马克思的观点是，由于资本像生命体那样膨胀，资本家的身体则异化为无生命的疲于奔命的状态，资本家和工人都沦为资本的奴隶、金钱的奴隶。他从来不把人体的美丑从时代和社会背景中剥离出来。现在有不少"美女作家"，她们受弗洛伊德欲望身体观的影响，以主动的方式将自己的身体置于全民观看的境地。棉棉说她"用身体检阅男人，用皮肤思考"。卫慧则"对各种欲望顶礼膜拜，对即兴的疯狂不作抵抗"。周瑾认为"爱就三秒钟"。王天翔的希望是"我宁愿我的传记里充满男人"。她们自诩"妹（媚）力四射"，以自己是"文坛坏女孩，社会问题女孩"为荣。

行为艺术。如果说文学还只能间接地展示身体，那么，身体在行为艺术中则遭到了更惨烈的使用。一个命名为《生命》的行为艺术，"艺术家"现场表演了人怎样从牛的子宫里血淋淋地爬出来。《有偿巴掌》表演的是付费打农民的耳光出气，以平息自己的愤怒。《一次雇佣的拥抱行为》则雇佣下岗工人家的少女来出卖初吻，拿弱势群体开涮。还有由著名艺术家甄选、推荐的作品《十二平方米》（窥私）和《洗手间》（手淫）等更下作的"创作"，以至于广州一位身份是大学教师的观众将其告上法庭，理由是观赏此类龌龊的行为艺术使他恶心、呕吐，损害了身心健康，要求赔偿。

"哈韩帮""哈日帮""哈狗帮"。"哈狗帮"源于20世纪90年代后期黑人的绕口歌，经港台地下乐队包装，"脏话加色情"，怪异恶俗，在中小学生中流传，引发负面影响。例如，"你要和我装，我让你受伤。你要和我玩，我让你有小孩……"等等等等，不能一一道来。

我曾经参加过电视台一个节目，是前卫文化和经典文化的对话，让我做现场点评。一边是搞另类艺术的，一边是传统的艺术家。我问一个穿着厨师衣服的大学生，他是个音乐人。我问他，你平时在学校也穿这身衣服吗？他说不，只是为了做节目，因为要通过传媒与社会见面，想从装束上宣告我是另类的。还有一个金发黑衣戴墨镜的女孩，自始至终不说话，显示着一种酷状。我问她在家这样打扮，她母亲骂她吗？她说在家不会这样，也是为了在节目中宣告自己的文化姿态。另外一边是老的话剧和秦腔表演艺术家，他们为了做节目，也能看出来刻意收拾过，但都是传统的装束，西装、长衫。我问他们平时也穿得这样"经典"吗？他们说做节目总要讲仪态，尊重观众嘛。这是两种文化姿态，经典文化最基本的文化坐标是四个字：仪态万方。一切按游戏规矩办，像英国的宫廷舞蹈，中规中矩，可圈可点，仪态万方。谁在游戏规则中玩得最精到、最高明，谁就最好。另类文化的文化坐标也是四个字：放浪形骸。他们标榜的是逸出规则、破坏规则。"形"是什么？"形"是规则，不光是形式、衣着，也指已经成为形态的那些文化、艺术、文学、文化规则，包括生活规则、民俗规则。放浪形骸，逸出艺术形式之外寻找真生命。

另类和另类文化的走红，可能有这么几种社会心理。

一是引发平民虚幻的成功希望。芙蓉姐姐、木子美、流氓燕，为什么会引发大面积的社会关注，以至形成一种文化现象？是娱乐心理和庸俗趣味，但又不完全是。芙蓉姐姐、木子美、流氓燕，一不是伟人（以成就影响论，不是政治、文化、科技精英），二不是名人（不是名门、世家之后），三不是好人（以道德表率论，不是先进楷模），四不是富人，五不是能人，六不是美人，这些人成名容易，也司空见惯。而像"芙蓉"们这样，就在你身边，一个个平凡而又平庸的人竟然一夜成名，这种贴近感，不能不诱发人人成功出名的虚幻希望。这就把成功的可能推到广大普通民众眼前。同时，"芙蓉"们并不是靠现实行为成功，而是靠网络上的虚拟行为一夜成名的，不需要多大的成本，也不需要十年寒窗，不需要在漫长的苦熬中等待，这也诱发许多人快捷成功的幻觉。

二是满足社会变态心理的宣泄。宣传"芙蓉"们，也不是出于正常心理的正常宣传，而是畸态、变态心理诱使下的畸态、变态炒作。这集中表现在几乎不去展示她们的成就或品格，而是竭尽全力展示她们的身体。炒作明星和美人的身体，引发的是大众可望而不可即的钦羡和失落。现在炒作极其平庸的身体，引发的则是大众可望而又可即的试一把的欲望。平庸的身体就这样吊起了平庸的胃口，给平庸者以希望。

从"芙蓉"们自身的心理看，恶炒自己的身体，当然是满足社会变态心理的宣泄，恐怕也反映了她们自身有曝私癖的病态。保护隐私，特别是保护身体隐私，本是人的正常心理，是人能够在一个不受侵犯的、私人和家庭的空间中，自如、放松生活的必要外部条件，也是心灵自由的一个必要的外部条件。曝私癖则是反常的畸态心理。在利益驱动下，眼球攫取欲恶性膨胀，已经构成心理病态。

"芙蓉"们的曝私，恐怕还有强烈的成功欲被压抑多年之后，终于以一种极端的方式、报复的方式反弹了、井喷了的原因。在穷凶极恶中夹杂着对成功的乞求和仇恨。这种人的心理主题词是：惊世骇俗。

从社会心理来看，一是窥秘癖。窥秘心理钥匙孔心理人皆有之，在法律和道德控制线内，希望了解别人、别地、别族、别国、别代怎样生活、怎样思考，这是人所共有的正常欲求，也是推动人类生活的重要心理动力，如它能推动旅游探险、创作和欣赏文艺以及对新闻和信息的了解。突破法律和道德控制线的窥秘癖，则是变态的、阴暗的，是对他人"生存场"的侵犯，并在这种侵犯中得到欲望的恶性满足。这种人是以窥秘癖宣泄阴暗心理的人，他们的心理主题词是：阴暗。

二是围观癖。鲁迅笔下的看客，是中国人国民性的一种典型心态。他们可以围观杀人、抢人而无动于衷，甚至获得某种满足。他们在毫无意义的围观、百无聊赖的起哄、无事生非的造谣传谣中打发生命，消遣围观对象以娱乐自身。他们不会害人害国害民族，但也不会救人救国救民族，从这个意义上，他们可怜而又可怕。这类人只需要精神的粗饲料。他们的生存类别可定位为闲人、顽主。他们的心理主题词则是两个字——冷漠。他们是那种冷得让人打战的人。

三是嗜痂癖。嗜痂逐臭，对有的人是价值倒错，美丑不分，以臭为香，以丑为美。对有些人，尤其是青年人，常常是出于一种游戏心态，或是追新逐异，或是作秀邀宠。最严重的，则是利用这些社会现象和社会心理牟利，或达到某种目的，正如报上登的某导演的话：我们明知"芙蓉"们是痂是臭是垃圾，却利用这里面的商机来作为产业，吸引眼球，承载广告，以达到牟利的目的，利用完了便弃之如敝履。许多"芙蓉"现象正是这些商家策划、炒作的结果。他们暗中制造了"芙蓉"现象，又在公开场合伪道学地嘲弄、歧视"芙蓉"现象。这何止是消遣，已经是作践了。我们能感觉到他们冷酷的狞笑。

在所有这些现象深处，我们能感受到一种情绪，这便是潜藏在现代社会中的反文化情绪。我们反对那种不分青红皂白怀疑一切、打倒一切的反文化思潮，但也不能全盘否定，一棍子打死。现代社会的反文化情绪是非常复杂的精神现象，要具体分析、审慎对待。各种反文化情绪，反的目标其实并不一样，譬如这么几种就不宜简单否定。

一是反唯文化。这些年兴起文化热，言必称文化，一切话题都陷在文化的泥淖中跑不出来。其实，文化本来是第二性的，是生命存在之上的东西，是人类对生命的一种反观，一种感悟、思考和表述。这种反观和表述，或多或少都经过理性或诗性的审视、过滤、概括，已经不完全是生命原生态层面的东西了。当人类没有意识到，或没有很高层次意识到自己生命存在的时候，生命作为一种隐性的存在，是在文化之外的，是文化不能完全覆盖的。现代人重视生命，希望能冲决各种固有的文化做派的笼罩，更自在、更真实、更艺术地活着。他们反对唯文化论，反对什么都往文化上靠，什么都用文化理论去解释。反对言必称孔孟、行必符礼仪。主张文化规则要根据生命的需求动态而变化出新，并且要承认，生命现象和社会观象，远不是只靠文化就能完全说清的。

二是反符号文化，即反对文字符号文化对人的束缚。非非主义认为，迄今为止，过去的世界能够留存下来，构成人类历史的，主要是文字记载中的那个世界。人类文明的积累，也主要局限在文字疆界之内。能够进入文字记载的其实只是少而又少的一丁点儿历史的碎片，大部分无法进入文字记载的人类生活，很遗憾，都随光阴的消逝而消逝在太空之中。人类世世代代、祖祖辈辈用生命换取的绝大部分知识、经验，也随之消失了，这是生命最大的浪费。

世界，世界，"世之界"不应该只是文字。如若突破文字疆界来认识世界，人类的发展会获得"亿亿种"新的可能。这就需要对被文字笼罩的世界做前文化还原，用文字以外的各种元素，如生命的感悟和联想，去补充、丰富、还原历史文化。文字也许是人类一个最大的误区。人类的确有很多感情、感受、感悟、感觉，非常微妙，是文字无法表达的。我把它譬喻地称为微量感情、无可言说的感情。人类的喜怒哀乐，有的像音乐的1、2、3，是一个音阶，大喜大怒大哀大乐；有的，或者更多的是4、7这样的半音，半喜半怒半哀半乐；还有的微妙而复杂，亦喜亦怒亦哀亦乐。林黛玉和贾宝玉之间，除了林黛玉死宝玉哭灵，全音阶的喜怒哀乐很少，一般是愠、恼、颦、嗔，是微妙的半音，是多音的交响。少男少女恋爱的时候，她哭，正是她高兴；她恨，正是她爱到极致。愠怒、嗔怒、颦怒、恼怒，对宝黛来说无一不是爱。人类有许多这样半音阶的感情状态，是文字很难记载的，但音像可以。看一部精微深妙的文学作品，如果读者自身没有文化底蕴、人生阅历可以与之共鸣，艺术想象力又不足，即通常说的没有灵根悟性，是感觉不出作者想表达的意思的。这就是文字的局限性了。

三是反定式文化。实践着的社会和人生是鲜活而不僵死的，是动态的而不是定式的。生活实践一旦进入文化层面，经过了概括、提升，便常常舍弃了进行时的鲜活性，而有了过去时的既在性。从这个意义上看，一切文化都是一种定式。马克思说文化会导致人的异化。别林斯基说智慧的痛苦。鲁迅在《论睁了眼看》中说，黑屋子里早早醒来的先觉者、智者是比还酣睡着的人更痛苦的。老子在《道德经》第十二章中说："五色令人目盲，五声令人耳聋。"第十九章中说："绝圣弃智，民利百倍；绝仁弃义，民复孝慈。""见素抱朴则绝学无忧。"大致都是在论说或感慨文化的正面、负面两种可能性，其中依稀流露出文化人内心深处的某种原罪感。

十、最后总说两点

第一点，大众文艺时代的到来，意味着大文化时代的到来，也意味着人本文化时代的到来，意味着生活的艺术化和艺术的生活化进入了新阶段。它为人类找到了在艺术和文化活动中更广泛地表现自身，更直接地传达自己欲求的可能性，也拓展和提升了自身享受文化和美的能力。

大文化时代，仅从文艺的角度来看，表现在很多方面——

大美术时代。美术已经以空前的幅度和深度融入了当下生活，一切有构图、有色彩、有线条的地方，都构成美术思维的对象，构成美术创作的内容和形式。城乡规划，街区和景观设计，无孔不入的广告、彩屏、装潢、工艺，复杂多变的建筑、汽车、器具，全天候进入我们生活的影视、戏剧、光盘，都使美术永远与你伴行。

大音乐时代。同样，音乐正在广泛地融入现代人的日常生活，CD、MP3、手机彩铃，甚至门铃，使音乐永远和我们在一起。而一切生活中的音响，人的说吼哭笑，大自然的风生水起、鸟语花香，又都在转化成艺术音乐的对象。

大舞蹈时代。晨练、猫步、站像，美化坐站行姿各种体态与身体语言已经成为现代人的必修课，成为情场、商场、职场乃至整个人生赛场取胜的重要元素，这促进了现代人从小到老，从几岁去"小天鹅"学舞蹈，到几十岁退休了还在晨练中学老年舞蹈。

大影视时代。VCD、DVD、监视器、探头、DV大赛、手机摄像在生活中越来越普遍，作用越来越大。据说北京人每天要被拍几十次，英国地铁的摄像头竟有几万个。我们一言一行都被人监视、记录在案，我们每时每刻都在"出镜"，不由分说地成为镜头前的本色演员。

大传播时代。不但人人看报看电视，而且人人都学会了用报用电视。农民工利用传媒讨要工资，残疾作家利用传媒推销新书，艺人在传媒上制造官司增加眼球关注。我们生活在一个人人离不开传播而且深刻地进入了传播的时代。

大文学大戏剧时代。文学和戏剧已经不只属于文学家和写作者，文学和戏剧已经渗透进百姓的日常生活，成为一种人生姿态。在娱乐界和传媒的影响下，许多人在追求生活情调化、精致化的同时，也自觉不自觉地在将自己的生活故事化，或把作秀生活化，以吸引世人的眼球。这种泛文学、泛戏剧的人生姿态，已经成为时尚。

大众文化热潮和当代艺术的大众化趋势，全面改变了艺术的传统色彩。艺术由艺术家个人的内心独白或个人与社会的交流，变成大众的文化沟通、交流过程，变成宣示和直观自身文化生存境况的、独特的精神方式。这就给我们提出了重新解读一系列传统艺术观念，解读当代人类文化活动本质与艺术观念之间关系的任务。

第二点，大众文艺为现代都市文化和艺术的生成，为整个文艺的大众化开了路、奠了基。大众文化不但在社会环境、社会文化心理方面提供了许多新的元素，而且为都市文学营造了相应的审美坐标和欣赏氛围，提供了许多可资提炼、整合的精神资源和艺术的手段。

都市文化、都市文学是在政治民主、社会开放、现代市场经济背景下，反映整个社会城市化进程中的文化冲突与人的精神追求的各种文化和艺术现象以及相应的文化艺术产品。它们由过去的农业文明在都市的延展，已经变为今天社会文化的中心，反向朝乡村扩散。

高雅文艺对都市文艺早有探索，并且由20世纪30年代以来的市民文艺（这是以乡村为社会中心和文化背景的城市文艺），提升为在现代市场经济和全社会都市化进程背景下的都市文艺，由开始的由乡入城题材、移民（打工仔）题材、漂泊题材和都市青春题材，提升为对都市文化、都市精神、都市人格的深层开掘和展现。如王朔、王安忆、刘西鸿、张欣、张梅、邱华栋、毕宇飞、韩东等。王朔时代的新都市人还是遗世独立的叛逆者，后来则城市人格日渐成熟，形成了白领、金领等阶层、族类。人生已经在都市得到安顿，灵魂却无法安妥，还处在各种困窘和冲突中。这都远远超越了旧海派写城市感觉的高度，在对城市人的生存状态和感情潜流的把握中，城市和人的角色、身份得到反省，各种人与物、灵与欲关系中的现代荒谬得到表现。

但高雅文艺中的都市文艺一直不能顺利地确立自己的主体主流地位，原因在于，中国社会拥有丰富的乡村经验，但都市经验、都市人格极不成熟，社会心理对城市化进程还准备不足，还有阻力。而当代文艺自身包括创作、评论，也严重缺乏都市经验，缺乏开掘和表现都市经验的经验。许多文艺家长期享用城市的物质和文化，但城市精神并未深刻地植入他们的心灵和创作。相反，乡村虽然在现实生活中引起他们的忧虑和愤激，一旦进入作品，面目却无比清丽、温情，他们的乡土情结何等根深蒂固！

大众文艺这方面走在了前面，它是都市经验、都市人格、都市文化的直接实践者、生成者和原生资源的提供者，不像作家、艺术家只是都市经验、都市人格、都市文化的观察者、感悟者、反映者。几十年后再来看当下的大众文化，其中所包含的中国都市化进程中的社会的、文化的、心理的信息量，将会比历史、社会学和雅文艺要大得多。

2005、2006年在中国文联知名艺术家高级研讨班的讲演

动 感 西 部

——《凤凰卫视·世纪大讲堂》整理稿

主持人许戈辉："问渠那得清如许，为有源头活水来。"各位好，这里是《世纪大讲堂》，我是许戈辉。既然我们的大讲堂开到了西北工业大学，那么我们的话题当然应该聊聊西部。其实从 2000 年提出了开发和建设西部以来，我们就听到过专家、学者各种各样的论述，有的从经济角度入手，有的从法制角度切入，而今天我们的主讲嘉宾，将为我们提供一个非常非常别致的观察与思考角度，那么这个角度到底是什么呢？我们一会儿再揭晓。首先还是来让我们认识一下我们的演讲嘉宾肖云儒教授。

许戈辉：肖教授，您好！我知道您的祖籍是四川，您生在了江西，按照我们中国人通常的算法，您应该算一个南方人，对吧？

肖云儒：是，应该是南方人，长江水系。

许戈辉：那您为什么这么钟情西部呢？我听说西部的每一个地方您基本上都去过。

肖云儒：我只是去了西部各个省的每个地、市，不能说每一个地方。

许戈辉：我发现您现在经常介绍说我们西部人，您已经把自己完全算作一个西部人了。为什么会这样？

肖云儒：就因为我是南方人，我长在山灵水秀的南方，再加上我的家庭，我从小没有父亲，在母系的这种氛围中长大，因此我内心觉得我缺钙，缺西部人的这种豪强精神，所以来到西部我一见如故，我来到了一个有我正需要的各种精神营养的地方，来到了制钙的工厂。

许戈辉：您第一次到西部是什么时间？

肖云儒：我1961年大学毕业就分到陕西日报社，工作了二十年，写新闻。

许戈辉：您觉得西部最让您震撼的是什么？

肖云儒：最让我震撼的是西部的豪强和那种古道热肠、沉郁内忍精神。特别是在西部的昆仑山脚下，就能感觉到那种永恒的象征感，给我生命里面充实了很多东西。

许戈辉：刚才肖教授也介绍了，说他大学毕业以后就分到这边，大学学的是新闻。我们在中学的时候，都学过语文，写散文要怎么写？老师一定会告诉你们一句话，说散文要——

同学：形散神不散。

许戈辉：没错，"形散神不散"，知道这是谁提出来的吗？

许戈辉：往这儿看，肖教授提出来的。（热烈掌声）肖教授，那您看，您长期以来从事的是文化理论的研究，比如像文艺批评、文学评论，这个应该属于叫作比较背景的基础理论的研究，或者我们还有一种说法叫底色研究。但是现在有关西部建设和开发应该说是很切实的，那您为什么会从一个理论家又关心到这些很切实的话题呢？

肖云儒：这有两种原因。一个，跟我原来的职业背景有关，因为我搞新闻搞了二十年，就是从现实的、最当下的问题切入，来关注这个社会，这是传媒的一个职业道德。

另外，我自己在搞了文化理论之后，觉得对于新闻涉及的最根本的或粗浅的社会问题，要有一种文化的和生命的提升。所以这样就把两者结合起来，两极振荡产生了一种效应。

许戈辉：那您既不是从经济角度，也不是从法制角度来入手，我倒特别关心，您这个角度，独特的角度到底是什么样子的呢？

肖云儒：文化，文化心理，从民族学、人类学，特别是从文化心理学角度研究西部。所以我曾经说，我关注西部，是关注西部的软件。软件里边又分两部分：一部分是硬软件，像投资环境、通信、交通，包括文明礼貌；另一部分是软软件，就是文化心理，文化心理的优势、劣势、资源。我关注的是软软件，是"软中之软"，但是它又决定着西部未来的走向，又是非常硬的东西。

许戈辉：肖教授一会儿给我们带来的这篇演讲，它的题目就非常具有文化感，而且还具有一些时尚感，题目叫《动感西部》。好，有请肖教授。

肖云儒：西部在世人的印象中，特别是在乍到西部的人印象中，都是一种沉滞的、有些落后的、静态的一个环境、一种印象。这种印象是绝对有道理的，GDP低说明了一切。但是我在西部有四十多年的人生实践，我对西部有二十多年的理性思考，我心里活跃着另一个西部，这就是鲜活的、动感的西部。在静态西部之外有一个动感的西部。我想用另一种眼光来谈谈我对西部的印象。动感，这才是西部文化的潜质，才是西部文化和当代深层迎和的地方。

中国西部，简明地说，它是一个什么样的地域呢？为了大家好记忆，以帕米尔山结为圆心，帕米尔山结到黄河的晋陕段，也就是到壶口瀑布为半径，在我们祖国土地上画的一个弧，这个弧的西边就是中国西部。

西部是中国的，也是欧亚大陆的制高点。西部是中国乃至于亚洲的山之根、河之源。

这样一种地老天荒的时间感觉和高山大川的空间感觉，决定了西部的象征感。它象征着历史，象征着人类，象征着我们的生命。所以我们民族的许多象征性的名词都出产在西部。大家知道，珠峰应该说是人类的不光是物质的也是精神的制高点。珠穆朗玛、青藏高原这是一个象征。丝绸之路、黄河、长江是我们的母亲，壶口是经常出现的，长城、黄土地等等，这些我们民族的象征物出产在西部。

但是西部在现代又是一个砝码。在现代进程中西部稍有落后，滞后了，但是西部同时以自己多年来积累的价值标准，像古道热肠，像沉郁内忍，像坚韧不拔，这样一些价值坐标，构成现代生活和现代人精神天平的一个遥远的砝码。它是现代人精神的减压阀，是现代人思想的整流器，是现代人心理的平衡仪。

那么动感西部我们怎么看呢？我是这么思考的，我想从三个方面来看。

第一，就是从民族共生来看动感西部。

中国有五十六个民族，西部就有五十多个。各民族杂居在一起。什么叫民族杂居，从文化上讲就是带着各民族不同文化因子的人共居一起，因此它必然会产生文化的交流、冲撞、融合、整合，最后是双赢、多赢、共进。这样一种杂处的生存状态，必然导致杂化的心理，它使得西部人的心灵底色中有比较大的豁达的容受、兼容空间，西部人的视觉转换的频率比土地文化区的人要多、要强，西部人智慧杂交的能力也比土地文化区的人要强。

我们在乌鲁木齐的巴扎，可以看见，很多维吾尔族、哈萨克族人，在买菜讨价还价时随时转换语言。他可以说维吾尔语、哈萨克语、汉语、蒙古语，但是在那个地方生活了三十年的汉族人，永远用着一种语言，为什么？他没有处在游牧地区这种共居状态，他的智慧杂交能力相对滞后。

王蒙，大家都知道的著名作家，曾经在西部边陲——伊犁流放了二十几年，他后来写过一本在伊犁的纪实文学，描绘了西部静态生存的杂居的状态。他写一个大杂院，住了七八个民族，有哈萨克族的、俄罗斯族的，还有像王蒙这样汉族的人，住在一个杂院里边，用一种"协和"语言，不是日本人的协和语，而是一会儿夹杂着几个维吾尔族词汇，一会儿夹杂着几个汉族语汇，共同交流着。

有一个女作家，是天津的张曼菱，写中、蒙、苏边界的阿勒泰地区，大家想象着北疆那个角，她写的题目叫《唱着来唱着去》，她既是说民族杂居共生的，没有国界、没有民族的疆界，更是说各民族之间心灵和感情没有疆界，可以唱着来唱着去沟通。这是一种动态生存中的杂居。这样一种杂居、杂交、杂色的状态，使得西部文化在整个中国文化中有了举足轻重的地位。

我想给大家举一个小例子。中华民族，我们过去是以汉族为中心的一种历史观，中华民族的源头实际上不只是汉族，而是多源流的。大家都知道敦煌、吐鲁番和库车的千佛洞。可见中国文化也从印度文化、伊斯兰文化和欧洲文化中引进了一些元素。就拿汉族文化来说，大家知道我们的轩辕黄帝在陕西，轩辕黄帝使得中华各部落，最后整合为一个中华民族的整体形象。我们的周礼，孔子都说"吾从周"，我是信服周礼的。我们的秦制，秦代的政治制度一直延续了两千年，直到1912年辛亥革命结束后才被推翻。我们在汉代，独尊儒术，使得我们中华民族文化精神有了主心骨，这就是儒教。我们的唐代开放多维，使得儒道释，就是儒道佛，成为中华民族三足鼎立的三大文化坐标。三足鼎立使中华文化非常稳态，不至于像印度和埃及文化那样流失，这是一个重要的原因。而这些都与西部有关。

西部还有一个更大的功能，就是推动了中华民族的历史进程。我开玩笑说，我们的民族文化历史进程是以2/4拍子前进的，强弱、强弱、强弱。每当一个王朝单维统一浑然一体的时候，因为它闭塞，两三百年后开始衰弱，然后西部和北部的少数民族，就是西部人，用流血的或者不流血的强行的文化交汇，入侵中原，给我们民族输钙，然后产生一个变乱的时代，然后又一个新王朝诞生，强弱、强弱。大家知道，在周代之后是春秋战国，那是一个多维的时代，然后有了秦、汉帝国的统一。秦、汉之后是魏晋南北朝。西部和北部的民族入侵中原，导致动乱。最后涵盖、吸收、整合，导致隋唐帝国的建立。在隋唐帝国之后，又出现了五代十国这样一种多维交汇的局面。再后来有宋代。宋代以后有元代，蒙古人成吉思汗的后裔忽必烈建国。元以后有明，明是汉族，但是明以后是清，清是吴三桂不抵抗后，从关外进来的，是满人。蒙、金相对汉文化，都是异质化。当然五四运动以后，世界各国的文化都涌入了。强弱、强弱，分合、分合，西部就是这样，以自己的价值坐标和生命力，给中华民族的历史周期性输钙，使它更新。

那么现代社会是一个什么社会？我们常说地球村。现代人不仅固着在自己的家里、自己的村里、自己的城市里，产生血缘、族缘、地缘，而且固着在世界一体化的经济格局中、世界文化的总体格局中。所以现代人处在一个非常杂化的时代、一个复杂的世界。这个复杂的世界催发着、呼唤着一个复杂的主体，它希望我们每一个人心灵里边都有一面复杂的镜子，能够多面照射这个世界的复杂性。所以现代人有一个很基本的素质，就是需要有杂化的心态和杂色的心灵及精神底色。这就有可能使得西部这个杂居共居体成为一个潜在的优势。

从这里就能够看到，动感西部的第一个现代潜质，就是西部多民族杂居的这种状态和现代人跨社区发展状态是相应和的，它给现代人的很多要求提供了潜质。

第二，我们可以从文化结构来看动感西部。

我们在谈到文化的时候，大家都知道，交流是文化发展的必要条件，这是对的。没有交流，文化怎么发展？要得富先修路，经济尚且如此，何况文化。但是我们常常忽略了很重要的另外一个方面，隔离也不光是文化发展的消极因素。我曾经专门用过一个词，叫隔离机制。文化的隔离机制，同样是文化发展的一个重要的甚至必要的因素。文化的交流机制和隔离机制，和人跟他的影子一样，是如影随形存在的。大家知道隔离机制是一种地方文化生成自己个性的必要条件，是一个地方文化形成传统并且保存下来的必要条件。一个现代化的都市，没有民间文化，因为它没有隔离，全是些批量生产的光盘，只有那些闭塞的地方，才有着非常鲜活的民族文化渊源。所以，隔离机制在西部起到非常大的作用。我作为一个西部人，可以很痛切地说，西部是以自己艰难的生存，是以自己的荒蛮和落后所造成的隔离，保留了世界四大古文化的遗存。

正是因为西部几千年的隔离，导致欧亚地区的人只能用自己局部的智慧来创造只属于自己的文化样态，所以这才形成了欧洲文化、波斯文化、印度文化、东亚文化的地图，中国西部在中间阻隔着。但是文化又有一个很重要的特点，它跟电、跟水是一样的，它要往低处流。在欧亚大陆形成了一个欧亚文化的密集圈，中国西部是文化的疏离圈，文化很落后。欧亚文化密集圈外部，非洲、澳洲、美洲，又是文化的疏离圈，这个时候文化密集圈内的文化，开始要探索向心地向中国西部交流，也要离心地向美、澳、非交流。这个时候就出现了历史上千千万万个马可·波罗，他们探索东边的人怎么生存；也出现了千千万万个张骞和班超，他们探索西边的人怎么生存。这种交流的结果就形成了西部五圈四线的一种文化网络状态。

第一个，就是新疆的西域丝路文化圈。第二个是青藏高原的藏传佛教文化圈。第三个是河套河西地区的甘肃宁夏的伊斯兰文化圈。第四个是西南川滇黔桂（广西）的多民族文化圈。第五个是长江腹地（四川盆地）与黄河腹地广大平原和黄土地的农耕文化圈。

这五个文化圈又用四条文化要道，也是交通经济要道，把它勾连起来。西部文化通道的起点就是长安。由长安往西的丝绸之路，一直把中国黄河腹地的农耕文化，跟西域文化，跟地中海波斯文化勾连起来。由长安出发，到兰州、西宁，翻过唐古拉山，进入中国的拉萨、尼泊尔、印度的唐蕃古道，把中原文化、黄河腹地农耕文化、藏传佛教文化和印度文化等四大类文化勾连起来。由西安到宝鸡，走宝成路和成昆路往南，从瑞丽出境一直到中南半岛泰国、缅甸的路，叫作南方丝绸之路。南方丝绸之路把农耕文化与川滇黔桂的多民族文化和南亚文化勾连起来。由长安出发往北，在古秦直道的基础上延伸，秦直道被称为秦代的高速公路，据说有五十米宽。从秦直道延伸，一直向北通向贝加尔湖，把蒙古文化和中原文化连接起来。

这样五圈四线的文化的接合部，有一个很有趣的现象，叫旋涡共生区。在海北山南地带，青海湖以北，祁连山以南，是藏传佛教区、伊斯兰文化区、西域文化区和土地文化区接合部，形成一种旋涡状的杂色文化区。在不足一个地区那么大的地方，有五六个民族，撒拉族、东乡族、裕固族、土族、保安族，它们没有多大，最多有一两万人。它们倔强地生存着，而且广纳百川，把各个文化因子拿来铸造自己的文化，生存得非常有活力。

我现在想说的是，现代人，我们的现代社会，进入了一个多维交汇的、开放的时代。文化在历史上有三个发展阶段。一个是隔离发展期。我前面讲了，西部的隔离导致发展，形成个性。第二个，是选择发展期。通过竞争，你吃掉我，我吃掉你。第三，到了当代，进入综合发展期。综合发展期就不是我吃掉你，你吃掉我。虽然我们打仗，我们竞争，我们文化论辩，但是我们双赢，我们互相吸收对方有用的文化因子，吸收对方真理的碎片，像马克思吸收黑格尔跟傅立叶的理论那样，哪怕你是真理的碎片我都吸收，我不要你的主干，用你有用的营养来壮大自身。这样一种文化，当然是很有生命力的。

我到过一个地方，就是那个旋涡共聚区中的甘肃永昌县的者来寨，那里现在残存着罗马十字军东征的一支后裔，只有四百人，叫骊靬人（中国古代称罗马国为骊靬）。

我到者来寨去，发现那里的人大都是高鼻梁、深眼窝、卷头发，倒不很黄，因为从汉代到现在几千年与本地人血缘交错。他们很穷，穿的衣服皱得跟南方的腌菜一样。在罗马十字军东征的时候，公元前50年，罗马首席执政官克拉苏的长子，带领一个部队在安息，就是现在的伊朗，打了一场败仗，他们流落在我们中国的西部，整整十七年。最后跑到了河西走廊，在永昌这个地方出现，被西域都护使甘延寿和他的副将陈汤，主要是陈汤，一仗下来把他们打败。因为他们已经流落了十七年，很弱了。然后就把他们安置在永昌的者来寨，当时有一千二百人。这样的一个部族能够活到现在，还成立了自己的文化协会，有非常强劲的生命力，靠的是什么？靠的就是这种多元文化杂交给予它的活力。

所以，当代的综合发展能够在西部人潜在的文化心理中找到自己的对应物。美国学者詹明信说过，现代人，特别是后现代人，在把握这个世界的时候，是历时态的线性把握。就是说，历时态是一个朝代一个朝代线性地来把握历史，再展开一个一个时段的共时态，在共生并存的共时态中把握。共存是什么？就是多维共存，这就由否定性的竞争进入了综合性的竞争交汇。在这种情况下，文化多维所构成的底蕴、文化开放所容受的宏大的结构、文化综合所形成的统摄力量，就构成现代人的重要素质。这些也可以在西部人身上找到潜在的因子。

因此，我们可以看到动感西部的又一个潜质，这就是西部文化多维向心交汇和世界新大陆文化多维离心交汇的应和。西部文化的动态多维组合和当代世界文化的综合发展趋势应和了这个趋势。

第三，我们还可以从生存状态来看动感西部。

人类自古以来基本上有两种生存状态，一种是动态的，另一种是静态的。从历史上来说，一种是在家里，我们活着，"家"字就是一个穴居顶盖，下面一个"豕"（猪，后游牧时代的家畜），这是我们农耕文化的象征。

但是在动态生存区、游牧区，随畜就草，哪儿有草原，我的牛群、马群到哪儿，我的人跟到哪儿，我的帐房就盖到哪儿，在漂泊中度过自己的一生。所以藏族的一个支脉有一个风俗，康巴汉子如果有一个亲人被仇人杀死，这个康巴的小伙子就终其一生，要找到这个仇人，哪怕什么都不干，三十年也要找到他，永远在流浪中，非找到这个人把他杀死不行，康巴整个民族就接纳这样的汉子，走到哪儿都有吃。像磕长头的人，走到哪儿都有糌粑、酥油供给。他们这个民族文化是认可一种强悍的漂泊性存在的。

汉族不一样，我们生活在一种静态的土地文化中。我们有一个风俗，你们来上学之前，家里肯定要给你杀鸡，陕北还要宰羊，这叫饯行。为什么饯行？现在当然是一种礼仪，实际上是一种对动态生存的恐惧感遗留下来的一种风俗。就是说我的孩子上路了，路上车翻了怎么办，住黑店被强盗抢了怎么办，种种风险，因此先吃一顿，咱们团聚一下。

那么你们回去，寒假回去，你妈你爸又要给你炖鸡，为什么？叫接风，为什么接风呢？就是庆贺你离开了一个危险地区，又回到了静态的穴居的家里。这就是我们的风俗，跟游牧民族的风俗完全不一样。他们视动态、视漂泊为常态。

那么在西部，特别是西西部，有六个动态生存群落。一个是草原上游牧的群落，哈萨克族、蒙古族、维吾尔族。一个是生活在新开垦的处女地上的集团性移民。比方说生产建设兵团，比方说酒泉航天基地。为了巩固边防，清代在伊犁，在维吾尔族、哈萨克族中间搞了一个旗人的生存带，"人体长城"。这是集团性移民。

还有就是知识分子、达官贵人在"出问题"或犯错误、犯罪之后，流放西部，从而形成一个流放者群体。大家知道林则徐，虎门销烟之后，"犯罪"了，然后就被流放到伊犁将军府，他在那儿也给老百姓办好事，修水利。大家到伊犁去，可以看看这个地方。还有大家知道的作家艾青、王蒙、张贤亮，一度都是西部的流放者。

还有失去土地盲目流动到西部的个体农民，无规则流动，我们叫盲流。大家注意不是流氓，是盲流，他们对建设西部也是有功劳的。

还有现代知识分子，在心灵中放逐自我，文化上边缘化，他们到西部来寻找真实的人生和自然，寻求文化补偿和思考，像我这样来补钙的这一批人。例如张承志、郭小川，写过很多西行的诗歌；还有现在的行走族、背包族。

但是大家是否想到，无论是游牧之游、移民之移、盲流之流、流放之放、军旅之旅、离散之离，所有的游、移、流、迁、旅都是什么，都是一个字——

动。它所告白的西部人，是在一种动态的生存状态下度过自己一生的。西部人常常将自己的生命，义无反顾地交代给皑皑的雪山和茫茫的草原，他们乐意拥有一个马背上的人生、一个脚步绵延中的人生。许多西部文化研究和文艺作品，对这方面的研究和描绘，构成中华文化的一个重要补充。所以说，无动则无西部人生，无动则无西部文化和西部文艺。

动，意味着什么呢？动，意味着自己和自己的生存环境多次的剥离。就是说这一朵花不停地在移栽，因此它会造成很多心灵上的痛苦。你们没有下过乡，老三届的都下过乡。乍然从京华胜地一下来到西部荒原，那种心灵的撕裂性感觉，使他一下就成熟了，在一个晚上就成熟了。但与此同时，也锻打了西部人的生命力，使得西部人有一种生于忧患的感觉，有一种与生俱来的忧患意识和悲剧感，这恰恰是中华民族缺少的。李泽厚先生曾经说，中华民族是一个乐感民族，入世的儒家教给我们怎么样现世现报，而没有一种终极的关怀和忧患的东西。但是西部人的沉郁之美中，可能有这种东西。

所以这样一种西部人的文化潜质，我觉得跟现代人是很相符的。现代人，他的成就、文化素质、知名度，跟他的生存半径是成正比例的。一个国家、一个地方，它的动迁人口、迁居率，跟这个国家的经济发达程度、文化发达程度也是成正比例的。

美国的未来学家托夫勒写过《第三次浪潮》《第四次浪潮》和《未来在振荡》，他曾经用过"城市吉卜赛人"和"现代游牧部落"这样的概念。我想他说的所谓现代游牧部落，是指现代人的漂泊和动态过程。他们有的出售劳动，大家知道打工仔；有的出售精神，大家知道海归派。这都是一种漂泊。丁肇中，他的家在美国的一个城市，他就读在美国另一个城市，他的实验室在德国的汉堡，是地球人。哈默可以在他的专机上签订商务条约。

整个世界现在进入了一个大迁徙的时代。美国在20世纪90年代，每个人每年动的旅程，相当于八十年前，就是世纪初，1920年左右的八百倍，运动的幅度增加了八百倍！在 90 年代中期，美国就有近四分之一的人口，每年都要改变地址。所以美国有些年轻人说，我们再不会花大钱来装饰我们的房子了，我们只花大钱来装饰我们的汽车，因为那就是我们的家。咱们国内，很酷的布波族，从来不买房子，他只租 townhouse。他不买车，特别不买贵车，买二手悍马车，因为那可以越野，随时准备动。这是现代人的生存方式。所以我们从这里又可以看到，动感西部，在第三个方面和现代人有种潜在的应和，这就是西部人在自然经济基础上的流动生存状态和生存观，和现代人在宏观市场经济基础上的流动生存状态和生存观是相应和的。

但是我要特别强调说明，这只是同构应和，而不是叠合。西部人的动态杂居和西方人的动态杂居，是处在两个不同螺旋段的同位点，是不可以同日而语的。因为西部人的动态生存是在自然经济基础上的、自给自足的，没有现代市场的观念，而现代人的动态生存在市场经济基础上的。西部人的动态是群体的、空间的挪移，帐房从这儿挪到那儿；现代人的挪移，主要不是空间的挪移，而是心灵的挪移和动感，并且是以个体方式去挪移。西部人的动态，至今才寻找到一种现代科学理性来指导，并用现代市场经济的方式来使它转化为价值。

但是我还是要强调，西部人这种动态感是现代人的一种精神资源，西方、欧洲为什么比我们早进入资本主义，原因很多，其中可能有一个原因，就是因为他们早年是游牧的，游牧部落是开放、奔放的，叫作"意愿共同体"，他们愿意走到哪儿就走到哪儿，自愿地结合。而农耕文化，通过族缘、血缘、亲缘，把人固着在一块土地上，这叫"服从共同体"，你是跑不掉的，我们后来又把户口管理起来，就更动弹不得了。所以西方的意愿的共同体，后来发展为城堡，发展为现代的社会，这可能是有它的原因的。

我们开发西部，应该认识到西部的闭塞、静态和落后。认识不到这一点，盲目乐观是一种浅薄的表现。但是我们同时应该更深刻地致力于开掘出西部人文化心理深层次中的那种鲜活的生命力,那种动感因素。如果我们不能发掘这一点,总是隔岸观火地嘲弄西部人,或者隔靴搔痒地来给西部人提一些不着边际的建议,对西部的开发毫无益处。西部的资源既有物态资源,比如煤、气、油,又有形态资源,比如管理等,还有心态资源,就像我今天讲的这些。三个资源层面都去开掘,西部的大开发才会是一种良性的循环。

如果只开掘物态层面,管理层面上不去,精神层面跟不上,西部的开发将会走弯路。所以我今天讲的最后一句话,就是希望西北工业大学的同学们以及包括凤凰卫视的同仁们,都来到西部,为我们的西部开发添一把火,出一把力,同时,也让我们对西部的思考更加深刻。谢谢大家!

许戈辉: 好,感谢肖教授为我们从文化坐标和心理坐标上呈现了一幅动感西部图。那接下来是我们的问答时间,我希望同学们积极踊跃地把你们心中的疑问或者你们的一些见地向肖教授来阐述一下。我先给肖教授提两个我们从网上征集的网友问题。

这儿有一个网友,他的网名叫"大问号"。他说,您提出了动感西部这个概念,但是我以为西部的动是原始的、被动的,东部的动才是现代的、主动的,否则的话,为什么东部的沿海地区能够在商业上取得现在我们所看到的这些成绩,达到现在的兴盛呢?正是因为东部人的动的特性,帮助他们实现了商业上的成就,您以为呢?

肖云儒: 我同意他的部分说法,我也说到西部的动是在自然经济基础上的。东部的动不是因为它在东部,东部是土地文化区,动是不利的。东部的动是因为它比较早地建立了市场经济,是现代市场经济促使东部动起来。西部的动态的确是有些被动,但是其中也有主动,因为它争取生存本身就是主动,它选择草地就是主动。我们的任务是什么呢?我们现代人的任务就是要将西部这种在自然经济基础上的动,和带有某种被动色彩的动,转化为现代科学理性指导下的并且有市场经济运作的现代的动态,这是西部振兴的一个路子。

许戈辉：这儿还有一个网友，看来他也是对西部人的动，心里还有一点点的疑问，这位网友叫"牧马人"。他说，您提到动态是西部人的潜在优势，那如果西部人一直具有这种特性，为什么西部会是今天的状况？为什么国家需要特别提出开发大西部呢？如何将这种潜在的优势变为实际的力量呢？

肖云儒：我最后也是讲，关键要把这个潜在的优势变为一种现实价值。现实价值有两个关键因素。一个是现代科学理性的指导，包括科学的社会管理、超前的预测、可持续发展理论的指导。另一个是要寻找西部这些潜在文化资源转化为市场价值的可操作途径，要有市场这个形态的引入。我看我们这些年做了很多这方面的工作，略有改善，然而由于西部的区位局限，路子还不是很宽。但是有一点很好，就是虚拟平台已经没有空间限制了，希望可以在网络平台迎头赶上。陕西在前不久的国家统计中，新经济成分排名位居全国第8位，但GDP位居全国第23位，这就表明陕西文化科技、信息产业等高科技产业在全国有相当的实力。这是值得我们欣慰的。我们要更多地把这些东西纳入现代平台、市场平台、科学平台去操作。

许戈辉：再看一看我们现场的同学有什么问题。

同学：肖教授，主持人，你们好！我是西北工业大学2003级MBA的新生，我刚才听了肖教授讲话之后有个问题，就是您刚才提到说，西部的文化在中国历史的发展过程中，曾多次为中华民族的兴衰提供过动力，就是作为一种供钙机，我想问一下，目前中国在世界上应该是处于一个相对弱势的地位，那么就是说西部在整个中国的经济中，也是处于一个相对弱势的地位。您认为在这种情况下，西部文化是否正在衰落，还是说西部文化有可能再一次成为中华民族兴起的这种供钙机呢？

肖云儒：我曾经说，什么叫钙呢？钙就是一种很鲜活的可以激活我们机体的一种物质，我这不是给钙做定义，是从文化上来谈。西部精神，是绝地反击的精神。就是生存把你推到绝境了，但是你反击又生存下来了。你说得很好，西部人必须在现代发扬传统的西部精神。精神大家知道，可以抽象继承，游牧也是一种状态、精神，绝地反击的这种精神，是永恒的。现代的绝对反击的精神是什么呢？就是用更新了的知识层面、管理机制来更新自己，同时保留自己的那种动态生存能力和其他潜在优势，又用新的东西输入来更新自己、激活自己内心的动态的东西，西部就可以激活。

我觉得你刚才提到一个很有意思的问题，就是中国在世界的地位，跟西部在中国的地位，实际上也有某种同构性，都是第三世界。中国目前的发展，被世界所瞩目，这给西部的开发提供了一个很乐观的前景。

同学：肖教授，您好！您刚才将西部、西部人的灵魂和精神比喻为钙，您乃至整个中华民族都汲取这种营养，补了钙，而您在提到西部的时候，又用了闭塞、静态、落后这样的词语，那您认为西部最应该补什么？谢谢！

肖云儒：西部要补它的钙，它也有缺失的一方面。西部给民族补的钙，是动态之钙，杂居之钙。但是民族给西部，现代给西部也要补钙。比如上海人的这种管理水平，广东人的敢于闯洋、闯海的这种大胆精神，北京人满不在乎、雄视天下的那种气派，也都可以作为西部人的钙。但我觉得西部最需要补钙的就是市场经济。怎么样从传统的自然牧业经济和自然农业经济中大踏步地走出去，进入市场化操作，这是西部最需要的一种钙。因为在现代，市场不相信眼泪，到时候你拿道德的坐标去说，我们是多么古道热肠啊，你来吃我的核桃，我都一个钱不要，满树给你。市场不相信这个，市场相信非常过硬的符合市场游戏规则的操作，西部人缺的是这个。所以，西部要补现代之钙。这不等于说，西部人就没有钙给别人补了，各人有各人的优势，互补双赢。

同学：肖教授，主持人，你们好！我是西北工业大学飞行器设计专业的博士研究生，刚才肖教授是从文化以及价值、精神的层面来分析西部开发的问题的,而我们现在很多时候,是从物质文明和经济的角度来分析这个问题的,那么这两种不同的视角会存在什么样的冲突?这样的冲突可不可以得到很好的融合?谢谢!

肖云儒: 这是一个永恒冲突的问题,也是一个永恒两难的问题。经济的发展超过抛物线顶端的时候,必然影响文化的发展。经济的发展在它的初期,可能促进文化的发展,文化的发展在它的开始,也可能促进经济的发展,到了一个极点、一个极量的时候,这个抛物线顶端一过,经济文化的发展必然要产生冲撞。这是历史的必然,也是人类无可避免的,是再前卫的理性都无法预测的一个东西。人类和历史只能承受这种矛盾,用这种矛盾激活新的发展活力,尽可能减少消极后果,而不可能逃遁出这个悖论。

那么怎么样来减少这种经济和文化的矛盾呢?我当然要捍卫我这个行当,即文化,因为文化从历史的角度来说,文化的时间、空间的涵盖面,比经济利益都要大。马克思说过,物质生产和精神生产的不平衡是永远的,就是我们说的这个矛盾。但是物质生产跟精神生产比,精神生产的惯性永远比物质生产要大。一个是它前卫,它可以用一个主意、用一个思想,带动社会生产和社会改革。另一个它也滞后,当这个社会生产力跑到前边,这个精神还不变,那惯性太大,那么它可能拉后腿,这是必然的。所以最后我说的那个抛物线,你学非线性设计,将来你去画一画,它怎么样由经济前卫带动物质,最后又变成拖后腿,然后文化又来一个大变革,表现为政治革命或者文化革命,然后一下子绕到前面去引领。这个应该怎么画我不知道了,你用计算机可以把它画出来。

许戈辉: 非常好,刚才我们同学的提问都非常精彩。最后我们还有一个问题给肖教授,请您用一句话来总结一下,动感西部在您的心目中到底是什么样的?

肖云儒: 动感西部是我生命中的一匹马。我如果不来西部,如果没有切身感受到西部的动感，我的生命不会像今天这样活跃，因为我可能委顿下去。在现代文化膜的严密的包裹中，在现代传媒膜的包裹中，我的生命可能苍白，可能委顿。我的一辈子就是走出现代文化膜，而亲近动感西部的过程。这个"我"，指的是一种精神上的生命，不是指具体的生活。所以从这个意义上，动感西部是我的精神故土。

许戈辉：谢谢！非常感谢肖教授，而且也希望我们每一个人都能够跨上西部这匹马，快马扬鞭。好，谢谢肖教授给我们做的精彩讲座，也感谢在座的所有西北工业大学的同学们，记得下周同一时间继续收看我们的《世纪大讲堂》，再见。

2003年11月，香港凤凰卫视第143期

呼唤忧患意识和科学精神

中华民族精神是一条流动的河，每个历史时期在社会实践和理性思考中闪现的精神光彩，都会映入河里，融进它的波光涛影。中华民族精神便这样不断在流动中汰选，在融汇中更新。

胡锦涛同志指出，在当前这场防治非典型肺炎的斗争中，我们要大力弘扬万众一心、众志成城、团结互助、和衷共济、迎难而上、敢于胜利的精神。这是在对抗"非典"斗争中，对我们的白衣战士、我们的科学家、我们的各级干部以及城乡各行各业人民群众表现出来的伟大民族精神新的概括。结合人民群众在这个不平凡的春天的具体表现和鲜活感受，我们可以将抗"非典"斗争闪现的优秀品质和精神风貌表述为以下几个方面，这就是：万众一心的团结凝聚精神，一往无前的牺牲奉献精神，高度自觉的道德自律精神，温馨亲和的生命关爱情怀以及深虑的忧患意识和现代的科学精神，这既是民族固有精神传统的发扬光大，又给中华精神增添了许多崭新的内容。

过去我们谈团结凝聚和牺牲奉献精神，大多是在民族解放、阶级斗争以及其他社会的政治斗争的大背景下展开的，这次却是面对一场没有硝烟的战争，面对疾病、灾害，面对生命，面对科学，面对未知事物的加害，激发了团结凝聚和牺牲奉献精神在全民族的高蹈。为科学而一往无前地献身，为征服一个未知领域而万众一心地团结奋斗，这对自古以来重人伦道统轻科学技术的中华民族来说是史无前例的。当下的抗"非典"斗争告诉我们，为国家和民族、为目标和理想牺牲自身固然无比高尚和美丽，而为了同样的目的，千方百计地、及时地保全自己（比如自觉隔离治疗），也是何等高尚和美丽。在以一体化为特征的现代社会，在恶性传染病的流行中，自觉保全自己就是拯救别人，配合治疗自己就是关爱社会。这些都显示出，中华民族精神正在增添新的基因。

我们一直高举着"为人民服务"的旗帜，这几年又喊响了"以人为本"的口号，但往往更多是从政治纲领、社会管理、经济建设等坐标上来理解、实践的。我们的社会的确为人民谋了很多福利，做了卓有成效的服务，但有时也容易局限于宏大视角，流于宏大叙事，重视"我们"而忽略"我"。对具体生命的关爱，对人性和个性的关注，对个人物质和精神利益及权益的关切，往往显得不够。在这次抗"非典"斗争中，国家、社会对人民的关心，集中表现在对每一个生命的关爱。强健有力的社会管理机制和服务体系，经由白衣战士和各行各业为病人的服务，经由老百姓普遍的人际关怀和自我关怀，在全民族建构起一种温馨亲和的人际关系，营造起一种以善心、慈心、关心、爱心为心理感情底色的新的道德风尚。这也给社会主义风尚增添了新的光彩。

这里特别要提到，而且着重要分析的是整个民族在面对灾难时表现出来的忧患意识和科学精神。我以为这两点对中华文化人格的现代建构，有着更重要、更深远的意义。

关于忧患意识

自古以来这就是中华民族精神命题中的应有之义。忧患意识的精神内涵，是人对社会、对生命深度的思考和久远的责任。"生于忧患，死于安乐"，"人无远虑，必有近忧"，"安而不忘危，存而不忘亡，治而不忘乱"。无数的古训显示出中华民族是一个富有深虑思维的民族。从屈原到鲁迅，中华民族有一长串光辉的名字可以作为民族忧患意识和深虑思维的代表，为国家、为民族，他们终其一生思考天理世情，进行忧患追寻。

汨罗江淹没了屈原的肉体却淹没不了屈原的《天问》。他那一百多个穷究天道人文的问题，是对已知的梳理，也是对未知的探求，是对"天"的叩问，更是对人的启蒙。回荡于楚天之上的屈子长吟，在两千多年前为中华民族精神升起了绚烂的晨曦。秦国的旧贵族得势后，对厉行变法的商鞅施行了残酷的"车裂"，马车撕裂了他的肢体，但无法撕裂实践十多年卓有成效的变革。因新法而强盛的秦国终于统一天下，秦王朝一系列改制建制成就了中国历史的伟绩，商鞅在精神上获得了永生。汉武帝可以用腐刑让直言犯上的司马迁屈辱终生，但司马迁那忍辱负重、直面历史的太史公人格和"太史笔"境界，却成了民族精神的千古标高。宋仁宗可以把实行庆历新政的范仲淹赶出京都流落陕北，但他那"与国同忧""不以一心之戚而忘天下之忧"的责任感，尤其是那"先天下之忧而忧，后天下之乐而乐"的襟怀，却风靡百代。

苦难是道德的试金石，苦难是意志的磨刀石。苦难锻打意志，苦难砥砺意志。有时候苦难简直像老师，以异常残酷的方式指出现代人和现代生活存在的缺陷。遭遇灾难，反击灾难，最重要的是以更健全的心理、更深化的思考、更有效的社会机制、更先进的科技成果全面超越灾难。苦难便这样成为人类进步新的起点。

但是中国文化的许多设计，的确也有要极力避免忧患的那一面。以"和"为核，把一切灾变、患难看成天定，看成必然，像花开花落般无可违拗，所以悲而不伤，无所可悲。又以循环往复的天道为基，追求事物发展的大团圆，相信苦尽甘来，无往不乐，以至于有人认为中华民族是一个缺乏忧患意识的乐感民族。这有好的一面，不强求，不消沉，随遇而安，却也有弊病，就是缺乏深虑，缺乏危机感，容易安贫乐道不思进取，或者陶醉于一时一地的欢乐、幸福而忘乎所以。在这种境界中长期不能自拔也不想自拔，便容易流于浅薄。

现代科学理性，极大拓展了人类对世界、对自身反思和预测的广度和深度，发展愈快，思考愈深，现代人的忧患感愈强，危机感愈强，加速发展的欲求也愈强，动力也愈大。这次"非典"灾难猝不及防地把每个中国人推到了生与死这样最大的人生困境和忧患命题面前，逼着你从当下的、形下的物质生存中拔出脚来，从纠缠着我们的小是非、小悲欢中拔出脚来，直接面对社会和人生最严峻的问题，例如生与死、个体与群体、放纵物欲与修养朴素、暴殄天物与天人合一等等，去做痛苦的、深刻的反思。这场灾难使每个人都经受了生命真正的疼痛，对许多重大问题有了犁心切肤的感悟。我们因此而稍显深沉，生命因此而有了质量。这是中华民族在告别战争和动乱几十年之后，对长期泡在和平岁月中的人们一次十分重要、十分必要的精神补钙。尤其对从未经历过大灾难的"后文革时代"的青年人，更是道德、人格、意志和心理承受力各方面的一次锻打、一次淬火，使他们走出拟态文化膜的笼罩，在社会人生的大痛大爱中成长起来。

关于科学精神

民族文化人格中的科学精神建构，主要不是指科学技术事业的发展，也不是指科学技术知识的普及，最关键的是要将科学意识、科学思维、科学方法、科学生存方式植入国民心灵，并且在民族精神中看到一片无际的绿荫。科学精神是科学和社会共同体在追求真理、逼近真理的科学活动中生成积淀的一种精神气质。就像爱因斯坦指出的，科学影响人类社会有两种方式："第一种方式是大家熟悉的，科学直接并在更大程度上间接地生产出完全改变了人类生活的工具。第二种方式是教育性质的——它作用于心灵，尽管草率看来这种方式好像不太明显，但至少同第一种方式一样锐利。"如果说，以辩证法和唯物史观为核心的人文文化是先进文化的主体和灵魂的话，科学文化则以自己的真理性、开拓性、开放性、创造性，构成先进文化的基石和先导。其实科学文化的这些内涵，本身就构成浓郁的现代人文关怀，构成强烈的现代人格力量。科学和价值的这种内在联系，也许是人类文明史一种规律性现象产生的原因之一：凡是科学文化和人文精神结合得较好的时期，就出现社会的全面昌盛繁荣,如欧洲的文艺复兴时期,反之则落后、衰败。

中国传统文化的一个重要特点是伦理中心主义,这导致中国人的日常思维逻辑和行为规范,常常是人伦理性至上,而有意无意忽视科学理性的各种规律性要求。"重道轻器"根深蒂固,而在中国的道统中,对科学思维的提炼和吸纳又很不够。中国的伦理中心主义,实际上是在村社文明、家族文化大背景下生成,又反过来维系村社文明、家族文化的伦理观,因而刚性的原则、规律,常常被软性的人情、面子、地缘、亲缘踏在脚底下。在中国,现代科学理性面对着村社人伦,有时就像面对哈哈镜,发生过多少令人啼笑皆非的扭曲和畸变,坏了我们多少正事,留给了我们多少无奈和一筹莫展。

五四运动推出德先生、赛先生,本是全民普及科学精神、民主精神千载难逢的机遇,但还来不及在民众中大规模、持久地普及,接下来便是连绵的战乱。三十年里,北伐战争、抗日战争和连续三次国内革命战争,使科学启蒙不得不纳入救亡图存的主渠道。社会革命运动成为国家民族生死存亡的头等大事,科学与民主只能在革命根据地有限推行,全民族范围内的科学精神建构和普及,难以全面提上日程。中华人民共和国成立后前十七年,我们在这方面开始做了一些工作,但毋庸讳言,有时会不由自主地用战争年代的思维指导社会主义建设,全国上下忙于生产关系的频繁变革和生产力的粗放发展。后来是"文革"动乱,个人崇拜发展到极致,实事求是被抛在九天云外,科学精神在全国范围内被打翻在地,踏上了一只脚。再后来又是社会主义市场经济初创期的急促和浮躁,振兴经济的急切心理如何与沉稳的科学精神更好地结合,还需在实践中探索。

我们不能苛求历史。认识的到位需要时日,实践也不可避免有一个发展和成熟过程,而近一个世纪的历史是如此行色匆匆,几乎没有给我们提供一个用科学精神武装全民族的宽松的社会环境。但是,中华民族在现代化进程中不能缺这一课,不能不补这一课。这次抗"非典"斗争可以说是中国历史上第一次全民族规模的、自觉的、全方位的科学意识教育和科学精神建构。几乎每个人都用科学精神不同程度审视了自己的生存状态和生存方式。我在这里用了一连串定语,为的是强调它对于建构、弘扬中华民族精神那种非同小可的意义。

说它是全方位的,是指它不仅促进了相关科学和相关产业(比如医学科学和相关的生化科学,比如医药卫生、体育健身、影视报业)的快速发展,更重要的是启动我们从现代科学的高度审视现存的管理机制、价值标准、消费投向甚至城乡建设思路,并对中国传统饮食、娱乐、交往、起居一整套生活方式和卫生习惯提出质疑。这些,我们都从大众传媒和街谈巷议中感受到了。在这类大众化的、具体而微的思考和相应的实践中,一种整体的科学观、系统的科学精神会在我们民族的文化人格和社会实践中悄然出现,开花结果。积以时日,持之以恒,中华民族精神将会孕育一次大的更新。

从前我们熟知的民族精神的典型,从孔孟、老庄到鲁迅,从秦皇、汉武到孙中山,从井冈山、延安到雷锋、孔繁森,大都属于政治文化和伦理文化,亦即人文精神的范畴。其实我们还有从神农氏、张衡、孙思邈到钱学森、杨振宁、袁隆平这一条科学文化坐标上的民族精神典型,也还有深圳、浦东、温州、苏南这一条现代社会管理和经济发展模式坐标上的开拓、开放型的民族精神样板。抗"非典"斗争中涌现的钟南山、姜素椿、邓练贤等白衣战士的楷模,就为民族科学精神增添了光彩焕发的人格形象。他们启示我们,应该更全面地认识中华精神的几个大板块及其内在联系,应该更深入地发掘多少被忽略了的科学精神层面的文化人格和素质,使我们的民族精神在现代科学的平台上得到高水平的弘扬和重构。

2003 年 7 月,在全国宣传文化战线座谈会上的发言

"鲁迅文化"随谈

  一个人能不被大浪淘沙的岁月卷走而在历史上留下来，原因很多，或以他在社会实践层面超乎常人的功过，或以他在精神道德层面超乎常人的表现，或以他在文化心理层面超乎常人的典型性和全息感。从孔子到鲁迅，每一个文化巨人都不只是一种言说现象、创作现象，不只以他们的著作而存在，更是一种文化存在、精神存在。他们总是以自己的生命境界、人生操守和致思方式、行为方式而存在于历史长河之中。他们每个人身上无不凝集着时代精神和民族灵魂的精华，作品其实只是传播文化精华、建构民族精神的一个渠道。我们解读经典文化作品，那目的和效果，也绝不止于审美愉悦、认知接受，总是会自觉不自觉地去触及灵魂，而得到更深刻、更长远的陶冶。从这个意义上说，那些进入大师和巨匠平台的著作者，其实都在某种程度上超越了自己从事的具体著述门类，而构成一种全方位作用于社会的文化现象。

  鲁迅无可争议是民族历史上最为自觉地塑造民族灵魂的神手，鲁迅文学也无可争议是转换为文化现象、灵魂现象最为深刻的例证。

  为写作而写作，为一己而写作，为文学而文学，为实利而文学，从来与鲁迅无缘。鲁迅从一开始弃医从文，为的就是疗救国民灵魂中的痼疾，尔后便终生以小说、散文、杂文为手术刀，对中华民族的国民性进行了地毯式的解剖，几十年不改初衷。那执着，简直是到了执拗的程度；那深刻，也到了触目惊心和深不可测的地步。鲁迅在20世纪初曾经大声呼唤过"精神界之战士"，他自己就不愧是这样的战士。

  鲁迅是中国现代小说艺术和杂文艺术无可争议的开山鼻祖，艺术上的创新世所公认，但他作品所引发的效应，远远超出了文艺美学范畴。他的作品一直是启蒙民众和震撼心灵的黄钟大吕，是民族精神的反诘和新构。鲁迅的作品一开始就从民族文化的深层结构切入，一开始就是对文化的解读和对灵魂的叩问。随着他作品广阔而持久地传播，随着评论、研究，也包括论争的深入，融解在鲁迅作品中的文化内蕴和那背后的鲁迅精神、鲁迅人格，日益深刻地被社会认识和接受，便逐步凝聚为民族精神的标志和民众心灵的强健剂。近一个世纪以来，中华民族在不同历史时期，常常以鲁迅精神为灯火，一次一次检视自己的灵魂。读不尽的鲁迅，说不尽的鲁迅，论争不尽的鲁迅，挥之不去的鲁迅，构成了百年中国历史极为重要的精神现象。

鲁迅代表了中华民族的科学的新文化。他在一个新的历史时空和精神时空中，梳理、丰富、提升了中华民族文化。正像郑心伶先生所说，鲁迅"不愧为中国文化的灵魂，除了对儒、佛、道诸家进行批判继承，像'崇山怀万有，大水会群流'之外，还特别在传统文化的民本思想、忧患意识、理想人格与使命感诸方面，做出了自己应有的卓绝贡献"。而鲁迅文化最深刻的质地，我以为在于他科学的、彻底的批判精神，在于他始终将人的觉醒、人的价值、人的灵魂建设放在民族进步、社会发展最为重要的位置上。鲁迅对盲从、愚忠、因袭、麻木、排异、纵欲、善谋术、非人本等传统文化人格中的弊病深恶痛绝，他像普罗米修斯一样盗来了西方先进文化之火，点燃了中华民族本有的，却在一些人身上沉睡了的忧患意识和理性精神，对中华民族文化中的病态心理做了清醒的透析、反思。他在《〈苦闷的象征〉译本序》引言中慨叹，"非有天马行空似的大精神即无大艺术的产生。但中国现在的精神又何其萎靡锢蔽呢"，"根柢在人"，"人立而后凡事举"。而人的根柢，又是精神，是灵魂。张扬精神，人可立矣。鲁迅"立人"的主张是：倡导整个民族形成一种沉厚庄严的精神生活，促进"渊思冥想之风作，自省抒情之意苏"，而在其中培育一代新人。他便是这样从荆棘丛里呐喊着，踏出了一条洗涤国人灵魂、建构民族精神的新途。

鲁迅整个的创作和人生，都是围绕"为国立人，为民聚魂"的总目标展开的，而且达到了最为深刻的层次。我想，这恐怕是鲁迅成为中国灵魂文化的核心和标志的最根本的原因。

2001 年春

称"国学"为"华学"是否更好?

——《岘峰山人说》序

2006年盛夏,应岘峰山人李闻海先生的邀请,我来到南国的一个文化书院——安静美丽的潮州淡浮院①,和凤凰卫视名嘴杨锦麟先生、韩山师范学院黄挺教授、才女主持人李蕾,共同做了一期《望乡:留守与出走》的文化话题节目。

淡浮院依山而筑,山绿得厚,房子建得古雅。从两边回廊拾级而上,渐次展开几百幅各朝各代的碑刻。这是以广东著名的文人领导吴南生先生收藏的历代珍品拓片为蓝本,由岘峰山人集资修建、勒石镌刻的。有启功题"中国历代书法碑林"八个大字,有吴南生撰文、国学大师饶宗颐书丹的《中国历代书法碑林序》。顺着回廊一路朝上看过去,从甲骨、金文、石刻,到二王、颜筋柳骨、张颠素狂,到苏东坡、赵孟頫、文徵明、董其昌,再到于右任以及当今诸位大家,几千年中国书法的精华尽收眼底。

淡浮院请我们这些长安学人来,本来想做"南北碑林对话"的节目,我们建议改成现在的题目。一是淡浮院的碑林虽然系统而珍贵,其实与西安碑林在内容上大体相似,都是中华历代碑刻的精练展示,并未形成与西

---

① 泰国著名侨领、正大集团董事长谢国民先生在泰国建有传播中华文化的大型文化书院淡浮院,影响遍及海内外。五年前,谢国民先生又在家乡潮州风景区建成了国内第一所淡浮院,聘请同为潮州人氏的海内外知名文化大师饶宗颐先生担任名誉院长,文化学者岘峰山人李闻海先生为院长。这所规模大于泰国淡浮院的大型文化书院,收藏了大量中国文化古籍和碑帖,承担了一些研究课题,举办了许多广有影响的文化论坛和讲座,在向海内外传播中华文化方面影响日渐增大。

安碑林相异的、独立的南派碑林，两者在文化内涵上是一种承续和延伸，很难形成对话关系。二是如谈现在这个题目，则可以探讨潮汕文化最具特色、最本质的一些问题，还可以拓展到整个华人文化的方方面面，拓展到从全球华人文化的格局中来看待中国本土文化，视野开阔多了，承载量也大多了。

一个尘封已久的文化命题便这样被开启了。在话题中，我们通过对潮汕文化与中原文化的关系的探究，梳理在中国现代化进程中，海外文化的输入对中国传统文化的影响，透视留守和出走对于中国文化的双向意义。唐宋时期，韩愈、文天祥等历史文化名人都曾在潮州留过足迹。虽然韩愈在潮州仅待了八个月的时间，但潮人"尊韩"的文化现象却千年不衰，并形成了潮州特别的"崇韩文化"，这很值得我们思考。潮州的山曰"韩山"，潮州的水曰"韩江"，市区有街曰"昌黎路"，市民自诩此地为"昌黎教化"之地，他们为"昌黎教化"之民。潮州的"崇韩文化"无处不在。记得我在话题节目中说了这样一段话："潮州人'崇韩'的现象也从一个侧面说明了潮州人对当时先进文化的推崇。唐代是封建社会的高峰期，唐长安文化更是备受推崇，韩愈于中唐时被贬到潮州任刺史八个月，其间他不仅重教兴学，还驱鳄除害、关心农桑、赎放奴婢等，在对潮州历史文化的发展产生深远影响的同时，也加速了当时中原文化与潮州文化的交流融合。"还用八个字概括了中华文化总格局中的潮汕华人文化："潮声迭起，唐音在心。""潮声"与"唐音"本是血浓于水的啊。

就在这几天，岘峰山人提到了他的前辈、潮州老乡饶宗颐先生的一个主张。这位蜚声海内外的国学大师，建议将中华传统文化结晶的国学，改称华学。此话一出，四座皆赞，到底是大家，不然哪里会有如此高屋建瓴之论呢。杨锦麟和岘峰山人比我年轻，性格又开朗，此后在好几个场合便将饶老的想法传播开来。那之后不到半年，锦麟先生在第三届世界华人精英论坛的演讲中专门谈到了他的"华学观"。他说，中华文化在台港澳和海外华人华侨社区保护传承的完整程度，有许多地方是经过"文革"而出现过文化断层的中国大陆所不及的。"所以，我对中国的软实力要提出一个新的概念补充和修正，这就是改称'中华软实力'，只有这样才能涵盖传统国学和传统文化的完整性。"

他说："这里有必要提到'华学'这个概念。我们理解中的'华学'，不是中华文化的源头，也不是中华文化和现代文化结合的终端，应该是一个涵盖面很广的定义，凡是属于中华文化圈内的精华荟萃，包括五十六个民族的各种经典和各种文化的底蕴，都应该列入'华学'视野。"以锦麟先生凤凰名嘴的品牌效应，此说渐生影响。

我手中这部马上要在海内外同时出版的《岘峰山人说》，书中也有专文论及闻海对华学的种种想法。作者嘱我为此书作序，正好为我提供了一个就国学、华学来说事的机会。因为我也是华学的一个赞同者。

国学的正式提出，当在20世纪初的清末，当时学界针对西学东渐而力挺国学以抗衡。据王淄尘《国学讲话》云："庚子义和团一役以后，西洋势力益膨胀于中国，士人之研究西学者益众，翻译西书者益多，而哲学、伦理、政治诸说，皆异于旧有之学术。于是概称此种书籍曰'新学'，而称固有之学术曰'旧学'矣。另一方面，不屑以旧学之名称我固有之学术，于是发行杂志，名之曰《国粹学报》，以与西来之学术相抗。'国学'之名随之而起。"梁启超1902年写信给黄遵宪，提议创办《国学报》，"以保护国粹为主义"。章太炎于1906年在东京发起"国学讲习会""国学振起社"，以"振起国学，发扬国光"为宗旨。正如国粹派邓实在先生总结的，"国学者何？一国所有之学也。有其国者有其学，学其一国之学以为国用，而自治其一国也"。

由此可以看出两点：一，"国学""国故"，最初是对中国传统文化学术典籍的总称，后来扩展到对整个中华传统文化的泛称，应该说界限基本是明确的。至于学界有人主张对其精确定义，将范围缩小到历代汉族的典籍文化中来，反对国学内涵的泛化、模糊化，从学术研究的角度，心情可以理解，有它的科学道理，此处暂且不予置论。但国学主要是指汉民族文化，总体上没有涵盖理应是中华民族文化有机组成部分的各兄弟民族的文化，这一点一直是明确的。二，国学一开始便针对西学而命名，有抗衡西学东渐的初衷，它的着眼点是"学其一国之学以为国用"而不是"学其人类之学以为国用"，它的指向也便先天性地带着一种内封性，一种对西学、对世界其他地区文化，乃至对中华其他民族文化，在心理上的区隔和某种程度的戒备、拒斥。这恐怕也是不可否认的。

我想说的是，国学这个产生于特定背景下的称谓，放到今天全球文化大交流的语境下，确有可能引发推敲的地方。国学对国人来说，理所当然是"中国之学"，但扩大到境外，便出现了一个问题，为什么国学一定要特指"中国之学"，而不能是其他国家指称自己国家的文化和学问呢？对散居在世界各国的华侨、华人，还有热爱中国文化的外国人来说，国学为什么不可以理解为他们所在国的文化或学问，为什么只能是这个自古以"中央之国"自居的"中国"的学问呢？这种称谓多少流露出一点文化优越甚至文化强制的味道。国学这个概念立足于国家、立足于本土，不利于中华文化走出国门、传播世界，在境外极易产生歧义。而中华之学、华学，则淡化了文化的国家属性、地域属性，强调的是全球文化格局中特定民族文化的精神质地和内蕴风格，对于海内外文化的交流、认同和共享，恐怕是更为有利的吧。

国学的这个"国"字，容易让人联想到"国家之学"。这也容易造成一种错觉，好像我们弘扬国学，想要强调的是中华传统文化中的国家学说、政治学说和意识形态学说。中国传统文化中的政治学说和意识形态学说，其核心是什么呢？不是别的，正是皇权主义和宗法制度。在现代化、全球化视野之下，皇权主义和宗法制度，可以说恰恰是我们传统文化的软肋，是很难再拿出来谈什么学习、继承、弘扬的，当然更不应该去世界各地推销。国学大师牟宗三说得好，儒学在中国可分为制度儒学（政统）、心性儒学（道统）、世俗儒学（学统）。他认为，如果说心性儒学（道统）、世俗儒学（学统）的许多精华还有可继承之处，制度儒学（政统）在现代是绝不可继承的。那原因不为别的，正是因为制度儒学是中国皇权主义和宗法制度重要的理论基础。

在国际上，学界大体有一种共识，即现代社会必须具有三个最基本的条件，这就是市场经济模式、民主法治制度、自由平等精神。中国传统文化中的家国同构、宗法文化，作为一种政统，只能产生扼杀德先生、赛先生的封建制度和皇权文化，要想在这个基础上生发、构建科学、民主的社会制度与现代管理，实在难乎其难。

从社会分工体系看，我们自古政企、政事、政文不分，所有权、经营权不分，造成权力设租、权力寻租即贪腐的制度性土壤。远在尧舜、商周时期就有贪夫玷官的记载，在《诗经·大雅》中，也有"贪人败类"的字句。贪腐的历史如此悠久，不是因为中国官宦群体在道德精神上有先天性的缺失，那原因盖出于皇权制度和专制主义这块无法逃离的土壤也。

从道德评价体系看，皇权宗法文化主张忠孝同义、忠孝相通。君、亲和天、地，放在一个至尊的位置上，作为偶像崇拜的同体系列被天道化、人道化、神圣化、迷信化，高高地悬浮于真理是非之上。古代对不忠于皇权的现象，列出了"阿党妄上、擅发兵、大不敬、矫诏"等十条，号称"十恶"，全都是不赦之罪，稍有触犯，那是一律要处以极刑的。因为这"十恶"指向的是皇权，是那种制度的命根子，故而绝对不予赦免。"十恶不赦"的成语就出自这里，以至于后来衍化为人类一切大恶极罪的代名词。

从人才评价系统看，皇权文化、宗法文化主张忠孝节义本位而不是德才能绩本位，重忠孝而轻能绩，因而亲缘、地缘、学缘、情缘，各种裙带风盛行。这使得中国传统社会的整个人治系统，有了文化和道德精神的支撑。加之传统的人才评价又特别崇尚"伯乐相马""慧眼识才",用个人的"慧眼"替代科学的人才选拔机制。这种人才评价体系,其实是整个社会人治系统的一个环节,往往只有乱世才可能启用一点人才(如汉代的卫青、霍去病,宋代的岳飞,那是为了实现皇权建功立业或保驾护国的目的),治世则常常选用庸才,盛世更是奴才得势于天下。这几乎成为规律。

从社会发展模式看,我们的传统文化以修身、齐家作为治国、平天下的前提和基础。梁启超说:"吾中国之社会组织,以家族为单位,所谓家齐而后国治是也。"伦理中心过分强调道德范式、道德自律,忽视科学管理和制度建设。把道德范式放在科学的社会管理、行政组织功能之上,以伦理中心为治国之基,又怎能构建起现代民主制度,实现社会的科学管理?更遑论践行科学发展观了。

要在天人合一、君权神授(父权神授)的传统宗法制基础上产生具有自由意识和法制意识的现代公民社会,那更是难乎其难。传统宗法制社会只能产生主奴根性、依附人格,人人依附于人,人人被人依附,你是你所依附的人的奴才,你又是依附于你的人的主子。这样由主奴依附关系组成的社会,不可能生发出人格尊严、自由思想,不可能培育起平民权利、公民意识。而平民权利、公民意识恰恰是现代社会所必需的。君权神授是人治的土壤,公民意识才是法治的基础啊。

所以,如果给人造成国学乃是"国家之学"这样的错觉,国学热也就极容易被误解为好像我们热衷的是推行制度儒学、政统国学,这就非但不能给中国文化增光,反会产生这样那样的负面影响。华学的称谓则在一定程度上避免了这种歧义。它给人的印象更多是纯文化的,是民族文化中关于文史哲经,关于伦理道德,关于民间智慧、民间风俗、民间艺术方面的文化内容,即道统、学统方面的内容,这些内容才是更易于融入世界,为人类共享的东西。

许多人都看到了国学隐含的弊端,这正是近百年来,中国人大量引进、移植西方学术思想、学术体系的原因。近一个世纪,西方学术思想、学术体系在我们的土地上由引入到蔓生,到覆盖,到蚕食,而我们民族自己的理性思维和学术体系,在新历史阶段带有质变性质的传承和构建,则收效甚微。这时,另一方面的问题又出现了。随着时代的发展和社会的现代化,随着中国经济地位的提升和国际社会格局的变化,更多的人逐渐认识到,仅仅靠引进西方的观点,并不能重新构建出新的中华文明来。于是有学者提出了"振兴国学"的口号,试图用弘扬中国古代优秀文化传统的方法,实现中国在学术领域的再度辉煌。问题在于,国学的概念早已被限定在中国历史传统的学术范畴之内,提倡这个口号本身就极有可能使现代中国人的思维被误导进一种新的禁锢,即中国传统文化的禁锢。这显然并不利于中国文化在当下的发展创新。

在现代文明社会中,国学传统的传承和升华,不能刻板地复制和单纯地克隆,要与时俱进,要与当代人类文明的普世价值进行必要的接轨。中华民族的传统文化,社会主义的文化实践以及改革开放以来具有中国特色的现代文明价值取向应该熔冶一炉,成为华学的有机组成部分。这也是当下国际社会对我们普遍的价值认定,这既是对传统的回归和敬畏,也是对现代文明的吸收和追求。大约是出于这种目的,汕头大学王富仁教授近年来提出了"新国学"的主张。他认为国学是"五四"以前为了将中国学术与西方学术相区别而提出的一个概念,但"五四"以后迅猛发展起来的新文化已经构成了中华文化新的组成部分,确不为原有的国学概念所包容,所以以"新国学"概念将"五四"前后两个段落的中国文化衔接、涵盖起来,这样可以避免中国旧文化与新文化的断裂。

这与饶宗颐先生的思路大体相似。不过饶老明确提出华学,在称谓上与传统国学有了清晰的界限,更有力度,也更利于学术理性在实践中的学科化。

还有的人更朝前迈了一步，主张明确提出，华学是超越国学和西学，创建中华民族自己的新学术体系，以促进中华民族的伟大复兴。他们认为，所谓华学，就是在继承和弘扬国学的基础上，在引进和消化西学的基础上，由中国人自己创建的既不同于国学也不同于西学，既超越国学又超越西学的全新学术体系。这样的华学，将促成中国持续蓬勃的发展。他们显然比饶老走得远多了，却不失为一种有益的看法。

中国人被称为华人，中国的语言文字称为华语，中国的文化学问称为华学，称谓一致，顺理成章。由于华人习惯指称那些生存于世界格局中的中国人，华学的内涵也就理所当然地较国学更为丰富，除了本土的历史文化，也包含世世代代海外华人华侨在新的生存环境中融汇、更新、创造的文化。这些文化本来就是中华文化的一部分，而且是中华文化中更开放、更动态、更世界化、更现代化的一部分。它处在中华文明和人类文明、历史文明和现代文明的衔接、交融地带，对于促进世界了解中国、中国走向世界、走向现代，促进中外文化、古今文化在和谐的交融中共融共进，具有非常关键的作用。

中华文化的延续和传承一直极有生命力，形态也一直比较完整。这可以找到许多典型的例证。台湾中南部农村号称是鼓吹"台独"的陈水扁的大本营和"票仓"，亲民党一直强调那里的文化是台湾少数民族的本土文化，是完全去中国化的。但是你只要亲临其地就会发现，那里的族群性格、民俗风习和文化底蕴与中华民族传统几乎没有大的差别，有些甚至比遭到"文化大革命"而断裂的大陆保留得还要完整。更不用说遍布世界各地的"唐人街"华人社区了。仅仅从龙的形象和相关民间习俗和民间艺术活动这一点来看，世界华人社区几乎无一不和大陆有千丝万缕的联系。

中国近年来的快速发展和世界性崛起，使得民族文化的外向性传播已经成为中华文化传承、发展的新命题。改革开放二十多年来，各类外国学术著作和文艺作品在我国翻译出版的数量，是各类民族文化作品翻译、推介到国外去的几百倍，出现了严重的"入超"和"赤字"。改变文化交流中的这一现状，不仅关涉文化发展的上线，即民族文化的发展、构建和传播，而且会关涉文化发展的下线，即一个民族文化精神、核心价值观的保全和一个国家的文化安全的维护这样至关重要的问题。消解国学的封闭性，弘扬华学的开放性，可以促进中华文化的外向传播，起到化解地域障碍、增加理解共识、加速融入全球文化大格局的积极作用。我们不能把视野、关注点局限在中国大陆本身，必须涵盖整个华人社会文化中合理的成分和内涵。只有文化中国的概念才是华人社会的最大公约数。

以我个人的感觉，"五四"以来，国人在文化上的摇摆和偏颇之一，就表现在，一段时候，有不少人群畸恋传统文化，到了另一段时候，又有不少人群膜拜西方文化。而且双方一旦遭遇，便常常陷入无休止、无穷尽的关于国学西学孰优孰劣的烦琐争论中。当然也有人在国学的现代转型和西学的本土转化上做种种可贵的尝试，虽有成果，却也有偏颇。譬如在近几年的国学热中，就有一些人善于将国学和现代市场社会的盈利法则结合起来，也有一些人善于将国学和现代传媒社会的哗众取宠结合起来。还有的学者或传媒人，例如中央电视台《百家讲坛》的一些主讲人，为了适应大众传播的通俗性、平民性、适用性要求，有意无意地把《论语》《庄子》《史记》等古代文化典籍的内容，从它们的时代背景，尤其是皇权、宗法文化背景中剥离出来，做各种去政治化处理。一些本来含有特定政治、宗法文化内容的古籍故事和格言，被讲述者做了抽象的人格化、心性化处理，于是齐国之论一变而为修身之论，一变而为当代人的修养术、成功术甚至权谋术。我以为于丹讲《论语》虽有硬伤，却远不是问题的要害，问题的要害是她通过《论语》来引导社会安于现状的保守倾向和人们无度的忍耐倾向。她在某种程度上有意忽略儒家思想中的批评性传统，劝导人们不应有太多的抱怨，最重要的是通过古代哲人的"修养术"，关注个体自我的内心幸福。这实际上是用个人内心的自我完善去弱化社会责任和政治承担的重要性，以致有意无意掩盖了造成种种人生和社会问题的政治经济原因。在易中天、王立群的讲述中，把一些成功术和权谋术从当时社会特定价值坐标中剥离出来，为现代大众烹制"心灵鸡汤"的现象，更是俯拾即是了。我们所缺少的、最为需要的，是真正根据国情变化的现实、时代发展的需要，致力于创造性构建新的现代中国文化体系。遗憾的是正是在这最重要的方面，我们做得很不够，若论成果更是凤毛麟角。

其实近代以来中国传统文化在海外流布的过程，或者简约地说，华学在海外流布的过程，就是一个中、西文化在生活实践中互动互惠的过程，也是中国传统文化在人类文明的营养中、在世界和现代格局中逐渐更新的一个过程。这个华学走向全球并实现自我更新、自身创造的过程，迄今为止起码有三百年的历史，在漫长岁月中，海内外华人已经为构建新的现代中国文化体系造了势，奠了基，积累了很多可资借鉴的经验和教训。

我们这个民族，每个人站在自己的位置上是各自独立的，一到紧要关头就会靠拢到一起，自动聚合为整体。每个人的血脉、一个民族的血脉在这种聚合中，是那样心照不宣，那样强大而又神秘。这不是"国"的概念或国家的、政权的概念能够解读的，只有"华"的概念、民族的、文化的概念才能融通。华学这一概念所包含的这些中国文化的新元素和新动向，恐怕都是国学难以涵盖的吧。

我赞成华学说，是想倡导在纵横两方面把中华文化作为一个结构整体，不仅包含古代学术，也应包含现当代学术，不仅包含汉民族的主体文化，还应包含其他兄弟民族世世代代创造的文化，包含海外华人华侨传承、流布、创造的中华文化。这种华学，是对传统国学概念的一种补充和修正。它应该成为传统文化衔接现代文明传播过程中的一个节点。我们敬畏传统，但更关注当下的、活着的、新鲜的文明过程；我们应该横向贯通，纵向对比，同心协力搭建一个共同的话语平台。华学就是这样的平台。华学的概念，可以凝聚海内外华人对中华文化的认同。它属于海内外热爱中华文化的所有人，甚至包括进入中华文化圈内的非华人。因而从概念上说，华学比国学更具有时代感，也更具有包容性。它有助于互动交流，有助于中华文化在更广阔的共识中传播。

可喜的是，近年来在饶宗颐先生影响下，这方面已有许多成果。许多人写了文章，也出了一些书。中山大学出版社和紫禁城出版社从1995年起已出版八辑由饶宗颐先生任主编的《华学》论丛。华南理工大学设立了"华学创新奖"。此情此景，如复旦大学教授朱维铮在《饶宗颐学术馆碑记》中所说的，真是"延华学于一脉"呀。

尽管形势可谓乐观，我仍然热切盼望着，饶宗颐先生的主张能引起更大的、更为认真的关注，而不是以国人和学界惯有的那种无所谓甚或油滑的调侃来对待它。任何一种文明和文明的传播都要在某些个符号和理念组成的平台和渠道中进行。民族的精神文化传承和走向，往往受到传播平台的极大影响。华学的讨论看似称谓之争，我们却不能轻视。事实上，一个伟大民族的主要标志，不仅仅在于物质财富的拥有、文化形式的丰富，更重要的是这个民族是否拥有伟大的思想及其相应的学术体系。

话扯得有点远了。回过头一想，所有这些话，可不都是岘峰山人这本书和他的淡浮院引发的吗？我们实在应该感谢他啊。是为序。

2007年9月13日晚10时，西安不散居

炒煳了的国学热

——根据"华商大讲堂"讲稿改定

一、高烧不止的国学热

最近两年,国学热、讲史热高烧不止。如果把国学热分为国学活动、历史讲座、文化研讨三层次,三层次都热。

全国各级各类名目的历史文化讲坛不下千余个,从中央到每个省市和部分县。每个高校和部分院系、部分中学,相当多的大企业也有讲坛。全国电视台、广播台人文专题讲座已达百个。千个社会讲坛,覆盖百万师生干部;百个电视广播讲坛,覆盖亿万民众。这就是当下的形势。所以我说,文化热、国学热已是仅次于股市、麻将的中国第三热。这三热,一热财富,二热休闲,三热文化,是社会进步、人民安康的表现,并不是坏事情。

我在给"三秦大讲堂"题词时,表明了对国学热的肯定态度。我写的是:"学问因讲述化为民众话题,社会因讲述提升人文理性。"这起码包含了三点肯定:一是国学热有利于中国文化一些精华的传承弘扬。二是国学讲述中的许多内容、价值坐标固然可以推敲,但经过文化整理的思维、思路、知识、智慧,对民众的眼界和思维总是一种营养和提高。三是学问、文化因国学热普及民众,亲近了民众,也提升了学人和学问的地位。也就是说,我对现代传媒普及文化学术以及为了普及传播而做的娱乐化、大众化的适度改造,基本赞成。

但国学热的确热过了,有点炒了。国学是被市场利益、社会浮躁心理、公众传媒(包括屏媒、网媒、纸媒、声媒)炒的。而作为国学热最大的标志品牌——央视《百家讲坛》，就有很多不足。

第一，道多器少。选题集中于人文方面，对自然科学史、创造发明史和商业文化史中光彩夺目的人和事很少涉及，这三方面其实也是我们历史上一直绵延着的文明线，只是被传统文化固有的重道轻器观念埋没了。从《史记·货殖列传》所载人物范蠡、白圭、桑弘羊，到近代晋商、徽商、浙商、秦商；从战国时的水利家李冰、东汉的发明家蔡伦、天文学家张衡，南北朝的数学家祖冲之，北魏地理学家郦道元，隋唐的医学家孙思邈，到宋代发明活版活字印刷术的毕昇，北宋百科全书式的科学家沈括，明代农学家徐光启；等等。哪一个不是可圈可点？《百家讲坛》却从不涉及。

当然，这类人很难讲，不如权术与爱情好听，但其中也有爱情、有命运、有社会冲突和人文思考，更重要的是，他们代表了中华民族进步与科学的一面。以前被重道轻器掩盖了，现在应该大力发掘，向大众普及。那意义不仅在于复活中华民族的科学创造文化，促进现代科学观念的普及，更可以引发深重的思考：历史上的重道轻器，是如何延缓了中国社会的发展的，以警醒今人。

第二，术多学少。讲三国、讲《史记》，必然讲政治人物、政治斗争多。讲政治活动、军事斗争，又常常陷于具体政治事件和军事智慧的铺陈，这就容易忽视另外两极，即深度的文化透析和细腻的心理活动、感情展示，出现智术多于道义、智术多于人情的倾斜。《三国演义》本身就过重谋术，曹操谋多近诈，孔明智多近妖。《史记》所记先秦时代是学与术时有分离的时代，一方面是先秦诸子如孔孟、老庄、墨法，创造了元典学说，一方面是处在漂移时代的谋士们如张仪、苏秦，谋策多于信仰操守，为成功不择手段。现在这些都被《百家讲坛》放大了。

王立群说，他并非爱讲权术，而是因为古代的政治史本身就是帝王将相史。这不对。中国的历史、中国的政治史，甚至中国的帝王将相史，并非只有权术。他可能说出了当下历史研究的部分现状，却远不是中国历史原有的真实。恩格斯说，历史运动取决于社会各种力量无数个平行四边形对角线的合力，历史是在多重力量的推动下前进的，是人民群众和杰出人物共同创造的。一个人之所以杰出，是他能从某个角度、不同程度反映民众的心理诉求。只是民众的诉求和行动很少被记载下来。这一直是我们历史学界的缺欠。我们不能把不公平的记载作为历史事实，把书面的、典籍的存在当成历史最合理的存在，更不能把历史上官场政治斗争和当下社会的官本位意识、商场智术联起来炒作。这必然会出现把历史变成成功学、成功术来热销，把智慧手段放在道德目的之上的偏颇。作为市场营销学这是好的，但作为历史学这却未必好。现在的文化热，恐怕热学少，热术多。

第三，叙多思少。《百家讲坛》对所讲人物与事件，叙述多、称赞多而学理反思、文化批判少，有人调侃《百家讲坛》是学者说书，可能就是指叙说远多于思考。我们的学者已经站在历史认知水平的高峰，对既在性历史不能只是史实性的重述再现，或只限于具体史实的发现和重构，要有新高度的反思，现在做得很不够。

譬如易中天说诸葛亮并不那么忠诚尽瘁，也像曹操一样擅权，斩马谡是为了平衡荆州、益州、东州几个内部集团的矛盾，虽有道理，却是小道理，只是对具体史实的一种新理解，而不是学者深度的人文思考。大道理应该是对诸葛亮、曹操道德境界如何被智术屏蔽、遮蔽的深度反思。老子说：智慧出，有大伪。真正的大智是建立在大道，即推动历史、改善民生之上的，否则智慧便容易降为智术、诈术。所以古代那些最重操守的知识分子常恐自身道德修养不够而不敢任高官，这才是对民生社稷负责的态度。讲三国、《史记》的智术权谋，不能造成一种错觉，似乎人生只是一场战争，战胜别人就是成功，而为了成功，一切暴力和阴谋诡计都变得理所当然。

文化学者是社会良知的体现者，有引领社会思潮、提升民众理性的责任，不能只当一个历史的叙说人。叙述淹没思考,谀语多于诤言,不利于国学在科学轨道上的传播,也使学者匍匐在历史老人的脚下。我们不能成了历史人物的弄臣,还是要当历史和社会的诤友。

总之,国学热虽是好事,却要注意,始终要抓住民族文化心理构建和民众人格构建这个主题,抓住为中国现代转型而构建现代的、科学的、自由的、创新型的人格这个最大的主题。这是文化和文化人对国家民族的终极关怀。市场经济时代,我们不能玩物丧志,也不能玩史丧志。

第四,这种构建,当然包括个人人生价值的内容,如于丹讲《庄子》《论语》,从修身出发,就高了一层次。但还远不止于此,还有更高的层次,即道的层次,要着眼于现时代的全民族的文化心理和民众人格构建的大道。这就需要对中国文化做全面的反思。因而,王立群在概括他的读史感悟时说,"其实就是八个字,史以明智,史以明理,就是说,历史可告诉人们很多智慧,教会人很多做人的道理"。不过这恐怕是不完整的,还应该加四个字:"史以明道"。明大道,不只是做人的道理,而且领会天道物理,宇宙社会历史(当然也包括人生)大的发展规律和趋势。所谓"大学之道,在明德,在亲民,在止于至善"。读史,如果能够在智、理、道三层面收割思想,那是最好的了。

二、给国学热打退烧针

王立群对国学和国学热的看法,有的似有偏差。在西安的讲演(见《华商报》报道)中起码有三点我不敢苟同。

第一,他在褒扬意义下,认为"国学典籍有自动纠偏能力",因而不怕误读。是的,国学是有自动纠偏能力,但不是朝历史进步、朝社会改革的方向上纠偏,而是以文化的模板修复功能消解历史进步和社会改革,使中国封建社会出现超稳定结构而绵延几千年。中国文化三个主要内涵,天人合一、家国同构、伦理中心,就像文化芯片一样植入我们民族的文化心理。古代的社会改革如果违背这些精神和父家长制、嫡长子继承制等宗法制度，最终往往会被文化的模板修复功能纠正复位。

不妨拿武则天来说事。武则天违拗宗法制度自立国号大周，在权力意义下看来她胜利了，但临终时按嫡长子继承制只能传给李姓的儿子，不能传位于武姓的娘家人，这个毕其一生改变李唐王朝颜色的女强人，不得不下遗诏："去帝号，称则天大圣皇后。"而传位于唐中宗，将李家天下又还给李家，自己则依然作为李家的皇后入葬乾陵。这就是传统宗法文化的自动纠偏功能，不过是一种文化弊病。

唐代有两个出色的女性，武则天与杨贵妃。武则天以婚姻爱情置换、攫取权力，在权力斗争中胜利了，却败在文化手里，主要败在宗法制上。她的一生是一个轰轰烈烈的"！"，最后变为对中国文化无尽而又无奈的拷问，变为启动我们思索的"？"。无字碑无法回答她的拷问，它只能无字。杨贵妃走了另一条路，她不以爱情攫取皇家权力，而以爱情消解皇家权力，把一朝天子唐玄宗变为李三郎，变为平民化的情郎，最后虽然也为政治殉葬，但她和李三郎那种平民化的爱情却永存下来。"此恨绵绵无绝期"实际上是"此爱绵绵无绝期"。杨贵妃的命运也便由"！"变为无尽思念的"……"。

第二，王立群认为"我们对国学的关注还远远不够"，要把对国学的"小众关注"变为"大众关注"乃至"普及国学"。民族精神和传统文化是以多种方式传承的，主要是获得性的集体无意识遗传，民俗风情行为和民间艺术文化的传承，这些是今天仍然活着的传统。国学、典籍文化的传承，主要影响的是庙堂和精英层面，不但不是民族精神和传统文化的全部，还可能遗漏了大量精华，存在着许多局限与偏见。国学在古代就是小众的，活跃在精英层与庙堂层，现代社会有必要大众，有必要普及吗？当务之急恐怕还是普及科学意识、民主意识、创造意识。因而我的主张是：社会慎待国学、民众初知国学。

第三，王立群说改革开放初期，我们"认为西方文化可以解决一切问题"，"但在把西方文化运用了二十多年后，大家慢慢发现它并不是万能的"，"有缺陷"，"遂将目光转向了被冷落许久的国学，并且通过实践发现，国学确实能够带来效益"。这些看法我是不能同意的。

其一，这不符合事实。改革开放以来，除了极少数激进的现代派主张用西学改造中国，政府和民众都从来没有"认为西方文化可以解决一切问题"，改革开放的实践过程也从来不是"把西方文化运用了二十多年"。我们强调的一直是，努力实践和构建中国特色社会主义文化，民族的、科学的、大众的文化，而反对西化。难道不是这样吗？

其二，我们千万不能搞两个混同，一将改革开放以来我们对世界先进文化的吸取和照搬西方混同，二将现代文明和西方文明混同。而要坚持一个区分，把已经构成人类文明瑰宝的西方文明和具有帝国主义、霸权主义本质的西方文明加以区分。西方文明本来就有两类。应该坚持向一切人类文明的优秀成果学习，真诚地给西方文明的优秀成果行"脱帽礼"，摘掉我们心中那种带偏见的、和帝国主义撕扯不开的西方文明的帽子。

我们常常把人类的共同精神价值看成是西方文化，这是误会。同时，又把民族价值、地域价值置之于人类价值之上。文化在至高的精神层面上，是人类的普世精神价值。每个民族处在不同的文化云朵下面，但透过云层照射我们的是同一个太阳，云层不同只是阳光折射不同。因而亨廷顿的文明冲突论是局部、浅表的，实际为霸权主义的文化扩张做了理论前导。任何再古老的文明，都会在发展过程中接受人类普世原则的筛选，并把自己的优秀成果贡献给人类文化宝库，而不再仅仅属于哪个地域。没有这个意识，就会沦为井蛙观天式的部落文明而失去大格局中的生命力。中国文化中经常出现"天下公理""人间大道"这些带有普世意义的词汇，正反映了这种宏大的眼界。

其三，不能说我们学国学是因为"国学确实能够带来效益"，这是王立群无意中说出的实话。国学在现代的功能，主要不是给我们带来操作层面的效益，相反，主要是在精神层面，以沉厚、冲和、中庸之气平衡现代人的实用、实利、浮躁。如果像前面指出的，在讲史中将官场政治斗争愈来愈和商场智术联起来，最后侵蚀我们的感情世界，让情场也充满功利。官场、商场、情场，三场都功利化，历史学就真正变成了成功学、成功术，这反而违背了国学的核心精神。

三、我赞成和不赞成什么样的国学热

国学可以说是国故学，精神国故、文化国故的统称。它包括义理之学（哲）、经世之学（政治、经济社会学）、考据之学（史、训诂）、辞章之学（文），以及一切国故中的医、巫、侠、易。最有代表性的典籍是：先秦元典、两汉经学、魏晋玄学、隋唐佛学、宋明理学、汉赋、唐诗、宋词、元曲、明清小说等历代文化学术体系。很明显，这其中既有国粹，也有国渣。

我赞成这样的国学热：

整理国故，抢救保护——抢救已经濒危的国学资源。这是主要由学者专家做的系统工程。

取精用宏，整合构建——从宏观的发展着眼，将国学精华整合构建成适合时代发展的新的中华文化体系。这是应由政府、社会和华人世界组织协调各类知识精英来做的系统工程。

树立形象，凝聚根性——改善软环境，增强软实力，树立国家对外形象。如建立孔子学院，形成儒学或华学文化圈，影响世界。这也要以政府为主来做。

择优普及，传承发扬——关键是择优精选国学的精粹，给大众的一定要少而精。

我不赞成的国学热则是：

溺于旧学，食古不化。钻进故纸堆里指手画脚不可取。国学是动态文化，是一条流动的河，它有相对静止性，却不是固化的文化化石，不是文物，它总是在流布接受过程中不断增值。

作秀邀宠，以术代学。鼓噪"峰会"，广场诵读，打坐叩头，梳髻蓄须，全民穿唐服、汉服，不一而足。郑州企业印赠十万本《弟子规》给各小学，一位校长在赠书仪式上下跪，希望从孩子起振兴国学，"与异域文化争鸣"。《弟子规》就这么好吗？能取代现代教育管理吗？仅"天地君亲师"，把师长放在真理之上这一条，怕就不符合"吾爱吾师吾更爱真理"。

化学为产，唯利是图。市场介入，化学问为产业是好事，是学术产业化的一种探索，表明学术终于有了价，书中终于有了黄金屋，也给国学的传播增加了动力和活力。这是时代特色，但唯利是图不好。现在给老板办的国学班比比皆是，学费令人咋舌。有人甚至说"国学应成为'儒商'的必修课"。我们还是要以现代科学文化武装我们的企业家。国学可以是选修课，可以从中汲取营养。"儒商"是一个意指不明的称号，如果"儒商"是指严格意义的儒家商业思想指导下的商人，现代企业家们明显没有必要成为这样的"儒商"。如果"儒商"是泛指有知识文化和道义担当的商人，企业家们需要学习的东西就多了，国学并非必修，也不是唯一。其实依我看，如果说有的老板上 MBA 是掏钱混个有西方现代管理文化背景的履历，上老板国学班不过是掏钱混个有传统文化背景的"东方儒商"身份。好像都有点赶时尚，当然这只是指有些人。

这其中，最要警惕的是各种准国教倾向。譬如——

国学中心论。力图以儒学作为当代中国的核心价值观，主张以儒立国。国学大师牟宗三有国学三统说，他说国学分道统、学统、政统。道统是心性化儒学，学统是世俗化儒学，政统是制度化儒学。他认为，如果说心性化儒学（道统）、世俗化儒学（学统），还可适度弘扬，用以修身齐家，制度化儒学（政统）则绝不可继承。也就是说，在今天，国学的许多好东西会有益于我们修身齐家，却不能用以治国平天下。这一点说得很到位。

国学救世论。王立群说，国人在实践中感到了西方文化不行，便将目光转向了被冷落的国学，通过国学带来效益。国学成了挽救当下精神滑坡的救世主。为什么国学断断不能救世，后面我要专门说。

西学中源论。总爱在世界优秀文化成果中找到它的源头本在中国，如中国《易经》的阴阳是电脑二进位的始祖之类。在这个问题上，我十分同意余秋雨的观点，即我们要有人类文化的共生意识和共享意识，应该在一些精神大原则上承认共同性、人类性、普世性，而不要把一些人类常识性的文明强调成中国人的独创，这会使别人感到共同精神财富被单方面掠夺的不舒服。例如"己所不欲，勿施于人"这个原则，人类几大古文明中都提出过。又如"以人为本"原则，是西方以人性、人道、人权为基点的人文主义起点，不但不能说是我们的独创，而且别人发展得远比我们成熟。另外像"和平""科学""和谐""平衡""与时俱进"这些概念，也一直是全人类的智者所共同坚持的，都不宜在文化意义上说成是中国的独创、独有。和谐精神，古希腊毕达哥拉斯、亚里士多德就提出过。亚当·斯密写《国富论》之前，也提出过"斯密难题"，即如何解决追求财富和完善道德之间的悖论，以达到社会和谐发展。马克思和现代西方学者关于实现社会和谐，更有许多科学思考。唯我独尊容易导致不和谐，甚至成为文化冲突的引线。

在汉诺威世博会的德国馆大厅，是一大堆德国伟人未完成的塑像，有贝多芬、黑格尔、马克思等等。说明牌上说，许多伟人常常无法在一个国家完成自身，他们都走向了世界，因此我们的博览会有理由让世界各国观众在自己的心中去完成。也就是说，只有全人类的营养才能造就最伟大的人。他们请各国观众在黑板上补充在自己国家出名的德国人。你看，连骄傲的德国人，也把民族性放在和世界性的互动之中。这个世博会的法国馆，主题更别开生面——法国走在十字路口，不知往哪里去，希望世界各国观众帮着出主意。

他们融入世界的姿态让人如沐春风，中国人真要学学人家的气度。

在至高精神价值层面承认人类文化的共通性，在具体呈现形态上则要承认差异互赏。我们常常搞混了、颠倒了这两方面。一方面对可以共通共享的精神价值心存疑虑，一方面又对不可能趋同的文化形态进行着强制性趋同的误导。例如宣传各地对炎帝黄帝等各种文化故地资源不择手段的争夺，对地域性文学艺术群体冠以火药味很浓的称呼，"豫军""陕军""湘军""塞上兵团"，而且大炒什么"陕军东征"。真不知道文学怎样去征讨别人！还有，说本国本地的缺点或开展文化的批评反思，常常不被容忍，惹出种种不愉快甚至酿成事端。其实，宽容异见异说和不同风格，才大气、才和谐，不容忍反倒引发冲突。不要把地域性的文化问题放大，上升为国家化、民族化的统一思维，而定于一尊，以致演化为文化冲突。和的精义是和而不同，不同是和的前提。和不体现为单一，而体现在最佳状态下各种不同的协调共存。

文化传播、文化交流绝不是征服，文化吸纳、文化鉴赏也绝不可能是投降。鲁迅说得好，难道吃牛、羊肉就会变成牛、羊？有人说"21世纪是中国的世纪"，不知从何谈起？任何一个世纪都是各国共存、共荣的世纪，都是整个人类共有、共享的世纪。总想着去挤兑、征服别人，对文化绝非吉兆。在古希腊时代主张建立容纳各派力量的混合政体的亚里士多德，一直教导他的学生追求社会和谐。不幸有个学生亚历山大，成为大帝之后却发动了讨伐亚洲的战争，结果半途夭折，反而造成希腊文明的衰落和罗马帝国的崛起。这还不是教训吗。

我不赞成亨廷顿的"文明冲突论"，而赞成南非大主教图图所说的那句话：我们为差异而欣喜。是的，我们应为差异而欣喜。当今世界，只有崇尚文化差异，才能合理争取到文化话语权。我们不应该发布强加于人的信号，而应在差异中争取文化和谐。

东西循环论。恕我不敬，这好像是季羡林季老的意思，说20世纪是西方文化的世纪，21世纪则是东方文化的世纪。文化是靠正确性、真理性显示自己生命力的，不能轮流坐庄。没有先进性、真理性的文化永远不会成某个世纪的主流文化。我们努力吧。

四、为什么国学不能救世，不能成为我们的核心价值观？

为什么国学不能救世，不能成为当今社会的核心价值观？为什么儒学不能立国，不能成为中国的准国教？美国学者说现代社会必须有三个条件，这就是市场经济模式、民主法治制度、自由平等精神。很明显，国学最基本、最核心的精神与现代社会最基本、最核心的精神南辕北辙，宗法文化和农本文化产生不了市场经济、民主制度和自由精神。从国学中产生不了现代社会、现代科学、现代人文、现代管理体系。

第一，农业文明、自然经济基础上的国学，虽有这样那样的精华，却不可能成为现代市场经济的精神前导和文化基础。中国千年前即有商贸，但没有成熟的市场，产生不了现代市场经济。《吕览·上农》认为，人据农而商，则无居心，易流徙，不可以守。亦会好智多诈，巧法令，无是非。所以农民被士称为小人，而商人则被直呼为贱人。在秦代，一代有市籍，即打入另册，三代失去自由。晋时羞辱商人，头缠巾，额题名，两脚穿黑白二色鞋。无商不奸、抑商抑奢已成国人心理传统。最近《参考消息》登载了纽约市长完全用市场语言表述公务责任的一段话，他说，市长就是公司首席执行官，任务是经营好城市各种产品，打造品牌，市民就是顾客、上帝，为他们服务。请问，你就是把国学学得再透，又怎么能过渡到后者这样的观念？

第二，家国同构、宗法文化只能产生专制的皇权主义、皇权文化，很难在这个基础上建立科学民主的社会制度与现代管理。在宗法社会，社区群落只是服从的共同体，不是意愿的共同体。而且家国同构、血亲宗法制、父家长制和嫡长子继承制的模板会不断自我修复。

从社会分工体系看，家国同构的皇权社会，政企、政事、政文不分，所有权、经营权不分，先天性的权力设租、权力寻租几乎成为无法克服的腐败。我国早在《诗经·大雅》就有"贪人败类"的记载，西周、殷商，甚至尧舜时期就有贪夫玷官的记载。贪污的历史和华夏文明一样悠久，原因盖出于此。知道这些，我们心里能好受吗？

从道德评价体系看，忠孝同义、忠孝相通。天地与君亲师作为偶像崇拜的同体系列，放在大道之上，真理是非之上。在古代，不忠于皇权是罪大恶极的，对不忠于皇权专门列出了"阿党妄上、擅发兵、大不敬、矫诏"等十恶，都是要处极刑的不赦之罪。成语"十恶不赦"就来源于此。

从人才评价体系看，一不是德才能绩本位，而是忠孝节义本位，重忠孝而轻能绩，因而亲缘、地缘、裙带风盛行。二崇尚伯乐相马，用个人眼光替代科学的人才选拔机制。这种人才评价体系，乱世还可能用一点人才（如岳飞为保驾护国脱颖而出），而治世选庸才，太平盛世出奴才，几乎成为规律。

家国同构的社会，以模板遗传、同化惰力和修复机制，使三纲五常、忠孝节义通过潜结构实现再生性遗传，造成了中国社会的超稳态结构。怎么能以它为当代的核心价值？

第三，天人合一、君权神授和传统宗法制社会很难产生具有自由意识和法制意识的现代公民社会，只能产生主奴根性、依附人格，不可能有人格尊严、平民权利、自由思想。

宗法制的社会和文化只产生精神奴隶。人人亦主亦奴，具有主奴两重身份、两重人格。马克思说这种人的精神还处在"动物世界"。周成王临终告诫子孙："尔是风，唯民是草。"你怎么吹他便怎么倒。这就是"草民"一词的由来。八国联军进京，有义和团和民众的奋起反抗，也有百姓打顺民旗和德政伞俯首欢迎。胡适说，自由国家不是一群奴才所能建造的。现代社会必须由公民组成，但由奴隶到公民的变迁，必须经历从天定身份到自选契约的转变。这都是中国传统社会从不具备的。个别明君和清官的开明和亲民，只具有个别性的真实。整体上看，他们反倒模糊了宗法社会的本质，是统治者凶恶面目上温情脉脉的面纱。跪着的民众期待清官，也成全了清官。有没有清官情结是奴隶与现代公民的根本区别。

第四，国学的伦理中心，过分强调道德感化、道德自律，忽视科学管理和民主制度建设，也与现代化的要求悖谬。从社会发展模式看，国学主张以修身、齐家作为治国、平天下的前提和基础。如梁启超所说："吾中国之社会组织，以家族为单位，所谓家齐而后国治是也。"像这样以伦理道德为基础的治国，把道德范式放在科学管理和行政功能之上，科学发展观怎么落实？在不公正的体制制度下，道德自律与感化只能是天真地希望狼变得更温顺些，狗变得更规矩些。过分褒扬清官与统治者的让步政策，是不触动传统制度的牧师行径。

五、国学热会不会源于一种历史错觉和感觉误差？

当前的国学热，有没有可能是因为国学在近百年中遭遇了太多的坎坷，而获得了我们道义上的同情而致的呢？难道它只是一个历史错觉和感觉误差？

国学在近百年中起码遭遇了四次大的冲击，一是五四运动时期对国学的文化批判。这既是历史的要求，在特定的历史激愤中又出现了很难避免的矫枉过正。二是20世纪五六十年代对国学的文化压制。这是一种思潮通过行政权力对所谓"封资修"的"封"，进行极左的压制和打击。这时的国学已经不分良莠，一律戴上了封建文化的帽子，国学家则成了封建余孽。三是"文化大革命"中对国学彻底的文化扫荡。用武器的批判代替批判的武器，用触及皮肉来触及灵魂，用痞子文化打击传统文化。四是20世纪八九十年代西方思潮对国学又进行了一次文化清算。这是从一个现代的异向的坐标上，从学理上对国学的清算。

饱经沧桑、历尽坎坷的国学终于来到了科学发展、和谐发展的新世纪，它要向民族向历史讨个说法，我认为完全有理由、有必要，也很应该。多难的国学就这样俘虏了人们脆弱的心，获得了道义上的同情。在振兴国学的热情中，有一部分极可能是四次冲击的历史后坐力的反弹，极可能是一次次历史误读给予人们的感觉误差。

但问题还有另一面。当我们的眼光由近百年伸延到几千年，便出现了完全相反的另一番景象。中国历代人文知识分子从来没有中断过对国学的反思和批判，但几乎每一次反思和批判都在残酷的压制下，惨痛地失败了（没错，残酷！）。无以数计的失败不但投进了先贤们思想的、精神的痛苦，而且无一不伴和着血泪和生命。魏晋、晚明、"五四"，可以说是和中国传统礼教抗争的三个高潮，除了五四新文化运动借助全球的现代风和自身由文化向"武化""政化"转变，由笔杆子向枪杆子转变，总算没有失败（其实也有部分的流产），那前面的两次大抗争，遭到的已远不止是压制而是刀下溅血的镇压了。

魏晋反礼教的代表人物是竹林七贤之一的嵇康，他将美男子的仪容气质和狂狷的生命追求、独立的人生理想熔铸一体。他"非汤武而薄周孔"，"越名教而任自然"，宣告"六经以抑引为主，人性以从欲为欢，抑引则违其愿，从欲则得自然"。这种离经叛道的主张触动了封建王朝的礼教基础，嵇康被司马昭打入死狱，刑前写下绝笔《幽愤诗》，声称自己耻于向伪善者、当权者乞求，"卧龙不可驯，志士不可屈"，一时京师震动，数千名太学生联名上书求赦。这反而坏了事，司马昭非杀嵇康以震慑天下爱多嘴的文人不可了。嵇康奏响自己创作的名曲《广陵散》，被结束了生命。

晚明反礼教的代表人物是李贽。他是福建泉州人，祖上有色目人血缘。异族文化加上海洋文化，都与汉族内封性的土地文化相异，这决定了他的异端和苦难。李贽一生"六不为",不考官,不屑为宦,不说假话,不陷俗务,不同流合污,不僧不儒非礼非制。他在《焚书》中说:不是那块料而去当那个官,是旷官;不当到最后不放这个位子,是贪荣;一定要把官当到名声满朝,是钓名。对这些,他表示"贽不能也""贽不为也"。

他主张的"童心真性说"直指礼教,是晚明思想解放和新人格诞生的理论旗帜。他认为童心是人最初的一念之本,失却童心便失却真心,失却真人。要活成真人,便要反对儒教的"发乎情止乎礼义",肯定追求个性、私欲和个人利益的合理性。自然既发乎性情,则自然也应止乎性情,在性情之外没有外加的礼仪可言。这是极具历史进步性的个性自由和个人发展论。他还把儒家说得一无是处:"鄙儒无识,俗儒无实,迂儒未死而臭,名儒死节殉名。"如果人人都以孔子的是非为是非,社会上还有什么是非呢?

这些符合历史进步的追求,无法被那个时代理解,万历皇帝传旨以离经乱道、惑世诬名两条罪过严拿治罪,"其书籍已刊未刊者,令所在官司尽行烧毁,不许存留"。李贽入狱后,乘狱吏为他剃头之机,夺过剃刀自刎,血溅满地而未死。狱吏问他痛不,他已不能出声,在狱吏手中写道:不痛。狱吏又问,何以不痛,写道:七十老翁何所求!

中国知识分子的人格,经历了三个历史阶段,即漂移待沽(如先秦孔子、苏秦"丧家犬"式地到处推销自己的"沽之哉"阶段)、依附人格(如汉、宋、明知识分子皮之不存毛将焉附,而四处"找皮"的阶段)、主体确立(如当今市场经济时代形成知本家、知识资本主义、文化资产阶级的阶段)。阿尔温·古尔德纳认为,在现代社会,知识分子从总体上控制了知识的生产和分配,知识于是成为一种与货币资本一样的文化资本,占有它的叫文化资产阶级。知识分子终于可以把自己种在自己的皮上而无须依附别人,从而有了空前的主体性。

从来就有这样反礼教的文人传统,就有这样反对国学核心价值的斗争,他们有正气、有傲骨、有狂狷与狂飙的自由精神，反映了新的市民社会和工业社会的历史要求，开始有了德先生与赛先生的萌芽，这才可能引领社会由传统逐步进入现代。

到了我们撇清各种历史误读和文化偏向，科学地认识、评价、反思国学的时候了。"站直了，别趴下！"中国知识分子要挺起腰杆，发扬"五四"精神，让中华文化大踏步走进现代境界和现代实践，并逐步建立起新的中国现代文化体系。

2007年9月10日至15日，西安不散居
《华商报》《陕西日报》及二十家网站实况转播或刊载

与张岂之谈黄帝文化

张岂之，学者，中国思想史专家，清华大学、西北大学教授，曾任西北大学校长。

这是我俩做的一期丁亥年清明公祭黄帝电视人文节目《根的力量》，节录了我的部分论述。

主持人李蕾： 今天是《开坛》丁亥年公祭轩辕黄帝特别节目。

我们常常说饮水思源，还说做人要不忘根本。每年到了清明，我们都会回到中华文化的原创点去看一看，每年的这个时候全球华人的目光都会凝聚在陕西的黄陵县。是什么样的力量让我们这个中华民族的文化生生不息绵延到今天？对于我们现在人来说，追忆和祭祀黄帝又意味着什么，这是我们将要在节目中探讨的。认识一下来到演播室的两位嘉宾张岂之和肖云儒，欢迎！

一

主持人： 我和肖老师都参与过几次黄帝陵的公祭活动。我们在那儿看到汉代出土的汉像砖，上面有黄帝的造像，还有黄帝手植柏，包括黄帝从这走过去留下的脚印。黄帝到底是一个什么样的人？为什么每年清明节的时候，在黄陵可以看到来自世界各地的华人？

肖云儒： 在我心目中有两个黄帝。一个是实有其人的黄帝，这个黄帝又不止一个人。其实黄帝有好多代，好多代黄帝整合了当时我们中华民族所属的各部落的文明成果，通过传说最后都归到黄帝身上，同时黄帝又传系着我们这个民族的精神模板和文化人格。所以还有另外一个黄帝，他是一种文化象征性的黄帝，是代表着我们文明成果结晶的这么一个黄帝，他肯定大于那个具体的黄帝。为什么我们说黄帝是人文初祖呢？黄帝不是我们的血缘初祖，因为更早还有北京猿人，还有蓝田猿人，这么一路走下来，黄帝前面还有祖先。为什么说他是人文初祖呢？我是这么想的，构成一个社会的文明，它基本上是三个层次：一个是生存适应性层次，叫物质文明，主要是衣食住行，打仗、交易、货币等等。这些在黄帝时代这样一个大的时代，有了许多发明创造，车啊，井啊，市场啊，货币啊，纺织啊，就是初步解决人的生存适应性层面的文明。第二，文明包括精神归属层面的文明，在黄帝那个时代也初步开始形成，这就是部落向民族转化。把各个部族逐渐融合为一个民族，很多民族开始认同这样一个共主。这时，文字和各种图腾符号的出现，使得我们有了精神归宿。第三个层次是文化审美性的文明。在黄帝时代就有了最早的乐谱《云门大卷》，台湾已经把它变成现代舞蹈了。有了夔鼓，据说夔可能是怪兽或鳄鱼那一类，它吃饱了两手就敲打肚皮嘣嘣响，鼓腹而歌呀。当然还有龙图腾。龙的诞生，成为我们民族一个共同的徽号。所以，我觉得尊黄帝为人文初祖，就是指中华民族的文明是从他这儿开始的，是我们文明、人文的一个原创者，是文明的源头活水，这是我的想法！

主持人：有时候年轻人会说文明这个词呀听起来特别沉重！年轻人会认为，这个人文和我们每一个人有什么关系呢！我们为什么要扛着这么沉重的一个词，把它搬到今天的生活中去呢？

肖云儒：人文，我觉得要有几个区分，人文和人文主义要区分。人文这个概念出现得很早，但是人文主义是在文艺复兴前后才出现的，把人作为整个社会、自然的这一客体的对应物主体，把人心的释放和自由度作为最主要的关注对象，形成一套理性体系是后来的事。那么你说沉重，对的，人文主义在世界特别在中国的历史上岂止是沉重，简直是一部血泪史。虽然黄帝已经是这块土地的人文初祖,但人文在整个中国漫长的历史中充满了血泪,不光是文明的冲撞,也有人文和非人文的冲突、人和非人的冲突。这个冲突卷进了多少精英的生命,东汉末年出现了第一个人文和非人文的白热化战争,这就是魏晋名士和儒家礼教的斗争。当时竹林七贤以强调个性张扬做消极反抗,他们嗜酒,自在无为逍遥法外,用生命体系对抗礼教体系,当然碰得头破血流。后来到了宋代、明代特别是明中叶以后,存天理、灭人欲的宋明理学,对人文主义又是一次大的压抑。

在晚明到清初又出现了一个像魏晋时期一样的群体,这就是包括唐伯虎、金圣叹、李卓吾、徐渭以及八大山人这样一些群体。这些群体中的人不是自杀就是被杀,不是坐牢就是被流放。李卓吾自称没有家,因为他归附到哪一个生活点上,或官府,或家乡,都会备受礼教压抑,所以李卓吾在精神上无家可归。他提倡真性和童心。李卓吾说,在人欲之外为什么还要立一个天理呢?一个礼教的规则总是跟人的欲望相反,限制人、压抑人有什么好呢?所以我觉得中国的人文历史充满了血泪。当然近代更是这样。极左思潮我们记忆犹新。我们的执政观念、我们的社会观念、我们的文化观念把人作为关注的主要对象,实际上在相当长的历史时期内是理论上的事情。近年来才真正开始执政为民,以人为本了。农民的税赋全部减免,通过《物权法》保护私有财产。

所以人文主义,从黄帝时代或者春秋开始提出,一直到现代,实际上是一部斗争史。这个斗争史就是人的天性和中国文化的主奴根性、依附人格反复地较量、反复地斗争,一茬一茬的人掉到深渊里去,最后才有我们今天这种比较舒畅的人文环境。

主持人: 怪不得我有一个电视界的同行,凤凰台的台长,他说,提到人文这个词就害怕。

肖云儒: 作为个人的道德修养,真是非常难,但是比这个更难的是在特定体制障碍下去完成个人修养，更难做到。因为我始终觉得封建社会的等级制度是一种服从共同体，人跟人的关系，一方面从个人道德讲仁爱、讲友谊、讲关怀，己所不欲勿施于人；另一方面它在社会层面上讲等级、讲礼乐，九鼎、八鼎、七鼎等级之间的逾越是很难的，所以它是一个服从的共同体，是意志的共同体。在奴隶社会奴隶主对奴隶那是不能己所不欲勿施于人的，二品大员对七品官那也是不能够这样的。真正的人文主义只有到一个新的体制下才能实现。一个新的体制下人际关系由意志的、服从的共同体转化为意愿的、契约的共同体，由一种身份的等级转化为平等的契约关系。人跟人之间平等的契约关系，我是老板，你是打工的，凭契约我可以炒你鱿鱼你也可以炒我的鱿鱼。只有把服从的共同体转化为意愿的共同体，把等级身份转化为契约身份之后，孔老夫子所崇尚的那个仁爱，才可能在现实中如坐春风地实现。是不是这样？

二

肖云儒：人文主义刚刚开始爱人还是被动的，到以人为本就是主动自觉的了。由人文、人类文明到人文主义，首先是身份平等，废除奴隶制，有自由民的出现，然后是生存需要的满足，然后是文化需要的满足，然后是政治权力需要的满足。近二十年来，地球正在产生一个质的变化，就是人文精神实际上是可持续发展的一个很根本的东西。人文主义的要旨本来就是人要对人负责。对于上帝给你这一次生命，你要活得很好，是吧，你不能误了这个生命。现在这个概念扩大了，人要对人负责，还要对养成你的周围所有的环境负责，所以人文主义概念下出现了人文、天文、地文、生文这些概念，这些概念都是人文精神的内容。生文不是指生物学，是指人对动物要负责任。地文不是地质学，是指人对大地要负责任，随便挖洞是不行的，随便烟尘污染也是不行的。这一切都是人文主义的范围。这已经不是个体人文主义了，而是整个社会科学发展观、可持续发展的一个宏大的现代的人文思想。我觉得发展到了这样一个阶段，是最早的人文初祖这个话题蔓延到今天最新的一个动向吧！

主持人： 我们现在最需要的是什么？最需要从黄帝那儿拿来的又是什么样的精神？

肖云儒： 黄帝时期给我们留下的实际上是我们民族的精神模板。中华民族精神最早的一些精神，原型都在黄帝那儿有了。他的创造性，他的建功立业的有为精神，他的为民利族的奉献精神，还有他的实践精神都是，我不多说了。我同意刚刚张老师说的我们传承黄帝精神主要是要把他的文明拿过来，结合今天的现实，我们目前最需要传承的或者黄帝精神中最核心的，我把它变成一个模式叫作"创造—和合"模式，"和平"的"和"，"合作"的"合"。

主持人： 请具体解释一下。

肖云儒： 就是说黄帝精神，有为也好，奉献也好，实际上是围绕着"创造—和合"这样一个精神展开的。因为他是初祖啊，许多都从那个时候原创。许多衣、食、住、行、农耕、市井还有打仗的兵器都从那时发明，所以那是一个创造力迸发的年代。但是我们在谈黄帝的创造精神的时候忽略了一点，黄帝通过什么来创造？文字并不是黄帝发明的，是仓颉！指南车好像也不是黄帝，是朱雀部落吧！农耕文明是炎帝、神农氏发明的，冶炼是蚩尤、九黎部落发明的。我们忽略了一点，黄帝的创造精神实际上是因为他善于通过和合达到创造！

主持人： 对，他是把这个群体智慧和合起来！

肖云儒： 他善于组合别人的成果，然后传播提升成为整个民族的文明财富。就是你说的共同创造、共同交流传播、共同享用，变成我们民族的财富。所以黄帝创造的"和合"模式就是通过各个部族的创造，通过和合提升、宣扬、实践，成为全民族的水平，使中华民族进入一个文明时代。黄帝通过什么来和合呢？首先通过战争，战争在黄帝手里很像马克思说的叫作流血的政治或者流血的文明。他每次打仗都不是很极端地消灭敌人或简单地把敌人当作奴隶；他把蚩尤打败了，然后你把你的冶炼术告诉我让大家学习推广；逐鹿中原把炎帝打败了，你把你的农耕技术告诉我。他通过战争整合文化，传播文化。

再有一个是通过分封传播文化。他二十五个儿子有十二种姓，分封全国各地，通过分封建立了我们中国最早的版图和一种亲缘格局。还有，通过图腾的整合使我们有了共同的徽号，那就是龙。龙是没有的东西，他整合各个部落的图腾，如虾是热海族部落的图腾；龙角是鹿角，牧鹿部落的东西；龙头是牛，是神龙部落的东西；蛇身是轩辕部落本身的东西；它的这个爪子是从朱雀部落图腾来的；它的鳞是东夷的图腾。他把每个部落的图腾整合到一起，组合成既不是哪个部落又是所有部落的这样一个叫龙的图腾，使中国有了共同的徽号，有了各民族的共同的名片。我觉得这一切都是和合的结果。

我这里要稍微论辩一下，有人说黄帝有团结精神，我不同意这个提法。因为团结一般只是指人文领域，人跟人团结，你不能说人跟牛团结，是吧，这不可能。所以我用和合，因为和合既是一种状态描述又是一种动态进行式的描述，"和"字除了第二声"和"表述一种匀和状态，第四声"和"是动词，搅和。就是把这个元素和那个元素搅和到一起，这就有了新东西的出现。所以我觉得"创造—和合"模式是我们祭奠黄帝特别要重视的，对我们中华文明，对陕西，这一点更为重要。

三

主持人： 每到清明我们常说这么一句话：一炷心香祭轩辕。张岂之先生写了一篇文章，就叫作《心祭重于形祭》。对中华民族文明做过贡献的祖先，我们祭奠他，我们心里头怀念他，学习他的精神，为了我们今天更好地去进行创造性的活动。所以中华民族的祭祀文化里，越来越多的是人文文化。我觉得这一点应该发扬光大，我今天纪念黄帝也不是把他作为一个神请他来保佑，而是追溯先民的功绩，学习那种艰苦奋斗的精神，把我们的国家民族建设发展得更好。

肖云儒： 这个我很同意，张先生说心祭大于形祭，很对。因为祭祀本来就是心灵的一种祈祷和诉求。张老师又说，形式也需要，为什么需要呢？我理解，它会在心理上产生一种庄重感和隆重感，它给你一种震撼。走进那个祭祀场，每个人戴黄带子，然后幡旗飘扬，鼓乐齐鸣，然后很庄严地读祭文。在那种文化场中间，你有一种庄重感和隆重感，叫你一生难忘，这是心理效应。还有一个是社会效应，主要表现在通过祭祀活动把个体的祭祀变为群体的祭祀，把这一年的祭祀变成下一年的祭祀，把过去的祭祀变成今后的祭祀，传承下去。心祭一般是精英、有一定文化程度的人、有人文境界的人才能心祭。但形祭，特定的仪式，能把精英的祭奠转化为民众的、大众的祭奠，这对传承炎黄文化，传承中华民族文化有好处。当然在市场经济下要防止三点，第一是防止迷信，第二不能把那个时代所有的价值标准都挪过来，第三呢，还要防止利益的冲击，把祭袍当作一个赢利的手段，那就违反了心祭的初衷。

黄帝祭祀，从纵向的历史来看，我把它分成这么六类。一种是对自然神的礼拜。因为在远古时代不了解自然规律，对很多模糊不清的问题很敬畏。使用祭祀的办法，祈求上天能够免灾，免灾祈福吧，这是对于自然神的祭祀。第二种，到后来发展成为对人格神的祭祀，就是对一些圣贤人物、立德立言的这些人物，慎终追远。第三种是伦理道德的祭祀。这第四种嘛，就是权力型祭祀。历代皇帝都要祭祀，特别有三个皇帝我在这儿说一说，一个是元代的皇帝，他用蒙古文诏告天下，第一个提出轩辕黄帝不仅是汉族的祖先而且是汉、满、蒙古、回、藏、彝、瑶、苗、壮等所有中华民族的祖先，是中华各族的共主。一个蒙古族的皇帝为什么这么隆重地来祭祀黄帝呢？因为他要统治中国必须得到中国文化和中国民众的认可，所以他说咱们都是一家人，都是一个祖先，你不要再说我是蒙古人，咱们都是一个共祖下来的。这是一种权力型祭祀。明洪武年间，朱元璋祭祀规模比较大，他亲操御笔写了诏书，而且立下规矩，说以后每年皇帝都要亲自祭祖，为什么这样呢？大家知道朱元璋出身低微，当过和尚，他要进入上层成为整个社会的最高首领，必须得到一种文化认同。不然大家会问，你怎么跑来当皇帝来了？大家不认同他，就像到现在我们都说刘邦是流氓一样。所以他必须要认祖归宗，说我是奉天承运，将自己的权力天命化。你别看我是和尚，是上苍是轩辕黄帝给予我的权力，还有清朝，清代的雍正又是一次大祭祀。现在这个碑还在用满文跟汉文同时立在那儿。因为在雍正以前，明末的反清运动一直络绎不绝，他没有办法。汉文化的伟大就在这儿，不认同你的时候，你就没办法统治这个地方，所以雍正祭黄帝陵其实也是在说，咱们都是一个祖先传下来的手足兄弟。所以我觉得这个权力型祭祀，很值得我们玩味。

主持人：如果到黄帝陵前面去看一下关于它的一些文献资料的记载，我们会发现历朝历代的皇帝都去祭奠黄帝，而且在近代也有国共两党共祭黄帝的历史。到了这儿，好像大家都不约而同地把政治身份去掉了，找到了一种认同。

肖云儒：这是我想说的第五种祭祀，就是寻根型祭祀，在这里找寻民族归属感。台湾亲民党主席宋楚瑜到黄帝陵祭祀，我被邀到中央电视台四套做解说。宋楚瑜为什么来？就是刚刚张老师的话，慎终追远，一种民族和国家的认同，因为他是主张一个中国的。当然也有获取政治资本的原因，总的来说还是很真诚的。我在黄帝陵看资料，有一个资料很感动，捐几千万的不说，海外的多得很。有一个日本的中国留学生把他一岁的孩子专门从日本带回来，路费花了上万块钱，只是为了叫孩子亲手在黄陵捐一块钱。我当时就想，这是交党费啊，是上户口啊，是让孩子知道，我是中国人的后代。

主持人： 这个党应该叫什么党啊？

肖云儒： 叫中华党，叫华夏党，叫乡党啊，是吧？还有最后一种，第六种祭祀，扬励型的祭祀。我们今天的祭祀主要是扬励型的。传承传统，弘扬黄帝精神，对当下的社会生活起到一个促进的、凝聚的作用。

主持人： 肖老师给我们讲那个故事特别动人，千里迢迢到这儿来就是为了让一个一岁的小孩子在黄帝陵那儿捐一块钱。这就是那首歌里说的嘛，不管怎样也改变不了我的中国心。

肖云儒： 那首歌怎么唱，长江长城，黄山黄河，我在后面再加一句，中华中国。的确，是这样的，祭奠长江长城、黄山黄河、中华中国，这是一种意象。

主持人： 这些都是中国印啊！

肖云儒： 中国印，中国的标志！

四

主持人： 肖先生能不能谈一下中国文化和外国文化怎么应和的问题？

肖云儒： 我想先谈一点相关的中国文化问题，再来谈中西文化交汇，要不然就容易片面。中华文化有很多优势，用我的语言来概括，很简约，但可能不那么精确。第一，就是中国人精神的三窟，儒道释。儒，是中国人精神的动力系统，劝你建功立业，入世，崇尚理想人格，追求善和仁。道，是中国人精神的控制系统，他崇尚的不是理想人格，是理想生命，过得怎么自由自在，它追求的是真。那么释呢？释是中国人精神的检视系统，它像一种彼岸的目光，关注着你。它崇尚的是美，是一种理想境界。刚刚张先生说中国文化为什么能够永远地传承下来，可能这个精神三窟是一个原因。中国人文化心理深处其实都是儒道释结合的，每一个人都是这样。当然重儒、重道、重释的人，偏重哪一面的人也有，中国的禅宗就融了各家。你看这个中国文化是不是精妙极了。第二，再说思维。西方在谈思维学的时候谈得那么烦琐，那么厚的书叫人看不懂，中国的《易经》呢？非常简约地六个字概括了，叫"三易"：简易，变易，不易。简易是混沌地、一元地、整体地看世界。不喜欢把问题复杂化，总是在大格局中来定位。当然不是我说得这么简单。变易，动态地看世界。周易周易嘛，周代便认为周天皆易，没有不易的时候，没有不在变的地方。因而一定要在动态中把握这个世界。不易，本质地看问题，以不变应万变，在质的规定性没有变以前，我们不要随意变化。你看这个思维多么好，所以我觉得中国文化它不容易中断，它坚持了好多好的东西。

主持人：对，把您这六个字放在咱们这五千多年的空间里面，真有意思！但变易和不易，在现代应用起来，它不矛盾吗？

肖云儒：你这是个伪问题。你不可能把五千年一下子同步地拿过来，五千年中间是一年一年走过的，每一年走过都在不易中有变易，变易中有不易。这么慢慢地变过来，然后产生质变。传统到现代有没有冲突，当然是有冲突。怎么理解传承？我们光说继承优良的东西、扬弃糟粕的东西，其实这是一种二元对立的思想。我觉得继承本身就是冲突的结果和冲突的过程，因为继承就是整合呀。先是收纳，广纳百家，各种不同的元素在整合中和谐。和是什么？和是以不同为前提的。如果我们俩都一样有什么和的问题呢，你自己跟自己和什么？多元的不同因素，各种异质文化组合在一起，才有和。和其实不是一个叠加的、混一的词，而是一种关系存在，是佛教说的缘，就是各种关系很顺溜很科学地组合摆在那儿。

主持人：那就是说和不存在一个标准答案、最否答案，不是说和只有一种状态？

肖云儒：它是一种动态的协调，不同因素协调到最佳状态就是和。所以我觉得传承的过程就包括扬弃，就是由不同协调到和。和中间还有不同，将来矛盾还会产生、发展，那就再和，再不同，再和。这样一个过程中冲突是一直有的，差异就是冲突，没有无差异的事物。我们不要一听说有冲突就大惊小怪，就问你怎么说传统跟现代有冲突？你是赞成现代还是赞成传统？这都是二元对立的思维。传统到现代是一个走向，一个过程，是在组合差别、协调冲突的过程中实现的。我觉得应该是这样一个关系。

主持人： 最近有个特别流行的词——创新，创新中国。其实黄帝时代也是一个创造力旺盛的时代，有很多新鲜的东西涌现出来。

肖云儒： 关于创新我想补充一点，就是创新应该有人类意识。如果创新永远在一种纵向的、线性的思维过程中，创新是很难的。刚刚张先生说得好，要有胸怀，要有格局，要有气度，要有境界，这是指个人的内容。但是从思想结构来说，应该是一种人类结构，有人类意识。我想说这么一个意思，就是一切先进的、优良的东西都不仅仅属于东方，也不仅仅属于西方，也不仅仅属于哪一个国家，或者中国或者俄罗斯，它属于人类。因为它是人类创造的，国别是后来的事情。人类创造了优良的精神结晶、管理结晶、理性结晶，那就是人类的财富，应该共享。我们不能总是狭隘地问：是东风压倒西风，还是西风压倒东风。你可以享用西方的好东西，也可以享用到东方的好东西，只要它是优秀的，是我们人类创造的，当然应该理直气壮地享用。

我到南非去有个很深的感觉，我们跟南非的议员座谈，曼德拉的成功在于他尊重西方的一些管理制度。他在走出殖民主义独立以后，没有像中非肯尼亚那些国家那样，打碎原来的管理制度，而是继承了白人的管理，所以南非现在非常繁荣。南非人能把殖民主义与科学管理分开，区别对待，没有人责问你为什么用白人？为什么用他们的管理体制与方法？选民没有这么提问题的。曼德拉反而得了诺贝尔奖，因为他运用了人类的文明成果。邓小平也说，资本主义可以搞计划经济，社会主义也可以搞市场经济。所以，享用人类的文明成果，我们的创新意识就能建立在最厚实、最先进的基础上。

同样，每个民族、国家在发展中的教训，也是我们人类共同的教训。像拉美的教训，发展过快，GDP主义。像印度的教训，农民进城以后造成的大城市周边的贫民窟。我到印度去，在孟买整个一座山坡都是黄板纸箱子搭建的贫民窟。当然印度有发达的一面。我觉得这些东西都是我们在建设中面临的问题。如果我们有世界眼光，很多别的民族、别的国家已经先我们而走了，他们有经验、有教训，我们就要像黄帝那样，要组合、要整合，然后走我们中国特色的路子。我觉得这是刺激创新的一个因素。

从哲学上来说，矛盾的两个对立面斗争，永远出不了新，只会换位，产生不了新质。农民和地主斗争，矛盾双方会换位，只有蒸汽机、新生产力、工人阶级出现，社会才推进一步。它叫新阶范畴、新阶段的范畴、第三范畴，既不是农民也不是地主，是工人阶级，这个社会就前进了。同样我们今天也是这样。我们不要再东方、西方，西方、东方了，我们打进一个新概念——人类。那么很多问题都解决了，我就补充这么一点。

张岂之：肖先生讲得很有道理，过去我们提中学和西学，中学为体，西学为用，现在看来不行，实行不了。西学为体、中学为用，也不行，体用要给它分开。不是什么体用之分，而是把中学和西学里头的优秀东西融合起来。实际上我们现在已经在这样融合了。

肖云儒：如果有体用之分，就是每个人对西方、东方的倾向程度不一样，但它一进入你的心灵，自然会结合为一体，而无所谓孰体孰用了。

张岂之：融合融合！我们现在不完全是复归传统文化的问题，我不赞成这个口号。汉唐文化不能复归，当时皇帝高高在上，你怎么复归啊，不能复归。有些东西已经过时了，但有些东西可以继承。应该是超越汉唐之上，把人类优秀文化包含在里头的一种新文化融合了，是融合了。

肖云儒：我同意张先生刚才对文艺复兴的看法，我记得我跟徐友渔先生谈国学升温问题，我是强烈反对国学过度升温的。我不主张文艺复兴，那是一种大举动，好像我们的文化已经衰落了，但是我主张文艺更新，在它和关注传统文化之间找到一种平衡。市场经济之后，西方思潮进入，我们整个民族精神也有一种失衡，或者在某个领域有失衡，或是在某个年龄段有失衡。在这种失衡的情况下，我们应该更关注传统文化，使得我们民族精神有所平衡。我是这样看的。

观众：我想请问一下肖老师，人性的自发追求和咱们的礼制的文明之间是不是有一种矛盾？对古代的礼制文明您是怎么评价的？

肖云儒：我简单说一下。一开始我说过我心目中有两个黄帝，一个是当时实际存在的黄帝，一个是被历代文化的附着物悬浮起来的黄帝，其实祭祀礼仪也有这个问题，大哲学家冯友兰先生把它叫作抽象的道德继承。就是说忠孝节义，还有道德祭祀，包括礼貌语言，见了爷爷要叫爷爷，不能叫"嘿"，这一切东西在古代那个特定的历史时空可能是为忠孝服务的，但是现在已经从那个特定的时空中抽象出来，转化为一种现代社会的文明礼貌行为，就是可以继承的了。原来祭祀黄帝可能是敬畏自然，可能是为了权力，可能是为了什么，但是我们现在来祭祀的时候，是为了慎终追远，为了扬励国魂，就是说已经"借壳上市"了，借这个祭祀之壳，装进了现代的很多文化精神。跟古代实际上不一样了。刚刚李蕾说"心香一炷祭轩辕"，香是一样的，心不一样了，每个人心都不一样。还有人祭祀黄帝是为了求自己有一个好爱人，这都不要排斥。

主持人：非常感谢两位先生和电视机前的观众。对于历史和文明的关注我们常常会说人们追求的是古为今用，那么这个古为今用的用字是值得推敲的。它并不是简单的实用，不是一个显性的特别功利目的追求，而是在用字的背后，在显性功能的背后还有很多气质层面的长远的功能效应，这可能就是我们所说的从黄帝时期延绵到今天的中华文明和精神。

2008 年 3 月

高原情怀　大山品质　孔雀风姿
——云南精神与文艺谈片

"高远、开放、包容的高原情怀，坚定、担当、务实的大山品质"，秦光荣书记对云南精神的概括，很实在，很形象，很精辟。现在各地都在提炼地域精神，云南精神以它的简练，以它能找到本地标志性自然景观为载体、象征物，显出了自己的特色。

我到过云南七八次了，接触过许多云南朋友、云南的父老乡亲。云南人的确给我一种高瞻远瞩、气定神闲、成竹在胸的印象。在这块彩云之南的土地上，人美，情美，风景美，精神美，像南亚大地上一只开屏的孔雀。高原情怀、大山品质、孔雀风姿，这就是一位北国人心中的云南形象、云南印象。

云南文艺创作表现、塑造、传播云南精神的责任感，云南同行在这方面的激情和自觉，让我感动。我接触云南文艺作品不多，只能谈一点个人在这方面的感想。

一

文艺表现云南精神，首先是题材问题，但又远不止题材问题。我们要提倡文艺家"三贴近"——贴近生活、贴近时代、贴近人民。但也要看到，不少跟踪反映当下生活的作品，却常常会显得肤浅、平庸甚至轻浮、粗鄙，这就告诉我们，"三贴近"只是表现云南精神的一个正确的方向，一个必经的入口。能不能深入到云南精神的内里，是一个更为艰深的艺术课题。

以《欢笑的金沙江》《五朵金花》《阿诗玛》《云南映象》《木府风云》，以及中华人民共和国成立之初公刘、白桦、周良沛的诗歌为代表的精品力作，都因为表现了云南各族人民的生活，艺术地传达了云南精神和边地风情而产生过全国性影响。它们都是经过作家、艺术家对生活资源的长期、丰厚积累，系统整合，经过对丰厚生活资源睿智深度地开掘、精致地艺术升华才达到的。这表明，题材和策划十分重要，但最后决定因素是创作水平，是作品质量。

二

文艺表现云南精神，重点是聚光现代云南的日常生活、社会走向和文化样态，尤其要聚光新事物、新人格和新的文明形态。不过，如若我们的目光和笔触不能深入云南各民族文化的深处，从民族传统、民族文化人格来开掘、解读当下生活、当下人格，便会显出一种浮萍般的浅薄来。

云南有几十个兄弟民族，是中国各省中民族最多、民族共居现象最典型的省份。民族传统是当下生活之源、当代人格之基。它的独特，它的优秀，它与同时代国内外文明的隔空呼应和多向同步，甚至于它的弊病，都无不遗落在我们的血脉里。从某种意义上讲，今天的云南精神是从昨天孕育、脱胎出来的，它储存着世代云南人一步步承袭、变革、兴替旧日传统的文化编年史、心灵编年史、感情编年史。

中国文化自古以来是多色彩、多运变的，云南更是如此。这种斑斓性和丰沛性，为今天云南文化精神的多维发展奠定了基础，输送了复合性的养分，也为从根性文化上解读当代的云南人物、云南故事乃至社会发展提供了历史参照坐标。

当然，我们表现文化传统的根性影响，同时也要审视各民族传统人格中的局限性和劣根性，这正像我们在表现现代都市文明时，不能不从现代性内部有可能滋生反人文、反生态的另一面来审视当下的一些社会问题一样。

云南精神在漫长的不息前行的历史征途中增加着厚重感，云南精神在年深日久的酿造中有了酒的醇香度。

三

在创作中凝聚、表现云南精神时，文艺家的眼界和胸襟又不能止于民族和地域，要从全国和人类格局中、从现代坐标和生命坐标上来开掘云南精神的内涵。我们不赞同抽象地谈什么普世价值，但作家、艺术家心中却不能没有普世的即人类的、天下的格局和情怀。我们要塑造的云南精神是交流、开放中形成的中国精神、人类精神的一部分。体现并不断融汇人类优秀的文明成果、优秀的精神品质，正是云南精神中开放、包容的重要特征。

我们的目标不是停留在一个省、一个地区的振兴和构建，而是共同建设一个对全球事务有重大影响的文明大国。云南地处东南亚与中国的交汇地带，在促进国际文化交往和营造世界影响上负有重任。尤其是生产文化和精神的文艺家，我们的一言一行、所作所为都必须以人类文明为出发点，在全球话语体系中建立自己对人类文明独特的理解，并且发出自己的声音，用文艺打造自己的形象群。

整个人类所追求的理想生存境界，其实是被同一个太阳照耀着。只是各个民族、各个地域追寻的道路不同，常常在不同的云层下孜孜前行而已。我们常常容易忘记或者忽视，这不同的云层透射的其实都是同一个太阳的光辉。有时，当我们自信到自负，会产生一种错觉：好像唯有自己的文化云层最为美丽，把"愈是民族的，愈是世界的"这句名言推向极端，以"民族的"替代"世界的"，而排斥包容、开放、交融，将自己闭塞起来。这也许可以称为文化上的狭隘民族主义倾向。有时，当我们失去自信而惶惑，又会产生另一种错觉：自己的文化云层全是晦暗，只有逃离到别人的云层下，或者完全比照别人比如西方的要求来重构自己的、东方的云层，才会有出路。这就是被称为文化上的东方主义的那种倾向。

这两种倾向都不足取。我们坚信的是，民族文化中的精华必然是世界的，并且正在不断成为世界文明宝库中的瑰宝。同时,世界文化中的精华又应该尽快、尽早转化成民族的营养,融汇到我们的民族文化宝库中来。

四

说到表现一种精神,我们立即想到的可能是人文精神、文化价值、社会生活和承载这些东西的人物、故事。其实,云南精神远不止是社会精神,云南故事也远不止是社会故事。由于中国人,尤其是生活在高原和大山中的云南人,自古以来就具有特殊的"天人合一"的自然观,云南故事同时是"天人故事",是今天所谓的"绿色故事""生态故事",是中国古典自然观与现代生态观结合的故事和人物。

在英语中,生态学 ecology 的字头 eco,它的希腊文原意为居所、家园。这与中国人对生态(自然、天)的理解和感受有惊人的一致。中国人心中的天,主要指自然之天,也指宗教之天、义理之天,指那些人类不可违拗、只可顺应的力量。自然之天,是人类此岸的生存家园;宗教之天,是人类彼岸的理想家园;义理之天,则是人类理性的精神家园。故而可以说,中国人、云南人对天,对生态家园这一类命题的理解,远较别的民族更为博大精深。

在云南人心目中,天与人一样,是有生命的,有些民族在春节或其他节日中,既给人送礼品、食品,也给牛、树送食品。这种中国式的文化,将天、地、生(动植物),作为人的对应物、价值物、象征物,作为人的朋友,融汇成了一个全维的生命系统。人与自然相互对应、相互具有价值,也相互寄寓象征。陶渊明的一声"归去来兮,田园将芜胡不归"的仰天长啸,不是声震古今,让我们这些现代人心旌摇动吗?陶令感喟的何止是古人,也包括后人,何止是土地上的田园,也包括心灵中的田园,是不是都快要荒芜了啊。

云南形象是绿色的,希望云南文艺重视寻找绿色的故事,拓展绿色故事中包含的中国生存方式和中国心态,探索文学艺术的、绿色的表述方式。我们的文学艺术素来热衷于描绘成功者、进击者的形象。而构成中国人、云南人很重要的另一面，比如世代在大自然中自如自洽生存的人，在节制、退却和忍让中求胜的人，在无为而无不为中自得其乐的人，还有反向正悟、静观玄览式的人，乃至淡泊者甚至失败者的形象，则较为少见。

从艺术上看，对自然风景的描绘和展示，以环境作为焦点来表现人、表现城乡生活，或者将人与境作为一个完整的生命系统来表现，都值得提倡。这既能显示作家、艺术家的绿色生存姿态和审美姿态，又能在作品所反映的密集的社会生活中，劈出一道道自然风光的空间，在密不透风的现代社会、都市生活和斑斓的当代艺术中，营造那种疏可走马的艺术境界、心灵境界和生命境界。像柳宗元的山水散文，陶渊明和王维的诗，沈从文的小说以及泰戈尔、叶赛宁、艾特玛托夫那样，我们当代文艺中的云南精神，又会增添多少真趣和绿意。

2012 年 10 月 26 日，昆明—西安

与易中天解码司马迁

易中天，厦门大学教授，文化学者，以在央视《百家讲坛》讲三国和春秋列国而在全国产生轰动性效应。

这是我与他做的一期电视人文谈话节目，节录了我的部分论述。

主持人李蕾：5月28日，陕西电视台举办了一个大型的文化活动"风追司马"，面向全球华人同步直播，历时3小时20分钟，应该说是唤起了大家心目中对于司马迁这位千古伟人的怀念和记忆，但是很多人会觉得意犹未尽。这位千古伟人在韩城留下了那么多的谜团，我们虽已层层解谜，但是在心灵和文化的深处，到底还有哪些可以开掘？司马迁又为我们这个时代带来了怎么样的启示和思考？今天的《开坛》就是希望能够延伸那个话题，和大家进行纵深的讨论。

今天来到演播室的嘉宾依然是那天在文庙担当点评的两位主嘉宾，一起来认识一下。坐在我身边的这位是厦门大学的教授易中天先生，欢迎。另一位是我们著名的文化学者肖云儒先生，欢迎。

一

主持人：我想问二位，司马迁是不是真的淡出历史了呢？是不是大家正在遗忘他呢？

肖云儒：中华民族是一个缺少悲剧感的民族，缺少深层悲剧感的民族。这是很多哲学家、美学家都感觉到的。司马迁是否淡出这是一个具体问题，在韩城就没有淡出,他深入人心,在我们人文知识分子心里他也没有淡出,但是总体上来说我觉得担忧他淡出了是有道理的。一个记不住自己历史的民族是浅薄的,但是,一个走不出自己历史的民族又是容易僵化的。这是问题的两面。每一个历史事件,每一个历史人物,当他翻过这一页的时候就将"史"升华为"美"。史与美的关系,是过去了的现实升华为一种存在下来的精神。司马迁对我们来说已经不是一个具体的故事,而是一种精神,一种人格。这个我们要永远记住,永远不能淡出。

而司马迁的精神在所有的人文精神里面,属于悲剧类型。他以一种极致的形态,就是以生与死这样一种极致极端的形态,阐发了中国人文知识分子心目中精神支柱、人格支撑性的问题,这一点我们应该记住他,应该永远记住他。所以电视剧《司马迁》的导演杨洁说"多少鲜花笑脸,不识秦砖汉瓦",如果我们把"秦砖汉瓦"作为中国人义传统的一种象征的话,它跟司马迁精神其实都纳入了一个象征体系,就是中国精神、深层中国精神的象征体系。我觉得"风追司马"这个话很好,风气、风尚也就是民间的精神追寻、仿效司马遗风,是对杨导慨叹的时下"多少鲜花笑脸,不识秦砖汉瓦"的一种回答,在历史情怀中有一种悲壮感。

从人格精神解读司马迁,方面很多,但是他最震撼我的是这么四点:一是作为历史学家,他敢于讲真话、坚持真理这样一种精神,所谓"究天人之际,通古今之变,成一家之言",他追求的是发出自己的声音。二是作为思想家或者人文知识分子,他那种历史反思精神我觉得也十分可贵。他敢于在《史记·酷吏列传》中揭露暴政,揭露官场的不良记录,也敢于指出当朝皇上汉武帝的缺陷,虽然不能不有所保留。三是作为一个士人,他积极入世、积极参与社会的精神,使自己的生命在社会中得到实现的价值追求,这样一种精神在今天的现实生活中依然有着积极的意义。四是,我觉得作为一个人,一个生命,一个有光彩的生命,最震撼我们的是他那种忍辱负重、坚忍执着、绝地反击、变弱为强,最后辉煌地实现自己的生命追求的精神。这样一种精神,这种非凡的人格力量是最震撼我们的。

我想比较两个人,一个是西方希腊的苏格拉底,一个是东方中国的司马迁。一个是为了自己的信念、为了自己的主张,义无反顾地、慷慨地选择死去;一个同样是为了自己的信念、为了自己的主张,义无反顾地选择屈辱地活下来。

苏格拉底主张人的精神比形体更具久远的价值,形体不能永存,精神却可以脱离形体而永存。再加上许多别的言论,这样就触犯了当局,给他定的言论罪,判了死刑。他的许多朋友、学生求他放弃主张以求一生,都被苏格拉底拒绝了。为了坚持自己的主张,他把辩护席——因为那个时候希腊还能够辩护——当作他的宣言台,再次向大众阐述自己的观点而毫不退让,这就必死无疑了。这个时候他的学生们组织辩护团为老师辩护,他谢绝,不要辩护,说我就是这个主张。当局说还可以用金钱来赎回你的生命,他又回绝,说我就是这个主张。学生们还想帮助他越狱,或选择流放,他不跑,也不走,就愿意为真理而死,以警醒沉睡的人们。死前他说了一句非常精彩的话,他说:你们活着,我去死,到底谁更好?只有神知道。现在几千年的历史风云已经让我们知道了结论,同代人都已灰飞烟灭,只有苏格拉底没有死去,他永存于世人心中。

司马迁是东方的知识分子,是东方文化语境下的一个智者,他在生死关头,选择了活着,选择了忍辱负重地活下来,非常艰难地活下来,为什么?他要活下来并不是怕死,并不是苟活啊,他是为了实现自己最高的人生目标,就是要完成《史记》,把真实的历史,把他内心的真话留给千秋万代。这样他能够实现绝地反击,把摧残他生命的人置于历史真实的审判台上。最后他果然取得了胜利。汉武帝虽然有权力,但司马迁有真理支撑,有历史做证。

司马迁受辱何尝内心没有撕裂性的痛苦?有的。他在《报任安书》里面写过九种受辱的情境,有颜色上的受辱也就是脸色不好、神情态度上的侮辱,有语言上的侮辱，有服饰上的侮辱，有毛发上的侮辱，肌肤上的侮辱，还有肢体上的侮辱。他说，所有侮辱的极致是什么？就是腐刑，就是宫刑。但是他忍受了。为什么忍受呢？他后面说了，如果将来他能把《史记》写出来，就把这一切侮辱都翻过来了。万死而不悔，他并不怕死，他不是怕死的人啊，他是为了通过活着来完成他的大业啊。他受辱以后内心非常痛苦，终日惶惶不安。在家里出入不安，坐着又走神，不知道干什么，走出去吧又不知道去哪。我们的学者王元化先生说，展卷初颂，就是展开文章一读到司马迁这段文字，就热血沸腾，简直是喷腾啊。每个人读到这段文字都会喷腾，会感觉到这样活着那是比死还要伟大的。这样活着，是在中国东方文化语境下的一种伟大的活着。

所以我说苏格拉底跟司马迁是在各自的文化语境下，用不同的方式使自己的生命喷薄出辉煌光彩的人。

汉武帝死了，但是司马迁还活着。历史证明，我们可以没有汉武帝，但我们不能没有司马迁。因为汉武帝只是实现了一种功业，只代表了一种功业；而司马迁呢，代表着一种精神，他成了一个不朽的文化符号。

二

主持人： 易中天先生说司马迁是汉代罢黜百家后最后一个奇士。你觉得，他这个奇士的特征是什么？

肖云儒： 奇就奇在他是一个有着非常鲜明的观点思想和学识的、不随波逐流的士。因为我们知道士虽然很自由，但是因为没有产业，只能是"毛"而不是"皮"。中国知识分子一开始就是"毛"，他必须附在一张"皮"上。只不过在春秋战国的时候皮比较多，你这张皮不要我，我到那张皮上去。朝秦暮楚，就是向各国的"皮"推销自己，所以称之为游士嘛。甚至他们还可以很牛，说你一个国君不采纳我的政治主张，我扔掉你像扔掉一只破鞋子。

但是到了汉武帝的时代只剩下了一张"皮",那就是当今圣上。大一统后只有当今圣上这一张"皮"可以依附。而在一张"皮"的时代,司马迁居然还保持着他的独立人格和自由精神,真是可谓奇士。(掌声)

司马迁之奇还奇在他的大。春秋战国以来的士,大都是策士、谋士层面的士。为完成治国平天下的任务,提供一个思想,提供一个谋略,提供一个策划,这是士的主要工作范畴吧。司马迁给自己立的志向则与众不同,是"究天人之际,通古今之变,成一家之言",这就不是一般策士、谋士的境界和水平,他是要整个贯通天人古今、历史时代的,他是要创建一家之言的,要直谏民族和历史的。如此大志之士,如丛林中伟岸的乔木,令人啧啧称奇,乃称奇士也。他远远超出同代士人之上,有如形而上层面的一束思想之光照耀着我们,所以又可称之为大丈夫。

三

主持人:这是在"风追司马"活动中表现非常精彩的三位辩手。你们自己介绍一下好吗?

刘梦:我是正方的一辩,是第一个陈述我方观点的,刘梦,西安交通大学大一的学生。我当时的观点是说我们认为大丈夫应该能屈能伸,在屈辱中自强更体现出他的大丈夫精神。但跳出当时我们辩论的环境,我觉得司马迁既有能屈能伸的精神,又有士可杀不可辱的精神。为什么这样说呢?我一直认为能屈能伸和士可杀不可辱从根本看不矛盾,并没有尖锐地对立起来。士可杀不可辱和能屈能伸,是面临不同环境做不同选择体现出的一种大丈夫精神。能屈能伸是什么?能屈能伸是当你没有面临最底线的东西,没有面临最原则的问题的时候,以屈辱换取胜利。因为我心中有更大的目标,屈辱是可以忍受的。士可杀不可辱,当真的触及一个人最原则的问题时,我是宁愿死也不愿意去违背自己的人格的。

主持人：那你认为司马迁当时这个选择正确吗？

刘梦：我认为很正确。

主持人：谢谢你。这小伙子你说说。

杨雄剑：我叫杨雄剑，西安交通大学2004级本科生。我们辩论的观点是士可杀不可辱，其实我们也深深接受大丈夫能屈能伸确实是一种应对事物的策略。我们对士和君王有一个比较，君王是"流血千里伏尸百万"这样的场面，而士之死是"流血五步，天下缟素"，马上就把君王给盖掉了。司马迁受了这样的大侮辱而写出《史记》，确实是我们应该学习的。看到别人快乐我们能体会到快乐，看到别人痛苦却很难体会到痛苦。我想问，当我们没有机会体会司马迁的痛苦和屈辱时，我们该怎么学习他的精神呢？

肖云儒：士可杀不可辱是《礼记·儒行》中的话，他说的是中国人文知识分子的一种基本节操。这种操守是我们安身立命的思想基础。所以司马迁宁愿受辱的选择，是很难的，是要有大勇毅的。中国知识分子一向很重这一点。谁受辱逃避玉碎而求瓦全，就会被外人唾骂。司马迁承受了屈辱不说，还要承受无法言说的误解，心理上的压力只有《狸猫换太子》中的公孙忤臼可比。公孙以自己儿子的死换取了太子的生，却几十年被误解为献出太子取媚奸佞的坏蛋，你说他内心的痛苦该有多深？

记得司马迁记述过五六种受辱而死的情况，并对其进行了区分。有的轻如鸿毛，有的重如泰山。哪几种他认为是轻如鸿毛的呢？有一个士晚上梦见有人唾面羞辱他，早上起来就饮辱自刎，我梦里面都不能让人侮辱。这种死，轻如鸿毛，司马迁不称赞。但有的士与侠能为社稷为事业去赴死，司马迁是称赞的。比如《荆轲传》里面送别荆轲于易水，燕太子丹有点担心刺秦的策划泄密，便叮咛举荐荆轲的田光，说这个事情可是绝密，你千万不要泄露。田光就很生气：我举荐侠士给你，你还怀疑我可能泄密？！被人怀疑这也是侮辱呀，当下便引颈自刎，以证明自己的绝对清白。当然这里面还有别的意思，一个是他受不了这种侮辱，一个是坚定荆轲赴秦刺杀的决心，使他没有后路。这种死，司马迁是称赞的。

但司马迁最称赞的是为自己的人格理想、为自己的价值坐标而不受侮辱的人，像屈原和项羽。项羽，司马迁是称赞的。他不肯过江东，这是一股气势，是一种精神。项羽不是大政治家，也不是一个善于算计得失的谋略者。英雄项羽是性情中人，他有非常浪漫主义和形而上的一面。一位豪气盖世的英雄怎么能失败着回家乡呢，实在无颜见江东父老呀！但是，这样一位可杀而不可辱的项羽却被能屈能伸能受辱的司马迁塑造为英雄，给了他最大量级的称赞。我是想说，可见司马迁也是主张把能屈能伸而又可杀不可辱的两种人格结合起来的。他最心仪的境界，是我的人格理想和精神是绝对不可辱的，但是为了实现我的人格理想和生命光彩，用我所有的智慧、所有的时空条件，包括甘愿受屈辱，在屈辱中去达到人生的大目标，最后绝地反击，反败为胜，占据人格精神和历史话语权的高地。这种境界的人，司马迁是最为赞赏的。这不就是那四个字嘛，忍辱负重，忍辱，还要负重，忍辱，为了负重。无负重之志的忍辱是小人，志存高远的忍辱是大丈夫。（掌声）

主持人：说到忍辱，我倒是想起我小时候的一次遭遇，因为作业没有做，第二天交作业的时候，别人都可以坐在座位上，我得站在教室门口。我不停掉眼泪，太屈辱了，而且立即觉得我和其他同学不一样了。我有了强烈的羞耻感。前些日子，我一个同事的小孩子，当父母问他今天老师教了什么呀？她说我不知道。你怎么不知道？我被罚站在外面的。她好像没有什么羞愧。是不是现在孩子对屈辱的耐受力更强了？现今社会提高了人对屈辱的耐受力，是好事还是坏事呢？

肖云儒：可能两面都有。一方面，我觉得现代化、平民化，特别是后现代化，使一些很庄严的东西常常被消解了。事实上中国的文化传统有一个弊病，是优点也是弊病，常常把很多不该庄严的都庄严了，该庄严的却没庄严，弄得人手足无措。到处都是神圣吗，不见得，只有高远的目标才应该是神圣的。不要把所有的事神圣化。人生路上有石子儿，一脚踢开就完了，地平线才是最重要的，才是神圣的、庄严的。所以我觉得现在的孩子皮实一点，是好的，也有其必然性。从这个角度来说，把不该神圣的东西让它复归原位，有什么不好呢。在人生的道路上不过让老师叫出来站了一回嘛，把脸一抹再往前走嘛，没有什么。

但是另外一方面，我觉得它也给我们一个信号，就是我们对于忍和辱的精神底线、目标底线、价值底线，一定要提倡再坚守，重视再重视。忍辱负重绝对不能成为两面三刀的一个退路，甚至成为战争年代的叛徒的一个防空洞。不能够这样。刚才易老师说了，忍辱负重，心中必须有重。忍辱是为了什么？为了负重。如果一个人、一个生命、一颗心灵在功名利禄面前失重了，无重可负，你那个忍辱就不是司马迁的那个忍辱，很可能就是机心巧计，那叫漫不经心，那叫没有价值坚守。（掌声）我想这个区别是很大的。

我想讲一个小例子。司马迁很有意思，他写过两个人物忍辱负重的故事。他把纪布和栾布这两个人放在一篇列传里写。那个栾布是可杀而不可辱的。他的朋友被王室满门抄斩，暴尸三日，国君有诏不但不准收尸，还不准哭，谁哭了杀谁。栾布偏偏去大庭广众抚尸大哭。国君反而被他震慑了，这个人如此胆大，敢于公然抗旨，反而不杀他了，把他留了下来。大丈夫的那种精神力量、那种重情重义的力量把国君震撼了。那个纪布呢，却是个很能忍辱负重的人。他为了完成自己立下的大志，可以长期在外流徙多年，给人当家奴，受尽屈辱，等于卧薪尝胆吧，最后他成功了。司马迁把这两人放到一起写，很清楚：一是他主张为真理去慷慨赴死，二是他也主张为真理去忍辱负重。在司马迁看来，这二者都是对的，是可以结合的。

司马迁还写过一个大家都很熟悉的《将相和》的故事，他在这个故事中写了两个人，一个不可辱，一个甘受辱。相是蔺相如，在陪赵王去渑池赴秦王之会时,秦王欺赵是小国,先要赵王鼓瑟,弹拨弦乐,并命左右记录:其年某月某日,秦王命赵王鼓瑟云云,有意要侮辱赵王。蔺相如从国家尊严出发,马上请秦王击缶。秦王不击,蔺相如说我和你只五步之遥,不击缶将以死相拼,秦王只好按他的办,这才保住了国家不受屈辱。我们是平等的,你能命令我我也能命令你,这就非常有尊严。但是他对屡建功勋的老将廉颇,对于"人民内部"的"同志之间"的矛盾,他又非常宽容忍让,感动得廉颇负荆请罪,最后将相和睦,文武协调,成就了赵国的事业。

我觉得在这些篇章里,都有司马迁的深义在焉。他告诉我们忍辱负重、有价值底线和权策智谋两个层面的内涵。

四

肖云儒:我再补充一个例子,刘伶,魏晋时期竹林七贤之一的刘伶,他崇尚与天地自然相互通达交往。他爱喝酒,是个青史留名的"著名酒徒",成天醉醺醺的。有次一个他不喜欢的达官贵人进到他房子里,他不乐意,就乍醉还醒地说,你这人怪得很呢,天地是我的房子,房子是我的裤子,你怎么钻到我的裤裆里来了?你看,他心里就有一个任何权贵不能闯进来的独立的、自由的精神空间。(掌声)

主持人:我们在这听这个话的时候心里都挺激动的,这话说得多好呀,但是往往在现实中不是这样的,很难有那么大的反抗力。我也举个例子:前段时间看到报纸登出一条消息,是说有个中学的男女学生在教室里面接吻,被教室里面装的摄像头拍下来了,校方将录像公开示众,这两个学生挨了处分,后面就引起了一起官司,关于青少年隐私权方面的。学者刘擎讲了这么一句话,他说,这就是中国人的文化心理和处事方法,他当众羞辱你,却没有什么法律来制约。

肖云儒:更重要的是,我们要注意到此事有个特定的空间,就是在传播现代知识的学校里，这是文化聚集的地方呀，竟然对于人格如此不尊重，对人格如此蔑视，特别是对自由生命的蔑视。这恰恰表明，不尊重人格，当众侮辱可能正是中国文化、中国教育的弊病造成的，是在几千年的封建社会中，在世界上最漫长深厚的封建文化中形成的一套思维方式和文化心理，这是很可怕的。中国文化传统中有很多说法和做法，常常是说起来挺轻巧，后果却非常有力度。快刀子割开肉，一下便触及灵魂，要你的命。他知道你的灵魂在哪，知道你心里最疼的那一部分在哪，他就朝那儿戳，这最可怕了。

五

主持人：所以我们在这儿说起这个话题的时候，发现对于忍的这个话题有辩证的看法。一方面忍给我们带来了一些负重的条件，它是远行的基础；另一方面，忍也给我们带来了一些负面的影响，使我们怯于反抗。这个意思呢文怀沙先生比较了两个文章写得特好的姓司马的人，司马迁和司马相如。他说"文章西汉两司马"，其实还有一个下联叫"经济南阳一卧龙"。卧龙就指诸葛亮。两司马确实是文章高手，但是不能相提并论。

肖云儒：是的，两个司马的确不能相提并论。我想接着文怀沙先生的话再说一下。这是我们老前辈，九十多岁思维还那么清晰。他说到过一种"龙门笔法"，司马迁是个史家，不是孔孟那样的思想家，因此他的难处在于不能够对中国历史和社会现象进行直接的价值评断和理论分析。他只能忠于事实，在发现和组构事实的过程中把自己的感情倾向和理性倾向编织进去。这一点我觉得可能就是文老说的龙门笔法。从这个意义上来讲，司马迁也是一个思想家，是通过龙门笔法传达自己思考的思想家。大家知道《史记》是中国以文字著作系统记载历史的奠基之作，所以司马迁实际上垄断了汉以前三千年的历史话语权。

我举个例子，比如对人才他有他的看法。史学界曾经讨论过《史记》人物评价中的非道德倾向，有一条就是指司马迁对那些能够用智慧保存自身、以达到目标的这种人是十分赞赏的，不太受习见的道德评价的影响。对张仪和苏秦这两个人，《战国策》很细致地描绘了他们想通过策士谋略致富、获得名位的心理过程和操作过程，有明显变异的倾向。但是到了《史记》，司马迁把这些过程大幅度地删减，在不违背史实的原则下压缩和淡化，却着力在一个卑小的人物身上去发现他的精神闪光点。所以我们在《史记》里面，在《张仪列传》《苏秦列传》里面感觉到的苏秦和张仪与《战国策》里的苏秦和张仪不太一样了，那是一匹千里马在等待着伯乐来启用，是天生我才必有用，不甘处于人下，全力推出自己的信心。你看司马迁笔下苏秦和张仪的那种自信、那种张扬，那种才气横溢的侃侃而谈，最后两个人都被录用赏识，在社会上实现了他们的抱负和主张。不管这些主张现在怎么评价，也不管这两个人道德上有没有缺陷，司马迁对人才是更重才能、更重社会效果的。在历史坐标和个人道德坐标上，司马迁更重前者。司马迁在人才观上的独立见解是逆当时一些观点而动的。这也就是他的"通古今之变，成一家之言"吧。（掌声）

主持人：肖老师您说司马迁用了一个"逆"字，好。的确有人把这个总结为司马迁的一个特点，就是他非常有对抗性。比如说文老把司马相如、司马迁作为两种不同文化的代表人物，一个是奴才文化，一个是奴隶文化。我听到过这样一种说法，认为司马迁对于当今的中国文化最大的贡献，就是他的批判精神，就是您说的这个"逆"。我们不一定要从具体事实上去挂钩，从一种精神走向上挂钩是可以的。这个"逆"，不是他有意对着干，他比别人更精通古今之变，当然会成一家之言，这就是逆嘛，跟众家不同，跟百家不同之言。

肖云儒：司马迁在经济观上也有自己的一家之言，今天还具有可借鉴的地方。秦时我记得是商鞅提出重本抑末，就是国家要把盐铁贸易一把抓，管死,司马迁是持保留态度的。他提出了一个"与时俯仰",跟与时俱进类似。与时俯仰体现在经济政策上,就是可变、应变,根据时代的经济发展而变化。与时俯仰、随时聚货,根据市场的需要变化,随时可以把货物囤积起来,这是朴素的市场意识。他还重新解释了重本抑末,这是一个很大的贡献。他把社会财富分为本富、末富,本富是农本,以农业来致富,这是被当时整个社会舆论认可的最根本的选择。他则创造性地认为,除农本致富外,手工业、商业也可以致富,他叫末富,别人便批评他这是舍本逐末。其实司马迁对末富又是有区别的,他从末富里面分出来一种,叫奸富,他说末富不是一种道德评价,你不能说通过手工业、商业致的富就不是财富呀,当然其中也有为商而奸的人,那叫奸富,但是也有为商不奸的人,叫末富,所以末富要提倡。他把本富、末富、奸富分开,这就为古代工商业的发展提供了一个虽然不大但是也不小的理论基石和道德说法。在儒家眼里,商人的地位一直是非常低的,但是司马迁一定程度上颠覆了这种认知,他重新给商人正了名,他的《史记·列传》也写商人,而且商人也可以入士。

六

观众:我觉得从前人的历史中,从司马迁本人的牺牲,我们应该得到一些教训。如果我们想要说实话,想要留给后代更多的财富,你要选择一个合适的方式。现实生活中会有很多让你很为难的时候,该说真话但又不合时宜,这时候你要采取委婉的方法,就是那种能屈能伸。能屈能伸要更细致地理解,就是说我定一个底线,只要不冲破这个底线便可能屈能伸。你也可以现在不顶风说,回头单独找他谈。比如说司马迁如果当时没有跟汉武帝直谏,回头也可以通过一些其他的方式巧妙进言。要达到自己的目的,同时也要做最少的牺牲。我觉得这是非常非常值得借鉴的一点。

主持人:谢谢这位观众朋友。刚才他讲的其实就是一个说真话和付出代价的关系问题。

肖云儒：易老师从人文知识分子的操守来谈说真话问题，我想从另外一个角度，就是从人文知识分子，或者一切精神信息的生产者和传播者，对社会的承当、对历史的承当这个角度来谈说真话的问题。人永远不满足于一个人说话，有传者没有受者，自言自语不行。你说话就是给人听的，希望有听众，有很多人在接受。所以一个人说了假话，有愧于自己的心，这只是一个方面。其实每一句假话，一从我们嘴里说出来——我极端一点说，就像随地吐痰一样，吐出了细菌，就会毒化社会的舆论空气。（掌声）假话流行，会整体上造成一个说假话见怪不怪的社会风气。按说这是个多大的事儿，无非说了一句假话嘛！但你看，如果大家默认了，允许了，社会有了这样一种容忍假话的氛围，假话文化、容忍假话的心理会成为一种文化膜，覆盖在民族心灵中。这时候，给整个社会造成的风险值，远比葬送两个知识分子要人无数倍。一个社会如果与假话建立某种意义不明的默契，那是很可怕很可怕的。人文知识分子是社会的精神支柱，我们要有这种担当，为了自己，更为了民族和民众，我们不能说假话。这是精神文明的核心价值。

观众（辩论队王扬）：我承认说真话的确需要付出很大代价。在我参与到"风追司马"活动中来的时候，我宿舍有人说司马迁这个人有点不合时宜。为啥呢？他写《史记》下延到了一个错误的时间。他怎么能写到汉武帝那个时代呢？你应该只记前人的历史，记同时代历史，还坚持说真话，当然会触动当权者的利益，你受屈辱是必然的。当今社会也有很多不平，我们有没有勇气面对并且说出来呢？我觉得首先要做好一个人，其次再去维护正义。所以我赞成前面同学说的，要采用一定的策略，没有策略是不行的。

肖云儒：我觉得这个事情不能分成阶段，不可能首先要活着，要做好人，然后才去说真话、假话。人总是在一定的价值选择中活着。活着和怎样活着是处处同步、二位一体，不分先后的。我还是同意这种观点，就是说假话比说真话担的风险更大。比如李蕾刚刚那个例子，没考好扯了个小谎，当时免了一场打，免了一时的风险，但是要知道你扯了一次谎没被发现，就可能有第二次、第三次扯谎，说假话可能成为你的坏品格，说假话的贻害大不大？可能误你一辈子。这才是大风险。说了真话无非是屁股受一点罪，说了假话却是心灵受罪啊。（掌声）

七

观众：我觉得从继承司马迁来讲，更多的可能是我们继承的是《史记》中的那种氛围。一种什么样的氛围？说真话的氛围。刚才我突然想到一个问题，为什么每年会有那么多人去祭拜黄帝陵，但很少有人去祭拜司马迁？我去祭拜黄帝陵，会很自豪。为什么？我可以对老祖宗说："你看我们后代把今天的中国建设成了一个怎么样的繁荣的社会。"我们有成绩向老祖宗交代。但是祭拜司马迁，我们怎么说？为他感到骄傲还是感到悲哀？如果我们这个社会已经是一个说真话的人都能得到保护、得到赞扬的社会，那我想我很自豪。可是事实呢？直到如今有些时候说真话还是要被惩罚的。所以我们有心去祭拜他，恐怕也没有那份脸。无颜去见我们的老先生嘛！他为说真话忍辱负重，献出了自己最珍贵的东西，我们今天又做得怎么样呢？我觉得这是一个非常值得思考的问题。司马迁对我们更深的启示，就在于我们怎么样避免司马迁的悲剧再发生。这是我们当代社会非常非常重要的问题，也是一个值得我们所有人探讨和思考的问题。（掌声）

主持人：非常感谢你！这位朋友讲得特别好，他是把司马迁放到了一个大时代背景下面去说。那么在我们这个时代，究竟把司马迁放到一个什么样的地位，才是真正的有颜面呢？

肖云儒：我接着那位同学说一下，就是继承司马迁什么。刚才他说得挺好。第一，就是继承司马迁的人格精神和骨气，说真话的骨气，特别是知识分子。知识分子的全部担当就是给社会提供最真实的东西。第二，所有的人，不只是知识分子，全社会的人都来共同营造说真话的空气，使我们这个国家、我们这个民族有一种很民主的、坦诚的政治气氛、文化气氛和社会风气，有一种好的精神生态。我觉得我们重新翻检司马迁，重新追思司马迁，实际上我们应该是有愧疚的，我们这个民族也应该是有愧疚的，当然也有敬畏，更有自豪。（掌声）

2005 年 6 月

与于丹、孔庆东谈《红颜为谁》

于丹，北京师范大学教授，在央视《百家讲坛》以深刻的思考和精彩的表述，产生了广泛的社会影响。

孔庆东，北京大学教授，常以新颖过人的见解产生广泛的社会影响。

这是我与他们做的一次电视人文话题节目，节录了我的部分论述。

主持人李蕾： 观众朋友大家好。我们今天的现场是在咸阳兴平的马嵬坡。把现场设到这个地方，是因为我们觉得这里有一个古代的悲剧特别吸引人。这个悲剧关系到一个绝色红颜，关系到一个伟大的帝王，还有一段凄美的爱情和一个辉煌的王朝。今天我们的现场有幸请来了三位嘉宾，他们是北京大学中文系教授孔庆东，北京师范大学艺术与传媒学院副教授、影视传媒系主任于丹，陕西省文联副主席、文化学者肖云儒。

［大屏幕：天宝十五年（756）六月，洛阳沦陷，潼关失守。盛唐天子唐玄宗与重臣狼狈逃跑，爱妃杨玉环死于马嵬坡，自后文人与史家记述中的杨贵妃最后归宿成了千古之谜。有佛堂之死说，《旧唐书·杨贵妃传》记载："禁军将领陈玄礼等杀了杨国忠父子之后，以后患仍存为由强烈要求赐杨玉环一死，杨贵妃遂缢死于佛室。"还有死于乱军说、贬为庶人说。如俞平伯先生考证后认为，杨贵妃并非死于马嵬坡，当时军中正乱，杨贵妃不知去向，只有地上撒落的金银留下了"马嵬坡下泥土中，不见玉颜空死处"。东渡日本传说，"禁军将领陈玄礼为贵妃美色所吸引不忍杀之，遂与高力士谋以杨贵妃的贴身侍女李代桃僵，贵妃则在今天的上海附近扬帆出海辗转来到日本

久谷町久安度晚年"。为什么文学版本、民间传说与史家记述相差至此？如此差距的背后，有着什么样隐蔽的秩序？］

一

肖云儒：杨玉环与李隆基的爱情应该说在一定程度上挑战了社会伦理的底线，在这方面杨玉环成功了，所以有人说杨玉环是一个做女人做得特别成功的人，特别有女人味。她用爱情战胜了伦理道德。

进一步去想，这实际上是一个性情中人解构了权力中人的故事，杨玉环用爱情解构了李隆基的皇权。爱情使他俩的主奴关系变成了爱情关系、君臣关系变成了爱情关系，这是很重要的一点。因为中国文学所反映的中国的男性形象系列里，常常是分裂的人格。一个形象系列是君子系列。中国文学里面的君子都是温良恭俭的，就是通过内忍、内省达到内圣，外王而内圣。所以他们都必须对自己的内心进行阉割之后才能成为君子。另一个形象系列是公子、才子系列，他们狂放旷达，放任性情、才情，远离社会的游戏规则。君子和才子，是不能统一于一人身上的。西方的男性不是这样，像浮士德对自己的不断超越、哈姆雷特的复仇、克利斯朵夫的追求，他们都既是英雄君子，又是性情中人。他们可能很狂躁很激情，也可能同时很理性很形上，二者是合一的。中国文人不是这样，比如司马相如私奔、张生爬墙、贾宝玉哭林黛玉，是中国公子、才子型的，这是男人宣泄自己性情的一部分，但与建功立业的男人、正人君子的男人这两种现象很难合一。从文化的角度来说，李杨爱情最有价值的一部分就是较早地把中国男性性格的两重分裂合到了一起。李隆基既是君王又是性情中人，这是对我们启发最大的，表明在几千年以前，中国的社会就在呼唤人性。

我觉得在中国传统价值的评价里面，应该说对于帝王一直有一个期待模式，就是在民众心中，成功的帝王身边美人的地位应该是微乎其微的。一旦皇帝与美人有了瓜葛，这个美人青史留名，这个皇帝在历史上的评价便不会太好。应该说唐明皇是匡正这种模式的一个典型。那么，我们再往前面想，六朝的时候所谓"门外韩擒虎，楼头张丽华"，宠妃张丽华的主子陈后主，是一个误国的昏君。他后面，李煜，与大小周后有缠绵爱情的李后主，也是一个误国之君。这样一直推算下来，君王贤主的身边一般来讲都不会有这样的佳人故事。这就是一种文化期待里面的人格分裂。也就是说当他成功的时候，拥有江山的时候，注定美人在里面就不能作为一个符号了，而这个美人的符号一放大，那肯定是以误国为前提的。从历史来讲我们说它提供的是事实，但文化会以它的感情价值演绎出自己的评价系统。应该说今天的杨贵妃和唐明皇的故事是一个在多重文化系统里面被不断地放大，被不断附加了价值以后流传下来的样子。

杨贵妃与李隆基的爱情还有这么一种意义，民间版本对正史版本起了一种消解作用，从而使民间的意愿和观点在他们自己希望看到的故事里得到张扬。实际上，在我们中国文化的语境下面，对于美丽的女性特别是对于过分美丽的女性是戒备的。在中国凡是大老婆都强调她的道德，小老婆则强调她的美丽，后者必然在道德上站不住。但西方不一样，在西方的作品里，女性的道德和色相，是内外统一的。所以在我们的正史里面，按照传统的中国伦理观念对于杨贵妃进行了非议，因为她漂亮所以将唐明皇的失败归咎于她，但是历代的老百姓和作家已经在感情里为她翻了案。

李杨爱情的发生阶段绝对不是爱情，是皇帝对妃子的宠幸。但是在进展的过程当中，它达到了那个皇权时代允许皇帝的最大限度的一种恩爱。一方面是恩赐给她的爱，一方面有感恩的心。为什么"掩面救不得"？第一，中国的嫡长世袭制使李隆基无法放弃皇位；第二，皇帝杀人难道需要掩面吗？皇帝诏令斩谁从来是不眨眼的。而这个皇帝能对一个妃子动感情，说明已经到了皇权赋予的最大范围。这当然是猜测，一种文化的猜测。总之这种感情的、文学的衍生，反映了我们民族心灵深处对人性、对爱情的一种呼唤。

主持人：温莎他可以爱江山也可以爱美人，但是李隆基不能，我不太理解他为什么不能。

肖云儒：温莎公爵不只是一个公子型的人物，他是君子和公子合一的人。他有君子的社稷道义，又有公子的感情责任，他两者都有兼顾，这是中国皇权文化所不允许的，也是皇权文化熏陶下的社会心理难以接受的。江山与美人，西方君王在感情上可以得兼，东方君主可以用权力占有，却很难在感情上鱼与熊掌得兼。在东方，二者永远是一个悖论，所以他无法不这样做。也就是说，李杨爱情再美丽，再缠绵，也只是在君王体制允许的范围内。超出这个范围，政治就要干预，皇权利益就要干预，就必然出现一个被缢而死、一个掩面而哭的悲剧结局。

二

肖云儒：孔庆东先生说李杨爱情到了后期不纯洁了，杨贵妃利用爱情使全家都当官了。皇帝更需要普通人的爱情，所以他就用最大的权力让杨玉环家里人当官来换取爱情，人性的弱点在这里暴露无遗。对此我谈一点看法。

我们从古至今习惯于以道德制约作为社会管理的核心枢纽，而我们不信任制度。中国发展到今天方兴未艾，但最重要的是我们开始建立法律制度，建立一个制度制约下的社会，而不仅仅是道德评价。我们总是希望每一个人都以君子自律，而忽视制度监督。所以说腐败不是从杨玉环时才出现的。我们去看《史记》《汉书》，外戚本来是一个阶层，只要有一人入宫受宠，皇亲国戚这一个大阶层就会鸡犬升天，这是贯穿了整个封建制度的。这不能怪杨玉环，全算到她的账上。所以靠道德诫勉维系的社会，得出来的也只是道德谴责。

我们坐在这个地方，背后就是太真阁，太真阁里有四座塑像，是我们古代的"四大美人",就是"沉鱼落雁,羞花闭月"的这四个人。其中可能除了西施以外,其他三个美女都跟我们长安有着很深的渊源。

王昭君、文成公主等这几个人的美和杨贵妃的美内涵是不大一样的,这几个人更多的是美与善的结合。实际上是从善的角度、奉献的角度、道德的角度、文化使者的角度、民族使者的角度来肯定她们,已经离纯粹的容貌之美有距离了。她们之所以成为美人,表明在中国文化中,对美的评价,对女性美的评价,与道德、与社会责任密不可分。而那个社会长期是由男性管理的,因而她们成为美人,也便很大程度是男性坐标、男性社会坐标上的美人。所以我们常将美与善联用,美善,美有更多的道德、文化、心灵的内涵。

主持人: 有网友说,他发现美貌是很容易被扭曲的,他举了典型的几个例子,比如武则天、孝庄皇后、慈禧。这些人在做小姑娘的时候也是貌美如花、天真烂漫,后来进入权力体系,按说她们能主宰自己的命运成了统治者了,不用再附庸在别人身上,结果这个时候她们一个个变得特别残忍,比如她们制造了很多的酷狱。是不是政治会扭曲美丽呢?

肖云儒: 你要知道她们能够名垂青史,是因为她们是在一个完全没有女性地位的男性权力架构中,利用了这种女性的手段以一种非正常的手段达到今天的地位。这一切只能指责是一个社会化的男权体系把她们逼到了这个位置她们才可能这样,这与她们自身的善与美其实无关。我们不能因此而指责她们。

我们现存的对武则天的各种史料记载是被男性史官妖魔化了的,她是不是那么残忍?是不是被男权文化恶意夸大了?这是一。第二,武则天是两个层面的叛逆者,对李唐王朝而言她是个叛逆者,这是一层,第二层是她对整个宗法制度的叛逆。所以她引发了不只李唐王朝还有历代中国男性、男权社会的极大不满,这样一种反宗法制的文化后坐力,把武则天推向另一个极致。把她推向极致以后,男权社会又将其妖魔化,这样再向更极致处推,这样两头振荡着。最后，应该说武则天是成功的。但是武则天并没有走出中国封建文化这个大荫盖，因为她遇到了继承者的问题，没有办法了。嫡长继承制度使她面临两难，她按宗法继承制，应将皇位传给中宗，但中宗姓李，这就等于大周灭亡了。她不按宗法继承制，将皇位传给娘家武姓人，不合礼制，天下会大乱，天下人都会反对她。她只好下诏，免自己的皇帝称号，入葬乾陵，到李唐王朝去当皇后。灭大周的不是武力，是中国文化，是宗法制文化。所以，在中国封建文化的整个荫盖下，她是一个深刻的悲剧。

对武则天的评价只能永远是块无字碑。特别有意思的是，西方的海伦在国家战争结束了之后没有人惩罚她，海伦回到了她原先丈夫的怀抱。我发现这个和我们中国说的红颜祸水是不同的。

海伦的回来，让我想起了娜拉出走，当妇女是一个玩物的时候，是一个工具的时候，是一个异化生命的时候，她不管是回来了还是出走了，都不具有独立的人格，都是社会的依附物。海伦回来以后，几千年后很可能像娜拉那样出走。当然，她出走也难自立，又可能再回来。这是男权时代妇女理想与现实矛盾的命运循环。

三

主持人：我发现从古至今，美女的命运似乎一直都是那么复杂，而且一直都是不可测的。我们现代有个比较典型的人戴安娜，她美貌、善良、聪明而且受很多人的爱戴，应该说一个女孩子想要有的东西她都有了，而且她又嫁了那么好的一个丈夫，嫁入豪门了。但是美联社有一个报道的题目叫《戴安娜一生难得快乐》，这是在戴安娜三十六岁出车祸死的时候报纸上发表的。那么红颜是不是获得快乐的机会就少呢？

肖云儒：我觉得，说她快乐的和说她不快乐的都是一种媒体的解读。因为她每天被狗仔队追逐着，她的一举一动都是不自由的。恰恰是她的红颜给她带来了快乐，又限制她的快乐。还有一个很深层的原因，不快乐的最后原因还是经济、功利散发的铜臭味，这就是传媒本身的第二次售卖。他们通过出售戴安娜这个新闻资源来凝聚广告、凝聚财富，这样把戴安娜逼到被追逐、被观看的地位。所以我觉得她不快乐最主要的还是她想当一个真人，但是实际上她被异化了，被传媒异化，被公众异化了。

主持人：我们过去都知道吃饭是要自己赚钱的，爱情也是可以自己争取的。到今天我们又发现容貌也可以不是爹妈给的，后天努力也可以获得。比如人造美女郝璐璐。

肖云儒：人造美女我觉得从她个人的人生选择来说没什么可非议的，我愿意那样，这叫资源增值。但是这个人造的美的标准是从被观看的角度来看的，这是女性对自己人格的一种轻视。因为人造美女有一个基本点价值坐标，是男性眼中的美，她把自己作为被注视的对象。精神分析学家经常这样说，一个看人的人是处在生活的主动地位，而被看的人处在被动地位。俄狄浦斯说过一句话，他恐惧失明像恐惧阉割一样，因为他看不到生活和异性，他跟异性不能意会、意占和意淫，他就跟阉割了一样。所以看，这是男性的权利，而女性如果把自己人造，把自己放在一个被动的被男性观看的地位上，我觉得是对自己人格的一种漠视。

主持人：肖云儒先生刚才的意思，让我理解您是赞成她去改变自己的容貌。如果您的儿子到了谈婚论嫁的时候他领回来一个人造美女，您会不会觉得娶她吃亏了？

肖云儒：这是两个问题，我接纳不接纳她的问题那是我的价值坐标，人家要不要做这个手术那是她的生存权利。她作为一个独立人格，选择什么样的人生、选择什么样的容貌美，这完全是她的权利，我觉得不应该去干涉。但是这里面要防止完全商业化的美女经济，完全为了一种纯利益而操作人造美女产业的东西。

主持人：我给你说郝璐璐的下半个故事，就是有人问她："你将来结了婚生出来的孩子，既不像你现在这个样子也不像他的父亲，而像你原来那个样子怎么办。"郝璐璐说再整整容。

肖云儒：她儿女愿意整就整整，跟母亲没关系，这是她儿女的权利。其实这个事件我不认为它是一个与美关系很大的事件，而是一个与商业炒作和媒介宣传关系很大的事件。因为这里有几个前提：第一，郝璐璐的出资，不是她个人，是有赞助的。第二，郝璐璐的整容不是私密行为而是从一开始就在社会曝光之下，是一种公共报道。当我们在失去这两个前提时来讨论的话，这个意义将是不完整的。所以美与不美，只能说放在第三个层面上了。前两个层面，第一它是商业的，第二它是媒介的。所以在一个商业经济发达的社会下，以媒介炒作和宣传来制造一个事件，在这个事件里面，美只不过是个由头，更多的应该看到，就是刚才一直说的，是男权社会的需要。在我们文明转型的时候，有多少泡沫元素，有多少人为的炒作？所以我觉得这是一个更复杂的社会问题。

主持人：感谢收看本期节目。

2005 年 7 月，马嵬坡

与文怀沙、魏明伦谈雅集文化

文怀沙,国学大师,楚辞专家,近年以九十八岁高龄主编国家重点出版工程《四部文明》,享誉海内外。

魏明伦,剧作家,文化学者,以《潘金莲》《巴山秀才》《夕照祁山》等剧作享誉梨园。

这是我和他们做的一期电视人文节目《长安雅集·雨林谈艺》,节录了我的主要论述。

主持人闫莉:古有兰亭笔会,今有长安雅集。大家好,您即将看到的是由陕西省文史研究馆和西安电视台联合主办的大型系列文化活动"长安雅集"。我现在所在的是《雨林谈艺》的现场,先向各位朋友介绍一下参加论坛的嘉宾。他们是著名学者文怀沙先生、魏明伦先生、肖云儒先生。

一

主持人:西安是十三朝古都,名胜古迹非常多,"长安雅集"活动为什么会放到我们曲江来进行呢?

肖云儒:其实曲江这个地方在秦代就有,叫怡乐园。后来到了汉代,改叫乐游园。到了隋代,隋代的皇帝认为曲江这两个字不好,不吉利,所以改成芙蓉园。现在我们的曲江风景区内还有芙蓉园。最后到了唐代又把它改回来,改成曲江。曲江最盛的时候是开元以后。唐玄宗的时候,也可以说是重视知识分子吧,每年科举考进士,中了进士以上的人要聚到曲江这个会上来,觥筹交错，诗文酬对。结束以后呢，或骑马或坐轿，到大雁塔慈恩寺去题名，也就是雁塔题名。这是文士的光荣，国家的肯定。

应该说在那个时候反映了开元盛世对于文人和知识分子的一种重视和器重吧。这样就成了一种传统留下来。古往今来我们知识分子、历代文人如果能够有雁塔题名这样的荣誉那是很不得了的。这次，我们十八个省市的文史馆员将来要雁塔题名，文老和魏老都是我们的骈文大师，你们将来可以给我们的活动写一点诗词歌赋什么的吧？

我觉得所有古往今来的雅集中，竹林七贤是一个最有文化内涵、生命内涵的雅集。实际上刚刚文老讲了大的历史背景，竹林七贤是对汉代的文治武功、建功立业的一种逆反。因为大汉帝国成立之后，大拓疆土，建功立业，却忽视了人本体的存在。人的生命被忽视了，社会搞得很大，搞了很多工程，打了很多仗，建筑了很多陵阙，但是忽视了人性的要求和社会的休养生息，所以，现在来说，竹林七贤实际上就是酷一派。他们是用特立独行，用乖张，用狷介，用狂放，用这样一些东西来表明他们对忽视人的生命的这样一种文治武功的不赞同。所以，竹林七贤，除了具体的文本，像阮籍的《咏怀八十二首》等典籍文本以外，实际上还有行为艺术，他们的行为艺术就是扪虱而谈，清谈，玄谈。

另外就是饮酒。刘伶就是以爱酒闻名的。他一边喝酒，后面有人拿着镐头、锄头跟着，什么时候喝死了，什么时候就埋。他说，天地是我的房间，我的房间是我的裤子。有人来了，他拒绝那个客人，"你怎么跑到我的裤子里面来了"。他这样一种佯狂之言，就是把自己的个体生命、个性放到了社会功业之上。我觉得这是人的一种觉醒。有了人的觉醒，才有后面唐代的文的觉醒。那么竹林七贤的文化意义就是：以五彩缤纷的人格光芒一定程度上遮蔽了汉代五彩缤纷的社会，用魏晋对生命本体静的玄思，代替了汉代的社会的动的行为。这是中国历史的一个进步。所以像竹林七贤这样一个无官、无权、名气也不大，而且行为又乖张，很多人不理解的群体，最后，在汉画像石里面专门为他们留下了画像，辟了一个馆。民间认可呀，为什么呢？主要是他们反映了封建社会的初期，重视建功立业的同时，对于人本体的忽略。他们是一种生命的张扬，为唐代李白的出现奠定了基础。他们是悲剧性的逆反，而李白是喜剧性的成功。

二

主持人：刚才肖先生谈到竹林七贤时提到了李白，我们经常说李白斗酒诗百篇，那能不能再聊聊文人与美酒、香草的关系呢？

文怀沙：诗人美酒、香草美人这是中国文化的传统。屈原，大家说是爱国诗人、民族诗人等，我则强调一个东西：他是第一个个性诗人。中国文学史最有代表性的个性诗人。他喜欢什么呢？他特别热爱生命。生命用什么来标志呢？植物里就是香草，人里头就是美人。美人、香草，他把美人、香草作为真理，作为他所追求的真理，作为一切美好事物的象征。所以整个《离骚》，到处都是一派芬芳。而且，他拿女性当中心，把自己的命运也和女性的悲惨命运相结合。

主持人：这是美酒、香草之后，还应该加一个佳人。

文怀沙：美人和佳人是不一样的，有些区别。我个人的一家之言，美人，我喜欢身体好的。

肖云儒：美人是从容貌和生命意义来讲的，佳人则带有很多的文化、才能和道德要求。

文怀沙：美人喜欢英雄，力拔山兮气盖世。佳人喜欢头脑好的，才子佳人嘛，与才智有关。

肖云儒：我看美人也好，佳人也好，大概都会喜欢文老师这样风流倜傥的大家。（笑声）酒呀，它装在瓶子里是水，喝到肚子里就成了火，燃烧起来了！它是一种激发因素，燃烧你的生命；它又是一种消解因素，当你苦闷的时候，它告诉你，出世一点吧。文人和酒啊，在我们中国，不光古代，在现当代文学中也有很多故事。比如我们人人熟知的联句"横眉冷对千夫指，俯首甘为孺子牛"，就是鲁迅在郁达夫的酒席上随手写出来的。而郁达夫就是一个高阳酒徒，他曾经给自己说过十个字：大醉三千日，微醺又十年。十年还是三千日呀，整整醉了二十年！酒是中国文化中张扬生命的一个激发因素。同时，酒又是超脱人生的一种消解因素。酒在中国文化中起着很重要的作用，既是平衡仪，又是推进器。

有人对诗与酒的关系做过统计。在我们的印象中，都以为是李白的诗写酒最多，其实李白的诗里边涉及酒的是百分之十七，这是有人统计的，而杜甫的诗里面涉及酒的是百分之二十。酒到阶级社会以后，实际上成为一种借酒消愁、浇心中之块垒的东西，从深层次看，也是对社会不公正的一种呼号。朱门酒肉臭，这是大家都知道的。还有一个杨维桢，元末明初的，他曾经给张士诚写过呼吁社会不公平的一首诗。诗云："江南处处烽烟起，海上年年御酒来，如此风烟如此酒，老夫怀抱几时开？"喝这样的酒，他是不开心的。这都是在为老百姓呼号。

在古代，各种文人雅集跟酒又是连着的，雅集上产生了一代又一代的酒仙、酒圣，同时也产生了一代又一代的诗仙、诗圣。

三

主持人：观众朋友们，我们刚从秋池吟唱的诗词吟诵和腾龙泼墨的书画现场回来，文老在那里吟唱了屈原的《楚辞》，肖先生挥毫写了书法作品，几位先生可能都感受到，雅集文化确实能激发文人的创作热情和灵感。

肖先生您说过这样一句话："中华文化是一棵根深叶茂的大树，到北京看到的是这棵大树的树冠，到西安看到的则是它的树根。"我想这里更多的说的就是长安文化了。我们也不妨来聊一聊和长安相关的文化问题。建都于西安的汉唐时期,中华文化达到鼎盛。肖先生,汉唐时期的文化和我们当今的长安文化之间有什么渊源关系?

肖云儒: 长安文化主要是历代庙堂文化的流传。周秦时代,周礼的出现使得中国由奴隶制到封建制有了最早的一种礼乐化、仪式化的形态,使得"人治"戴上了"理教"的外衣。然后有秦制,秦代制度的建立。还有东边的鲁,鲁享受的待遇和秦是一样的。所以秦代的周礼和秦制在山东传播得很快。秦的郡县制和统一全国的各种社会管理、文化精神的标准化措施,基本上奠定了中国封建社会的各种制度,一直到今天。所谓书同文呀、车同轨呀、行同伦这样一些东西。

然后是汉唐时代。汉代,汉儒。朝廷采纳了董仲舒罢黜百家、独尊儒术的建议,使得儒成为中国文化的核心价值观,中国文化从此有了它的主心骨。经历隋到唐,唐的开放兼容,长城里边的长安开始时胡风日盛,胡玄舞、龟兹乐,胡女当垆,李白诗里都写过。这里是一片开放明丽的气氛。在我们乾陵有六十一个国家使臣的石雕,朝拜唐高宗、武则天的墓冢。

我觉得周、秦、汉、唐文化,从周礼、秦制、汉儒到唐兼容开放,基本上从庙堂这个角度奠定了中国文化的格局。这使得中国文化和其他的古文化比,凝聚力更强,能够几千年不散失。其中很重要的原因就是,汉唐有兼容开放的气度和自我更新的机制。我们不能笼统地说,封建文化留给我们民族的是什么,封建文化要分段落,在周、秦、汉、唐,我们历史的青春期,或者中年期以前,它留给这块土地的,我觉得在社会实践层面是有为主义,在精神境界层面便是开放兼容精神。

但是长安古文化有一个很大的缺陷,这个缺陷是,在庙堂文化之外,山林文化即文人文化还有一些,但是坊间文化、民间文化在这块土地上保存下来的,特别是进入典籍的比较少。另外呢,文老前面说到的,一旦一种文化进入它最具有生命力的那个时期，覆盖了社会各个方面，并且形成了规则的时候，它就会走向反面，构成对后来者的约束。所以，周、秦、汉、唐在某种意义上又成为长安文化的一个包袱。你比如说拿李白跟杜甫比，我前面说竹林七贤以悲剧的形态，以自虐的方式，走出了汉代无视生命建功立业的境界，而怀素和张旭的草书，以狂放恣肆的线条和韵律，表达了自己对生命的乐观、少年不知愁滋味呀。美学家李泽厚曾经说，李白倾诉他自己当不了官的苦闷，这诉苦中也带着青春的生命气息，苦闷深处有一种生命的蓬勃。李白是不可学的，为什么不可学？因为李白所有的诗是从生命深处出来的，我们没有李白那种体验是写不出来的。但是到了杜子美，到了杜诗，到了颜字，颜鲁公的字，到了韩文、文起八代之衰的韩愈的文章，或者是到了吴道子的画，都对后代形成了规范，成为后人模仿、效法的艺术法度。

晋重韵、唐尚法，成了法以后，又变成约束了。杜甫是人人都在学，而李白是很难学的。因为杜甫写诗的规律性东西可以学到手，而活跃在李白诗中的个体生命是不可重复的。我觉得对长安文化应该这样两方面看。

四

肖云儒： 关于巴蜀文化，三年前我曾与赵季平、魏明伦先生谈过一次，题目好像叫作《长安文化与巴蜀文化比较谈》。今天我则想从魏明伦先生的名作《巴山秀才》入手来谈。我参加中国戏剧节专家评论组，评论明伦的《巴山秀才》，说的就是《巴山秀才》实际上是对长安文化的一种反叛。巴山秀才是什么呢？是把中国知识分子本来作为统治者的后备军，改变成了反抗统治者的后备军。中国历史上，通过科举让知识分子当官，不断补充统治阶层的人才队伍，所以在科举制框架下的古代知识分子基本是统治者的后备军。但《巴山秀才》写的是山野的而不是庙堂的知识分子，写的是底层的而不是上层的知识分子，他们常常走不通科举这条路，无缘当官，便被动卷入或主动参与造反，他们没有由山野走向庙堂或走向山林，而是由山野走向绿林，成为叛逆者、社会的反抗者、统治者的反抗者。巴蜀文化代表着一批人，像牛金星、吴用啊，他们后来并没替天行道，而是替地行道，反天子、反庙堂的。他们没有走长安文化这个路子，升官发财、管理社会，当然也建功立业，而是另外一条山野之间的路子，这就是巴蜀文化。

从刚刚谈到的长安文化、三湘文化、湖湘文化与巴蜀文化的比较，我想反思一下我们的陕西在西部大开发中之所以滞后的一种很重要的历史文化心理，这就是我们继承的历史遗产主要是庙堂文化，我们继承的是秩序化的文化，而缺乏湘楚文化的狂骚之气，也没有巴蜀文化的山野之魂。后二者应该说更有生命感，这是不是今天的陕西人比较保守，不敢越雷池一步的一个内在的历史文化心理呢？我不敢确定，我看可能有点联系。

主持人：我想，这可能也是我们这次雅集、这次话题的一个出发点，让各种文化在对话中交流，在交流中兼容并蓄。

三位老师能不能为我们这次活动留下一句感言呢？嗯，肖老师。

肖云儒：我想改两句诗赠给我们这次活动，用杜甫在唐代大历二年（767）写的《登高》中的两句，原诗是"无边落木萧萧下，不尽长江滚滚来"。我改两个字，便是："无边落笔萧萧下，不尽长安滚滚来。"落笔呢就是指这次活动有书画之笔，也有思想之笔，大笔如椽；而这次长安雅集呢，是无边无尽的长安文化散落在我们今天的话题中、宣纸上，散落在屏幕和观众心里。萧萧下不是萧瑟之萧，而是萧散苍茫之萧，因为今天来的都是文史馆的老同志，都很有文化底蕴。无边落笔萧萧下，不尽长安滚滚来，道不尽的长安文化，道不尽的中华文明，道不尽的中华精英文史。

主持人：三位先生真是妙语连珠，谢谢各位！谢谢观众！

2005年8月，西安

与朱大可对几个社会热点的人文观察

朱大可，上海同济大学文化研究所教授，著名学者，文化批评家，以其对人文问题观察理解的深刻、犀利、独到而具有广泛影响。

这是我与他合作的一期电视人文话题节目《人文热点观察》，摘录了我的部分论述。

一

（大屏幕：2004年11月11日，两位离家少年躲在一架客机的起降舱玩耍，因飞机起飞时来不及离开，结果被带上万米高空。其中一个坠机身亡，另一个因死死抓住起降杆坚持到成都机场才得以幸存。然而更叫人震惊和不安的是这位名叫梁攀龙的幸存少年面对媒体和机场管理人员说了一句：我宁愿死都不愿意回家。这不仅让赶来接他的父母在惊吓之余又添伤心，还让可怜天下父母心为之变色和费解。）

主持人： 大屏幕上演绎出来的事件是一个非常偶然的事件，但是梁攀龙说了一句话让我非常震惊。他说他宁愿死都不愿意回家。

这个孩子也就是十二三岁，其中有一个细节引起我很大的关注，就是他模仿性地编了一套现在所有孩子出走的一个原因，说我家里父母离异了没有人关爱，因此我要离家出走。结果不是这回事，他父母很健全、家庭很健全，所以他妈妈伤心透了。

为什么会这样？

肖云儒： 可能这是一种模仿心理。孩子在十二三岁第二次断乳期之后，由一个依附父母的生命体逐渐转化为独立的精神个体和社会个体，这个过程中独立意识特别强，常有一种天然的离家出走的流浪愿望，但是他又缺少社会人生的经验，便常常说出荒唐话，干出荒唐事来。

离开家出走可以说两个方面的原因都有：一个是走出冷漠，比如父母离异，没有温暖；一个是走出发腻的爱，爱得过分了他也讨厌。当一个孩子天一冷，爸爸、妈妈、爷爷、奶奶在后面拿着棉袄追着他叫快穿衣服，他烦透了，他觉得爱像茧子一样把他包裹住了。所以他可能是想走出冷漠的包围，也可能是想走出爱的纠缠。

爱是亲近人的，但过度了就成了束缚。而对于一个独立的生命体来说，他已经不只需要小家的爱了，还需要更大范围、深层次的爱，而不是这些束缚性的爱。在中国，这种束缚性的爱太多，表层的爱太多。这个似乎由不得人，我也这么爱着我的孩子，每个人都这么爱着。

观众：很多人都会说我们跟家长有代沟，他们不理解我们。但是反过来想一想我们又能理解父母多少呢？我问过很多同龄人，你们父母的生日是什么时候，父母多大年纪？他们都不知道。这让我悲哀。如果现在社会上还有因为父母的爱而离家出走的孩子，我想跟他们说无论你走到哪，家才是你永远的避风港。

肖云儒：爱是什么？特别是父爱、母爱，是理解，是沟通，是理解和沟通以后启动你的生命去发展，而不是越俎代庖。有一些家长包括我在内，爱就是希望把儿女什么事情都包办了，而且他们总是用自己的意志来为儿女设想。他们认为家长有社会经验，家长为你设想的肯定是更好的，但是事实上不一定是这样的。

主持人：肖老师您被您的儿子反抗过吗？

肖云儒：我的儿子没有直接反抗，他用了一种很微妙的方式反抗我，那是很久以前了。崔健来西安演唱，他自己攒钱悄悄给我买了一张200块钱的票，说："爸这是我给您买的，您一定要跟我去看，去受教育。"受什么教育呢？他说："到了体育场你就知道了。"那个时候，他们在家里是依附者，而且单个被隔离着，孤独着，被单元房，更被父母无孔不入、无可逃逸的爱隔离着，孤独着。人家介绍他，总说这是某某的儿子，他好像还没名字，在精神上他还是无名氏，也就是说还没有完全的独立人格。在这种环境中，孩子很难有自强自立的感觉。

一到崔健演唱现场我就明白了，全是那么大的孩子，几千个二八年少的半大孩子走出了家庭依附者的身份，由"某某的儿子"变成了"我自己"和"我们一伙"，由一个人变成了一个大族群。当时，我猜他们心里肯定响着一句共同的话："哥们儿姐们儿，咱们的人多得很呐。"他们在崔健演唱会上突然发现了自己，发现了自己原来归属于这么一个人多势强的群体，他们的精神当然一下变得高大了。全场又唱又喊又蹦又跳，只有我这个老头儿端坐在那里。那一刻，在下一代的汪洋大海中，我感到了孤独。我老了，这世界是他们的了。我不能再把他当孩子了，真是受到了教育呀。（笑声，掌声）

梁攀龙在接受采访的时候，有人问了他一句话说："你掉下去怎么办？"他说："我不害怕，我不怕死。"孩子的无畏当然有无知成分，但我觉得孩子对死的无惧还有一个很深层的东西，这就是游戏人生，还有它的反面——游戏死亡！它反映了我们社会教育和家庭教育出现了问题。生命对每个人只有一次呀，要敬畏生命，要告诉每一个获得了生命的人怎么去珍爱你的生命。我们常常对生命很轻佻，很游戏化。将生命游戏化是很可悲的。

主持人：在每一个人的成长过程中都会有一个青春叛逆期，如果我们想把叛逆期的成本降到最低点，两位有什么好的建议？

肖云儒：一定要有痛感，对生命的珍爱不表现在对生命的放纵。白岩松《痛，并快乐着》，他把痛苦放在快乐前面，而且减掉一个苦字，突出痛，使痛变成逻辑重音。"痛，并快乐着"马上就成了流行语。如果他说"快乐并痛苦着",这本书起码要少卖二十万册。因为他说的是"痛,并快乐着",打中了现代人的一个心理痛点:我们都缺乏痛,我们都太快乐了。作家高晓声说我们都处在一个"幸福死亡"的时期。我们整天吃香的、喝辣的、玩美的,又旅游,然后脂肪肝、糖尿病、痛风什么的就都来了,然后饭饱生余事,财大思淫逸,然后身体和精神幸福地、甜腻腻地死去。

(片花字幕:家长包揽了孩子应该经受的所有痛苦,但他们不知道,这些痛苦正在社会上以更大的力量伏击孩子。)

二

(大屏幕:2004年11月,复旦大学教授陆德明嫖娼一案在媒体间和知识界掀起了地震,时至今日事情已经过去了很久而争论仍在蔓延。身为复旦大学经济学院院长、博士生导师的陆德明,曾经是颇有建树的经济学者,但在去年8月份却以涉嫌嫖娼被当地派出所和校方处以五千元罚款和开除党籍、撤销行政职务并取消其教授资格三年的处罚。两个月后这个消息被媒体报道出来,舆论瞬间为之哗然。这引发了一场全国范围的有关知识精英阶层道德底线问题的大清算。)

观众:我觉得他嫖娼的确是作风问题,应该受到道德的谴责。但公安局已经处理了,学校不应该再做出取消他教授身份的处理。

肖云儒:陆德明这个行为应该说触犯了道德底线,是一种堕落。因为他不是在家里,是在社会上,所以公安局要罚他的款这是应该的。我不认为这是一种隐私,因为他已经不是在私密的范围内进行的。而社会对知识分子的道德要求理应比一般人更严格,因为知识分子是建立社会道德价值的群体。所以知识分子的堕落,某种程度上说是更让人绝望、悲哀的堕落。

但是,我同意朱先生说的这个道德底线随时代的发展而变化的观点,许多道德陈规随时代的变化已经不适用了。只是要注意一点,我们不能前置性地为未来设置道德底线，因为怕它将来可能变异，所以不去遵循现在的设定，那恐怕是不行的。任何道德问题都在一定的时代和时空中起作用。所以我觉得现在还只能就这个时空来谈这个道德问题，那么将来变了是不是现在就错了，也未必，那是时代发展使然。对于整个时代认可的价值坐标，认识会有变化，但在操作层面，历史不会平反。

还有一个问题，社会的公众注意力和公众舆论不宜过多地关注私德方面的问题，对私密性道德的过分关注和对社会公德的漠视，是中国文化的一个特点，也是它的一个劣根性。比如对陈世美谴责了几千年，但是对随地吐痰这么一个公德的事情从来没有形成有力量的谴责和制约。这就表明我们这个民族关注点不对。我们的公众注意力、公众舆论对于这种公众性的道德关注力度不够，而对于私德却津津乐道，唯恐天下不知。我觉得这是我们民族心态中一种畸形的东西。

另外，我们中国的法制体系中始终没有"污点受害人"的理念，这是一个辩证的、多元的理念，是反映了人性和事物复杂性的理念。中国人常认为，你有了污点，你就是害人的人，就不可能同时是受害人，即污点受害人。而实际上情况很是复杂，你这方面有污点，其他方面可能是好人，你害了人，但最终也受害于人，这种情况不但可能而且常见。我觉得应该从"污点受害人"这样一个角度看陆德明。他有污点，但在警方和媒体的配合下，把他拉出来示众，让人们的窥私欲得到一次极大满足，从这个角度讲，陆德明也是受害者。污点受害人理念的确立，可以使我们更理性地对待陆德明事件。

（片花字幕：陆德明事件是在警方和媒体的配合下，全世界窥私欲的一次极大满足，从这个角度讲，陆德明也是受害者。）

三

（大屏幕：2004 年 12 月，联合国儿童基金会最新公布的数字表明，中国目前有约七万八千名孩子因为艾滋病失去了双亲或单亲。公共卫生专家指出中国正处在艾滋病爆发的边缘，如果现在不严肃对待，到2010年艾滋病人将上升到一千万。这是一个严峻而惊心的数字，更是中国社会正在面临的人道命题。如何使感染者走出地下状态进入治疗程序，并减少对他人的传染？为此健康人群应该怎么做？能够做什么？）

主持人：我给大家看一张照片，我们国家领导人胡锦涛正在和艾滋病人握手。2004年的艾滋病日是世界第十七个艾滋病日，在这个时间里我们发现了全社会的变化。比如说很多第一次：第一次出现了这样的照片，如此高规格的重视；第一次公布了艾滋病感染的准确数字；第一次承认了同性恋的存在，并且提醒大家在同性恋中艾滋病的发病率高于其他人。这么多第一次，尤其是刚才那个短片中，专家提醒我们艾滋病目前已经到了爆发的边缘。在这样一个危急的时刻我们能做些什么呢？每一个公民应该担当些什么呢？

肖云儒：这一次艾滋病日是我们面对艾滋病这个可怕的疾病在科学文化态度上的一次大转折。这个大的转折表明人类成熟了，由恐惧阶段、慌乱阶段进入了科学、理性地对待，综合、全面地治疗的阶段，并且把医术上的治疗上升为一种人性化治疗的科学体系。包括胡锦涛跟艾滋病人握手，包括艾滋病人有勇气站出来（哪怕他戴着眼镜、口罩），都表明我们已经能够非常成熟地面对这个疾病，再不是那种慌乱的、无序的、恐惧的状态，而是进入一个主动驾驭进击的状态。

我们还要看到，在克服艾滋病这场漫长的战争中，艾滋病患者还跟我们是肩并肩的战友和同志。艾滋病患者和医生两个群体组成了一支医学部队，防治艾滋病的前卫部队，他们是以自己的生命做代价来探索治疗艾滋病的新途径。就这一点，他们值得学习和敬仰。艾滋病患者以自己的健康和道德付出，来改变社会对艾滋病的道德观念，也提升着我们整个社会的道德水平，使我们懂得如何更成熟地面对灾难和疾患。从这个意义上来说，在道德人文和医疗技术两个层面,艾滋病患者和我们一样,是人类向更高的境界攀登中的同道同志。

(片花字幕:如果现在我们不为与艾滋病斗争付出的成本埋单,将来只会付出更大的成本。)

2005 年 10 月

与徐城北、祝勇谈北京的"大"

徐城北,学者,京剧艺术和北京文化研究专家,有大量相关著作。

祝勇,作家,撰写出版了研究北京文化的多种著作。

这是我们共同做的一期电视人文话题节目,节录了我的主要论述。

主持人李蕾:我们生活的这个地球,被越来越多的人称之为地球村。其实呢,这个村庄,是由无数个城市连接起来的。所以今天我们在这儿说起城市的话,就会引起很多人的普遍关注,因为城市承载着我们的今天,也承载着我们的未来和希望。

从本期节目开始,我们《开坛》特意策划了城市系列节目,试图在这里解读城市的秘密,也希望发现整个中国文化的秘密。

我们今天所要连接的第一站就是首都北京。现场的几位嘉宾是作家祝勇先生,老北京三部曲的作者徐城北先生,第三位是我们非常熟悉的文化学者肖云儒先生。欢迎你们!

应该说每个人在靠近北京的时候,都有一个特殊的北京印象。我觉得北京的文化是一种贵族文化。北京人比较大气,似乎不很关注细微之处,喜欢说大话,办大事。心态之大、口气之大和那种眼光之大,超乎所以。我觉得北京人特拿自己当回事,自我感觉特别良好。

学者和观众们对于北京的印象,直接透露出的一个字——大。

肖云儒老师跟我一样,都是外省人,您能不能告诉我,您第一次到北京的时候,留下了什么样的印象?

一

肖云儒： 我第一次到北京是在求学。1957年到1961年，我在那儿待了四年。那时候城墙还没拆，我参与除四害，在东直门城楼上打麻雀，后来就开始拆东四牌楼，再拆城墙。北京的大，我是这几年有很强烈的感觉。一个就是北京的出租，坐到出租车上，五十块以下是很少的。像我们在西安十来块钱是正常的。看到那计价表跳，感觉我口袋里的钱，直往司机的口袋里跑，看得我心惊肉跳。我1959年、1960年在人大，在铁狮子胡同上学，参加了朝阳区的中阿友谊公社搞社教，住在奶子房村，那时是远郊，现在全部成为闹市。

北京的确格局大方，大方无比。因为它是方城，路没有歪斜曲折，社区没有旮旯拐角，少有私密，体现了中国传统文化天圆地方的观念。大方，首先是空间大。现在比我那时增长了二十四五倍，一万六千平方千米。它的人口不及上海，但面积是上海的一倍。时间也"大"，是古都。元、明、清，中间还有个李自成，还有金，都在这里建都。还有就是它的辐射力大，它是政治中心，象征力大。北京有多少我们民族和国家的象征！天安门广场、故宫、天坛、人民大会堂、中华世纪坛，这都是我们国家和民族的象征。所以它文化精神辐射力也很强。还有就是视野大，街坊邻居、出租车司机，跟你聊的都是中南海里的事情，仿佛刚开完政治局常委会才出来。昨天晚上，中央有什么事、中南海有什么事，他今天早上就给你说了。而且藐视一切，君临一切。这也是大。

大还可以伸延出三个字：一个就是高。因为它辐射全国，所以总是带着优越感，你哪来的？西安。哦，西安那个地方还凑合，有进步了。全是那种领导口气，站在高处呀。一个是中，中心。再一个就是方，无规矩不成方圆。刚才徐先生讲过，因为方，它讲究规矩；因为方，它不能有一种曲里拐弯的心思和机巧，容易省略细节。但是我觉得北京的大，最重要的大，还是在于它的文化大气。那是更深沉的东西。文化大气最突出的一个表现就是它的交汇感。中外交汇，满汉交汇，南北东西文化交汇，只是比起西安，有点胡气太盛。胡，就是指汉以外的文化气息，太盛。格格呀，这些称谓礼仪呀，都不是正宗的汉民族的习俗。文化交汇的这个文化就有弹性，有张力。胡同文化，那是老百姓的文化；大院文化，我们的体制文化，就是各个部委、军队机关大院的体制文化。大院文化在"文革"中生发出革命文化，胡同文化在新世纪，又生发出很多前卫文化。它什么都能容纳。

二

我觉得特别能表现北京文化大气的，是北大和清华。北大的兼容并包，有人描写过：刚刚胡适之校长从他新买的外国轿车上下来，礼帽、西装、拐棍地下来了，接着长袍马褂脑后留小辫儿的辜鸿铭也来北大上课了，然后新文化运动的先驱、共产党的创始人陈独秀也来北大上课，接着是周作人坐着小黄包车、穿小马褂下来了，然后是地质学家李四光，李四光长得很像外国人，像西洋人一样，李四光从国外留学也来了。后一任的蔡元培校长特别兼容并包，左边礼遇陈独秀，新文化运动的先驱，中共创始人；右边又礼遇梳着辫子、戴着瓜皮帽的辜鸿铭，辜鸿铭虽然保皇，却很懂英语，西学根底很深厚。这样的北大，代表了北京文化的大气。在清华，则是另外一个坐标，就是科学的精神。人文主义的北大和科学精神的清华，这是京华文化的两个支柱，代表着首都的文化大局。它使得北京的文化具有两极振荡的张力和弹性。

我们谈北京大，基本上是好的。但的确对北京的大也要反思。从它的建筑思路上，北京城是中国文化心理的一个物态留存。这个城筑的方阵是中华民族文化心理的反映。求大求全，大而全，小而全，是求全圆满心理的一个物质留存，一个建筑留存。北京带了头，现在全国什么都求大：杭州把萧山几个县合成中国第一大城；重庆人口现在超过北京很多了，三千万，中国第一大市；总要争第一，大学不停地合并，越并越大，浙江大学中国第一大校，三四万人；陕西也爱大，自称文化大省、科技大省、文物大省。我曾经说，怎么这么多大省，加起来成了综合实力的小省呢？这个加法是怎么加的？所以，后来我给陕西定位为文化资源大省、文化产业小省、文化资金弱省。咱们不要太势大。好威风爱势大，这是中华民族的一个弱点。我觉得北京是这个弱点比较集中的地方。这是一个反思。

第二个反思。我觉得北京的大，它能够培育北京市民的一种好的心理素质，就像刚刚说的大气、大方、大思维，但是也可能转化为北京市民的负面素质。北京人什么话都敢说，因为是故宫旁边的人呀，这种优越感是北京人的一个弱点，导致负面的中心心理的出现。因为你排拒外地人，外地人也有一种逆反，我们全国人民支援北京，给了北京很多优惠条件，结果你们反过来藐视我们，这样就会形成各种各样的逆反心理。所以北京和上海的年轻人在网上辩论，上海人说得很刻薄，说你北京把首都两个字一摘，你还剩下什么？京沪之争、京穗之争、京港之争，在经济金融上，都反映了这种边缘化过程中的新中心对原有中心的藐视。当然这一点北京已经有了很大进步了。

从现代城市建设来说，大也有大的难处，因为一个城市需要有一种功能耦合，就是城市的各个功能系统，要耦合，形成一个良性的循环。如果过大，大得超出了功能范围，它就会导致功能失衡，引发一系列的问题。我觉得北京在发展进程中要考虑两个平衡：一个是需要与规模的平衡。北京是首都，它需要大，它无疑要比西安、比广州大，这是国家民族的需要。但是并不见得北京在每一个领域都要争第一。刚刚徐先生说的那个定位非常好，政治文化中心。这是中华人民共和国成立初期中央对于北京的定位，但是当时北京市委有点不满足，说天津的工业比北京发达，上海更不用说了，所以北京也开始大搞工业，后来就造成了污染。现在又让该迁走的迁走，该停工的停工。我们国家，还有世界对于北京的需要是政治和文化，而不是生产钢铁，所以需要和规模不能失衡。

还有一个就是可能和规模的平衡。一个城市达到什么规模，它受很多条件制约，起码有这么五六个条件：一个是经济实力，一个是它的管理水平，一个是它的市民素质，还有生态、资源，还有创造力，等等。各方面有多少可能性，能发展什么，易于发展什么，跟规模要吻合。需要与规模，可能与规模如果失衡就功能紊乱，而不是功能耦合了。功能一混乱就导致城市出现很多问题，比如生态问题、污染问题，一会儿煤气断了没人修理、服务行业跟不上等等。所以我倒赞成，很多国家采取的，政治、经济、金融、文化适度分离。像南非，它的政治首都是在比勒陀利亚，它的经济首都在约翰内斯堡，它的立法首都很远，在一千多公里外的开普敦，好望角那里。澳大利亚也是这样，悉尼是最大的城市，但堪培拉是首都。纽约与华盛顿，也是这种关系。我们应该破除大而全的思想，在建设中间突出北京应该有的面貌。咱们全国都应该是这个思路，不仅北京是这样，一个小区、一个小乡都是这样。

三

肖云儒：你们两位对北京的圈形发展做的反思，很有道理，但我也提点不同意见。二环三环四环五环，未来出来六环，这一方面反映了北京摊得过大，导致很多困难。但是我觉得从城市结构来说，最早是围井而居，形成市井，井形街道四面伸延再形成井字形的城市，所以北京与我们自然经济基础上的城市一样，都是井字结构，古代人生活非常重要的是在近处有一个水井，又在水井边形成集市，形成人居住的群落，然后再有城镇。我的老家南昌，大马路中间有个六眼井，这么大一个盘，中间有六个井洞。那是自然经济计划城市结构。但是后来到了工业社会，城市结构逐渐成为环形，有中央广场，中央广场向四边辐射，然后用环路连接。虽然还是井字的一个变形，但是它由直线变成了曲线。苏联就是这种模式。它更经济了，路途更短了，思维也更灵活了。

　　从这个角度来说，我觉得北京现在的结构，虽然不尽如人意，但它有一个好处，就是体现了一种外向型的文化。它眼光朝里是回望历史的，朝外，外面的生存更现代，那是望向现代。这样，城市中心和城市外围相互对视和呼唤，便形成了一种张力。我倒愿意北京在不停地发展中，最好变成第三种类型，那就是这个组团式的结构，就是吴良镛先生提出来的，城市中心周围形成各个卫星城，再变成用城际高速路和铁路连接的一小时交通圈的城市群。像北京，可以一直辐射到天津、唐山、石家庄、承德。日本前首相田中角荣先生曾经写过《日本列岛改造论》，里面谈到都市的荒漠化，就是中心荒漠化。现在已经能感觉到，我们去北京一般不进城中间，只在外环上跑。中心荒漠化对北京古城的保护，未必不是好事。

　　主持人：肖老师刚才提到这个环形状态，对北京城是一个很准确的概括，我们编导特意放大了一张北京地图，你看看这几个圈代表北京的环形结构，有人把这很形象地比喻为摊大饼，说北京的盲目扩张，是在不停地摊大饼，摊一张越来越大的饼。然后就有人这么说，它其实是皇权统治的一种体现。因为越靠近中心的人越贵族化，物质的占有就更为丰富，越到周边的地区就越贫瘠。这是不是北京比较现实的一种生存状态？

　　肖云儒：随着未来的发展，环型生存边缘地区的生存质量会越来越高。环形扩散这样一个过程，有利于梁思成先生最早提出来的新旧分治。他主张在海淀颐和园那一带建中央机关，城内不要动，保护起来，形成新旧分治的格局。这个意见后来被否定了，他又力挺保护城墙，也被否决了。当所有的单位在外迁，当所有的高质量生存的人群逐渐地外移的时候，中心开始出现一种空缺。这种情况是一种大好时机，北京有见地的领导人，要抓住这个时机，对中心区的古城进行改造，将非常古典的外观和氛围与非常现代的内部设施统一起来。在什刹海地区，现在建造了一批小的商品楼群，古色古香，两三层，大屋顶，跟周围胡同里的那些古典建筑很协调。虽然是仿造，但还是可以亡羊补牢的吧。

四

肖云儒：你们谈到了环线生存非人性化的一面，我很同意，的确很容易导致人跟人之间的沟壑感，空间距离拉大了不要紧，害怕就是心灵的疏离，感情的疏离，无法沟通，这个沟壑感还不是指空间，最重要的是知识沟壑导致的代沟。我在北京虽然说是很早，四十年前，其实对老北京东城还有一点儿熟悉。张自忠路和东四一带，船板胡同，钱粮胡同，魏家胡同，交道口，我经常乱窜。后来到西郊人大了，就对海淀这一带熟悉一点儿。现在开会一般都在奥运村那边。对北京各个环路肤浅的感觉，的确这种沟壑感很强。

除了沟壑感，我觉得还有一个中心城市生存的困窘，超大生存压力导致的超大生命投入。人和城市的生命都是透支的，北京也是这样，上海也是这样。有人说，活在北京成本很高，而且北京人才荟萃，全国的精华都到了这儿，竞争的档次，竞争的剧烈程度，都是外省城市所不及的。像巴尔扎克写的《外省伟人在巴黎》啊，是要艰苦奋斗的。祝勇先生刚才说的城市大了有非人性的问题，说得非常好。过分的人生成本和过度的社会竞争，这也是非人性的，竞争压力非常大。歌手杨坤，从外地到北京漂荡了十几二十年，作为一个外地的歌手，他一直只能在底层奋斗。前几天中央电视台对杨坤有一个专访，他在说到北京生存经历的时候，泣不成声。他光住处就换了几十处，不断地被人赶走，不断地换工作，在酒吧里头求生存，最后终于熬出头。咱们陕西的李琦，就是那个著名的光头胖老头，初到北京也住了八年地下室。一个男子汉啊，不能够给自己的妻子和儿女在北京城争到一个立足之地的那个压力啊，所以他拼命地干，最后一直到什么都干，到跳踢踏舞，什么都去，歌厅也都去过。他是熬出来了，但没有熬出来的是多数。所以这种在高压力下透支生命的奋斗，是非人性的，远不是诗意的栖居。但是边地山城和小城镇有时倒生活得很人性。我在嘉峪关市的一个小县，旁观过一个露天舞场，大热天跳得真温馨。我们活好自己，活得自在就行了，那个感觉非常好。这才叫活着啊。

西安实际上跟北京很像，西安也是一个古都啊，所以中央意识很强，也追求建功立业。但地处盆地大山隔绝的成都不一样，我跟魏明伦先生谈过川陕文化比较。成都有一个民谣，他们的那个生存状态叫作"搓点小麻将，吃点麻辣烫，喝点根兜酒，看点歪录像"，根兜酒，就是杂酒，一块钱一斤的酒。这种生活，是一种小民百姓的生存要求。

五

肖云儒：关于北京的文物保护，我看是有三个方面：一个就是大院高楼与胡同风情混杂在一起，导致北京城内景观的流失；一个就是不同文化自身，特别是"文革"期间，由于极左文化挤进去以后，破坏了北京四合院的文化内涵；一个就是圆明园的破坏及重建，那典型地应该叫该保护的没有保护，不该建设的建设了。圆明园在现代经历了两次修建、两次破坏。第一次是外地画家群居族进京落户在这里，附近的农民为了招揽住户，以农民的审美观把那个圆明园附近搞得大红大绿，这是修建也是破坏。第二次是一个很大的财团要把居民迁走重新恢复圆明园，这就是有人说的，不是重建，而是作践这个国耻纪念地。所以关键还是不要重复文化破坏的悲剧。

大家知道，梁思成了保住北京的城墙曾两次上书周总理。第二次没有被批准后，梁思成又派他的助手罗哲文配合当时文物局局长郑正同两个人逐个到北京城的每一个府院、每一段城墙去搞文字调查，最后又得到通知，让调查停止，就是说要拆城墙了。梁思成非常难受。还有一个画家，那时没有摄像机啊，这个画家用画笔追踪每一个将要被拆的城楼，但没有追踪上，因为他画画很慢，他追着追着城门便拆开了，所以后面就丢失了。还有个让我们民族非常羞愧的事情，但是我们把它当作民族自豪的事情宣扬。就是在20世纪70年代，在美国召开的一次文物保护和世界城市建设会议上，我们北京市的代表拿了两块北京明代的城砖献给大会，说我们北京城是在哥伦布发现美洲大陆的前六十五年建成的。全场鼓掌，大家都为中华民族的悠久历史而鼓掌。但是我觉得非常羞愧，哥伦布发现美洲大陆时间比北京建城史短，但现在美洲特别是美国，雄踞地球，而我们比它早六十五年建造的北京城墙哪儿去了？林海音在《城南旧事》里说：我的城墙哪儿去了，没有城墙我还回什么北京呐？这是很令我们民族伤感的事啊。20世纪初，一位外国传教士写了一本关于北京的书，描绘了他站在北京制高点景山顶上的万春亭，东南西北看到的当时的北京景象，全是城楼、城墙和绿树，四合院和街道完全被绿树掩没。著名的诗人公刘，在50年代第一次到北京，写了组诗《在北方》，里面有一句真好，说北京是"半城宫墙半城树"，现在恐怕是"半城高楼半城桥"——高架桥了！

六

主持人：上海人对北京有很多说法，我在网上看到这么一个言论，说这个北京是首都，但北京绝对不是国际化大都市。他总结了北京的两大：一个是北京的大款多，一个是北京的大官多。上海人说，北京大官多，但公章最不可信；北京人大款多，但大款大都是小学毕业。不知道诸位有没有听到过这种说法。

肖云儒：借网民这个调侃，我想给北京的未来或北京领导者送一个惊叹号，就是北京人不要争GDP，全国也不要。北京应该给我们提供的是全国最高的精神GDP、文化GDP、形象GDP。每个城市有每个城市的功能。我有一块金子，我绝对不会用这块金子打把刀去切菜，我只会用铁刀去切菜，把金刀藏到柜子里，这就是北京。我们应该从整个国民经济增长的大格局中，从GDP的大蛋糕中切若干块来支持北京、西安这样的古都，因为它们对于我们民族更珍贵的东西，是文化，这比哪一年、比哪一季度的GDP都重要得多。它会形成软实力。北京、西安的实力在哪里？就在文化，在软实力。软实力会吸引更多的人流、物流和资金，它又会在另一个方位上增加我们的硬实力，增加我们的GDP。

取法乎上，仅得其中，你取法乎中，就仅得其下。现在很多境外的朋友、境外的电视台，全世界的媒介，都在做北京的文章。2008年，他们要到北京来，希望北京能成为世界美好都会最高标准的一个城市，这是全世界的愿望。北京的建设发展，不能被某些人的长官意志垄断和操纵，应该是专家、民众参与，民主地去完成北京的改造和改进。我也愿意在未来的几年中贡献我自己的一份心意。

七

肖云儒：在20世纪二三十年代，北京便形成了一个非常特殊的文化氛围，是闻名国内外的文化城市。比如北大、清华、燕京、辅仁等大学凝聚了一大群国内外学者，还有梁思成、林徽因的沙龙，也凝聚了很多文化人、文化精英。祝老师刚才说上海出版社奉命迁北京，性质慢慢地就变了，的确这样，因为京沪两座城市的文化性格不一样。上海的传统是跟世界接轨，当然这接轨是被动的，因为20世纪前期它有外国租界，所以就跟西方的东西近了很多。上海的文化单位，包括出版社，搞带有国际色彩和现代色彩的文化是得心应手。文化单位、出版社到了北京，在中央政府的直接领导下，你就得更多更自觉地为国家中心任务服务，更关切主旋律文化。北京是首都所在地，而上海是地方重镇，只是经济、文化上带有辐射全国的色彩。它们有区别是很自然的。

上海文化形成半壁江山，在一定程度辐射全国的这种地位，有很多历史原因。一个就是孙中山、蒋介石把首都从北京迁到南京，把北京改成北平了，到南京以后，整个文化不能不随着政治中心的南移而南移，上海就显出了优势。第二是抗日战争，北平失守，北京文化成了沦陷区文化，上海孤岛文化上升成为中国文化格局中的重要现象。两个极端都有全国最高水平的代表性人物：一个是鲁迅在上海，民族魂在上海；一个是张爱玲在上海，30年代电影的中心在上海，海派文化形成于上海。现在，进入市场经济时代之后，各路诸侯烽烟崛起，大家可以看一下，广东的传媒、湖南的传媒，已经通过市场运作，直逼北京、上海。半壁江山文化的南方，思想解放和社会改革先行一步，文化上出现了南北竞争，南方半壁江山的地位可能在相当程度上会复苏。

八

观众：我想问一下肖老师，就是刚才你们在谈论中大多说的是北京文化建设的优长与不足，西安的经济实力远远弱于北京，鉴于这一点，能否从北京坐标上谈谈你对西安发展的建议？

肖云儒：西安在全国大都市中是跟北京最像的一个都市，用现在调侃的话来说，北京是现任首都，西安是前首都和原首都，和现总理与原总理一样。两者在城市结构、文化气质上都有很多类似的地方。西安的经济发展当然不如北京，但西安的发展我觉得有一点跟北京类似，就是不能过度争GDP。西安需要自强自立，需要有自己的经济发展基础和强项，需要维持良性循环，要不然西安说不起话。但是西安不能盲目追求GDP指标。

西安在西部是第三大城市，重庆、成都，西安殿后。在中国特大都市中，西安在上游中稍稍靠后，可能是十位以后。上到最高是不可能的，因为那不符合实际，京沪穗是最高的。我们起码要提到五六位才行。所以我要补充一句，就是说，除了不能片面地要GDP以外，还要追问一个问题，就是西安的GDP是怎么来的，西安怎么去争GDP？GDP有多种来源渠道，现在常常片面地认为，发展工业、发展金融、发展经济是增加国民生产总值的唯一渠道。实际上呢，文化也能产生产值。我觉得对这个西安特别应当有充分的认识。

比如说大家都知道周庄，其实江南水乡像周庄那样的地方有很多。但是很多水乡村镇把小桥流水人家全部给拆掉了，铺上柏油马路弄上电灯什么的，结果GDP并没有发展得很迅猛。周庄这个地方原来也是准备大拆大建，把江南的小桥流水人家——东方威尼斯给拆掉了，河道全部抽干，然后铺上柏油马路，把白墙黑瓦换成现在的楼房，搞铝合金的那些东西，原来也是这个方案。后来呢，就是咱们刚才从大屏幕上看到的老先生，同济大学教授阮仪三，他带着学生到周庄去考察的时候，力主周庄不要拆，不要建什么这个厂那个厂。结果现在怎么样，周庄成为江南水乡的形象代表，旅游年收入十几亿人民币，是一个小镇，是一个村子呀，GDP就到了十几亿。

同样的情况呢，在山西平遥也出现了。平遥现在已经进入了世界文化遗产，这之前，也是阮仪三建议省上、县上坚决不要为经济发展而破坏古城的文物文化，坚决不要大拆大建。因为古城价值无限，价值无限的北京古城已经拆掉了。怎么保护？阮仪三带着学生做了几套方案提供给县政府，县政府采纳、决策，平遥古城不拆。现在这个古城的风貌、历史遗产成了最大的经济来源。当然不仅仅是一个GDP的经济产值问题，更是文化形象、文脉和软实力等更深刻的问题。我们秦俑馆经济收入，每年也有两三亿以上。我们要认识到，在古都西安，在八百里秦川，每座山、每座庙、每个陵墓、每个遗址，在市场经济新观念新思维指导下，都是可以做大做强的，都是潜在的"世界500强"，只要开发好，它绝对比航空城阎良的产值还要大。

主持人： 非常抱歉，我们今天的现场讨论只能到此为止。我们一直在围绕着北京的"大"展开讨论，这个大字呢，它可以有很多很多含义，比如说大方、大气、大度，也可以说它是自大，说它是妄自尊大，不能盲目地说它是好还是坏。但是可以肯定的一点是，如果有一天我们的城市全部聚成大而无当，交通拥堵，这肯定不是我们想要的城市。城市有了它自己的个性、有了它的历史、有了它的文化、有了它独特的气质，这个城市才会给我们带来更丰富的精神体验。

2003 年 8 月

与葛剑雄、朱学勤谈上海的怀旧

葛剑雄，复旦大学教授、博导，历史地理学者，在取得大量学术成果之余因曾担任凤凰卫视《走进非洲》系列节目主要嘉宾为观众所熟知。

朱学勤，上海大学教授、博导，文化学者。他对许多历史与现实问题的反思，产生了极大的社会影响。

这是我与他们做的一期电视人文谈话节目，摘录了我的论述。

主持人李蕾： 大家好，欢迎来到《开坛》，感谢您和我们一起参与城市系列节目的讨论。对于每一个城市，我们随随便便都可以找到一百个热爱它的理由，但是最主要的就是这个城市要能够给您一个梦想。拿上海来说吧，这个城市应该是有最充分的理由给您造梦的地方。上海过去有着最为沉醉的繁华旧梦，而它的今天也有着一个灿烂的明星般的梦。今天我们就在这里触摸上海。

现在我给大家介绍今天的嘉宾，有请复旦大学教授葛剑雄先生以及上海大学教授朱学勤先生，文化学者肖云儒先生。我们今天请来的三位先生当中，有两位都是来自上海的。

一

（大屏幕：采访上海印象。）

主持人： 刚才我们看大屏幕以及采访观众，他们有一个观点，认为上海其实有着很浓的怀旧情绪。一提到上海，大家都会想起20世纪二三十年代、三四十年代十里洋场的繁华旧梦。我想问一下三位先生，你们分别对于上海的怀旧有什么样的印象？

肖云儒： 我觉得上海的怀旧可以分两个阶段、三个层面。第一阶段，先是在香港崛起之后，再是在南方改革开放崛起之后，上海的怀旧实际上是一种失落，是对自己失落的对冲性的自我满足。20世纪80年代初有部文学作品叫《大上海沉没》，它实际上想告诉世人一句话，你别看粤港崛起，我们上海早先就是这样。上海怀旧的第二个阶段是浦东开发之后，这时上海已经很"富豪"了，一个新上海在旧上海滩浮出海面，上海的怀旧并没有终止，为什么呢？它是想告诉世人又一句话，我们上海原来一直就这样。上海怀旧的第三个层面，就是它想怀出一种情调。它想告诉别人，虽然大家都怀旧，但是我们上海人的怀旧不是一种物质层面的东西，比你们高贵，比你们有情调，比你们有意义。

中华人民共和国成立前有一种肥皂牌子叫"四合一"，上海的旧是"五合一"的旧。一是中共一大的上海，革命的发源地，为了改造社会，我们从社会的政治角度来看，是改造社会激起的一种革命情绪。这应该说是陈独秀他们的上海。第二个应该说是鲁迅的上海，是现代中国人反思批判中华旧文明的上海。这是上海一个最重要的传统。第三个是荣毅仁家族的上海，是在半封建社会和半殖民地语境下探索民族资本主义发展和建设现代管理、现代社会道路的上海。第四，就是十里洋场、冒险家乐园的上海，东方魔都的上海。第五，就是软性文化底色上的女性的上海、情侣的上海、张爱玲的上海。我觉得这可以叫作"五合一"的上海，这大致概括了上海的怀旧之恋。现在怀旧好像后二者比较多，而对于以革命改造社会的上海、深刻人文反思的上海以及现代管理的上海，则谈得不够。

主持人： 怀旧，我发现把这两个字提出来时，忽然找到了一条线，把上海几百年来的历史全部穿在上面。

肖云儒： 我一生中，上海的几个阶段大概都去过有十几次，应该说上海给我最早的印象就是西餐。因为我十几岁在北京上学，回家路过上海，第一顿西餐在国际饭店十八层，是一位同学请得最便宜的那种。后来我有个同学在上海人民广播电台工作，我参观过番瓜弄棚户区，现在荡然无存，已经改造完了。我最近几年去上海有个很突出的感觉，就是在旧上海的上面，一个新上海整个浮出水面。据说上海的高层建筑可能有三千六百多座，八层以上四千多座。所以我有这样的印象。

对怀旧中的上海，我有这么一个想法。我说上海上海，把这个主题词中上下的上变成时尚的尚，尚海尚海。除尚海——崇尚海洋文化，还崇尚海派文化、时尚文化。所以上海的怀旧，实际上是经过了海派文化的折射或遮蔽的一种怀旧。不同的人有不同的怀旧。有鲁迅式的怀旧，主要在学者中间。经过传媒过滤出来的怀旧，则多半是张爱玲式的怀旧。当然还有双重的怀旧。因此，这种经过遮蔽的怀旧，其实是一个梦，是拿旧梦来满足自己心灵的企求。怀旧是翻晒过去，翻检过去。把我们的记忆翻检出来，清理、整理，另外一个功能就是翻晒，要见阳光，用一种新的时代的观念来审视它，翻晒它，营养今天。从这个角度来说，由于上海怀旧多半是在传媒上通过中产阶级和它的代言人来表达的别的市民阶层的意见和所有人的心情，所以上海的怀旧是经过大量遮蔽以后的怀旧，它不能表明所有人的心情。而且这种怀旧，往往需要跟政府的主导思想一致，不一致就会有资产阶级思想之嫌。上海的怀旧是遮蔽了一部分真相的怀旧。

二

肖云儒：朱学勤先生刚刚说，电影《七月流火》里的毛利英，一个教会学校女清洁工的女儿，低得不能再低的家庭背景，因为有那个制度平台，而且教会学校有西方文化色彩，这个清洁工的女儿就通过自己的勤奋拿到了奖学金，成为教会女中毕业的高才生，又考进了海关。制度文明能使一个女工的女儿奋发图强改变命运，制度文明就可能给所有人提供机会。说得很好。我补充一点。除了上海的制度文明，还有另一面，便是社会管理的精细精确，对此我有很深的感受。上海文联接待我们，都是按几分几秒安排的。还有，家庭的管理也很严格，上海女人对男人的管理也很严格，跟老板是一样的吧。但过分精密会有负面影响，管理的过分细化容易导致人的精神空间的狭小。每一个人都一丝不苟地按规范行事，这是它的先进性，但是中国文化那种大而化之、自由出入的思维空间、精神空间就会受到影响。所以我觉得，上海的管理制度是先进的，但容易影响创造力的充分发挥。

三

主持人：我们走进上海的时候，发现它是千姿百态的，每个人的怀旧呢，都是不一样的。比如我们看到的葛剑雄先生，他对于棚户区、贫民区有特殊感觉，肖云儒先生有生以来对上海的第一次感觉却是吃西餐，在国际饭店十八层楼。上海滩也有许多革命激情，也有很多租界来的文化。但是对于像我这个年纪的人来说，怀念上海的时候，就会想到咖啡、音乐以及舶来品。再一个呢，我们现在去上海，很愿意去的地方一个是外滩，一个就是新天地。新天地那一条街，它购物呀、餐饮呀、娱乐呀，似乎集中体现了人们怀旧的情绪，它把这个情绪做得很到位。外滩呢，实际上浓缩了整个世界，外滩对面陆家嘴那是新大陆，外滩的这一边，万国博览会一带浓缩了老欧洲。把新大陆和老欧洲拉在一起的，在地球上是大西洋，在上海就是一条黄浦江。你走到那里呢真是想把栏杆拍遍，哪有这样一个地方，把全球浓缩在尺寸之地。新天地也有一个典故，为什么叫新天地呢，因为它隔壁就是中共一大的诞生地。"天"字拆开就是"一大"。新天地，新一大之地。这意味深长，历史又重新开始新的一页。

肖云儒： 我们现在谈的是一个非常丰富的话题。文物之所以有价值，在于时间和空间给它的文化增值，作秀的文物是没有这个文化增值的。没有名人、没有历史，它只是一种消费品。但是还有另一方面，每一接受群体都还是可以从中感受到不同的怀旧情愫。每一个接受群体，可以从新天地这个现象感受到不同的东西，你可以看成是新旧上海两种情结的一种交汇，新天地和中共一大的交汇。不同的人在这里会引发不同的情怀。有形而上的革命传统教育，也有形而下的情怀，旅游、消费，也有形而上的情怀，那种悲怆感和悲凉感。你比如说参加过一大，后来在"文革"中去世的李达先生，他来到一大的旧址石库门，我估计会潸然泪下。他参与了党的创建，最后却在党的错误路线中倒下。就是说，一个商业平台，它可以容受各种不同的情怀，这是一个成功。现代商业策划最重要的成功秘诀就在于从历史和现实文化中提炼消费元素，然后再回过去容受承载各种精神和文化物质元素。我将来要去好好感受一下，在那里消费一个晚上肯定要比我当年在国际饭店十八层楼消费要多几十倍的钱，但很值得。（笑声）

主持人： 那朱老师你请个客吧，也可以便宜点。

四

肖云儒： 关于怀旧，还要补充两点。第一点，任何人怀旧，其实感觉都是比较美好的。哪怕当时我很苦，回头想想也就成了一种人生财富。现实演化为文化，就没了现实的灼痛感，而多少有了美感。历史翻过去就是美学，所以怀旧是比较宽容的。第二，真正在上海失败的人，对上海有恶感的人，大多已经不在上海了。当年这么多人进上海，不是人人都成功。躺在马路上冻死的人不会再说话了；失败跳黄浦江的人，也不会说话了；还有一些不适应上海竞争的人，种种原因也走了。这些人不会去怀旧。怀旧的人至少有值得怀念的地方。

我还想谈谈这个舶来的问题。一些资料说上海是舶来的，是克隆的，因而与其说是龙头，不如说是桥梁。我同意这个话，上海是西方文明进入中国的桥梁。另外一方面，上海又是原创的。上海在中国现代化进程中起码有三点原创性。

第一点，它提供了一个样板，一个在半殖民地社会管理现代大都会的样板。美国有一个学者叫白路洵，曾说到那时候上海管理的特殊之处，当时的租界，最高的决策层是外国人，但是在具体的管理者中又有许多中国人。它基本上是在一种西方思维指导下有中国人自己参与管理的现代大都会。为什么海派跟京派文化能唱对台戏呢，因为那是两种不同的文化样态的接触。

第二点，我拿不太准，我把上海跟延安做过比较，延安是中国红都，上海过去说是东方魔都。延安也是原创的，延安的原创性是，中国工人阶级的政党和中国的农民，在窑洞里，在黄土地上，用西方的马克思主义探索了一条农村包围城市的社会改造道路。这条路不管我们怎么评价，在历史进程中它是结出了硕果的。这一点延安是原创的。上海则是中国的民族资产阶级和工人阶级在一个半殖民地的矛盾共同体中共同实践、探索了一条在中国发展资本主义，而且是以都会辐射乡村的道路。这一点，我们从叶圣陶、茅盾的很多短篇如《多收了三五斗》《春蚕》等里面都可以看到。当年苏锡常农村与大城市的工业市场紧密相连，是供应上海的纺织原料基地和粮仓，带有订单农业性质。市场需要什么我就生产什么。这已经是以城市意识来辐射农业，辐射市场，给中国提供了走向现代化的另一个思路。

以现代大都会的市场经济思维来辐射农村,这是上海原创的。这个思维从现在的地改市可以看出延续性。没有专署、地区了,都是以城市意识来管理农村。

第三点,就是刚刚葛先生说的,上海给中国提供了一个形态化的异质文化样态,这就是海派文化。海派文化在20世纪30年代有争论。现在看起来说得最刻薄的是姚雪垠,姚雪垠说海派文化是什么?是江湖气、流氓气、娼妓气。那么京派文化是什么?是官宦味、身世味、文物商人味。鲁迅说的还是比较深刻的,他说京派文化是政治的帮闲,海派文化是商业的帮办。海派文化那场争论,我们现在来看实际上是中国传统农业文明基础上的各种人文思想,对一种异质文化的围剿。上海在这一点上,挺住了,而且发展下来,不管怎样它都具有原创性。它给我们提供了一种崭新的以经济为背景的都市文化的优越感。这种优越感使上海人一直到现在都很自信。上海完全是一个现代都会的样态,走的是民族资本主义发展的路子和管理路子,是一个新的异质文化存在。

我觉得上海对中国文化的这些原创性,很值得看重。中国缺的就是这个,因为他加了一个"海"字,有点类似于我们反传统文化,去中心,去京派,是一种颠覆化的过程。我们应该从一个新的角度来重新审视海派文化,它很有原创力。

五

肖云儒:刚刚葛老师说,到中华人民共和国成立后,上海是只出不进,留不住人你怎么能创造呢?人的创造力不是以地域来分的,是文化环境的培育,每一个人才都能够在这个平台上得到发挥,这就是个好地方。所以,我觉得这是一个规律:越是五方杂处的人来创造文化,表明这个地方越有活力。而正是五方杂处,哪怕也有一些克隆的地方,通过文化杂交、智慧杂交，才能够诞生原创性。我讲点西安的历史，西安现在过度强调本土文化，是一种误解。原来秦朝的国都在咸阳，后来一把火都烧光了，等到汉高祖接受了娄进的建议迁都长安的时候，长安还是一个乡，就在这个乡里白手起家建造首都，开始大家只能临时住在外面。我们现在看到汉长安，大多都是官府衙门，老百姓住的人不多，地方很小，大都住在周围的县里面。你刚才讲的五方杂处这句话，最早就在《汉书》里，讲到当时长安的风俗就叫五方杂处。长安居民主要是关中的移民，长安的一些风尚也是移植的。长安的新丰镇，哪里来的？就是汉高祖刘邦的老太爷，在丰县住过，到了长安闷闷不乐，说我以前跟邻居斗鸡玩，现在什么玩的都没有，做个太上皇有什么意思呢？刘邦就下令把整个丰县，全部迁过来，所以叫新丰。房子和人都是迁来的，据说把狗放在路上都可以找到原来的窝，克隆到这个程度。你说长安有什么文化？长安文化的主流是关中移民移栽的，还有各方面的，包括西域的人全交汇在一起形成的。汉唐的文明就这么来的。交流是文化发展的必要条件。

确切地说，上海不是所有人都在克隆，但也不是所有人都不克隆。上海市民阶层的克隆现象或者是舶来现象是很多的。时尚就是从市民阶层首先开始，经过理性层面的争辩、淘汰和提升，又经过历史的选汰，时尚就有可能成为上海本土文化的一个元素。一种新文化的初期阶段，绝对会带一点舶来色彩的。非常遗憾的是，我们对于别国的影响还只是气功一类的东西，我们希望它的影响越来越多，越来越深刻。举一个西安对上海乃至对美国人在上海建造经典建筑物影响的例子。中华第一高楼经贸大厦，工程部总经理是我一个朋友，我问他，这经贸大厦，怎么越看越像我熟悉的小雁塔呀？这个工程部总经理说，哎，你说对了。当初美国的西尔斯设计师到上海来时要我提供一套中国古建筑的艺术照片，六张照片，其中有一张就是西安的小雁塔。这个设计实际上是吸收了西安小雁塔的造型元素，那种玉笋一样挺拔在大地上的造型元素。所以，各种文化相互学习影响，上海在克隆美国，美国又吸取西安的一些东西，西安宝塔又是印度传过来，全球化便这样活生生地发生着。

所以，我觉得呢，上海人也好，西安人也好，一方面我们要有信心，创造出自己的特色来；另一个方面呢，也不要怕跟人家相同，不要刻意去求异。因为如果一个东西，比如说这个杯子、这件衣服，全世界都接受了，这就是世界文化的一部分，我们拿来享用是理所当然的，要有这样一种胸怀。刚刚葛剑雄先生提到说上海人排外，这是上海人自己说的，外地人呢，这种想法就更多了。我有一个观点，上海人排外排的是自己国家的外、外地的外，他可不排国外的外，当洋势力入侵的时候，上海是没有抵抗力的。

六

肖云儒：看起来，从制度公平的平台看，它是不排外的，但因为你们不是外地人，你感觉不到心理上上海人那种骨子里的优越感，外地人如果在上海成功，他会很吃惊，很怀疑，说你怎么就能成功呢？我给你讲一个例子，我们的大巴山山区紫阳县，有一个小作家到上海去打工，不是去写文章，是打工去了。后来他写了一个反映打工生活的长篇小说，叫《上海是个滩》，作者是李春平，得了上海文学奖的"长篇小说奖"。他给我说，哎呀，很多上海作家，文化界的人吧，就非常吃惊，也非常不平，怎么能让大巴山深处来的一小伙，把我们的长篇小说奖拿走了。这个事还是有的，不只是上海的文化圈，在上海的市民阶层里面，的确有这种潜意识的。

肖云儒：朱先生说，经济上，上海解放以后长期承担中央财政的六分之一以上，政治上呢，上海又是非常敏感的地方，所以上海要求稳，什么东西都稳。在这种对国家举足轻重的情况下，上海形成非常强大的政府模式，各种问题都能够从大政府小社会这个结构里得到最后的解释。这个观点很深刻，我再补充一点，因为上海举足轻重的地位，体制对上海可能格外严格，这可能是上海原创力度、改革力度受到影响的重要原因。但是从文化心理的角度来说，这与上海崇尚时尚的心理也不无关系。跟政治风气和跟一种时尚的风气，在心理上有相通之处。"文革"的时候，上海有一个典型文化图式，是在外滩。外滩这一边，是市革委会红色大招牌，两名卫兵站得笔直，像花岗岩一样。但外滩那一边，黄浦江边则挤满了情侣。情侣排列之密集，两对情侣之间，真插不进一个第三者。接吻之声像春天河里的鱼在喋水。两种时尚，政治时尚和爱情时尚，同时出现在一个画面，把上海写真到了极致。

七

主持人：20世纪80年代的时候，上海曾经说过一个口号，朱学勤先生是知道的，就是它要成为中国的文化中心，后来这个口号不说了。然后现在的上海政府呢，正在致力于打造一个国际化大都市，要打造一个"东方巴黎"。而我们现在要说上海的优势，说它的明星气质，常会说上海的经济如何如何发达。

肖云儒：上海建设国际大都会这个口号，作为一种目标吧，当然有它的积极性。上海人均GDP在全国排名第一，超过一万两千美元，正在迅速接近国际大都会的标准一万五千到两万美元。

上海在向这个目标靠拢，但是还不能算是国际大都会。国际大都会在我脑子里有这么三四个标准：一个就是它必须是跨国公司的中心，经济中心、金融中心，可以同步于世界的股市，而它的股市涨落也会影响世界的潮汐，现在上海才进入世界股市，还做不到金融中心。第二个必须是人力资本的中心，纽约的人均教育科研经费，均摊到一个人是七百四十美元，上海是四美元，相差近二百倍，还有遥远的距离。第三个呢，它必须进入世界都会的轴心。美洲的轴心城市是纽约、芝加哥、洛杉矶，亚洲主要是东京、新加坡，在东京、新加坡这个轴心呢，有两个外围中心城市，就是香港和台北。上海目前影响力暂时还不如香港。对于世界的影响力主要是指文化原创力。第四点，就是在上海的新高楼的背影中生活的，亭子间里的这些人，他们的生存质量、生存环境，够不够世界大都会的水平？它的煤呀、气呀、水呀、电呀、空气质量呀、应对突发危机能力呀、安全保障系统呀等等，和世界大都会还有比较大的距离。

我认为都市化并不等于现代化，刚才主要是说上海目前的经济社会建设水平，还是比较高的。我强调的是，上海如果要成为一个现代化的大都市，从文化指标上讲，目前市民素质还是比较低的，要走的路还是比较长的。上海最关键的问题，在都市化进程或者是国际化进程中最大的问题就是上海应该作为国际重要的思想库。上海曾经在中国具备这种地位。

浦东开发在深圳开发之后，这是它的一个有利条件，就是后发优势。深圳开发是我们社会主义市场经济的初创期和资本积累期。那个时期人们忙着发财，包括他的社会管理者，都无暇深思市场经济文化形态的建设问题。十年过去，浦东开发启动，社会主义市场经济已经由初创期逐步迈向成熟期，建设市场经济的文化形态这个重任正好落在上海身上。而上海原来就有着海派文化的基础，所以上海最重要的任务，就是要在建设国际大都会进程中打造新海派文化。

新海派文化跟旧海派文化当然会有联系。但主要应当是一个原创性的东西，我想我们中国文化最缺的就是这么一块，因为中国的许多文化学问都是在农业文明的基础上构建起来的。我记得小时候上海有英文版的《字西林报》，圣约翰大学全部用英文讲课，就是说上海给予国际人士的那个文化空间是非常广阔的。它尽量让所有的人，世界各地的人来这里共享我们的文化，上海人同时也共享世界的文化。

上海，不仅是一个经济型、金融型的开放城市，文化上也要松动一下，要有些特殊的文化政策，营造像当前一些世界大都会那样很大很好的创造空间。这实在是一个很重要的问题。中国第一标志城市当然是北京啊，第二就是上海。能不能使上海成为中华文化向外出口展示的第一个窗口，成为世界各地文化进入中国本土的第一个口岸？这都是可以考虑的。建设外向型的文化城市，这是上海新海派文化给我们民族文化提供的一个崭新的形态，是市场经济文化形态。市场经济本身有共同规律，我们怎么样利用这个共同规律再加上自己的特色，创造我们的市场经济文化形态，这是建设新海派文化的核心任务。

观众：这一个重要任务，上海首担其责啊。一个制度对一个城市或者对一个国家的发展非常重要。我看过两本书，一本叫《西方世界的兴起》，主要讲制度对西方社会的影响；还有一本书就是马克斯·韦伯写的《伦理资本主义》，他以美国为背景，谈到了基督教的宗教精神对美国发展的重大影响。刚才主要谈到了制度方面的重大作用，还有一个因素就是精神，文化追求的作用、美国精神的作用。肖老师刚刚的一段话很有启发性。我想问一下，我们是否在上海需要寻求一种精神支柱呢？如果仅仅是市场呀、金融呀、冒险呀、发财呀，可能不足以支撑一个非常伟大的社会或者造就非常伟大的光明，我想这个问题十分迫切了。

八

肖云儒：为什么人都有怀旧的本性？任何人看到小时候的照片，他都会有一种特殊的感觉，因为唤起了他的童年记忆。童年记忆是最鲜活最真实的生命记忆、亲情记忆、家乡记忆。这一点，全世界各地方的人我看都是这样。同时，怀旧也是现实的需要，对吧？人一般要怀旧的话，基本上不会在吃不饱、睡不好觉的地方怀旧，除非他已经比这更好。那么现在世界上，包括上海，流行怀旧，我想是一种现实的需要，就是觉得有资格怀旧了，同时通过怀旧呢，希望更好。从人的精神角度来讲呢，是不分贫富的，哪怕过去我吃糠咽菜现在想起来也很有趣，因为现实的体验已经转化为精神的体验。当年的北京知青跑回延安去看的人很多，有的还带着孩子去受再教育，但他们绝对不想再回到延安农村去生活，绝对不想把孩子再送回到这里来，都不会。怀旧是为了感激，为了教育，为了激励，都是精神层面的。

上海怀旧就是希望恢复东方明珠的地位，西安也在怀旧，最好再有一个汉唐盛世，都有自己的目的。包括生产怀旧的商品，那目的也是要宣传自己，让大家都了解。

人需要两个层面的生活：一个是现实的生存，实态地生存着；一个是拟态的生存状态，也就是人要做梦。人，一要存在着，同时要做梦。梦有好多方面，不光有过去的梦、怀旧的梦，传媒还给我们建构了一个现实的梦、关于未来的梦，各种各样的憧憬。人不能只有现实的生存，还要有喜怒哀乐，还要把物质生存做一种情调化、文化化升华。这就是怀旧的一个最主要原因。人总是追求意义生存和情调生存。

近几年在中国为什么会发生这种普遍性的怀旧现象，我认为是个人命运和这一次改革开放独特的历史轨迹叠印在一起的缘故。当前的改革开放在中国一百年历史上，处于什么位置呢？一百年的中国我认为是走了一个"之"字形，一点、一横、一撇，向右急转弯一捺，正好是否定之否定，是正—反—合。现在正处在这个一捺上。上海的怀旧就是这一捺对于上面那一横的怀旧啊，怀的是20世纪二三十年代那一横里面具体的旧。对那个一撇撇下来的旧，有没有怀过呢？也有过，老三届怀旧、毛泽东时代的怀旧，都是这一撇里面具体的历史人生内容。但这方面的怀旧不持续、不普遍，持续的、普遍的是这个一撇对上面一横里面具体历史人物的怀旧。因为历史是以否定之否定的规律发展的，是以不封闭的螺旋状态发展的，历史常常隔着一代相望、相似、相呼应。

所以今天改革开放要怀旧，必然会呼唤历史上曾经存在的，和它有相对平行关系的那个时代，也就是上海相对开放与改革的时代，旧上海的市场经济与现代管理的时代。所以我说怀旧是当下改革开放进行到一定的程度必然会引发、调动起来的社会情绪，是为改革开放寻找意义支撑的社会心理行为。

主持人：寻找一种意义支撑，好。不但上海有怀旧的机会，所有人都应该有一个梦，都应该有做梦的机会。每一座城市都有它自己的记忆，所以就有了怀旧的基础。北京、南京、浙江、杭州，包括开封、洛阳、西安都在怀旧，我们就像那个一起睡下做梦的小孩子一样，怀旧的梦想是相似的，开始长大以后，就分头去走自己的路了，谁跟谁都不一样了。现在能不能总结一下，上海这个城市的发展能给其他的城市发展提供什么启示？

肖云儒：西安也好，其他城市也好，我想都不要片面追求重振某一朝、某一代的雄风，过去的就过去了，我们追求未来，可以从过去吸取经验教训，但绝不是过去的重复。我最希望上海对于我们内地的影响能够愈来愈强烈，而且体系化地给我们提供一个整体上有别于农业文明的文化形态和思维方式，包括它的城市管理，包括它的市场经济发展模式，特别是它的文化形态，让我们西安人由常常说的"生、愣、蹭、倔"变得逐步精明起来，科学起来，现代起来。

主持人：我们这个话题比较经典的结尾就是，上海的旧梦并不是它未来的一个拷贝，我们需要创造出更多的东西，构成新的珍藏和记忆，让未来的人们凭吊和怀念。

2003 年 9 月

与黄树森、黄爱东西谈广州的"吃"

黄树森，著名文艺评论家，广东文艺评论家协会主席。

黄爱东西，传媒人，专栏作家。

这是我们共同做的一期电视人文话题节目，节录了我的主要观点和论述。

一

主持人李蕾：今天我们将要点击的城市是广州。每个城市都有它的个性和特色。自古有一种说法，吃在广州。应该说生猛海鲜和特异的东西都是由广东人率先推出的。比如有一道菜就是广州的水蟑螂，叫作龙虱。这个东西看上去很恐怖也很可怕，但是广州人却把它当作美味，吃得津津有味。前一段时间流行SARS，有人就提出了是不是与广东人的恶食有关。这种说法当然没有经过证实，但是它也把广州的餐桌再一次提到了我们的面前，引起了我们的注意，同时也给了我们一个关注广州的契机。

好，首先为大家介绍我们本次节目的嘉宾，坐在我身边的分别是来自广州的专栏作家黄爱东西，也是知名的传媒人；这位是学者、广东文艺批评家协会主席黄树森先生；这位是知名学者、陕西文艺评论家协会主席肖云儒先生。非常感谢三位参与我们的讨论。

我这里发现了一本广州的杂志，它列出了一份广州的恶食名单。在这跟大家分享一下：油淋鸽子、油炸麻雀、红烧猫肉，这个就是以刚出生的小老鼠为主料的，还有生吞的水蟑螂、孔雀八吃、天鹅四吃、锡纸包鸵鸟肉、干锅大雁红烧。我想问一下肖云儒先生,这份菜单如果摆到您的面前,您会吃吗?

肖云儒: 当然我会有很大的心理障碍也包括文化障碍。但我觉得广东的吃是中国食文化的一个部分,跟中国总体的食文化还是有相同的地方。我觉得咱们民族的食文化跟西方有个不同的地方是我们是以满足口腹之欲为主,兼顾健康;西方的食文化是以健康为主,当然也满足欲望。我们要满足口腹之欲,就要吃山珍海味、生猛海鲜,就要去吃常人吃不到的美食。另外,中国饮食文化讲究色香味,还有美的享受、快感的享受,也讲究补。广东恶食便把补强调到了极致,每顿补,慢慢补,全方位、多角度地去做,每天做功课似的来补。广东人的吃跟内地人的吃还有一点很相似。它是一种团聚的方式,在家族文化基础上通过吃饭坐到一个桌子跟前来团聚的方式。它也是一种礼教传播、传承的方式,像座位,长幼有序,怎么坐是很讲究的。这中间就用礼来规范了你的身份。西方的吃是以健康为主,当然也兼顾交流,它就讲究怎么对身体好。蛋白质、热量、脂肪如何控制,工作午餐的同时是一种健康的事业交流。我觉得都是一种文化。

在我们的眼睛里头,对于广州人应当更多地注重刚刚提到的那个"敢"字,这个才是文化心理中的广州人最基本的特点。广州给我的印象,关键词有四个:走先、揾食、生猛、闯洋。首先还不是揾食,第一应该是走先。

说广州人的"敢",全部特征表现在饮食上,我不太赞同。我同意刚说的,他第一是敢走先,非常敢于先走一步。比如别人没有想到的、别人不敢迈步的时候,广东人敢迈步。清代海禁的时候,广东人敢闯海。太平天国的时候,敢打洋鬼子。林则徐不是广东人,但是林则徐下面的兵丁都是广东人,他们就敢烧洋人的烟土。还有把皇帝拉下马的孙中山,接着又带兵北伐,去打袁世凯,他是广东人。改革开放的广东我们就很熟悉了,我不知道在哪个杂志上看到一句话,我很同意这句话:实际上改革开放的过程是广东人用他们走先的观念，给中华民族洗脑的过程。改革、走先，他们总做一些好像违规的事。做多了，世代都这样做，都走先一步，敢想敢干就转换成一种广东人约定俗成的游戏规则，积淀为广东人的文化心理。广东人经常是利用政策，我们陕西人的概念则是遵守政策。广东人利用政策不说利用，而是说用足，要用足政策。我碰到一位珠三角地区的企业家，他给我说，其实我们广东人学政策比谁都学得快、学得细，他们最注重学的是政策让我可以做什么，让做的做足，没说不让做的，他们也认为是可以去打擦边球。而我们内地却注重学习政策规定不让做什么，规定不让做的一定不做。为了不撞红线，尽量远离红线，宁可缩小自己活动的空间。

我们上次谈到了西部精神，我说为什么没有东部精神、南部精神？其实中国东部、南部都有自己的精神，上海的海派文化，深圳的拓荒牛，广州的走先、生猛就是一种精神。我们现在有两个误解，认为广东文化，一个是香港文化的拷贝和反馈，一个只不过是大众文化。其实广东文化，特别在近现代史上，特征是非常强的，是引领时代风潮的一种文化。最著名的例子就是有"南陈北郭（郭沫若）"之称的著名历史学家陈寅恪，中华人民共和国成立初周总理请他去中国社会科学院，他不到北京去，公开表明他对主旋律的学术观念可能有所保留，他认为南方相对宽松，愿意留在广州。后来便在广东中山大学生存下来，当然也生存得不顺利。近现代我们很多科学技术的领先人物都出在广州，这也是走先吧。所以我觉得广东给我的第一个印象是走先，不光是在改革开放以后带动了中国，应该说从近代以来就一直起到了引领作用。

第二个印象，我觉得就是刚才说的揾食，这个粤语独有的词语，具体是指搞饭吃、找饭碗、谋生，但现在已经泛化为一种象征、一种文化，也可以把揾食的食理解成实在的实，指思路不玄乎浮泛，为生存实实在在奋斗。广东人不太讲出身背景，不摆谱。有人这么说，在银行存款，前面有个上海小子，可能只存一万块钱，但是会把架子摆得很足，夹个意大利名牌皮包，穷讲究。后面站的可能是一个不怎么起眼的广东人，拿个报纸一夹一存二十万。不太讲究你的身价出身，只讲究你在揾食过程中的业绩。岭南的揾食很能给我们启发。你聊得天花乱坠，聊完了一散伙，烟消云散没有人去干。而你在咖啡馆聊天期间，广州人已经把事情办完了。你想还能轮上你干什么？都完了。这是值得我们学习的，但在学习的过程中，不能丢掉我们原有好的东西。好东西该留下的还是要留下，该改造的还是要改造。

第三个印象就是生猛。生猛已经成了一种意象，不是生猛这两个字了，就是一种新鲜的风格。和刚刚说的"恶"有类似之处。"恶"不见得是一种贬义，"恶"是一种风格，陕西人也说"恶补""恶练""这人恶得很"，那是狠的意思，生龙活虎，猛龙出海，把事物推向极致的意思。我有点奇怪，我们那里都叫猛虎下山，但是广东人爱说猛龙出海，一个当然跟水有关系，也许龙比虎更有象征意义，势更大。这种风格，对于我们中原文化应该是特别有启发的。因为中原文化的一个特点，是温柔敦厚、中庸谨慎、思前虑后。思前虑后的结果是什么呢？陕西有一句话跟广东的走先正好相反，说陕西人是醒得早起得迟，早就知道该怎么走，但是起不来，起来了又穿不上鞋，出不了门。广东人一醒来，不穿鞋，拔腿就走了，人家把最好的市场都占领了陕西人才去。如果有了一点风险，比如市管会的人把广东人的摊子收了，陕西人还会沾沾自喜，你看，幸亏我没有出格，如果我出去练摊了不是也叫收了吗，反而觉得自己很安慰。

广东人做生意，很多名号、名字吓人得很，大约就是猛龙精神。一个卖家具的商场，他们不叫家具店，叫家私城；书店叫书城；热水器叫浴霸；建材铺叫建材广场。这反映了广东人要搞一个事，就要把这个事推向极致，产生震撼力。广州处于一个中西文化的信息窗口，外面有一些新的词汇也好、新的观念也好，很快会被吸收了。从这个角度上，岭南文化的精神对于我们，特别对于中原土地文化区，对中国整个文化都有启发。广州也是个历史文化名城，但是很奇怪的是，现在我们提起广州的时候，首先可能想到的是饮食、家电、流行音乐这些很大众、很商业化的东西。是不是经济发展到一定水平的时候，经济、商业、金融就会覆盖文化？

广东给我的第四个印象，是闯洋。在中国历史上，最能漂洋过海的就是广东人，还有一部分福建人。唐代的时候广东去海外的华侨，就有二十万。广东靠海，有地理上的优势。这二十年来中国文化的状态也是，广州既是原创文化的一个发源地，更是中西文化转口交汇的基地和中心。许多流行音乐都是从广东登陆，经过消化以后，变成一种强势的文化向北方推进。改革时代的中国文化常常是从南方开始，再到北京和全国落脚。大概有那么一二十年，广东的《春天的故事》《走进新时代》《公关小姐》《外来妹》，一直到《情满珠江》《英雄无悔》，再到《和平年代》这些电视剧，风都是从广东刮起来的。这几年开始，流行音乐的大本营才逐渐从广州转到北京，这是值得讨论的一个文化问题。所以我觉得它是得了天时地利，起码在文化探索上面他们在前十几年做了很多的工作。这里面就包括了广东的那种开放性、前瞻性。

还有，比如富贵观或者贫富观，他们主张要先贪才有发，有贪才有发，这个贪就是有欲望，人要有赚钱的欲望，你才可以发财，你没有这个欲望你就不可能发财，这是相当流行的。还有，他们对人的事业发展，也主张走先，不要等得黄花菜凉了，不要到了更年期才动手。这在珠江三角洲的干部里面，是很普遍的事情。

二

肖云儒：刚才黄老师说生孩子容易但是起名字不容易，名字起好了是一种隐形投入。我们陕西秦始皇兵马俑，现在估计它的资产总价值超过了百亿，有广东朋友说，这个资产里面有一个品牌资产，就是法国总统希拉克来的时候说过，这是世界第八大奇迹。光这几个字，值二十五亿到三十亿，这就是名字的重要性。这也是广东人的务实方法，先要换算一下到底价值多少。陕西人和广东人，在对待经济上面，头脑里的意识是不一样的。但是有一点是相同的，不论是广东也好，陕西也好，各个城市也好，对于自己的文化品牌现在都是非常注重的。

主持人：对于广东的声音，确实是各方面的，非常多，争议也很多，让我们一起来看一下大屏幕，听一听外地的学者和老百姓是怎样评价广东的，这是我们记者在北京、上海、西安、广州等很多地方做的一些采访。学者的观点都非常精彩，可以说给我们勾画出了一个广东的塑像。我们听到了一些积极的声音，比如说大家一致赞同广州人是比较务实的，而且广州人做事情的勤奋程度大家也都是有目共睹的，但是也有很多对广东负面的评价和批判的声音。肖老师，你对大屏幕传达的学者们的意见能不能谈谈看法？

肖云儒：我看两位广州的朋友比我宽容，我对刚刚那几位的看法并不以为然。北京学者说的有些有一定道理，但是很明显带着北方人对南方文化的某种偏见。另外一位，又带着一种正宗的中国文化对市场经济以后新的社会现象和文化心理的偏见。那位王岳川教授说，好像感觉广东人就只会赚钱，那是不对的。上海学者的说法我也不太以为然，因为在三个大城市中间，上海人有种与生俱来的优越感，在国内藐视一切，同时又崇拜国外的一切，对广州也有偏见。我倒觉得，广州这个城市跟我们中国一样，它正在转型。我前面说广州有深厚的文化传统，特别是近现代文化的传统，这也是中国古老文化传统的一个积淀。那么到了市场经济时代，是广州人首先下海，像当年闯海一样，首先刮起改革开放的南风，成为中国的"南风窗"。他们首先要改造自己，这个改造也是很艰难的。不说牺牲肉体，有的要牺牲荣誉，要冒风险。他们说广东人只会赚钱，广东人只会怎么样怎么样,我倒觉得这是一种开放的思想和生存智慧。我跟一个老广州人聊天,说你这么辛苦干吗,他不说这对历史、对社会有什么意义,就是很老实地告诉我,不过就是为了赚钱。我觉得这其实正是市民阶层的那种很高的生存智慧。你想,你面对一个财迷总比你面对一个官迷好,比面对一个不说实话、说套话或者打哈哈的人好。你不用戒备一个真实的人,你肯定没那么警惕。这不是一种生存智慧是什么呢?

刚才他们说的很多意见都可以融会贯通,但是站在这种精英文化立场对大众文化指手画脚,甚至流露出将来要靠我们来解救你们,我觉得这恐怕是南方人最反感的一种东西。全球化的过程就是一种世俗化的过程,现代化的过程也是世俗化的过程。什么叫世俗化,就是高贵的衣冠,英国女皇可以穿,宫女也可以穿。在商店里,前面的人拿信用卡去买劳力士手表,后面那个人就打几块钱的酱油,也同样可以在那个行列里,同样是平等的。这是世俗化带来的一种平等的文化。我很有点讨厌精英文化层里面的一些人,对大众文化的那种指手画脚,那种居高临下、不可一世的情绪。他们每走一步有多艰难,你瞧不起世俗,你去世俗一下看一看。你觉得他世俗,你如果试一试还不如他呢。

我印象里面,很多文化精品就出在民间。原来就是民间的东西,后来许多人用心思才提炼为精英文化和经典文化。所以对民间文化不能采取一种居高临下的态度。

三

主持人: 不可否认,广东文化确实火,包括粤菜遍布全国的大街小巷,包括大家都在学粤语。上海那么排外的一个城市,从来都不讲普通话,但是上海人一度学粤语。这应该放在广东的荣誉榜上。但是我们发现,大家可以承认中原文化、西部文化,承认京派文化、海派文化,等等,唯独对岭南文化以一种特别的眼光去看待它。

肖云儒：当代的岭南文化确实遇到了这个难题。在现代文化进入平民文化时代，已经很少有一种文化声音能引领全国全球的文化声音了。到处人声鼎沸，分贝很高，但是你反倒听不清在说什么，这样便容易导致集体失忆。文化分贝到了一种寂热状态，已经超出了我们耳朵的接受能力了。岭南文化应该借助于原来的传统，在现代大众文化浪潮中，推出自己能够吸纳这个地区、这个时代本质声音的那些作品。岭南文化未来的历史，可能要这样来写，不知道对不对。

岭南最前卫的是岭南的报业，全国最想说的话都喜欢跑到那去说。但是应该说，在所有这些声音里面属于岭南本地的声音不多，只是成为全国舆论的一个平台。我觉得岭南和广州有个很大的优势，叫作得天独厚，得地独厚，得时独厚，得人独厚。得天独厚，就是邓小平给了一个政策，老人画了一个圈，广东就首先演绎"春天的故事"；得地独厚，就是广东在最南方，是南大门，是南风窗，海风、西风最早吹到广东那里；得时独厚，就是遇上了改革开放好时代；得人独厚，就是广东人的文化人格中的走先、搵食、生猛、闯洋种种优长之处。广东到了夏天我们这里才开始早春呀。得天独厚，得地独厚，得时独厚，得人独厚，岭南文化如何在这种情况下，在改革第一阶段过去以后，很快地构建新的岭南文化和它的代表性的作品、代表性的人物、代表性的学术观点，这是需要认真对待的。

虽然对广东的文化有一些非议，不论大家如何七嘴八舌，但是广东有一个《南方周末》，它甚至比广东这个名字本身走得更远。它号召正义、良知、理性，包括它打动你的那种责任和使命，关注弱势群体以及平民化的姿态，总有一种精神让我们泪流满面。两位觉得这算不算是岭南文化在当代的一个平台，一个相对宽容的平台？

四

肖云儒：还有一个问题是，我觉得要把约定俗成的岭南文化，同改革开放以来广州的当下文化加以区别。岭南文化，从汉以后移民，到明清开始形成，那是一种概念，那是引领了中国近现代历史的岭南文化。广州的当下文化是大众文化、市场文化现象，而且和香港、澳门、深圳、珠海文化联成一体。要分清这两个概念，岭南文化并不是指当下的大众文化。岭南文化渊源现在也没有完全搞清楚，有的说是两千年前，有的说是已经推前到了三千五百年。东莞要搞一个珠三角第一村，推到了五千年，那就跟西安差不多了。报纸说是五千年前跟中原一样繁荣。

我国文化和经济的关系，不是父子关系也不是兄弟关系，是情侣关系，情侣关系是你中有我我中有你、缠缠绵绵这样一种关系。文化是水，经济就是船，文化的浮力越大，这个船的载重就越大。但是我们在经济跟文化关系的问题上，有各种误导，其中一种是提经济搭台文化唱戏，现在看起来，实际上也可以文化搭台经济来唱戏。申报非物质遗产和申报文化遗产就是很好的例子。现在各地都在重新发掘自己的文化资源，通过促进文化品牌的发展，来促进文化产业的发展，就说明文化它也是一种舞台，可以为经济唱戏提供凝聚力，提供由头和场地。有头脑的话，文化资源也可以转化为货币资本。所以我觉得经济跟文化关系很紧密，不是说要经济发达以后，才来建设文化。就经济产品来说，技术也已经不是唯一的因素，品牌和商标即文化含量的价值变得越来越重要。在全球化的经济发展里，它的地位不见得比科技的地位低。我觉得我们在这个问题上确实有一些误导。

五

肖云儒：广东建设文化大省，我觉得早就应该提出来了。所谓大省，有三个层面。第一个是它的规模层面，就是文化产品批量生产规模大、市场覆盖区域大、社会影响力大。从操作规模看，广东早都是文化大省了。第二个是管理层面，是否适应现代市场经济，搞了中介层，如经纪、发行、广告制度，是否在文化建设中较早引入法律事务，搞法制文化经济，等等。这方面广东搞得也是很好的。第三个层面，所谓文化大省，就是说能够在整个中国文化格局中，有自己很有力量的地位，有很响亮的声音。这点，广东在大众文艺日益普及之后，也很快上来了。所以我觉得文化大省这个口号，广东虽然提得比较晚，其实走在了前面。

我不太赞成陕西提我们是文化大省，为此还写过长文。广东才提出建设文化大省，陕西前十年就说我们已经是文化大省，说得有点早了。最好说陕西是文化资源大省，说陕西是正在尽快促成文化资源大省向文化大省、文化强省转化的一个地区。

广东建设文化大省，我提一点外省人的建议。我觉得不要一说文化大省就掉进岭南文化的传统跟精英文化的传统中去。一方面要抓住这个不放，这是岭南文化重要的质量指标，要在建设文化大省的总格局中重振岭南文化的雄风。更重要的是另外一方面，是广州二十多年来市场经济背景下发生、发展的各种文化现象，要通过文化大省的建设，把这些新东西提升到文化品牌的高度，并且融汇到文化大省的内在元素中去。这些东西是现状，现状要进入历史，要做提升和规律化的工作，使它们成为岭南文化当代史的一部分。千万不要把这些个东西丢掉，不要认为这是大众文化、流行文化，价值就不大。广州当下文化的价值观念是什么，审美观念是什么，思维方式是什么，艺术技巧是什么，经营思想是什么，整个要把它理出来，变成文化大省的一部分，也变成未来的岭南文化的一部分。进入历史流脉的文化才是真正有生命力的文化。文化和历史的责任就是把今天的现实提升为文化，告诉未来。把昨天告诉今天，把今天告诉未来，这既是历史，也是文化。历史现象只有经过文化化、进行了文化的改造和提升之后，才可能进入历史。广东的朋友绝对已经考虑到这一点了，我作为一个热心人还是要提出来。

主持人：都说旁观者清，肖老师刚刚说的，正是广州现在正在做的事情。电视剧已经做了，《广东电视剧珍品集成》，就把最好的电视剧本，包括剧照，包括理论思考，包括整个大事的回顾，大概三百八十万字已经出来了，将来全部完成，加起来大概是一千万字。就是说肖老师刚谈的那个，真是个很好的提议。戏剧、音乐都可以接着来做的。希望所有的广州人都能发扬想象力和实践力，真正迎来一个文化大省建设高峰。

20世纪90年代，广州方式迅速地波及全国，广州从此成为我们改革开放和经济发展的一块试验田、一块示范地。今天我们在这反思广州方式的时候，其实需要全国的城市一起来反思。它所走过的这一切，其实是我们中国改革开放的一个历程。好，非常感谢现场的观众朋友以及电视机前的观众朋友。谢谢！

2003 年 10 月

与杨锦麟、黄挺谈潮州文化的留守与出走

杨锦麟,凤凰卫视主持人、时政评论员,所主持的《有报天天读》栏目在海内外产生极大影响。

黄挺,韩山师范学院教授,潮汕文化专家。

这是我们一道做的一期电视人文话题节目《望乡:留守与出走》,节录了我的主要观点和论述。

主持人李蕾:观众朋友大家好,欢迎收看《开坛》。经常看我们节目的朋友就会知道,今天的现场非常特殊,我们是从西安千里迢迢来到了广东省的潮州市。潮州是我们中国的侨乡,李嘉诚、饶宗颐、陈平原,包括摄影家陈富,都是出生在这个地方。应该说这是我们中华文明对外的一个窗口。早在一千二百多年以前,我们非常伟大的文学家韩愈先生,就是被贬到这里来做刺史的。从长安来到这里,他带来了中华文明的延续发展和流动,也在这个地方留下来很多宝贵的文化遗产。今天我们站在这样一个节点上,怎么样面对全球化,怎么来反思我们传统文明中的一些基因,这是我们今天要讨论的。和我们一起来到现场的有几位嘉宾:杨锦麟、肖云儒、黄挺。

一

主持人:中原文化从中原传到这儿,它并没有停止下来,又从这儿出海,

走向世界。潮州，是闻名世界的侨乡，这里的人们足迹遍布世界各地，世界各国有很多的唐人街，唐人街里面有很多潮州人。唐人街里有各种各样的中华符号，这些符号很多都是由潮州人带出去的。现在当我们又从这个地方来链接海外的时候，你们有什么样的感觉？

肖云儒： 潮州文化是一种多层面的复调文化，一方面是我们向海外传播各种中华文化符号，我们输出了人力、人才；另外一方面海外的潮州人呢，又不停地给内地以经济上的支援、文化建设上的支援。像淡浮院，我听说全部是外侨无偿的捐资，而且不留名，完全是一种善举。还有就是观念文化的输入，一方面离乡，一方面望乡、回乡。走和回，构成一种复调的文化和心态，走和回，永远是潮州人心中一个解不开的结。

韩愈当年虽然是不情不愿地来到潮州，但其实现在你看韩愈在潮州的影响，我想在中国没有一个地方，韩愈能给人们留下这么大的影响，能给一个地方文化留下这么大的影响。他来到这里以后，潮州人把他看作是一个榜样，这个榜样呢，其实是对中华文化的仰慕造成的。他们仰慕韩愈其实就是仰慕中华文化。虽然这里有很多传说，好多移民的传说，说潮汕人是从河南洛阳那边来的，是河洛文化的继承者；潮汕人也自称是"邹鲁子孙"，即山东孔孟之乡的子民。但是在我看更多是一种象征的意义，不管在中国什么地方，就算是到海边很边远的地方，大家也是仰慕中华文化的。所以潮州人说，我们是海边的邹鲁，是南海之滨的孔子弟子。

因而潮汕文化在我的印象中，是中原文化向南传播、向海外传播的精神落脚点、文化口岸。当中原文化传承到了潮汕地区，他们格外重视保持古代形态的各种文化符号，保持原符号，因为他们要的文化依托就是中华文化的原符号。

二

主持人：这里的人有一种精神，肖先生把它概括为走先。潮州人出走得特别多，他们不太在一个地方老老实实地待着，他们像水一样到处流动。我来到潮州以后，听到这边人有一句话，说"十米水布下南洋"。这一传统一直延续到今天。潮汕有大量的本地人，在海外生根开花结果。对于潮州人这种出走的生存状态，你们有怎样的理解？

肖云儒：我觉得潮汕人到海外去，他的心情跟韩愈到潮州来，一开始的时候并没有很大的差别，是很悲凉、很感慨的。潮州人一条水布下南洋。他们没多少东西可带，只一条水布便只身闯南洋去了。

当然走先是先人一步出走，解决他们生存和发展中形而下方面的问题。实际上，走先跟闯洋这种流动生存，给潮州人文化心理带来了非常重要的一个特点，就是静态生存和动态生存的组合，一种两极振荡。静态生存如种地，潮州人很会种地，下绣花的工夫，叫作种工夫地，还有喝工夫茶、看工夫戏，都是不干则已，要干就要把活儿做到极致。动态生存如闯海，他们把自己的人生放到另一层面，在水路上去颠簸。我曾经想到这跟我们西部有类似的地方，我们是在沙海里颠簸，我们那儿也是土地文化跟游牧文化的交汇处，一方面有土地的静态生存，一方面有游牧文化的动态生存。但是由于中亚和西域近几百年的衰落，这条陆上丝绸之路开始衰落，这个动态生存给西部带来的好处，包括文化心理，明显不如这边。潮汕文化既有中原文化的沉淀，有对中原文化的仰望，但由于生活所迫和生存环境的恶劣，他们又被迫选择海洋，选择了中国任何一个族群都少有的海洋文化的生命探求。

三

主持人：回顾一下我们中国的近代史，有这样一个关键词：留美幼童。

现在，留洋这个词我们更加熟悉了。因为在全球化的时代，我们很多的青年，你看咱们今天来了这么多年轻的学生，他们中间有很多人可能将来就会从这个地方，走出国门，到外面去留学。我现在想请教几位的就是，从你们观察和研究的角度来看，现在的这个留洋和我们历史上潮州人的留洋有什么不同？

肖云儒： 留洋可能有三种：一种官派留学，承担社会改革使命的，孙中山啊、黄兴啊回来就用崭新的观念思想闹革命了；一种是民间闯洋，最后发家，给中国最早锻造了民间商业运作方式；第三种，就是你刚刚说的这种，现代的学生出洋，主要是留学，是文化人的出走，带着文化知识技能再转回来。

三批人出国在空间上可能是同步的，现在还有公派留学，有私人留学，有商业出走，但在时间上是有先后顺序的。最早是闽南人、潮汕人、广东人出海，个别人闯海从明代就开始了，那是小商品经济情况下的闯海。然后到清末有了商品经济进一步发展的要求，也发现国家需要有政治改革，这时一大批人留学就是上学校，在政治体制和社会管理上学习西方。政治上的留学和经济上的闯海之后，才有文化上的闯海。以文化改造为目的的这一批留学生，我觉得反映了中国社会在现代化进程中的一种深刻化过程，他们越来越感到文化的变更是这个国家变更的根本。光有市场经济的小打小闹，没有政治体制的变更，那管什么用？有政治体制变更，若变不成整个民族的文化心理，又能怎么样呢？只有文化的变更才是最深刻的变更。这就是为什么说韩愈对潮汕地区功德无量。教育、教育，是个教化过程。当我们要走向现代社会的时候，只有物质文明，只有精神文明，是不够的，还要有政治文明的养成。政治文明的养成，没有教育的熏陶，没有公民社会的营建——从非常小的事慢慢地养成，不但尊敬传统文化，而且学习现代文明——也是不成的。因而我们今天谈的出走和望乡，就是一个精神文化的生态循环，是一个非常好的循环。

四

主持人： 出走和留守，在这块土地上，在祖国任何一个角落都在发生着，哪一个更重要？它们对于整个国人的心态又有着什么样的价值？

肖云儒： 出走与留守哪一个更重要？在不同历史时空、不同的族群、不同的人生段落，有不同的答案。为了什么出走，为了什么留守，也会有不同的答案。不同的出走和不同的留守，它的道德评价和价值判断也都不一样。但如果要大而化之说现代中国哪个更重要？我认为还是出走更重要。这不是指跨空间移动，不是空间距离一定要由这个城市挪到那个城市，而是指跨文化交流，是指你的心灵、你的精神、你的文化要走要动，不是仅仅嘴里说走，而要真正动起来。中国作为一个土地文化、以守土为业几千年的这么一个国家，整体上来说出走是比留守更重要的。我们不能把留守和出走仅仅理解为一种行为，我们应该从精神内核上来理解它。我们讲出走呢，并不是说我们在本土就不能出走，好像不去留学我们就不能学西方的东西。我们在本土不仅仅要学我们自己的文化，还要学其他的先进文化。我们要有一颗律动的心，但不要有一颗躁动的心。这很重要。不要把出走只理解为一种具体行为上的东西，我留守的是家园，但出走的是思想和文化。在出走中追求更多新的东西，这种追求才为你的留守奠定下更多、更坚实的基础。

五

主持人： 我昨天听李闻海先生给我讲了一个小故事，说潮州有一首民谣，他到美国去，美国潮州人的第三代人，已经不是中国籍了，是美国籍，不懂汉字，听不懂国语，但是他竟然能够用典型的、非常正宗的潮州话来念这首民谣，这个顺口溜。

肖云儒：这是一个密码呀，我们完全可以用它来解码潮州人。这也像地下党接头暗号一样，一念就知道，哎，这是自己的同志、同乡、乡亲。另外一个族群也是这样子，很顽强地保留自己文化的信息，就是苗族。在美国，在欧洲的德国，有一些被战乱冲散的苗族人，每年都有一个固定的约会，不管他们是什么国籍，融入哪一个社会，都会朗朗上口地唱一首苗族的民谣。这种保留语言文化信息的顽强程度真是令人惊叹。

恩格斯曾经说过，这个叫获得性遗传，它是后天遗传，也可以说是一种精神的 DNA，就是密码，文化 DNA，语言、诗歌、音乐的 DNA。他可能不明白这是什么意思，但是知道我们唱的是家乡唐山来的歌，是唐人或唐人街的旋律，是故土和祖先的召唤，就找到了认同，找到了一种根的感觉，找到了一种种族的、文化的归属感。

刚刚黄老师说到我们华侨山海的时候，都是充满了凄凉的。我记得我在中学时候读过闻一多的一首诗，当时我还是十八九岁，读得热血沸腾（诵读闻一多《洗衣歌》）：

　　年去年来一滴思乡的泪，

　　半夜三更一盏洗衣的灯……

　　下贱不下贱你们不要管，

　　看哪里不干净哪里不平，

　　问支那人，问支那人。

它是闻一多《七子之歌》中的一首，是跟澳门回归时流行的那首同时写的一首诗。我当时觉得，我们的海外华人，在这样一种境况下孤独地闯洋生存，充满风险，形同犬马，被人视为下等人。在离乡背井的孤独和充满变数的生活中，他唯一的精神依托，就是故土、乡亲、祖国呀。因而这个密码给他的远远不是十块八块钱的救助，而是生命之根、精神之根的营养。我觉得是这样的。

六

主持人：有一个网友说我们这些人留学去，出去给我们带来了什么呢？他归结为两点，一是把我们的钱送出去，二是出去是为了回来，镀一层金回来，回来干什么呢？赚我们的钱，他这个观点是有一点偏激，但是我发现这种现象是存在的，不知道你们对于这种现象怎么解读？

肖云儒：这个现象的确是存在的。我不太同意对这个现象做过多的负面评价。退一万步讲，他就是回来赚钱，也是给家乡投资，他与家乡双赢有什么不好？你更要看到，他镀的那一层金，是现代管理之金、科学技术之金，回来赚钱拿走的是钱，但他留下了现代市场经济的许多理念、思维、方法和现代心态。你要看到这个对国家现代化改造长远的好处。我始终觉得中华民族的改造，重点在于文化人格本身，在于对几千年农业文明的改造。我们要用一种系统论的观点，一种很宏大的、海纳百川的眼光来看这个问题。

我觉得到了现代，全球一体化的今天，我们在谈学问的时候已经不能用中学、西学这种二元对立的思路来分类，而是全人类共处在终极的阳光和真理之中。我们每一个民族都是在每一朵不同的云霓下面来探索这个共有阳光，我们在汉民族云彩下面，人家在英吉利、在美利坚的阳光下面，因而有了文化的民族和地域特色，但是探讨的最后目的是达到全球化的阳光。因此你不能说，你探讨真理的阳光，你就西方化了，人家也探讨真理的阳光，人家便偷了我们的文化，东方化了。我们得升华到一个全人类文明的格局中看问题。潮汕文化跟中原文化、中华文化，潮汕文化与世界文化的关系恐怕应该这样看。

观众：我们大学生走出去之后，在价值观方面肯定会受到西方价值观的影响。我个人认为这个影响还是有西化的，而西方的价值观念还是有消极一面的，不能说西方就完全是好的。谢谢。

肖云儒：我基本上同意这个同学的观点，西方文化包罗万象，泥沙俱下，当然有它消极的一面，但是我们从历史的大进程，从中华文化的宏观建构来说，消极影响是次要的。而且我觉得，通过我们中华民族文化的各种过滤机制或多或少地将它消减、过滤。我们往往对我们的过滤机制缺乏自信。优秀的文化坐标、文化结晶，包括年龄，都是一种过滤机制。你二十岁时恐怕要西化得快一点，到了五十岁以后你看一看，心灵中的各种中华文化的因子开始复活，要西化就难一点了。

主持人：肖老师现在就西化得很慢。

肖云儒：我中间也西化了一段，现在又回到中华文化的坐标了。就是说，中华文化是个酱缸，所有的新鲜萝卜放进去，泡上几年都咸了，咸得不能进嘴。但也可以换一种思路，当你不停地给这个文化酱缸中添加新鲜萝卜的时候，它就淡了。这绝对是一个有利有弊的选择。我们有选择的权利，同时便有了选择的责任。我们可能会在两个层面上承担起选择的责任。一个是出于对民族文化的责任，我天生就是中国人，不但有中国血缘，而且有中华文化基因，在吸收人类文明成果时不可能没有选择。还有一个是利益选择。在当前，利益选择可能更重要。我们很多在国外留学的人，开始几年都不回来，现在慢慢都回来了。为什么，他在国外，社会中心、机要部门、高端职场都进不去，只能当二等公民。回到国内则成了香饽饽。为什么不回来？这是利益选择、市场选择、责任选择以及文化选择的结果。所以我觉得不用太担心我们的青年会被西化掉。

这中间始终有一个问题，就是错把西方文化取代了全球文化、人类文明。我们是在中国这片云彩底下来探索阳光，你去了美国那块云彩去探索阳光，你要看到在美国、在中国最终探索的都是具有全球性的阳光。你不要专门去人家那里吸收只有地域性意义的云彩。这样没有普泛意义的云彩你就不要吸收它。我们既不要只把美国的云彩当成普照人类的阳光，如获至宝地弄到中国来炫耀，也不要把高悬在美国云彩之上普照人类的阳光，当成西方资本主义的东西而拒绝掉。

主持人：一千多年前韩愈从唐代长安来到了潮州，他在这里留下的最宝贵的遗产，就是中华文明基因。现在我们来到淡浮院来做这期节目，时间是不能复制的了，空间也没有办法挪移，我们来这里的方式和当年韩愈到这儿来的方式，也发生了根本的变化，但是有一点结论是共通的，就是其中文明的变迁和文明的密码，是有迹可寻的。那么我们应该怎样来吸氧，怎样从各种不同的文明之间得到一个更多元化的判断和更新，包括对我们的传统文化应该怎么样固守，又应该怎么样寻找自己的定位，希望大家继续延伸讨论。感谢收看！

2006 年 9 月

与木霁弘谈茶马古道

木霁弘，云南大学教授，有多种茶马古道文化研究专著出版。

这是我与他做的一次电视人文话题节目，节录了我的部分观点和论述。

主持人李蕾：观众朋友大家好，不知道您对茶马古道是否熟悉。1995年，著名学者费孝通先生曾经说过，在我国古代的历史上有两条非常著名的与域外沟通的陆上道路。西边一条就是丝绸之路，南边就是茶马古道。从那个时候一直延续至今两千多年。茶马古道上永远行进着马帮，马帮身上驮着茶叶、盐和粮食。他们不仅把南方的特产和风土人情带了出来，也把外面的文明带进了山里。今天，2005年有这么一支特殊的马队又重新走上了茶马古道，他们从普洱出发，经昆明、成都、西安、太原一直走到北京，命名为"茶马古道瑞贡京城"活动。这支马队对于我们现在的文明究竟意味着什么？他们又给我们带来了什么样的思考？

一

肖云儒：我觉得重走茶马古道活动，一是反映了茶马古道的生命力，它跟别的古道是有不一样的地方。我们中国有西域的丝绸之路、南方的丝绸之路、海上的丝绸之路，有唐蕃古道，北方草原上也有一条茶马古道。我们这是滇藏川的茶马古道，这条古道和其他古道都不一样。其他古道虽然也都多少带有贸易的特点，但主要是政治文化的通道，它有宣示国威的任务，带有武力的倾向。只有这条古道全部是民间经贸文化通道。你看今天来了这么多民族的同胞，他们中间没有张骞，没有文成公主，没有郑和，没有王昭君，但他们是千千万万个张骞、千千万万个文成公主。他们是民间自发的为了茶马互市的生存需要开辟了这条古道，所以它是起源最早、消失最晚的一条古道。一直到二战滇缅公路跟驼峰航线开通的时候，我们这条古道还在为抗日战争做贡献，因为它具有民间的草根生命力。

这次瑞贡京城的马队行走，我有个想法，虽然带有商贸目的，但是我觉得最主要的是一种文化复现行为，是我们唤醒自己沉淀了、沉睡了多少年的世世代代的古道意识，复现古道生存状态。通过这次行走来唤醒古道意识、古道精神，然后把古道所承载的古道人格、生存状态重新推到现代人面前，让现代人在生存的困境中感觉到还有另一种生存状态。这种古典色彩很浓的生存状态是行动的、游走的、开放的，我觉得对现代人有很强的文化意义、精神平衡的意义。

二

肖云儒：我从茶和马身上感到的是一种强烈的文化象征感。茶是什么？茶是树，把根扎在土壤里、山坡上，它是静态的农耕文化的一种象征。马是什么？马是路，马是游走的、奔跑的，它是动态的、游走文化的象征。人类生存其实就是这两种状态——定居或者游走，心理也是这两种状态——静态或者动态。把茶与马联系起来，实际上就是把我们人类生存的两种状态联系在一起。用马的精神给农耕文化输入动态的灵魂，以茶的精神给马的奔腾输入一种心灵的深厚和沉着。我觉得真是非常好。现代社会虽然是一个动态的社会，但是你如果没有茶精神的沉淀，这个动态是轻浮的。只有茶与马结合，我们的民族才可能把农耕文化、游牧文化的优点都汇到一起，形成我们的民族精神。

主持人：在这位哈尼族的朋友旁边坐着几位饱经风霜的汉子，这就是马锅头。赶马人分为几个小队，每队的队长就叫马锅头。他们经过长途跋涉来到这里，走了四五个月了。你觉得赶马走这一路辛苦吗？

马锅头：不算辛苦，倒是挺好玩的。

主持人：怎么好玩？

马锅头：朋友多，一路走来，一路唱，一路跳，很高兴。

主持人：走了这么远的路，你遇到的最危险的情况是什么？

马锅头：我们最危险的情况有两三次。有天晚上突然降大雨，马都在溪边，我们就赶紧牵马。当时马叫、人叫还有雨声混合在一起，大家都很紧张。还有几次大雨、雷和闪电袭击了我们的营地，受尽了惊吓。但我们积极地想，我把马和茶运到了北京，让全世界人民都知道这是用马、用脚步运来的茶。

肖云儒：刚才听了马锅头的话我很惭愧，因为我跑了一趟云南，我的感觉全是美好，我没有经历他们那个艰巨的过程。我感觉云南的空气像氧吧一样纯净，云南的云能一把捏到手里，云南的水都能流进心里，林子里安静得能听见自己的心跳。云南的茶树是古茶树，跟我们内地的茶树不一样，它有很高的树干，很多树枝。当地的小汪告诉我，采茶姑娘唱歌不是像我们内地是在山上招个手唱，而是坐在茶树枝丫上唱，那又是一种感觉。但是刚才听了马锅头的话，我就觉得现代人真是需要走走，需要有自己的步行人生。我在一个资料里看到过马帮人在茶马路上的艰辛，一个山区发洪水，当山洪整个落下去后，只见树枝上全是马的骷髅。原来是一个马帮正好走到这儿，洪水过后，马漂起来，被挂到了树上，直到风化为白骨。所以我觉得这艰苦、这痛感对于现代人的心灵真是一种营养。刚才马锅头的话就给我补了钙，谢谢你们。

我觉得他们的人生是马背上的人生，他们整个的人生过程是跟马相始终的。还有那位马锅头说得非常好：一路上非常开心。这是动态生存造成的一种心理状态。我们有些记者会说你们太辛苦，那么多风险。那是静态人生造成的对于流动的恐惧。他们虽然辛苦，但是舒服畅快。我看过云南的一个民间歌剧叫《小河淌水》，也是写马帮的。那里面充满了诗情画意、人生的酸甜苦辣，最后当它变成戏剧的时候，就演化成一种人生、精神上的审美过程。所以我觉得他们话虽然很短，但很准确地说明了茶马文化的内在含义。

三

主持人：在现代社会让这么多的赶马人一步一步走到北京去，从云南到北京，如果坐飞机的话可能只要三个小时，坐汽车也是非常快，但是现在赶着马走可能要走上半年。你们对于他们的这种"慢"，这种"慢行为"理解吗？

肖云儒：大家知道用脚板丈量大地，这是一种最慢的但又是最切实的感觉大地的方式。如果你坐汽车就离地一米多，如果你坐飞机，离地一万米在天上飞。现代化的工具越快，离土地越远，过程也越短，生命体验也越少。这个动态过程在你心灵中的留驻时间越短，你的跨文化感觉越少。为什么我们现在出现了行走族或者"绿蚂蚁"，不管你怎么走动，要用脚板走，为的是要延长这个体验过程。他们这半年的旅途向现代社会宣示的是这么一个道理。

现代社会讲究速度决定一切。为什么要讲速度、讲效率、讲快？因为它的目的性非常强，而目的性非常明显的事物常常就没有心灵的分享。所谓慢，慢在哪，不是动作木讷，是心慢，是为了沉淀、反思、自省，为了用另一种眼光来重新审度这个世界。我们说当品尝一个东西的时候要慢，一目十行地读小说那是中学生的做法，但是专家要品味一个经典作品是要十遍二十遍地读，他是在品味那一道风景线。旅游团带我们去欧洲十日游，回来后你的感觉是全坐了汽车，而没有看什么。只有你慢慢地品味，欧洲才能在你心中具体化，你才能感觉到这是一种人生经验。所以我觉得，现代社会由于是一个快节奏的社会，我们要讲究效率和效益。当这个效率和效益达到极致的时候，又会产生很多心理压力，这时候你特别需要心灵的舒展，需要茶文化、茶精神来缓解我们的心理压力，取得心理和行动的平衡。这就是行为要张扬、要快，心灵要静态、要慢。"快慢适度，张弛有度，物与神游，灵欲共感"，这样的一种生活状态我觉得才是有质量的生活。

这很难做到，但是要努力做到。

主持人：在丽江他们讲了一个故事，说一个老太太大概七十多岁，步履蹒跚，在古城的五花石上慢慢地走，有几个年轻人匆匆忙忙超过她。老太太说不用忙，再快就走向死亡了。我觉得老太太说的话提供了一种价值观念的考虑。如果一个人不快活，节奏再快、挣得钱再多也不会给人带来更多的幸福。尤其在都市的人一味地强调快，导致了各种各样的疾病，所以我们在山区里看到一百多岁的老人在唱歌，他们那种快乐我们非常理解。一个人怎么活着，生活质量是什么，其实我觉得自己心灵的快乐是最关键的。

肖云儒：现代化的终极目标当然还是"以人为本"，要使人活得更有质量。但对质量的理解，人跟人是不同的，质量不意味着金钱，幸福指数并不是财富指数。对"以人为本"我想讲三个"一切"：一切为了人，现代化一切都是为了人；为了一切人，不光是为了大款、美女，还为了我们老百姓和各民族的兄弟；为了人的一切，不光是为了人的衣食住行，还要为人的心灵。人对自由、对思考的要求是不断提高的，为了人的一切，就是要把人不断提高的物质生活、精神生活的要求，通过社会的现代化使他们得到满足。现在我们说"和谐社会"，这个"和"字很简单，就是物质层面，每张口都有饭吃；"谐"字是精神层面，人人皆可说话。它包括物质上的小康、精神上的舒畅，这就是现代化社会的最终目标。我觉得这跟我们的马帮精神很符合，就是通过茶与马的两极振荡，走向一个更深刻的、更高层次的人生。

四

肖云儒：在布郎山上的万亩茶园里，有一棵几千年的茶王树。但是那棵茶王树在我去的前一两个月死了。怎么死的呢？为了开发旅游，在那个地方搞了个小景观，接着是大量的旅游垃圾污染。人多了空气也不纯净，树开始枯萎。加之当地人没有科学常识，又给茶王树上了两袋尿素，茶王树就死了。在它尸体旁边的草地上，都是娃哈哈的瓶子，我还拍了一张照片。这说明了什么？这是一个悖论、一个二律背反。就是说文化的交流机制可以促进文化经济的发展，但是区隔体制同样是文化保存的必要条件。我们要现代化，但这个现代化一定要保留在社会可以承受的范围之内。这也就是可持续发展，一种科学理性的精神。

主持人：我给大家说一个人，就是杨丽萍。她带着《云南印象》走遍中国，也遭到了质疑，说她把原生态的东西拿出来让它和现代文明接触，会不会有"化学反应"。她想保护它，结果反而被破坏掉了。我们许多古老的、比较封闭的原生态文明在遭遇现代文化的时候恐怕都会遇到这样的问题。

肖云儒：文化是有自己的生态的，有自己发展的内在规律。所以我觉得，一方面要走出去，这一点是不能动摇的，你不走出去，你就没出路，难道我们的文化不要现代化了吗？住在山沟里的群众永远只享受原生态的文化，而不享受经过加工的文化大餐吗？这是不公平的，也是不人道的，还是要走出去。但在走出去的过程中要大力保护，这也是毋庸置疑的。我觉得更重要的，是输血，就是把传统的化石性的文化复活为鲜活的文化，让它在时代的土壤中再生。我觉得文化真正存活的沃土还在民间。

很多文化在创造的时候脱离了本土的、自然的环境，被带到舞台上，它就离开了资源，成了象征性的东西。所以我觉得对文化的保护一定要遵循文化自身的发展规律。

陕北不种粮食了，封山育林，保护生态资源。其实文化也是这样，也要适度"封山育林"，让它自然生长传承。封山育林不是给陕北山上的林草打尿素，而是让它用自己的力量生长。文化的保护其实也需要这样，当我们用各种行政措施或者市场机制过分地入侵文化的时候，对文化其实是不利的。我们应该在一定的时候提出对文化"封山育林"的思路及办法。

2005 年 8 月

与李蕾谈传播文化

李蕾，上海东方卫视主持人，作家。她以多年主持陕西卫视的《开坛》和新近主持东方卫视的《纪实》而在电视界享有盛名。

这是我与她做的一期电视人文话题，节录了我的部分论述。

（大屏幕：美国伊拉克战争画面）

主持人李蕾： 我先问问大家对这场美伊战争的态度。（略）

从刚才现场观众朋友们的热情回答中，我们可以发现，大家都对这次战争非常关注，而且了解到了它的每一个细节。似乎这场战争改变了我们的生活。但其实我们中间的每一个人，都没有亲临巴格达，既没有闻到硝烟，也没有看到炮火。所以应该强调的是：真正改变我们生活的，并不是战争，而是传媒。这也是我们今天所要讨论的主题——传媒时代。

首先掌声有请我们的嘉宾肖云儒先生。肖老师曾经是一名记者，那如果您现在还是一名记者的话，在这个战争开始的时候，您会不会想上前线去当一名战地记者？

肖云儒： 那当然，我个人会有这种冲动，但肯定要接受总体的安排。关于这场战争，我们几乎都是通过传媒知道的。只有伊拉克的人民跟军队和美英各国联军的部队，才是战争的亲历者。因此我们可以说，对大多数人来说，这场战争实际上是一场屏幕上的战争、文字中的战争、声音中的战争、数字技术中的战争，亦即屏媒、纸媒、声媒、网媒等等传媒上的战争。

20世纪20年代，美国有一个很著名的新闻记者，叫李普曼。他提出一个理论，叫拟态现实，就是说，实在的战争是实态的、真态的现实，真实发生的现实。但是传媒上反映的战争呢？是文化膜上、模拟平台上的战争，这叫拟态现实。我们通过拟态现实来感知实态现实。拟态现实由于覆盖面大，常常比实态现实影响更多的人，拟态现实会转化为每一个接受者的心态现实。这个理论十分深刻，可以说是现代传播文化的基本理论。

主持人： 对于这场战争，不同的人会从不同的角度关心。有许多人，非常关心活跃在战争中的战地记者，因为战地记者能给我们带来很多信息和思考，带来超越于战争之上的精神和感情。让我们先来认识这样一位战地记者——六十八岁的阿内特。今年3月，他被美国NBC派往巴格达。但是令人非常意外的是，3月30号的时候，阿内特的身影竟然出现在敌对的伊拉克国家电视台，并且在接受采访时公开声称美国对萨达姆采取的第一波军事行动宣告失败。一个记者跑到敌台去公开说自己国家失败了，在新闻史上这是从未有过的事。采访一播出，他就被NBC解雇了。这个阿内特确实是胆子不小，用中国的一句俗话讲就是：他是吃谁的饭砸谁的锅。您能分析一下这次事件吗？

肖云儒： 我觉得美国解雇自己的王牌记者阿内特，主要原因是他捅破了传媒文化膜对于真实事态的遮蔽，使实态真实在拟态真实的云层背后走了出来。

实际上，存在着几个美伊战争，美国跟伊拉克正在发生的战争，伊拉克观众眼里的战争，西方观众眼里的战争，几个战争并不完全一样。各国和各种派别、各种观点的传媒，总会从不同需要、不同角度出发，对实态战争中的信息进行遮蔽。日本报纸就指出过，双方媒体的报道，都没有完全真实地反映这场战争。比如，美国发动这场战争的原因，实际上是五个：

第一个，当然是经济利益、石油利益。第二个是地缘政治。美国希望把一个在中东能跟以色列抗衡的力量消解掉，在阿拉伯世界插进一个亲美的楔子，改变中东的地缘政治。第三是科技。美国需要实验许多最新的科技成果，特别是军事科技成果。第四，反恐。第五，伊拉克的人权状态。但是美国传媒主要宣传的是后两层拿得出来的理由，就是反对恐怖主义和维护人权，所谓瓦解邪恶轴心的战争。其他三条真正核心的原因，都被美国传媒遮蔽了。美国想在舆论面前把它定位为一场维护人道价值标准的战争，以取得国内外道义上的支持。

美国传媒、西方传媒是这样一种现象，伊拉克传媒其实也是这样的。伊拉克现在产生了一个著名人物，叫萨哈夫，是新闻部长、前外交部部长。萨哈夫的特点是从头到尾都说伊拉克取得了怎样怎样的胜利，从不说真话。有一幅漫画就画道，四个美国大兵已经把萨哈夫挟到胳肢窝里了，就是把他逮住了，萨哈夫还在那发表新闻，说美国失败了。萨哈夫用他乐观主义的、自信的、滔滔不绝的新闻发布，给伊拉克战士鼓劲打气，给世界人民营构一种心理战，但是同时也误导了这场战争。现在当然他没有发言权了，如果现在还能说，按照萨哈夫的性格逻辑，可能还会说美国没有占领巴格达，他们进入的是萨达姆有意布设的一个陷阱。有西方媒体分析，伊拉克抵抗到最后出乎我们意料的软弱，有一个很重要的原因就是伊拉克的很多指挥官是从萨哈夫嘴里知道战况的，一直以为形势大好，以致美军突然冲到了眼前，还不知怎么回事，哪还有还手之力。

除了这种从国家利益、政治利益、集团利益出发进行的有意识的遮蔽，传媒还有一种不可避免的遮蔽，就是具体新闻从业人认识的局限。我们很多记者，内心是很诚挚的，但他的素质、知识水平、思维方法，使他无法正确认识所报道的事物，这也不可避免地会遮蔽一些事实真相。

从这个拟态真实遮蔽的理论里又会引出另一个理论，在传播学里面叫"沉默的螺旋"理论。沉默的螺旋就是，我只让大多数人，只让民众知道我需要他们知道的东西，比如美国发动伊战的那个五条理由，我只报道后两条，前三条不让你知道。久而久之，大家都跟着我的媒体跑，认为美伊战争是纯粹的人道战争。在现代传媒面前，没有话语权的广大民众是一群沉默的人，他们只能跟着有声的传媒走。每一个个体在心灵上都是很软弱的，他总有一种趋同心理，听见大家都这么说，他也这么说。即便有不同看法，由于被媒体封杀，传播不出去，说了等于没说，便不说了，沉默了。其他有不同意见的人，听不到跟自己类似的意见，也便沉默了。如此这般，认同传媒的人越来越多，人群越滚越大，成为一般毫无主见的沉默的螺旋。操纵媒体的人，就这样通过沉默来制造虚假的多数。舆论开始一边倒，一边倒又形成一种公众意志，多少有点虚假的公众意志。

主持人：肖云儒先生能够把这个新闻消减真实信息的过程，阐述得这么细致，是因为他也曾是阿内特同道中人，有过二十三年的记者从业经历。今天我特意找到了两篇肖老师当年写的新闻作品，都是获过奖的。我们一起来分享一下。先看这一篇，原载1981年5月20日的《文汇报》。肖老师在这篇新闻中，报道了省电影公司请农民进城审查《月亮湾的笑声》等几部影片的新鲜事儿。还描绘了一些细节，比如说农村的自行车都是缠着彩色塑料带的；还有呢，他说这个题材的三部新片，是十一届三中全会后农民心里的笑声。当时别的记者的新闻都是这样写吗？

肖云儒：当时的情况就是这样。但当时的新闻不是这样写法，是按一种很正经的格式来写的。这个新闻，后来中国人民大学教材和《光明日报》选用并加评论，就是因为事件新，写法也新。刚刚说过，记者在营造一种传媒膜来覆盖受者。但是每一个记者自身也处在文化膜的笼罩之中。包括现在，我们也处在这样一种笼罩之中。我们那个年代的记者，就被覆盖在带有"左"的色彩的政治文化中，我总想突破它，使自己的报道有新意有文采。那时"文化大革命"刚刚过去，这么一丁点新意也很显眼呀。

我写新闻最喜欢用的一种办法，叫目击。我曾经写过一篇论文，说新闻稿是怎么写出来的呢？是用耳朵写出来的？还是用眼睛写出来的？我的答案是应该用眼睛写出来。你必须看，必须目击。一切事物它的特征、它的价值都包含在现象之中。你不能听，听就是别人衰减了的信息传给你，别人嚼过的馍喂给你。现场一目击，就看到了上面那个事件的一个很重要的新闻价值，当时省级电影公司审查影片邀请的人不出两类：一类是领导，一类是评论家。省电影公司从来都是汽车进出，摩托车不多，自行车更少，何况还是缠着彩塑带的自行车呢，这就是农民来了。电影公司第一次把农民请到这来审片子，这在"文革"时代是不可能的，是十一届三中全会带来的新气象。时代变了，农民笑了，这就是这个新闻的价值。如果没有目击，只是耳闻的话，你叫公司经理给你说，他肯定不说这个，他会说公司的管理怎么好。因为他不是新闻人，不负有见微知著、捕捉新闻的任务。这算是一种尝试吧，就是用眼睛写新闻。

主持人：你这种用眼睛写新闻的特点，也贯彻在以后的新闻作品中。第二篇作品目击感就非常强了。它的标题就叫《在秦岭深处跟踪大熊猫》。后面大屏幕上的这个照片，就是当年肖云儒先生和他的伙伴们，在佛坪熊猫保护区的现场照片。我们可以看到这只大熊猫憨态可掬。

肖云儒：中间那个人，没有戴眼镜的，就是我。

主持人：如果不是肖云儒先生自己告诉我们，恐怕不是十分容易认出来。现在和当年的变化还是比较大。您当年看见的这个大熊猫，和动物园里的熊猫有什么不同呢？

肖云儒：野外的大熊猫使我真正地看到了一种原生态的动物"化石"。它的食物跟动物园大熊猫的食物不一样，野外的是它自己觅食的。动物园里的是喂食的，而且给它添加了很多营养，给它补钙，因而已经不能说是动物"化石"了。前面说到传播文化膜对人类的笼罩，使人类没有了亲见、亲闻、亲知。这次我自己去山里找熊猫，算是走出文化膜的一次亲历了。前面还说到，我在我那个新闻论文里，回答消息是怎么写出来的？是用眼睛写？还是用耳朵写？这其实只是第一个问题。论文还提出了第二个问题呐，我用了很不雅的话表述：新闻是用屁股写出来的，还是用脚写出来的？我的结论是用脚写出来的，应该走到现场去。到了现场，看到了独特的场景，才会有独特的角度，独特的感受，独特的表述。（掌声）

这次采访写了报道，后来还写了一篇反思性的文章，那观点是只有在现场才能触发的。我当时对熊猫的感觉并不好，熊猫那么懒惰，又那么安于现状。它的生活规律是吃一个钟头睡一个钟头，活着就是为了吃，吃完了它就困了。躺在山坡上不动弹，闭着眼睛拿手揽两边的竹子吃，竹子吃完了爬起来走两步又躺下，又闭着眼睛拿手摸竹子。当时我想，中国为什么要选这么懒惰、这么安于现状的动物做国宝呢，为什么不选择老虎、豹子，甚至于西北狼作为我们的民族标记呢？中国人太悲哀了。这当然不属于新闻范畴，那文章在北京一刊物发了，影响很大。我想说的是，最活跃的思想、最活跃的感觉，都是从脚底板来的，而不是从耳朵里听来的。

主持人：这故事真精彩，太说明问题了。我想再问肖老师一个问题：记者虽然尽量客观报道，他总有倾向呀，记者的思想倾向会不会，又是怎样对受众产生引导作用的呢？

肖云儒：当然会。理论上记者不应该用自己的观点去影响受众，但实际上不可能不影响，绝对的客观报道是没有的。这是一个怪圈，无法逃避。传播学上有一个名词，叫斯德哥尔摩综合征。就是说报道人有感情倾向、政治倾向、民族国家利益倾向、群体倾向等。一方面，记者很难不影响读者；另一方面，读者和报道对象也很难不影响记者的客观公正。所以只有相对的客观公正。现在有人非议美国，说美国在伊拉克战争中派了五百名记者，安插到美伊联军中去与部队一起生活。西方媒体对这个提出质疑，说因为记者跟自己国家的战士共同战斗，因此他们之间就有了感情，有了立场，记者总会把这种感情、立场带到他的新闻报道中去，影响客观公正。这就是斯德哥尔摩综合征呀，这太难避免了。但是从严格的科学意义上说，记者应该跟法官一样，和当事人（报道对象）保持距离，距离产生公正。我们应该从职业道德出发，尽可能用一种科学理性来界定、控制我们的感情倾向。

主持人：肖云儒先生现在已经离开新闻这个行业好多年了。

肖云儒：对。

主持人：但是您一直非常关注媒体，而且是从文化研究的角度，一直在关注我们的媒体。您本身也是一个受众。看刚才大屏幕上您在佛坪采访的那个照片，会发现现在的您和过去的您，还是存在很大的区别的，这个区别不单单是指形象。现在的媒体和过去的媒体，其实也同样存在很大的区别。比如说前几年北京电视台有一档节目，叫作《元元说话》，专门说老百姓身边的家长里短。一个老住户门口长了一棵树，他不能盖房子，这个树该不该伐，就上了十三次电视。我想这种现象，在您当时从事新闻工作的年代，是不可能出现的。

肖云儒：是。因为那个年代文化背景不一样。那个年代主要是带有"左"的色彩的政治文化，而现在传媒的文化背景是现代宏观市场经济的背景。还有，那个时候传媒的主要功能是教育、鼓舞、激励的功能，而不重视信息功能、文化功能。现在传媒的主要功能已经是提供信息了。

背景和功能不一样，导致了一系列的变化。这些变化反映出许多很深刻的文化问题，比如就是新闻主体的内在心理人称变了。我们那个时代，所有新闻记者的内在人称，包括现在我们很多主流媒体的内在人称，都是复数的、群体的，是"我们"。罗京念社论的时候，还有原来我那个时代夏青、齐越念社论的时候，常常是"我党、我军、我国人民、我们民族、我们老陕"怎么怎么样。它整个代表的是"我们"，它的内心状态是"我们"。记者的这个"我"只是一个群体、一种群体利益的代言者。我对此没有贬义，这是很正确、很应该的。

但现在，你刚说的《元元说话》节目，就完全平民化了。它的潜在的人称转化为"我"，是我而不是我们，在跟你而不是你们促膝而谈。你看，它的这个语态、内心状态全部是"我"——单数，个体对个体。因此它要求平民化，要求个案化，要求亲近。报道对象个案化，比方说盖房能不能伐树，这是一个普遍的问题，原来我们可能直接报道政府有关这个问题的结论或指令，一律不准伐。现在不了，着眼点放在个案上，选择一个典型事件来解剖，大家来讨论这树该不该伐，有了过程。个案比面对群体的统一规定，更复杂、更丰富、更人性、更有新闻价值。大的社会问题一旦被赋予一种人格化的表述，就像我们的产品要有形象代表一样，格外亲切了。

李蕾你举的这个例子真典型，它反映了两个时代新闻媒体的重大的变化，潜在人称的变化、心态的变化和姿态的变化。原来那是居高临下的、俯视的教育和灌输，现在则是平视的、诱发的、启发的这样一种方式。总的来说，我觉得现在这样的方式更好、更科学，也更符合传媒本身的特质和功能。

但是，指令性、加压性宣传变成了通过文化膜来影响受众，虽然传媒对受众的影响日渐软性化，文化膜的影响却也万万不可小视。

主持人： 那您认为文化膜给现代人带来了什么样的影响呢？

肖云儒：影响很多，首先一点就是削弱了人的自然生命本体。当我们成天被包裹在传媒文化膜中时，就没有了亲见、亲闻、亲知、亲感。没有了阅历，只有见闻，而且是传闻，人类的生命本体便面临衰弱。比如说世界杯足球赛吧，世界杯决赛的第二天，全世界起码有二十亿人在谈罗纳尔多。但是二十亿人里边只有五万人在现场看到了罗纳尔多，只占十万分之四，其余的人都是传媒膜上给的二手信息，没有亲知、亲见，哪来的亲感？没有了亲知、亲见、亲感的生命，是缺乏重量的生命。这个话我斟酌着说，怕说重了。

一个人没有阅历，便不会有生命的大痛、大爱。比如我们每个人都看过多少死亡，现在传媒里每天都有死亡，大面积的死亡，包括战争。但是一辈子留给我印象最深刻的死亡，是三十多年前"文革"中我下放汉中，在阳安铁路修建现场，爆破时一块石片飞出了安全区，当场把我身边的一个民工半个脑袋削掉了，我背着他跑向拖拉机，满身都是他的血。这个场面我写过文章，说他像一个足球守门员一样，去拦截那个亿万分之一的死亡。那种死是触目惊心的、震撼的，绝对不是影视传媒能带给我们的。所以，不走出文化膜，会影响我们的生命质量，会使我们的自然生命衰弱。现代已经没有办法产生鲁滨孙了，你把一个博士后放到荒岛上去，他未必能够存活。因为社会的本体、文化的本体，被无限强化了，而自然本体——文化膜笼罩下的生命却苍白衰弱。

还有，我们许多人由大杂院搬进了单元楼、小别墅，出门又有私车，活得更自由、更私密了，但社会活动能力、人际交往能力却不行了。人与人交往少了，直接的对话能力、语言表述能力差了。互联网更使很多人语言交流能力下降。当然，人的自然肌体在文化膜笼罩下也面临衰弱。我觉得这些都是媒体惹的祸，尽管媒体也有很多功劳，但我们应该科学地来认识它。

主持人：说到这儿我非常困惑了。就是在普遍的认识中，我们都认为媒体是生产精神信息的。它一方面传播了丰富的资讯，另一方面提升了公众的精神境界。按照肖云儒先生的说法，似乎在一些方面它适得其反，想想也的确有这一面。网上对张国荣之死炒得非常热，还列出了一个调查表，列出许多原因，要网民来选择张国荣为什么自杀。其中有一项特别值得注意，就是认为张国荣是因为反对美国入侵伊拉克而自杀，结果选这条的人竟然有百分之二十。不知道肖老师对这个问题怎么看？

肖云儒：这是对一个公众人物的死亡的诗意化追捧，或者诗意化回眸。传媒营造的拟态张国荣和实态张国荣已经相去甚远了。这个现象不是从张国荣开始的，我先谈一个我更熟悉的人物，30年代的知名女演员阮玲玉。大家知道她在上海滩死于流言。流言，言字前面有个流字。流是什么？流就是传播，就是流动中的、传播中的谣言。绯闻、谣言杀了阮玲玉。传媒给人散布流言，那个力量可比口传流言的力量大千万倍。

首先传播有一种相似效应，它都是相互克隆的，特别是现在的网络，一夜之间全是一样的消息，叫人不能不信。这种相似性又导致一种共鸣效应，共鸣效果远大于简单的叠加，它不是加法是乘法。有一个很著名的故事，一队士兵过危桥，如果是便步走，脚步凌乱地走，这个桥能承受得起，如果齐步走，就会有共振，这个桥就要垮了。同样的重量，共振效果能产生完全不同的后果。传媒还有一个特点，就是它的连续性。连续报道产生一种持续的打击力。如果是对一个流言的连续报道，当事人伤口还在流血，第二次、第三次摧毁跟着扑过来，谁能承受这样持续的打击？我还要说传媒的另一个特点，它还有着广泛性。广泛的覆盖造成一种遍在效应，让你感觉到处都在说，都在听。阮玲玉那个时候走到哪儿，大家就像躲瘟疫一样躲开她。

所有这些使得阮玲玉产生了一种四面楚歌的感觉，哎哟，不得了，整个社会汪洋大海地在说我的丑事，说我莫须有的丑事。传媒造成的那种错误的文化膜，就这样让阮玲玉窒息而死。

那么再来说张国荣，他的死因现在尚不明确。网上的许多猜测，包括你刚说的百分之二十赞成的这种猜测，我想是出于一些青年人想塑造一个完美的张国荣的良好的愿望。我不能说哪一种对或不对，因为我没有论证也无法论证。但是张国荣不论是什么死因，我想这么极端一点说，他都死于一种传媒理念，死于无法承受传媒制造的广大公众对于偶像过高的道德期望、人格期望、审美期望。传媒对张国荣的偶像化，使许多人尤其是青年人都觉得张国荣是不可能有缺点的，他完美得很。很多人不是都叫他哥哥吗，这个哥哥应该是像观音那样完美的，所以每个人都不希望哥哥有什么污点，更不愿意这个观音摔下来打碎。但是已经摔碎了，那尸体、那血迹也必定是一种凄绝之美，一种诗意的展示。因此张国荣不管是什么死因，他可能都有着跟阮玲玉相同的心理，就是他知道自己再也不能承受传媒多年制造出来的虚假的自己，但是他无法回到真实，一旦回到真实，他又承受不起传媒四面楚歌的持续打击。他只有以死逃逸了。简明一点说，张国荣之死，其实是死于不能承受媒体制造的偶像之重，也不能承受偶像打碎之轻。当然，他选了一个很好的日子，叫愚人节，我不跟这个世界玩了。有的人说，这是他给世界开的一个玩笑。不是，不是张国荣给世界开了一个玩笑，是传媒文化膜给张国荣的生命开了一个很残酷的玩笑。我想是这样的。

我再举个例子行吗？著名诗人顾城在新西兰杀妻，不论内幕怎样，这是一起刑事案件，顾城是凶犯。但因为顾城是很知名的诗人，他有很多诗在社会广泛流传，养育了一两代人，所以也使人们把顾城偶像化了，觉得这么一个诗哲——诗人跟哲人相加的人，不可能像一般的杀人犯。这种公众期望，经过传媒的放大、美化，使得社会过多地去关注顾城杀妻的哲学动因、文化动因，而忽略了英子这条生命的消失。这对英子绝对是不公正的。传媒膜就是这样影响我们的生活追求和人生追求。

主持人： 肖云儒先生刚才提出了一个观点，就是说张国荣之死，其实是死于不能承受媒体制造的偶像之重，也不能承受偶像打碎之轻，对吗？我想问一下现场的观众对这个观点有没有反对意见。

观众： 我是张国荣的影迷，张国荣不在了，说实话心情很沉重。张国荣面对的生活是另一类生活，我对这个另一类的生活是很反对的，但我不反对张国荣，选择什么样的生活方式，是他自己的自由，对吧？所以我不相信他会被媒体这种压力压倒。他也讲过，他承认他自己，一个能够承认自己、勇于面对现实的人，能轻视生命吗？他的死亡可能是千古之谜。我觉得他是被谋害的。

主持人： 这位朋友非常同情张国荣。那我想问的是，您是不是认为传媒文化膜对张国荣并没有构成压力？

观众： 没有。我觉得他是个勇于面对生活的人，很现实的人，处在自由生活空间的人，也是一个很淡泊媒体的人，所以我不相信他是在媒体的压力下轻生。他又选择了愚人节离开，我想这里面掩盖着另外一种真相。

主持人： 谢谢您，请坐。还有没有不同意见？

观众： 我想说一下。我对张国荣肯定不是很了解，但是我觉得每个人都有自己死亡的尊严。虽然我很年轻，关于这个问题远没有很深入地思考过。我觉得当一个人对这个世界不再留恋，或者认为他已经到离开这个世界的时候，他就可以选择离开，可以选择任何形式离开。为什么张国荣一死，网上就要热议他死的理由呢？我觉得这是对死者尊严的一种剥夺或者侮辱。我有我死的权利，任何人的猜测都是你自己的猜测，任何一种推测都是没有根据的。人有死亡的尊严，媒体这样做很过分。

主持人： 谢谢。这个小姑娘非常尖锐地说，人有死亡的尊严，媒体去追捧他，或者捧杀他，都是非常过分的做法。那肖云儒先生，您认为这是不是代表了她对传媒文化膜的一种反抗意识？

肖云儒： 对。我比较同意这个同学的意见。她是从另外一个角度触及了传媒时代的问题。张国荣的悲剧在于，他生前、死后都逃离不了传媒文化膜的笼罩。张国荣的死因，无论崇高还是不崇高，传媒都放大了。无论死后这种诗意化的追捧是正确的还是错误的，都是一种舆论笼罩。一个人的生命属于自己，别人没有必要来做文章放大。那会有很多负面的效应，比如可能引发还不成熟的花季少男少女粉丝，对于某种死亡形式的过度凄迷，觉得某一种死法很美，它会起这种作用。这个已经跟张国荣无关，而是和追星族有关。

主持人： 我想说一下我感觉到的传媒的优点和缺点。我从小生活在城市里面，上大学之后，有的同学是从农村来的，大家生活的地区也不一样，有的是山区，有的是平原，有的是大都市，有的是比较封闭落后的地方。当我觉得没有条件去体验另外一种生活的时候，我只能通过传媒了。当然传媒包括很多方面，包括书籍、报纸、杂志，等等。我只能通过这些途径去了解另外一种生存状态。当你只能选择走一条路的时候，如果你想了解其他路上的人是怎么样走的，你只能通过观察而不能自己去走。因为我一个人不可能去尝试各种各样的生活。这可能是传媒的优点。

还有一点算是传媒的缺点吧。我觉得当两个人之间隔着一堵墙的时候，互相看不见，未知。未知产生好奇心，让我们有一种渴望，想去推倒这堵墙，看看墙那面有什么。而在传媒时代，人与人之间的透明度增加了，知道墙那面是什么，虽然离得远，却看得非常清楚。这反而弱化了我们的好奇心，弱化了我们想去沟通、想去亲近的好奇心。传媒使人与人之间表面上近距离化，实际上远距离化了。

肖云儒：我很同意李蕾的意见。李蕾说的是我们刚才没有谈到的一面，传媒的公开、公正、交流对人类文明的促进和这促进本身的缺失。十年以前我在《深圳特区报》开过一个专栏，写过一篇小文章叫《电视这个第三者》，说一个家庭有了电视，人们便不再相对而坐，而是平行而坐。以前饭后没有电视，爷爷、奶奶、爸爸、妈妈、孙子在一起相对而坐聊天，是亲情的交流和凝聚。我们记忆中外婆的故事就是这时候讲的。那么有了电视以后呢，吃完晚饭一家人的眼睛都平行朝着电视，家人、朋友之间被无形的电视墙隔开。你想说两句话交流交流，别人会干预，别吵别吵，听不见孙悟空说啥了。这样，人跟人反而疏远。这种情况是有的。

任何一种文明成果，它先进的一面是光明的，但它的影子必然会带来晦暗，二律背反嘛。这要说到另外一个问题，就是传媒怎样影响我们的生活方式。传媒有个很重要的任务就是发现时尚、培育时尚，甚至于发明时尚，生活中没有，它会无中生有地推出一个时尚来。然后传播时尚、推广时尚，掀起时尚热浪。那么这种时尚的东西是什么，满足于一种什么心理？我们这么多年来，推出了多少时尚，炒靓男俊女，后来炒酷，后来炒蔻，炒嫩炒清纯，再后来炒爽，哥们儿义气。这些年我们一轮一轮推出了什么拇指族、行走族、布波族、"好色"族，推出了愤青、小资、白领、金领、海龟，推出了博客、播客、闪客、晒客、搜客……一浪一浪，虽然只是一个代号，但它后面是一种生活方式和价值坐标。

我可能有点偏激，我觉得处在现代传媒网络面前的每一个个体，都是弱者。这些弱者在生活的强者、成功者面前，特别在那些被传媒执意粉饰了的名人面前，容易产生自卑感、失落感、孤独感。他们很需要找到一种方式，使自己的孱弱无助或者贫困等等，找到某种形式上的依托和满足。这时候时尚就来起作用了，大家都趋同于一种时尚时，你就发现：哎呀，我不是一个人，我是一群，我和大家都一样，和那些最新的、最高档的人群也一样。个体在这种时尚的追逐中，由孤独者变成了新潮群体的一员，而有了认同感和归属感。

某种程度上，这其实是传媒的一种智慧。这种智慧不能完全否认，可褒可贬，很复杂，在经济社会似乎也应该是这样。它的实质就是将物质主义文化化、情调化。传媒先把消费者转化为信息接受者，把商品接受体转化为文化接受体。你不是顾客了，是电视观众、报纸读者了。然后呢，又把物质主义的东西用时尚文化包装起来灌输给观众和读者，影响观众和读者的价值坐标。然后这些文化接受体再放下报纸，进入商场之后，他们又转变为消费者。他们开始在文化信息的引领下实施消费，也就是以一种超越了物欲的情调和情操，来拉动消费，推动市场的竞争。当然这不是问题的全部。我说的这问题很复杂。这就是时尚产生的一个很重要的原因。

我们现在尽管在理性上认识到传媒的优点和不足，但是谁都无法摆脱它，包括我，也免不了总有一种趋同心理。这是中华民族的传统的文化人格，盲从、从众心理。现代的新潮心理跟传统的盲从心理，在时尚问题上合而为一，所以不光有年轻人在追逐，像我这样的老头有时候也追逐。那么，为什么追逐时尚的人常常是忍受不了孤独和寂寞的人呢？我们想想，真正的强者是可以孤独的，鲁迅是孤独的，他不需要认同，因为他自身力量很强大。马克思在大英博物馆面壁十年写《资本论》，我们光说他勤奋，而没有看到这勤奋背后的一种精神状态，就是他孤独得起，他确信自己是有力量的。鹰是孤独的，老虎是孤独的，但是蚂蚁是结成群的。所以我觉得，时尚就起了这么一个作用，把分别的个体、孱弱的个体，聚合为一种巨大的浪潮来影响这个社会，使其中每一个个体都感到某种现实，某种自足、自恃。

主持人： 肖云儒先生很真诚，能够在这么多人面前承认自己也有趋同心理。我也注意到您一方面清醒地提出了传媒膜对于我们遮蔽的负面作用，一方面您又肯定它，也参与它。您刚才使用的一长串的词汇中，比如说蔻、酷、时尚、白领等等这些，其实都是传媒文化膜带给我们的词汇。而且据我所知，您是一个经常被传媒追着的人，不断被各种各样的媒体采访和包围。最近我看到一个杂志的封面，就是用您的大照片。这个符合您的个性吗？

肖云儒： 这是不符合我个性的一面，但又是符合我个性的另一面。不符合我个性的一面就是，我六十六岁了，可以说是个文化人吧，觉得上封面不伦不类的，常常自嘲。我的孩子在家里就嘲弄我说："爸，又上封面了，哎呀，很美丽呀，很新潮呀。"这种讽刺我是接受的。我的确有一丝惭愧和不安。但我很坦率地承认，人有的时候也耐不住寂寞。有时也可能会感到，这个封面像总是我某种成功的一个信息吧，这时候又会增添一丝自信，一半点自豪。

主持人： 肖老师，我看您说到这都有点脸红了。

肖云儒： 真有点。所以人性很复杂。应该说我主要的追求，还是希望我自己成为一个人文知识分子。但是我的确也是一个俗人，是肉眼凡胎，没有办法，人就是在这样形而下、形而上中转换着角色，这么前进着。那是不是文人一旦上了封面就变成了俗人呢？这是我对我自己的分析，绝对不这么认为别人。为此我还写过一篇文章为余秋雨辩护。

最近《中国艺术报》采访我，我说我觉得我们报纸有一个很大的功劳，就是它吸引了中国传统的、重道轻器的人文知识分子，逐步走向现代、走向大众。中国传统知识分子，喜欢坐而论道，重道轻器。他觉得有距离好，距离能产生深刻，距离能产生美。现代媒体吸引了一批有见地的、比较超前的人文知识分子进入公众传媒。这也是很多人非议余秋雨先生的一个点吧。我是非常不赞成的，我觉得这是人文知识分子的一种现代转型。当然更根本的转型是他们的精神坐标，他们要从农业文明的文化定势转化到市场经济、现代科学的道路上来。其中也包括传播手段的转型，那就是应该进入现代传媒。你不进入新媒体，你的思想传播面就有限。你要让你的思想、你的科学精神，变成民族的共同财富，社会共享、全民共享呀。怎么叫共享呢？传媒就是一种共享。所以我赞成文化人参与到媒体中来，但是要警惕在这中间可能有像我那样的俗人心态。

主持人： 西方有个约翰·穆勒，在争取西方新闻自由的过程中提出了真理的自由市场，也就是说我们在媒介这样一个自由市场，通过辩论，通过了解，可以最大限度地接近真理。肖老师，您对传媒文化膜更多的是批评的想法，是否忽略了我们在追求真理这方面的能力，或者弱化了我们这方面的能力呢？

肖云儒： 感谢你这个重要提醒。你说的这种功能，的确是传媒对社会进步的促进作用。可能跟我们今天谈话的重点有关系，这方面我没有说。对传播文化，我想说四句话可能完整些，就是"无可逃逸，贵有选择，重在思考，力求穿越"。就是我们在传媒文化膜面前无可逃逸，也无须逃逸，用不着逃逸。传媒文化膜给了我们多少知识啊，但要有选择、重思考、求穿越、求创造。要有主见，在选择中要深化它，要保存自己的独立人格。美国俄亥俄州有一个传播学家搞过一个调查叫伊里调查，结果是：现代受众中，文化素质越高的人，独立品格强度越大，越不容易受传媒庸俗化信息的影响。在俄亥俄州州议院选举中，不知是什么原因，传媒一边倒，总是宣传共和党。调查结果表明，共和党的票数并没有跟宣传的幅度成正比例增长，大部分人在关键层面，就是政治见解、学术品格、人文品格这些关键的层面，很少受传媒的影响。但是在生活方式、文化氛围这些方面受传媒影响比较大。所以我觉得要做一个非常重要的补充：我们应该在传媒覆盖中提高我们的素质，保持我们对传媒的判断力和思考力。同时也通过实践让我们穿越，或者有限穿越传媒膜到真的天地中去。

主持人： 我想问一下肖先生，现在毕竟是一个传媒文化飞速发展的时代，那媒体应该承担起怎样的人文责任？

肖云儒： 人民大学传播文化研究所喻国明教授是我的一个学弟，我听他讲过，现在每办一张最好的报纸，老板首先考虑的问题是死亡。一张报纸经历了市场的发展期、市场的高峰期，很快就会面临市场的衰落期。什么样的媒体衰落得快呢？泡沫媒体衰落得最快，一旦风潮一过，时尚一过，马上就面临衰落。而真正关注民众的终极利益，包括物质利益和文化利益的媒体，当然它的形式应该是多样的，这样的媒体在市场成熟之后，会越来越显出生命力来。因为我们现在还是初级市场阶段，在社会主义市场经济越来越成熟之后，真正有生命力的媒体可能会水落石出。我相信这一点，因为文化到底是有力量的。

主持人： 刚刚现场一位朋友引经据典地说：存在即合理。那么现在存在我们身边的是这样一些东西，比如那么多的报纸、杂志和书籍，还有那么多的电视栏目，那么多的节目、广告、信息，充斥在我们生活当中。肖先生，您能摆脱这些传媒的影响吗？您的生活是怎么样度过的，比如说昨天晚上您是怎么度过的？

肖云儒： 昨天晚上是个特例。因为昨天晚上我忙一件事，还真的逃离了传播文化膜，但是没有逃过社会操纵。我就说我平常晚上是怎么度过的吧，惭愧，我当然逃遁不了，我无可逃逸。但是一般来说，我喜欢看两个电视节目，一个是新闻联播，一个是纪录片。不是说我一定要看，只是天生喜欢。我昨天晚上想这个问题，这两档节目纪实性都比较强。我不喜欢作秀的节目，我喜欢真实、真实、更真实的节目。电视剧我基本不看，看的都是人家让我评论送的光盘。时间赔不起,电视剧一天一集,一个戏下来三五十集。三五十个晚上什么活都不干,把自己卖给它太亏了。所以我从来不追电视连续剧。我要看报,也只看新闻与副刊。常在我案头和床头的报刊有《新华文摘》《作家文摘》《书摘》。我在什么时候看报刊呢?很不恭敬,我只在零碎时间看报,就是晚上和中午睡觉前的十到二十分钟,很快地翻阅。还有,便更不恭敬,上厕所翻翻报纸。没有别的意思,就是利用零碎时间。自己要主宰自己的生命,要把生命最主要的版块,用于自己最想做的事,你不能叫别人牵着鼻子走。因为要叫别人牵着鼻子走,一年三百六十五天、一天二十四小时全部会让别人安排得满满当当,你再活两辈子也忙不过来。我曾经跟一位记者开玩笑,说我这一辈子还比较勤奋,从年轻开始便像一头牛似的工作,牛头、牛身、牛腿,包括牛的臀部,全部切进了社会的这个大汤锅,最后剩了一条牛尾巴,我希望能够留下来,给我自己熬一个牛尾汤,让自己品尝一下。(掌声)

主持人:我们不可抗拒地迎来了传媒时代。这样一个传媒时代具有两重性:一方面是它的公开性,另一方面是它的遮蔽性。但是让我们非常乐观的是,通过今天和肖云儒先生的讨论,我们意识到了传媒文化膜对人性的弱化,同时我们将学会和他一起在今后的生活中去判断、鉴别,提高自己的思考能力。归根结底,媒体只是一种工具,最终的结果肯定是人统治工具,而不是工具统治人。非常感谢大家收看今天的《开坛》,下期再见!

2003 年 4 月

与雷达论冷热舞台

雷达，中国作家协会创联部主任，中国小说学会常务副会长，茅盾文学奖多届评委，文学评论家。

这是我与雷达做的一期电视人文话题节目，节录了我的部分论述。

主持人：对于舞台这个词，我们并不陌生，生活中会时常遇到，比如说生活的舞台、艺术的舞台、精神的舞台、爱情的舞台……今天要谈的是把舞台还原到最初的艺术，这个舞台到底承载着我们怎样的悲欢离合，寄托着我们怎样的期待，在其间我们又有什么样的思考。这是我们所要探讨的话题。首先来认识一下演播室的两位著名文艺评论家雷达和肖云儒先生。

2004年和2005年度，文化部和财政部联合实施了一个国家舞台艺术精品工程，经过评选，有十大剧目上榜（豫剧《程婴救孤》、话剧《黄土谣》、舞剧《妈勒访天边》、舞剧《红河谷》、歌舞《云南映象》、昆曲《班昭》、话剧《凌河影人》、儿童剧《红领巾》、话剧《生死场》、吕剧《补天》）。肖云儒、雷达作为国家舞台艺术精品工程的评委，参与了三十多台戏的审看和评选，对这些上榜剧目很有感触。而对于很多观众而言，这些剧目究竟在他们之间产生了怎样的影响？在过去的一年中，他们看过的、接触到的有哪些剧目？

观众：平时我们可以通过很多渠道，如电视、广播、网络，看电视、电影，听到流行歌手的歌曲，看到他们的青春舞蹈，而我们没有渠道看到这些精品剧目，甚至根本不知道有这些剧目存在。

观众：这些虽然没看过，但《云南印象》早给我留下了深刻的印象，因为它是舞蹈大师杨丽萍编导的，其实我很想去看这部舞剧。

一

肖云儒：刚才这个观众调查，我觉得不光是精品工程的尴尬，也是整个舞台艺术共有的尴尬。具体分析的话，第一是调查对象的尴尬，因为我们询问的是大学生，他们正在学习，因此他们对舞台剧可能有隔阂，但若到农村去问，你爱秦腔吗？那绝对是另外一个答案。我们到北京、到太庙附近去问，你爱歌剧《图兰朵》吗？一千美金也看。这是一种尴尬。

第二就是传播渠道的尴尬。舞台艺术目前还没有大量地通过电视以及网络这种覆盖面最广的传播渠道进入民众视野。刚才那个女孩子很想看《云南印象》，假如《云南印象》也能像《雪狼湖》一样到处巡演，反复播，也能像张学友那样在全国各地唱，那就有可能满足她的要求。

第三，宣传手段的尴尬。国家舞台艺术精品工程以及其他的舞台艺术作品还没有充分意识到通过新媒体进行社会宣传的重要性，所以很多年轻朋友有隔阂。这是可以理解的。但我想说一点，什么叫精品工程呢？实际上就是想采取一种方式、一种尝试，用一种较为科学的评价选拔办法，为国家、为民族积累比较好的戏剧，留到我们民族艺术宝库中去。它力图跟那些非常短视的艺术标准，或者非常市场化的标准拉开距离，跟泡沫文艺、配合中心的文艺拉开距离，更多是从恩格斯所说的历史的、审美的角度，终极关怀的角度选择一些戏，给我们民族留下来，作为留给历史、留给未来的艺术瑰宝。这种尝试是否成熟姑且不论，我想说这种尝试是有益的。

舞台艺术在今天为什么会遇到这种冷遇？我认为在今天全球化、现代化的浪潮中，它所提供的那种价值观、道德观和当代人的价值观、道德观有很大的距离，这种距离使得年轻人不容易接受它们。比如咱们讲的爱情，在旧戏《拾玉镯》里的爱情，男女授受不亲的时代有那么一点接触，简直就是不得了的事情。性爱在当时要是被窥破了，这是很大的问题。而现在的观众对此就无法理解，戏曲里反复表演的那种少女的羞涩、被误会的那种哀伤，现在的年轻人很难理解。包括我们表达情感的那种传统的方式和今天的青年观众距离也很大，这是一个不得不承认的事实。因为中国戏曲绝对具有农业文明的特点，具有传统文化的特点，这叫中国心情。它在全球化和现代化的浪潮中间，必然会遇到尴尬。

二

观众：因为我家在东北，每到夏天晚上五六点的时候，街上有很多扭秧歌的人，我觉得那些比较平民化，像赵本山拍的《刘老根》《马大帅》，全国观众基本上都看过。这东西大家比较熟悉，让人觉得很平常很接近自己。但是像昆曲、豫剧等舞台艺术，因为我们并不了解，所以觉得它很遥远。

肖云儒：我预料到有孩子要提出这个问题。如果以图表表示，非精英文化即大众文化的发展是横坐标，民族文化素质的提高是纵坐标。这二者关系很复杂，总体上基本成正比。尤其在初始阶段，大众文化的发展反映了我们民族文化素质是在不停地提高，成正比。但是到了大众文化、娱乐文化泛滥，没有精英艺术了，没有可以传世的作品了，全都是自娱艺术的话，民族文化素质的提高就受到影响，甚至这个民族就开始失声，没有了最强音，主旋律也变调。我们发现这些问题，就会想办法调整，发现精品、提升精品就是一种调整方式。

我非常理解年轻朋友对大众艺术的酷爱，也非常理解精英艺术之于我们民族文化总体素质提高的那种深刻的必要性。从长远来说，凡是好的作品都会受到民众的欢迎,但是文化现象很复杂,民众需要有一个认知的过程。比如鲁迅的作品不见得就是发行量最大的作品,但从一个时代来看,鲁迅给予我们民族的精神营养和审美营养,他累积起来的厚度,是比大众艺术要多的。这是一种复杂性。

第二种复杂性,是也不排除有一些精品艺术永远没有读者,没有观众。像昆曲,像古典诗词,它永远是文人雅士在一个圈子里欣赏的,但你不能说它不是优秀的艺术。曲高和寡这个成语说的就是这种现象,我们要力求改变,争取曲高和众,但曲高和寡的现象永远会存在。要求所有的艺术作品一出来大家都欢迎,那是不可能的。

三

主持人:《云南印象》是一个在艺术上和商业上结合得非常成功的典范,那它成功的要素究竟在什么地方?

肖云儒:《云南印象》受到欢迎,实际上是因为杨丽萍有这么一种本事,就是在百姓原生态生活和艺术中,捕捉到惊心动魄的东西。我学着用云南话给大家念第二场的女儿歌:"太阳歇歇么,歇得呢。月亮歇歇么,歇得呢。女人歇歇么,歇不得嘞。冷风吹着老人的头么,女人拿脊背去门缝上抵着。刺棵戳着娃娃的脚么,女人拿心肝去山路上垫着。有个女人在着么,老老小小就拢在一堆了。有个女人在着么,山倒下来男人就扛起了。苦荞不苦么吃得呢,槟榔不苦么嚼得呢,女人不苦么咋个得?女人不去吃苦么,日子过不甜呢。"

这首女儿歌是用说话般的吟叹唱出来的,把高原女人的苦和累,还有她们的爱、责任、强韧全唱出来了。这使我们明白了民间的《云南印象》能够走向全国和世界的一个根本原因,就是它能将百姓情怀和人文深度、人文情怀化为一体。我们谁不天天见妈妈,天天见姐姐妹妹,但又有谁能一下子就想到女性、女人对我们生命的分量，对我们这个世界是这样重要。《云南印象》既是大众的，又是精英的。但是不能说所有大众的东西都能成为精品。

曲高和寡要尽量去做到曲高和众，那是应该的，但你要允许曲高和寡的现象永远存在。我看这次评出来的精品，对当代戏剧的发展走向有很强的影响，总的归纳为四个字：小、会、奖、精。精品艺术当下是怎么个走向呢？首先是走向小，小品、小剧场、卡拉OK；走向乡，大量的戏曲占领了农村舞台，成为民间风俗的一部分，红白喜事都要请，这不是走向民众吗？戏曲只是在某一部分人比如在大学生中间有隔阂，但陕西的眉户戏《迟开的玫瑰》进交通大学、北京大学演，大学生也很喜欢啊。走向会，就是会展经济的发展，使很多戏在各种节庆和会展中演出，被推向了市场。还有就是奖与精，参加会演评奖，参与精品工程选拔，促进质量提高，本身也是一种宣传。

这些都是外部环境，说明了精品正在走向市场、走向民众。而从艺术创作的内部看，它也正在吸收各种各样最新的、最时尚的思想元素、艺术元素来更新自己、丰富自己。这方面我总结了六个字：声、光、电、曲、杂、现。在精品剧目中，突出的印象是设计、舞台制作的更新，观念和技术的更新，闻所未闻，声、光、电画面在舞台上营造的那种场面是非常刺激的。还有曲、杂、现，曲艺、杂技和各种现代艺术元素融进舞台艺术。话剧《秋天的二人转》贯穿整个情节的就是二人转艺人的命运，因而话剧中不断穿插着二人转的表演和音乐。《凌河影人》用了皮影的艺术手段，还有杂技，各种现代的流行音乐、歌舞，也包括街舞，全部上了戏剧舞台。比如《五姑娘》，全部是很现代的流行音乐。

四

主持人：听说你们在评选中对吕剧《补天》的价值观有不同看法，能给我们介绍一下吗？《补天》引起了你们怎样的思考？

肖云儒：我对这个剧有点保留看法。它的问题是的确表现了个人命运的具体合理性，比如山东姑娘到新疆奉献的热情种种，但没有拨开这种具体的合理性去开掘历史深层的值得我们思考的东西。这就是在将女战士"分配"（婚配）给兵团的老兵和干部，姑娘们也愿意献身的背后，是否有尊重人、尊重生命、尊重爱情的问题，这是很现代、很前沿的问题。某种程度上讲，这部戏陷入了悖论，为什么是个悖论呢？战争年代的老功臣们，他们革命的目的是为了什么呢？深究起来，不就是为了老百姓获得生命的自由嘛，但这样一种婚姻行为恰好妨碍了对方的生命自由、感情自由。作者给自己提出了一个无法回答的问题。我们一定要透过特定历史时空中的那些具体的道德和行为方式，提溜出贯穿于历史长廊中的那种根本的人类精神和人性感情，这个戏才是有生命的。

五

主持人：精英艺术和大众文化如何对接、打通？

肖云儒：有时一个剧种的消亡是好几代人的事情，一个剧种被大众接受，也是好几代人的事情。邓小平同志说电脑要从娃娃抓起，戏剧，特别是传统戏曲的审美观众也要从娃娃抓起，这是一个漫长、艰巨的过程。精品艺术与大众文化不是绝对矛盾的，它们只是艺术层次不一样，但最终追求的东西应该是一样的。

我感觉任何一种文化都是在很长时间里形成的，它不会轻易地消失。就说中国戏曲、中国情怀、中国心情，包括中国书画、诗词，都不是一天形成的，处在全球化进程中它有点风雨飘摇。但是当我们真正意识到本土的文化精粹具有不可替代性时，我们就应该呵护它、保护它，同时它自己也会很自然地有传人。就比如陕西的《秦之声》，喜欢它的大有人在。它在民间有很深厚的根基，就是因为它运用了一个现代的传媒手段——电视，用影视把这个资源调动起来了,把这个根基活化起来了,有人会退出这个群体,但也会有新人进来。总而言之,戏剧的生命根基是很深厚的,它不是我们一些时尚文化的风吹几下就能连根拔去的,而我们也不会允许它的根被拔掉,因为它是我们的精神家园之一,是我们的精神资源、情感资源、心灵资源。所以我认为,舞台艺术虽然会受到很大的冲击,会边缘化,但不会消亡。

戏剧艺术发展的动力在我们每个人中间,希望大家都当舞台精品艺术的促进派。

2006 年 12 月

风追司马有新曲

——与郑欣淼、从维熙、蒋子龙等对话新丝路

凤凰卫视主持人胡一虎： 女士们、先生们，电视机、收音机前的父老乡亲们，海内外正在关注陕西的广大网友们，大家早上好！

我现在所处的位置是陕西省韩城市司马迁祠，一千八百五十年前司马迁就从这里起步，用生命书写了后来被称为是"史家之绝唱，无韵之离骚"的《史记》。今天，我们站在了母亲河黄河的岸边，在伟大的史学家、文学家和思想家司马迁的注视之下，举行一场"父亲山秦岭"和"母亲河黄河"跨越千年时空的文化交流活动。

今天我们从全国各地请来的嘉宾有故宫博物院院长郑欣淼先生，著名作家从维熙、蒋子龙先生，著名文化学者肖云儒先生，著名历史学家张大可先生，著名旅游策划专家戴斌先生，欢迎几位大家光临！

今天我们的主题是"新丝路、新起点、新旅程"，谈到新丝路，大家都会想到古代的丝绸之路，想到打通人类历史上第一个东西方文化交流、交通大要道的陕西人——张骞。说到今天的新"丝绸之路"，我又联想起一个陕西人，2013年，他在访问哈萨克斯坦和印尼时，先后提出了建设"一带一路"的战略构想，这位陕西人就是习近平总书记。我想先请教一下云儒兄，在21世纪我们来谈这条新"丝绸之路"，意涵在哪里？

肖云儒： 过去的丝绸之路更多涉及的是政治、军事以及贸易层面，而今天走在丝绸之路上的人更多的是我们广大的老百姓以及游客，已经进入民众生活层面。经过三十五年的发展，中国已经进入国民消费为主体的大众旅游发展新阶段。旅游已经成为老百姓的日常生活选项，也是人民生活水平提升

的重要指标。预计今年将分别有四十亿人次和一亿多人次的境内旅游和出境旅游市场，到 2020 年全面实现小康社会的时候，这两个数据将分别达到六十亿人次和两亿人次。如此规模的旅游市场将是"一带一路"现实的客源基础。与此同时，新丝路的战略构想及其所推动的航空、铁路、港口、高速公路等基础设施的建设与完善，也将有效提升沿线旅游目的地的基础设施建设、可进入性和宣传推广工作。作为古丝绸之路起点的陕西，我们需要从国家战略和旅游发展两个角度来把握新丝路带给我们的新机遇。

主持人：在我们寻找历史出发点的同时，难道我们只能坐而言，不能起而行吗？错了，有一位嘉宾，他早就起而行了。在去年夏天的时候，肖云儒就踏上了"丝路万里行"的采风之旅，在沿路的风光之中，很多的点点滴滴，他深有体会。请问云儒兄，在踏上这条路的途中，有哪些是你想象不到的地方？

肖云儒：让我始料未及的是"四热"。一是丝路很热乎。从霍尔果斯到意大利罗马，我用我的手机拍到了十八张有丝路标记的图片，其中有博物点上的丝路示意图、丝路定点宾馆和丝路咖啡吧，真热乎。

其次，丝路上的人很热情。格鲁吉亚的总统、总理分别两次跟我们这个媒体团表达了他们想要通过媒体传达他们热盼加入丝绸之路的愿望。在意大利市政厅，罗马市市长欢迎我们时，也表达了同样的意愿。他们的前总统还发表了三分钟的视频讲话，说："从马可波罗开始到现在，罗马与长安想沟通的愿望今天终于实现了！"行进过程中，有很多在中国留学、在中企工作的当地人民争相给我们当志愿者，为我们开车，送面包和盐、咖啡和茶，提供各种服务，那热情让我们感动。

再次，就是丝路的经济正在热销。土耳其安卡拉和伊斯坦布尔这一段，我们是坐火车去的，我们中国援建的国外第一条高铁已经通车。我们还在希腊的比雷埃夫斯港参加了欧洲第三大集装箱码头建成仪式。我们离开后不久，李克强总理就到那里签订了匈比铁路的修建协议。这条快线铁路从匈牙利直达地中海，意味着我们的物流可以从西安出发直达地中海，战略意义是非常大的。

最后，丝路上的文化正在形成热流。世界非物质文化遗产目前有近七百个，丝绸之路沿线占了三分之一还多。丝路旅游正在掀起热潮，由于路程相距遥远，许多旅游线路一开始就是高端的、订单式的，所以我对丝路旅游非常有信心。

主持人： 掌声谢谢云儒大哥，丝绸之路连接了东西端的艺术交流、文学交流，从这个层面来讲，您有哪些心得和观察？

肖云儒： 新丝路是雄心万丈的战略构想，要实现这种构想，至少要具备三个条件。第一，国力强盛。中国有一种智慧，叫温故知新，千年丝路的诞生，离不开强大的西汉帝国与汉武帝。西汉时有一句名言，"犯强悍者，虽远必诛"。西汉的强大也离不开卫青、霍去病等军事天才。即便如此，由于西汉末年的国力衰弱，丝绸之路被中断了长达半个多世纪。到了东汉，丝绸之路才得以重新打开。第二，商贸发达。商品与工业的发达是我们在丝绸之路上贸易往来的关键。第三，社会安稳。古丝路的经验告诉我们，战乱、内乱会造成丝路中断，所以各个国家安稳、和平，才能保障丝路畅通。

主持人： 接下来，我想请云儒兄从历史学的角度来谈谈如何看待新丝路？

肖云儒： 司马迁是我们中国历史上卓越的历史学家和文学家，早在两千多年前，他就写出了上启黄帝，下迄汉武，贯通历史三千年的中国通史《史记》。由于有司马迁这样的历史学家发现张骞出使西域的伟大历史意义，并把张骞所了解的西方世界纳入中国历史，写了《大宛列传》，我们今天重启新丝绸之路才有了历史依据。

张骞通西域没有带军队，他不是去占领和掠夺，他是和平使者，带去的是丝绸，带去的是金币和货物，他开启的是东西文化交流，因此张骞深受西域人民的爱戴，其回国后被封为博望侯。今天，我们重启新丝路，第一，要发扬司马迁和张骞的开拓精神和创新精神，才能做好这篇大文章。第二，我们更要发扬司马迁和张骞不畏艰苦的坚韧毅力，这样才能面对我们重启新丝路可能遇到的各种艰难险阻，我们才能到达胜利的彼岸。

主持人：云儒兄刚才特别说了一句话，张骞通西域用的是中华文化的软实力。在台下，我就看到一位长辈，他应该是今天参与我们这场对话活动中年纪最大的长者，他就是中国大墙文学的奠基人、作家从维熙先生。从老，您今天这么近距离地走进韩城的司马迁祠有哪些感受？

从维熙：我最大的感受是一种感动，当我进入司马迁祠的时候，我的泪水几乎盈眶而出。陕西这个地方，从大秦时代讲，第一次统一了中国，使中华民族成为一个国家，而盛唐时代也在西安，这个地方我已经来了多次。但是这次到司马迁的陵墓还有祠堂来看，我的心里更是充满了感动。韩城躺着伟大史圣司马迁的亡魂，对于一切有文化、有良知，对于中国未来愿意付出全部努力把文学当作飞鸟而不是当作风筝的文化人，司马迁都是我们应当遵循、叩拜的先祖。

主持人：您的感动使我们这些晚辈更应该反省，您最想给在场的这些年轻人分享的是什么？

从维熙：希望他们能够在人生的旅程中遇见任何困难时，都能拥有像司马迁被宫刑以后对待自己生命的那种精神。正如英国作家萨克雷所说：生活就是一面镜子，你对它哭它也对你哭，你对它笑它也对你笑。我们无论处境多么艰难，都要笑对历史，笑对困难。

主持人：迈进新起点的同时，请五位嘉宾告诉我，新的丝路有了，过去那段历史总结我们也知道了，怎么样让新起点发挥它最大的作用，你们都有哪些新的思路？

郑欣淼：陕西历史文化深厚，在中华文明发展中占有重要地位。把文化当作资源的时候，要全面看待我们的资源，要整体来认识陕西文化的深度，要将碎片化的点转化为点、线、面立体化发展。

蒋子龙：丝绸之路首先是文化之路，只有文化才能提升经济的品味，目前中国全社会都在进行文化复苏与文化回归，而"秦岭与黄河对话"这个主题旅游活动本身就是一种文化回归。在现今这样一个发掘文化的背景下，新丝路的前景具有文化成功的可能性。

肖云儒：对陕西来说，丝路的文化项目，第一，应该打造一个新丝路人才培训基地，建立丝路高校联盟；第二，新丝路的提出为西部艺术、西部电影走向世界提供了一个崭新的历史机遇；第三，建立丝路非物质遗产保护联盟。文化沟通是民心相通的重要内涵，文化会为丝路的物流、人流、资金流提供雄厚的先导力量。

张大可：在中国历史上影响历史大变的有韩信的汉中队伍、张骞的西域队伍以及诸葛亮的隆中队伍。我认为习总书记提出的"一带一路"，可以称为中华民族的复兴队伍，是超过历史上其他队伍的。要做好丝绸之路就要盘点我们几千年的文化文明，建立我们中国人的文化自信。

陕西是旅游资源大省，是我国旅游发展进程中极具标志性的地方，特别是在入境旅游时期，以兵马俑、华山为代表的观光型产品极具竞争性。可是今天老百姓出去旅游要的是小而新，要的感觉就是亲历性体验。

在大众旅游发展时代，观光需求仍然是基础，但是游客更加强调对目的地生活环境的深度体验。中国旅游研究院每个季度都要开展全国游客满意度调查，从游客对包括西安在内的六十个样本城市的评价来看：目的地之间的竞争已经从资源和产品的竞争，走向生活环境的竞争。站在旅游发展的新起点，我们不能一味地吃"二老"的资源饭了，就是老天爷留给我们的自然资源和老祖宗留给我们的历史文化资源。总是"啃老"，会越来越跟不上趟儿的。得依靠资本、技术、人才和文化创意来驱动休闲度假时代的旅游发展，要面向世界、面向科技、面向未来。衷心祝愿我们陕西既要大又要小，既要老又要新。

主持人： 就像您讲的那样，我觉得陕西不怕老，老可以老而弥坚，如何老而弥坚，关键就在于新的思维、新的丝路。秦岭与黄河对话，其实是旅游与文化的交流，同时也是旅游供给方式和市场需求的融合。我想，每一次对话都为我们带来了新的思路和新的感受。

那么肖云儒老师，您是怎么来看待这次丝路新旅程的？

肖云儒： 丝绸之路是一条美丽资源十分丰富的路，它有美丽的风光、风俗、风情、山川、饮食和民间艺术。如何将这些美丽资源在现代市场经济中转化为美丽产业、美丽经济，是旅游业要深刻思考的一个命题。不要仅仅把美丽当作软资源，更要将其当作可转化资源、可增值资源、可盈利资源。如果我们的旅游业能从陕西走出去，在西安建成丝路旅游集散中心，辐射丝路，走向世界，这样我们的格局就更大了。

还有一点，结合一带一路的发展，要加大力度把韩城建成中国重要的文化博物展示地。

今天是博物馆日，在博物馆现场纪念博物馆日，谈论博物馆升级提升的议题，非常有象征意义。这里是韩城的博物馆，而韩城是中国的博物馆。韩城荟萃了中国各种文化的表达体系，首先它有物态的文化保存，包括元代建筑、党家村古建筑。党家村是几百年建筑的原汁原味的保存，而且党家村里面还生活着人，它是活体的文化保存。其次它有形态的文化保存，比如我们刚刚看的韩城行鼓、社火等民间艺术。再次就是有神态的文化保存，这就是以司马迁为代表的中华民族的人格精神。

司马迁是历史学家，但是他留给后人最震撼的是他的人格精神，是那种秉笔直书、置生命与屈辱于度外而坚持史魂史德的精神。一个城市，一个三线、四线的城市,能够把中华民族物态、形态、神态的文化保存得这么好是少有的。韩城全城应该建成一个活体博物馆,韩城应该成为中国一个重要的博物展示地。

主持人: 旅游,其实就是对于地域和文化差异的一种体验和感受,接下来也想请问一下蒋老师您对如何开启新旅程有什么观点?

蒋子龙: 新旅程实际上契合了当今的社会现实,如今世界已经进入了旅游时代。人们在家里面是浮躁的,一旦出来心反而静下来了。我们老祖宗有一句话,什么叫光阴?光阴就是百代过客,人的生命一诞生就是从旅行开始的,人人都在途中。我们现在许多作家都是行走作家,包括我本人,而行走作家的祖师爷就是司马迁。

人要在行走当中寻找故事,故事造就人类,现代人是选择自己向往的东西,在行走中思考、在行走中欢乐。所以,让现代中国人在行走中有所收获,这应该是我们旅游系统的重任。此外,"西出阳关无故人""春风不度玉门关""葡萄美酒夜光杯"这些唐诗一直都在成全着河西走廊的旅游,而这就要感谢文化,这也说明了旅游一定要以文化为灵魂。

主持人: 好的,非常感谢蒋先生的观点。接下来我想请张大可老师,从史学方面谈谈您对新旅程的看法?

张大可: 我走了全国很多地方,我觉得韩城的韩塬平川就是一块风水宝地。今天我们从重启新丝路这个战略格局来看,我想提三个建议。

抓住历史机遇,深化韩城景区建设,重新命名打造"中国国家史圣司马迁文史公园",在韩塬这几十平方公里的大地上,浓缩司马迁《史记》中三千年历史的内容,同时纳入张骞开拓丝绸之路的历史内容,将其打造为旅游胜地以及历史爱国教育的基地。同时,在韩城设立高端的文化机构,建立司马迁博物馆、司马迁书院、司马迁研究院,创造条件建一所司马迁大学。

6月22日是丝绸之路成功申遗日,我建议把这一天定为"丝绸之路旅行日"，作为丝路沿线国家盛大的节日，把司马迁的功绩和张骞出发日都放在这一天。建议韩城建立一笔司马迁基金，用来打造文化产品，让司马迁和张骞享誉全世界，也让韩城变得家喻户晓。此外，6月22日以后，建议在韩城的司马迁研究院向全世界来颁发"东方诺贝尔大奖"，并将其命名为"司马迁文化奖"。

主持人：非常感谢张先生的建议，我们也希望更多的全国文化保护景点能够积极地响应，也能够在推行新旅程开启过程中更多地让利于民，让更多的人去实现"世界这么大，我想去看看"的心愿。郑先生曾主管过全国文化文物工作，之前一直执掌着故宫博物院，您对新旅程的开启有什么建议？

郑欣淼：在21世纪初的时候，故宫一年的游客就由五六百万增加到六七百万，到2009年的时候超过了一千万，到2012年的时候超过了一千五百万，还创造了单日游客十八万的记录。游客的增加，说明我们整个国家实力的增强，也见证了旅游业确实是一个朝阳产业。与新旅程联系起来，我们古丝绸之路不单纯是一条商贸之路，它也是一条文化交流之路。所以新丝路新旅程的建设，应该加大环境的硬投入，加大文化的交流、人文的交流。

旅游业本身是人类文明的体现，这是人本质的需要。我们今天开启的新旅程不仅是一个经济带的建设，同时也是我们中国与国际文化的交流。我们丝绸文化之路的交流，我想这也是一个新的起点，所以这个新旅程有着更重要的意义。

主持人：最后的时间，五位嘉宾能不能用简单的一句话来总结今天的发言。

肖云儒：中国和陕西通过新丝路华丽转身，陕西的旅游通过新丝路迈向深度国际化，黄河与秦岭的对话通过新丝路打造升级版。

张大可：重启新丝路是我们中华文明又一次浮现西方，能够惠及中国和世界人民的重大举措。陕西作为旅游大省应该抓住这个机遇，来开启新丝路的旅游活动，一定会迎来光辉灿烂的前景。

郑欣淼：丝绸之路是遗产，也是生命的鲜活体。它是古老的也是时新的，它是经济带也是文化圈，新丝路，新希望。

蒋子龙：人不可无梦，梦是现实的一部分。

戴斌：让丝路沿线各国人民都能够更多地参与到旅游过程中来是丝路沿线各国的责任。文明旅游、健康生活是我们的主题日口号，也是我们倡导的一种旅游理念，最后祝陕西旅游继续引领丝路新时代。

主持人：非常感谢台上的五位文化学者和我们一起分享了他们的精彩观点，我非常幸运在人生当中第一次来到韩城的同时，就上了一堂免费的、非常棒的中华文化历史的文化大课。最后，我要提出新旅人的概念，没有新旅人的加入，就没有新丝路、新起点、新旅程。什么是新旅人？新旅人不用担心自己的年岁，不用担心我们的陕西文化有多老多旧，新旅人总是以新的创意、新的视野，带着历史的厚度去捕捉这个时代中最重要的是什么。新旅人坐而言不如起而行，用他们的双脚踏上新丝路的旅程，并将精彩分享给所有的人，祝福陕西，谢谢！

2015 年春，陕西韩城市司马迁祠

山 河 竞 秀

凤凰卫视主持人胡一虎：我是来自香港凤凰卫视的胡一虎，我现在所在的位置很特别，是大自然山崩地裂之后的结晶，也就是秦岭终南山世界地质公园的翠华山天池旁边。非常高兴这时候能够暂时离开香港的摄影棚，在祖国大地上游山玩水。在这里，我们即将跟全球华人见证的是一场秦岭跟黄河之间的山河对话。山跟河怎么对话，还需要靠人，哪些人呢？有请高手来到我们的现场。

旁边的云儒大哥，我记得曾经看到你有个作品形容秦岭是"四库全书"，为什么？

肖云儒：秦岭是中国的中央山脉、中国中部的水库，发源于秦岭的渭河和汉水是黄河、长江的最大支流，秦岭通过这两条河滋养了长江和黄河。它又是中国品类最齐全的植物库和动物库，以及中国文化和智慧之库。中国人的精神价值和思维结晶道、儒、释都在这座山下发育壮大。在世界的山脉里边，秦岭可能集聚的诗文、书画作品是最多的，所以我说秦岭是一部四库全书。

秦岭乃天下之脊，中原之龙首也，也就是说秦岭是中国的脊梁。

黄河陕西段有七百多公里，其中包括中游最大的峡谷——秦晋峡谷，中游最大的湿地——三河口湿地，拥有两座国家级历史文化名城——榆林和韩城，三个国家级风景名胜区——华山、壶口、洽川，还有"鲤鱼跳龙门"的龙门、"九曲十八弯"的乾坤湾以及一大批的名村古镇……所以黄河陕西段的景观特色可以用几个词——雄浑、淳朴、原始来表示，就像一块没有凿好的玉石。

主持人：我记得云儒大哥提到在《说文解字》里，中华的"华"，里面的"十"字似乎也是跟黄河有关?

肖云儒：中华的"华"有一个大"十"字，就是黄河进晋陕峡谷的南北走向和秦岭东西走向的一种寓意，它配以很多花叶（十字）形成了古"華"字。所以黄河、秦岭实际上是中华的"华"字的一个原型。

特别有意思的是，黄河从巴颜喀拉山流出，到陕甘宁高原拐了一个很大的弯，像母亲伸开臂膀把这块高原搂在怀里，用乳汁哺育着它。黄河中下游于是成为中华文化的发祥地之一。黄河厚德载物，秦岭自强不息。我们民族两种最重要的品质，都与这山这河分不开。

主持人：有请肖云儒老师来给我们解读一下，陕西旅游文化的魅力到底在哪里?

肖云儒：在我心中，陕西旅游文化像一块五色之土。我们有"银色的历史文化"之美，在历史的天空中星光灿烂、闪烁银光，我们有多少个之最，有多少个第一，它的数量、流量都在全国居于首位。我们有"金色的风情文化"之美。我们金色的黄河和黄土高原，形成了陕北民歌、陕北秧歌、剪纸和关中面花、木版年画，一直到陕南的茶坡，这是丰富多彩的风情之美。我们有"绿色的生态文化"之美。陕北已经穿上绿装，陕南秦巴水域甩起了水袖，我们把一江清水送北京，京津和华北大地有很多旅游者希望探寻这个给他们供水的水源地，未来的旅游将会有很大的发展。当然还有"红色的革命文化"之美，由参观型、教育型向体验型、休憩型转化提升。还有"彩色的演艺文化"之美，如三千万老陕唱秦腔，旅游产品《长恨歌》《梦长安》，所有的旅游景点都在尝试演艺化。这五色之美，使这块土地五彩斑斓，所以今年上半年陕西的国内游客已经过了一亿，陕西的国外游客达到了百万以上。

主持人：肖老师，请你用一句话概括一下你心目中陕西旅游的魅力，好吗?

肖云儒：全球华人来陕西追寻自己的文化 DNA，追寻自己的根脉。各国友人来这里追溯东方文化密码，体验东方情调。

主持人：最后，我们请肖老师来讲评一下今天这次秦岭与黄河的对话。

肖云儒：陕西旅游经济，第一是创意力经济，我们解说词的情景化，各种策划的体验化，还有各种旅游主题的演艺化，这都有很大的空间供我们努力。第二，品牌拉动力。我们要借一个大的全国和世界级的品牌来取得话语权，这就是黄河和秦岭。所以《大秦岭》在央视播出以后引起很大影响。现在我们把黄河文明拉进来，影响力就更大。第三，服务力是一种生产力。陕西人常常把地域视角过多地带到现代服务经济中去，这很不利。第四，当然影响力也是生产力。对大范围的影响力，我们要一抓到底，使我们对旅游经济有很强的执行力。这些都是我们的收获。

2017年春，西安南郊翠华山

电视人文谈话节目的社会使命

——在全国电视人文节目理论研讨会上的发言

电视的水非常深，我是一个站在岸上、不常看电视的人，我只能从我惯有的人文视角来谈一些想法。

电视人文谈话节目应该找到自己的核心竞争力，这个核心竞争力不像刚刚有的发言说的那样，向娱乐靠拢，向动情靠拢，向可视的细节和动作感靠拢。这些当然也构成电视人文谈话节目竞争力的一部分，但说到底它们都是表现手段层面的东西，形不成核心竞争力。电视人文谈话节目的核心竞争力，我以为应该到人文本体层面去寻找，也就是探索如何把人文理性要素转换成民众关切的、感兴趣的屏媒市场要素，如何把那些社会的热点问题、亮点问题、疑点问题和动情点问题，从各种有新意的视点上，以各种有新意的方式和手段做理性的解读，把大众舆论提升到理性高度，掘进到一个更深刻的层面。这本身，即求索、解惑、传道、启思本身，就有吸引力，就有收视魅力。

这样来做，难度当然是很大的，但如若你能做得比别人更好一些，你便有了原创性质的成功。大众娱乐课题是电视行业最早开发的领域，娱乐市场的占有与割据使这方面的资源日益匮乏。大众理性如何通过电视媒体传播，作为一个课题，还刚刚起步，空间大，资源丰厚，有志者大可驰骋。电视是大众的、娱乐的，无须证明；电视是动情的，也无须证明。我们要用电视人文谈话节目证明的是，电视也可以传输理性、提升理性，而且是提升大众理性和社会思考极有力的新的传播手段，这才是我们人文谈话节目的核心竞争力。这是我们不同于别人的地方，是我们的本体优势。这个优势发挥好了，便带有开创性质，填补空白性质，也便能真正证明电视是无所不能的，像王鲁湘先生说的，电视是全维的。一切原创性的精神劳动都具有极大的魅力，吸引我们去投入、去搏击，这也正是电视人文节目的魅力之所在。

从社会人文理性的创造、传播过程看，有三个梯层。最基础的是生活，民众的生活实践随时随地在给我们提供理性的闪光和真理的碎片。这是社会理性的初级资源。但处在社会理性的最高梯层即第三梯层的专家，由于各种主观、客观条件的限制，往往无法直接到民众中去开掘、融汇这些初级资源。这些理性初级资源要传递到他们那里，有许多中介，这些中介就是各类社会文化传播渠道，这构成了第二梯层。

和文化传播有关的，起码又有三个台阶。

第一个台阶就是传媒和它的从业人员，这是理性的社会传播梯层。他们身处当下社会和民众生活的进行时中，把街谈巷议的最新信息资源，经过初级整理变成思想资源，传播于社会，使理性进入舆论平台。第二个台阶是实践理性梯层。各个领域的评论家，社会评论家、时政评论家、经济评论家、文化评论家等等，把社会生活和传媒提供的理性信息和相关资源，聚合、梳理、提升，形成有专业水平的、较为科学的社会人文理论。最后，第三个台阶才是原创理论梯层，像马克思、黑格尔。他们把各门类的理性资源，将基本理论加以高度整合，形成体系性的内在关系，普泛化地辐射社会的各个领域和人文精神的各个层面。

几乎在这同时，有一个如影随形的逆过程，那便是原创理性又总是通过实践理性和大众传播理性逐台逐级向民众的生活辐射、渗透，使理性融为当下民众生存状态中无法剥离的一部分。

在社会人文理性这个逐级递进又逐级辐射的过程中，纸媒即报刊、书籍应该说较好地承担了自己的社会责任，像"五四"前后的《新青年》，中华人民共和国成立前夕的《光明日报》，或起了文化觉醒的号角作用，或起了文化积累的沉淀作用，不用我去多说了。但屏媒，即新兴的电视艺术，因为一开始就划入了大众文化范畴，特别关注的是娱乐休闲效果，承担提升社会人文责任的意识一直不够明确，在实践中探索得也远远不够。电视艺术不能自觉地承担起自己应该承担的人文责任，对电视，对社会，都是应该引起严重关注的事。

电视是当代最具有广泛性的大众传媒，它本应是人文精神和文化人格建构最有力、最普及的手段。电视在人文层面的缺位，很可能意味着社会相当一部分人群人文教育的缺位，很可能引发精神原创层和社会实践层的脱节或错位。这会导致一系列问题。

中国的五四运动不彻底，科学启蒙和救亡图存两大主题都难以贯彻始终，原因多多，其中有一条是往往局限在知识阶层而没有能更深入地走向底层老百姓。不能深入民众，原因也多多，其中有一条恐怕就是大众传媒在传播进步理性方面有着某种局限性。那个时代只有文字传媒，没有直观的电视屏媒，而老百姓文化水平偏低，常常被排拒于文字世界之外。纸媒面本来就窄，又没有屏媒可以补充，五四运动也便只能在精英和泛精英层面掀起狂飙。这狂飙造就了鲁迅这样的先行者，却不能点燃鲁迅家乡的边城小民，同时，华老栓们不是还在用馒头蘸革命者夏瑜的血，吃了治痨病吗？

20世纪90年代以来的人文精神讨论，实质上是在市场经济和市场价值坐标的背景下，力图重新恢复和激活我们民族人文理性记忆的一次学术活动。但仅仅恢复和激活是远远不够的。我们早已进入了新的转型期，它要求在原有基础上，建构新的人文理性体系。这是包括电视传媒在内的所有文化人的历史责任，更是电视人文谈话节目最首要、最中心的责任。如果我们不能自觉担负起这一责任，甚至致力于以娱乐性去消解它的人文理性特质，电视文艺极可能由于过分迎合市场趣味而喑哑、失语。我始终觉得快餐节目、泡沫文化是不能长久留下声音的。

但电视屏媒不仅当下应该有声，在历史的长河中也应该有声。不仅应该让书报，更应该让有形有声的电视，"将历史告诉未来"。观众的趣味也不只是要适应，还要引导、培养、陶冶。不能让我们的观众被娱乐休闲淹没而失去人文理性的追求，不能让我们的观众变成只重表象演进而不重深度思考的人，变成只有"知道"而没有人生阅历和感悟的人，变成只有欢悦而没有"痛"、没有忧患的人。

这一切，都把一副副重担子压在电视人文谈话节目还很稚嫩的肩膀上。它是当代电视人文气息和深刻性的重要体现，是当代电视从时代和历史之河中汲取生命力的重要渠道，更是我们民族提升人文素质和人格力量的重要手段。千万千万，站直了，别趴下！

2004 年 4 月 18 日，西安不散居

丝路牵手出好书

——在"重走丝绸之路大型书系版权输出签约仪式"上的讲话

尊敬的各位贵宾、各位读者、新闻媒体的朋友们：

大家下午好！

作为《丝路云谭》的作者，很荣幸能参加由江西教育出版社举办的"重走丝绸之路大型书系版权输出签约仪式"。谢谢江西新闻出版广电局、版权局，谢谢江西教育出版社，谢谢玉成此事的各方面的朋友们。

在古代丝绸之路上，各国的文化交流与经贸往来几乎同时起步。纸张和印刷术在丝路上的传递，使这种文化交流有了十分便捷的手段，使亚欧非各国的学术典籍和文艺作品得以以印刷书籍的形态批量性地保存和传布，文明成果得以以印刷书籍的形态辐射性交流。中国自古以来就有署名权的保护，只是没有和市场经济挂钩，更多停留在道德信誉层面。这表明中国古代对知识产权的一种文化尊重，也为日后现代知识产权制度在中国落地生根种下了文化基因。

江西南昌是我的故乡。江西景德镇的陶瓷以及高品质的茶、丝、麻，是海上丝绸之路标志性的主打商品。陕西西安是我生活了大半辈子的又一个故乡，是陆上丝路的起点。我从西安出发，追寻张骞和玄奘，两次坐汽车跑丝路三四万公里，经十四国到达意大利和印度，将沿途所见所闻所思所想写了《丝路云履》《丝路云谭》两本书，并在陕西、江西出版，这真是一种缘分，是丝路和"瓷那""秦那"的千古之缘。江西教育出版社和廖晓勇社长、周建森总编、张延主任、刘梦淳编辑就是我感激不尽的结缘人。在这里我再次向他们表示郑重的感谢。

现在，作为国家新闻出版广电总局"丝路影视桥工程"重点项目，江西教育出版社的这一套"重走丝绸之路大型书系"，将通过出版合作、版权贸易等方式，以多种语种输送到印度、马来西亚、阿联酋、埃及等丝路沿线国家。一套写丝路各国的书能如此之快地回到丝路各国的读者中去，回到它的故事发生地去，真是太令人高兴了。这是丝路各国出版界联手传播丝路文明、促进"一带一路"建设的一个十分可喜的成果。我代表丛书的各位作者向国内外出版界的朋友们表示由衷的感谢、深挚的敬意！

还有一周，第三次"丝绸之路万里行"就将出发了，我们又将踏上征程，坐汽车走中东欧十九国。让我们通力合作，写出更精彩的丝路文章，出版更精彩的丝路作品。

谢谢各位！谢谢大家！

2017 年 8 月 22 日，北京

国学八字释义

——为国学展示墙拟词

孔子（塑像）

　　大字：仁

　　小字：儒乃中华精神之动力系统，心灵之日。以仁德伦理协调社会而达谐和有序。讲究"应该"，勇担社会责任，在入世进取中追求理想人格。重善，春风和煦，温善仁爱。

老子（塑像）

　　大字：道

　　小字：道乃中华精神之平抑系统，心灵之水。以自然之道引领社会而达天人合一。讲究"愿意"，顺天道为世事，在性情放达中追求理想生命。重真，秋高气爽，反向正悟。

佛祖（塑像）

　　大字：和

　　小字：释乃中华精神之救赎系统，心灵之云。重和，以彼岸度量此岸，此岸敬畏彼岸，天人在和融中结缘，心灵在信仰中救赎。讲究"希冀"，在慈心善行中追求理想境界。重美，天国禅境，亦美亦幻。

韩非子（塑像）

大字：法

小字：法家乃中华法治之祖。重规矩，守制度，手握戒尺，心存敬畏。在以人伦为基的家族管理之上，建构以礼仪为基的社会法治管理，实现情治、礼治、法治三位一体。若春之儒、若夏之墨、若秋之道、若冬之法，乃为中华精神的一年四季。

孙子（塑像）

大字：智

小字：智乃中华文化素所倚重者。孙子兵法实为中华大智，无所不窥。凡事智先决而后行，故事之成败有赖智之通堵。世情运势瞬息万变，掌控自如者则强弱胜负可期易位。

鬼谷子（塑像）

大字：谋

小字：贯通乃中华文化一大境界。若鬼谷子者，出入百家，纵横捭阖，行事无所不谋，众学无所不通，弟子无所不才。统摄诸谋以悲悯济世，传道后学而积慧千古也。

鲁班（塑像）

大字：精

小字：精乃中华文化之工匠精神。重创造、营造、制造，讲钻劲、闯劲、恒劲，求精琢、精雕、精致，故可化神以为形，转形而为物，以至厚积五千年中华工艺品牌。大国工匠当以匠心筑梦。

扁鹊（塑像）

大字：生

小字：生生不息乃中华养生修身之全息理念。中华医理重养息生命，防病于未然，重调理气息，健身于根基。以医理健身，以法规束身，以艺文润身，以信仰养心，乃有身心之康泰。

说明：八位古代思想家的学说博大精深，这八个关键词远不是对中国文化的全面科学概括，也不是对八位思想家学说的全面科学梳理，释文也并非想对这八个关键词做全面的诠释，而是从特定企业文化建设要求的特殊角度，取其所需来选择、阐发的。

2017年4月，深圳

世界文明史论的读书笔记

　　花了小半年时间读完了马克垚先生主编、北京大学出版社出版的《世界文明史》上下两册，这次阅读虽然断断续续却较为认真，我是把它作为一门自学课程对待的。这本书以一百四十多万字的篇幅，对我们这个世界各个历史时期重要的文明现象进行了梳理和解读，资料丰腴精到，历史逻辑清晰，时有精彩的识见。最重要的是，这部书没有像以前同类研究那样，基本沿袭西方文明中心论的视角和体系来展开世界文明的格局，而是力图在建构各美其美、美美与共的人类多元文化格局上下功夫，使各国各族的文明能更为公正地进入世界文明谱系，真是受益匪浅。这且不去多说。

　　其实我一直想读到一部像黄仁宇先生的《中国大历史》那样的"世界大历史"，篇幅不宜大，字数不在多，但能够运用统摄思维和比较文化思维，将人类文明作为一个整体、一个动态的大系统来思考。也就是说，将写此类史书常见的时间维度、时间经线，转换为时空结合的维度，时间经线和空间纬线甚至空间辐射线相结合的维度。研究各国、各地域的文明是怎样在相互作用中发生、发展，或流变、消亡的，其中有哪些规律？世界不同地区有时文明极为相似，那是什么原因？有时相同或相近地区的文明又很不相同，又是什么原因？有时历史是积累性渐变，有时历史却又是崩塌式裂变和革命性突变，这又是什么原因？从世界历史丰富的现象中能够归纳出哪些动力组合、社会运动的规律？等等，等等。新的视角会产生新的思考空间，新的理念观点，新的理论表述。我切望读到这样的著作。

　　德国存在主义哲学家雅斯贝尔斯在《历史的起源与目标》中提出，公元前600年至公元前300年间是人类文明的"轴心时代"，这个著名论断，便是对东、西方文明做跨国、跨洲的辐射性空间比较之后得出的。黄仁宇先生在论述秦统一中国的内在必然性时指出，根本上是生态和生存需求，黄河水的分配和使用必须跳出割据状态——意味着争夺和战乱，让一个统一的社会管理机构来做统一的调配，才是秦帝国统一的历史必然。显然这是作者跳出传统的社会历史观，将人与环境、人与自然的因素引进历史动力系统的结果。

还有英国学者阿诺德·约瑟夫·汤因比，他不仅以十二册巨著《历史研究》讲述了世界二十六个主要民族文明的兴起与衰落，而且显示了大历史观所独有的眼光。他不因循史学界盛行的国别史和断代史研究的老路，而是从哲学的视角思考宇宙人生和社会历史的重大问题，是一种"思辨历史哲学"。汤因比的历史观和研究方法反映了当代西方史学研究的一些趋势，比如：传统的叙述型历史已转向整体型、分析型历史；逐渐走出欧洲中心论，更多地重视非西欧地区的历史；不仅从社会运动中探究历史规律，更注意到人和环境的关系对历史发展的作用。汤因比认为，应该把历史现象放到更大的范围内考察，这种更大的范围就是文明。历史研究的基本单位应该是比国家更大的文明。也正是将人类文明作为一个整体来认识，使汤因比对中国文化有极高评价。他通过概括希腊、中国、犹太等文明的主要特征，提出他认为的适用于大多数文明的演变模式。

这庶几切近我所希望的理论视角。只是孤陋寡闻，一直没有读到中国学者的此类著作。

的确文明是比国家、民族更为宽泛的一个概念。一个文明带或一个文明时代，可以同时包括好几个同样类型的国家，或好几个质地相同的朝代。文明不仅涵盖整个社会，包含政治、经济、文化等多个方面，而且涵盖了人与自然环境的关系。我们必须从文明的总体视角来解读这些方面及其间的关系，而将文化视为一个文明社会的精髓。人类文明犹如一个有机体，各种文明的存在和发展应该互相联系并具有一些共同的规律。

记得二十多年前吉林人民出版社曾编辑出版《中华思想宝库》《西方思想宝库》《人类百科大事通览》三本又大又厚的书。前两部书是东、西方思想家言论的分类摘录，很有资料价值；后一本《人类百科大事通览》，倒是以年代分条，列出在同一年代中，东、西方文、史、哲、经的重要观点和经济社会发展的重要事件，有利于比较和辐射思维的展开。惜乎只是一味事无巨细的烦琐陈列，读来不得要领，又毫无分析，故略感遗憾。后来还见过一本忻剑飞先生写的《世界的中国观》，概述了各个历史时期世界对中国认识的变迁，不知后来作者是否还写有"中国的世界观"部分，如果有，并且是中、西文明交相穿插着展开，就更能满足我了。若有朋友能给我推荐中国学者著述的这一类从文明的全维视角上展开世界大历史的书，自当感激不尽。

2017 年 12 月 3 日，西安不散居

书 为 生 命

最为自豪的是书

"不散居",文化学者肖云儒的书房。昨日,记者如约来到桃园南路省政府小区,看到在一套四室两厅的房子里,除了一个小房间用来休息外,其他的空间全部存放着书籍。肖云儒告诉记者,"不散居"是好些年前作家方英文给取的名字。"不散"寓意自己对事业、目标的不散,也有家庭不散之意。

充满自豪的第一代书架

"我书房的几度变迁,记录了我的读书历史和半世纪人生,也反映了社会读书风气的变化。"肖云儒回忆说,"1961年大学毕业,我分配到陕西日报社工作,两个人一个宿舍,没有书架,书就堆放在地上。于是,我用第三个月的工资和一位同学一起去竹笆市买了一个简易的木条小书架,我们俩轮流扛着书架穿过钟楼回到当时还在东大街的陕西日报社,心里充满了自豪。作为文人,我终于有了一个放书的专用角落了。"他说这是他的第一代书架。

"文革"时期,肖云儒被下放到汉中西乡大巴山深处,农民房东为他用竹子搭建了临时卧室,尽管地方很小,他还是自己动手找了一些砖头和几块木板,为自己搭了一个大约有三层高的临时书架。之后,肖云儒被借调到《汉中日报》当编辑,有了独立的卧室,为了存放书,赶紧买了一个捷克式的八字腿书架。讲到这里,肖云儒拿起笔给记者在纸上仔细画出他之前三代不同的书架样式。

凝聚劳动者友谊的第四代书架

"从《汉中日报》调回《陕西日报》之前,我一度在三原一个国防工厂政治部当干事,在那里又分了一间小房子。之前的书架从汉中没有带过来,到这里便又没有书架了。我的邻居们多是一些转业的工人师傅,他们非常纯朴,看到我的书堆在地上,便你捡一块废木料,他找一块旧木板,帮我做了一个带柜子的书架。这个书架很结实,也高级一点。它凝结了我和工人师傅们很纯朴的、难忘的友谊。"肖云儒说他在调回《陕西日报》时,这个书架也就跟着带了回来,不舍得扔一直用到前几年。回《陕西日报》后,很快他就分了一套小单元房,于是又做了三个带玻璃门的书架,并排摆了一整面墙。这已是他的第五代书架了。

1983年肖云儒调到省文联后,分了三室一厅的房子,他的第六代书架产生了。因为搞文艺评论和文化研究,书籍大量增加。专业书多了,有理论书、作家签名本、文艺名门类的书,哲学和思想方面的书更多。于是他在原有三个书架的基础上又增加了三个书架。

书房里一切空间用来放书

"2003年,我在省政府小区分了四室两厅的房子,房子大了,其中的两间都用作书房,存放书籍,但还是不够用。"于是,肖云儒就在离家不远处一小区里,专门买了一套两室两厅的房子用来存放他的书。直到2016年,他的邻居赵季平搬走后,他买下现在的这套四室两厅的房子,全面改造装修为他的专用书房。

记者看到在"不散居"里,四周全是从地板打到天花板整面整面的书墙,为了取用方便,书架全是开放式的,所有的书都归类整齐地摆放着。书房里没有电视机,没有挂一幅画、一幅字。肖云儒表示,一切空间都必须用来放书。就这现在已经不够用了。

肖云儒谈着他的八代书房、十面墙的书，非常开心。那是一个文化人与书相依为命的漫长历史。他说："文化人不会显摆他生活的奢华和舒适。文化人是重脑力劳动者，书是他创造性劳动的一大资源和动力，他们视书为生命，书是他们的骄傲和自豪。文人惜时如命。终生都在劳作，把尽可能多的时间用来读书和写作。"

书籍是一个文化人文化内涵固态和形态结晶

对于肖云儒来说，书籍的确是他生命的一部分。书房里的书他阅读过，抚摸过。记者看到，很多书里都夹了纸条，做了眉批。肖云儒说："这些书看似是你在使用它，实际上，是它在进入和涵养你的生命。"在书房里，肖云儒感觉是和家人在一起。他告诉记者，他每搬一次家就要给书换一次房子。书的地位和他的地位是一样的。他的房子越来越好，他的书架也就越来越好。他的生活条件改善一次，他就不惜工本地要为他的书也改善一次生活条件。"我与我的书是命运共同体，荣辱与共，终生牵手！"他挺动感情地笑着说。

"一本书，除了储存知识，也储存了作者的人生、读者的人生，以及读者和作者牵手交流的过程。"肖云儒认为，读过的书和没读过的书，放在书房书架上的书和放在书店的书是完全不一样的。"书到了我的书房，就是我的亲人、朋友，也就进入了我的人生轨迹。""有时候，在书房里什么也不做，就看着这些书都是高兴的。在书房里我感觉不到孤独。"肖云儒视书为生命，书也是他人生的一部分。每本书的后面都有一个笑容，一段温馨。书是有温度的。

读万卷书，行万里路，思万世事，著万代文

肖云儒认为，把读万卷书和行万里路接合起来可以使知识更快捷、更鲜活地传递，读书也便有了趣味。不能"书读我"，要"我选书，我读书，我用书"。读书还要思考，要比较，要辨析，甚至与作者辩论，以激发自己的创造性思维。肖云儒表示，单个书本的存储和系统的知识组合后的存储，质量和层级都是不一样的。另外，最好还要争取边读书边写作。总之就是要把阅读跟人生经历、历史思考、写作锻炼结合起来，这样读书就会更有人生的、社会的、文化精神的分量。

《三秦都市报》访问记，2018年4月25日

美的信札（七则）

第一封信：开篇的话

晓星：

当你哼着歌，用轻盈的步子跑下楼，去参加高中毕业联欢晚会，你大概想不到，爸爸却坐下来给你写信。也许这是很长很长的"系列"信件……

是你离家时几个毫不经意的动作触发了我写信的念头。你仔细地擦皮鞋，然后又走到穿衣镜前，旋旋身子，捋捋头发，趋身对上嘴唇上刚刚冒出来的一个红疙瘩（你们俏皮地称之为"青春美丽痘"）做了一番颇为认真的考察，才转身出门。我恍然领悟到：孩子懂得爱美了！自小就萌动在你心头的对美的爱好和渴望，现在被青春点燃了，它像一朵明亮的灯焰亮在你心里，使你对美的追求，热切而又自觉。

你可能已经注意到，这次写信，我将小星的"小"，改成了"晓"。你长大了，正处在人生的第二次断乳期——精神断乳期阶段。人生的这个阶段，要求你们由浪漫不羁的常被自发感情主宰的幼稚状态，逐渐成长到具备自觉的自制能力的状态，孩提时代许多美好的、童真的感情和心理逐渐在社会文化心理和文化意识的陶冶下，变得更深沉、成熟，更带理性色彩。故而法国思想家卢梭将青少年在精神断乳期的成长，称为"人的第二次诞生"。

在这个关键的时期，我希望你结合学校课程的学习，扩大视野，接触一点人文科学方面的知识，努力使自己"真"的感情提高为历史意识，"善"的感情提高为道德意识，"美"的感情提高为审美意识。

我想借你高中毕业到上大学或走向社会的这个转变的空档，给你讲述、介绍一点美学方面的知识，结合你的生活实际和欣赏实际，每天写一个问题，凑到一起又有一定系统性。写法上，尽量虚实结合，多举例子，从例子中引出道理。我一面写，你一面读，不断给我反馈阅读信息，也可以提出问题，展开讨论。用这种对话、交流的方式，也许效果会好些。下面要给你谈的这些内容，大部分是我在学美学、欣赏美中的思考、感受，也有一些是我综合和介绍别人的观点。有些问题展开谈，有些问题则提纲挈领地谈，但是注意给你提供进一步研读的线索——当然，如果你将来有兴趣、有时间的话。

如果在两三个月时间里，能让你上一次美学基本知识的速成班，便如愿以偿了。

青少年爱美之心刚刚萌动的时候，常常有一种羞涩感，自觉不自觉地去掩饰和压抑它。这完全没有必要。爱美之心人皆有之，自有人类以来就存在。马克思在《1844年经济学哲学手稿》中曾经谈到人是按照美的规律来建造的。尽管在资本主义社会，劳动创造了美，却使工人变成了畸形，但人还是按照美的规律来建造的。他还指出人类对世界的掌握形式是多种多样的，有理论的、宗教的、实践精神的，也有艺术的。爱美，创造美，以审美的态度对待客观世界，可以说是人类的天性之一。

在古代，烧煮食物时支垫锅釜，有三块石头或土块就足够了，可我们的祖先在六千多年前就不断美化支垫物的形状，先是立柱式，继之鸡头式、象鼻式、鱼式、鸟式，后来又演变为饕餮纹及人体雕刻。古代的拴马桩，本来只要能系住缰绳就行了，但几千年来，人们在这竖立的石桩上镂刻了千变万化的人事物像，以至成为中国古代石雕艺术一个特异的系列。御寒蔽体的衣服，能裹住身体就行了，但我们的祖先不满足于树叶兽皮，不但试验养蚕种棉，发展纺绸织布，还在上面染出不同的花色。人类在一切物质产品的生产中，无不执着于对美的追求，以美的规律来创造一切。

去中国西部旅行，看见远处戴着雪帽的山峰，你会感到那是一位皓首银须的老人，用深邃的目光注视着这个世界。当旭日从大海中浴浪而起，你心中会升腾起一种庄严感和崇高感。离别和思念会使你寄情于景物，"感时花溅泪，恨别鸟惊心"。特别是你们年轻人，处在"少年不知愁滋味，为赋新诗强说愁"的美妙年华，形象思维、浪漫激情最为活跃，万事、万物、万景都会在心中生出万种情态，心中的喜怒哀乐也莫不移置到客观景物上去。你初恋着，不但满心满脸流动着爱的光泽，还会觉得整个世界一片明媚春光；你失恋了，心中的愁苦又会化为一片愁云，使周围的一切黯然失色。审美的方式，艺术的方式，始终是人类把握客观世界的一个基本方式。

学点美学，让你的爱美之心更充实、更丰富，从更高的境界上感受到自然之美、社会之美、艺术之美，感受到生命之美、民族历史之美、祖国之美；学点美学，让你更自觉、更科学地以审美的方式去把握世界、创造世界，为社会物质的和精神的文明做出更多的贡献。

在谈下面的话题之前，我想先简述一些经常使用的美学概念。这些基本的美学概念可以帮助你们阅读有关的美学论著。

美感：由客观对象的审美属性引起的人们感情上的愉悦状态。这种心理状态，是包括感受、知觉、想象、情感、思维等心理功能在审美对象刺激下交织活动形成的。

审美感知：感知美的过程。

审美感受：审美感知的结果。

审美评价、审美判断、鉴赏判断：内涵大体相同，指在审美过程中所包含的对美的评价。

美学分析：对审美对象所进行的理性分析。

美学理论：在对美学分析的基础上进行概括得出的理论上的结论。

审美意识：在社会实践和审美实践中形成的审美趣味、艺术观点和观念、理想、纲领的总和。

审美活动：按照美的规律所进行的一切活动，社会生活与社会实践通过人对现实的审美关系所反映出来的一切东西。

人对现实的审美关系：人对现实的审美认识和审美改造（前者如将山川拟人化，后者如对产品进行外观设计），或者说，人对现实的审美把握（把握，既包括认识又包括改造）。

美学研究的对象：是和我们对美的本质的科学理解联系在一起的。这种理解大致是：美是社会实践的产物。社会实践在客观方面产生了客观世界的美，在主观方面产生了人对客观世界的审美意识，艺术则是审美意识物质形态化了的集中体现。艺术和日常生活中审美感受的区别，一方面是能更集中地表现一定社会、一定阶级的审美意识，另一方面是这种审美反映获得了物质的体现（如文学的印刷品，电影的拷贝，音像的盒带等等），从而在社会上流传，成为社会普遍的审美对象。

根据这个理解，美学的研究对象主要包括以下三个互相联系的方面：美，美感，艺术。

美：从客观方面研究审美对象，阐明美的本质和根源，研究美丑的矛盾发展，美的各种存在形态以及崇高、滑稽、悲剧、喜剧等本质特征和相互联系。

美感：从主观方面研究作为审美对象反映的审美意识，阐明它的本质、反映形式的特征及其历史发展的规律性。

艺术：研究作为审美意识集中表现的、物质形态化了的艺术，阐明艺术的本质、内容与形式、种类，艺术创造的规律，艺术欣赏和批评等问题。

第二封信：思绪千年溯美源
——美的本质析义

两千多年来，许多有名的美学家执着地探索美，热衷于为美下定义。从德国鲍姆嘉通 1750 年把美学当作一种专门的学问研究算起，有的从伦理道德上评价美，说美就是善；有的从目的角度评价美，说美就是理想的追求；有的从功利观点评价美，说美就是实用；有的从结构上评价美，说美就是对称、秩序、比例、和谐；有的从审美上评价美，说美就是愉悦、情趣、趣味；有的从精神上评价美，说美在于理念；有的从形态上评价美，说美在于多样统一。关于美的种种定义，列夫·托尔斯泰在《艺术论》中指出："或者什么定义也没有下，或者所下的定义只不过是指某些艺术作品中的某些特点。"他得出了自己的结论："'美'的客观的定义是没有的。"而德国 18 世纪美学家温克尔曼也认为："美是自然的一种最伟大的秘密。"美，像云雾缭绕中的神女峰，像沙漠孤旅者心目中的海市蜃楼，像在明纱和轻烟中翩翩起舞的演员，像达·芬奇的名画《蒙娜丽莎》嘴边捉摸不定而又耐人寻味的微笑，那么令人向往，又那么难以企及。美学家们目眩神迷地去探寻她，接近她，她常常含笑不答，飘然而去。

想将无比丰富、复杂、多样的美，纳进一个有限的定义的框子，诚然是困难的，但对古往今来林立的学派、论点做大致的归纳还是可能的。现在许多美学书都把美的定义归纳为三种：美的客观论、美的主观论、美的主客观统一论。我想再加上两种：美的关系论和美的信息论。

（一）美的客观论

美的客观论有各种派别，大体上可以分为机械的美的客观论和辩证的美的客观论。

机械的美的客观论完全否定人在挖掘美的根源时的作用，因而在西方又被称为绝对的客观论，称为"绝对主义"。有个叫乔德的美学家，在他的《美的客观性》一书中，为了论证美的绝对论的命题，打了这么一个比喻：即使地球上的人死得一个不剩，拉斐尔的名画《西斯廷圣母》的美，也是不会改变的。即使没有人静观《西斯廷圣母》，它的存在总比一个无人静观的臭水坑要好。这种机械论的美学观影响并不大。

辩证的美的客观论认为美是客观的，是不依赖人的意识而存在的物质范畴，但人和人类的社会生活，对美的存在、发现、发展起着不可估量的作用。人在改造客观世界的同时，还不断地创造美，并使这种美逐渐外化为客观的物质存在。这种美（如社会美）最终虽然稳定为客体，它的产生却和人有关。在我国当代，辩证的美的客观论的主要代表是蔡仪和李泽厚。蔡仪认为"美是客观的，不是主观的；美的事物之所以美，是在于这事物本身，不在于我们的意识作用。但客观的美是可以为我们的意志所反映，是可以引起我们的美感的。而正确的美感根源正是在于客观事物的美"。在他的主张中，"美是典型"这一公式引起了广泛的争鸣。李泽厚也主张美是客观的，但和蔡仪不同，他强调"美是客观社会性的存在"。比如蔡仪认为自然美在于自然物本身具有美的属性，而与社会无关，李泽厚则认为自然美之所以为美，不在自然本身，而在自然物和人类社会发生关系、被人所认识的时候才产生的。他举国旗为例。国旗美，是因为国旗本来就是美的反映。但国旗之美不是因为这块贴着黄色五角星的红布"显现了"什么"普遍的种类属性""均衡对称"之类的法则，黄星、红布本身并没有什么美，它的美是在于代表了中国，代表了这个独立、自由、幸福、伟大的国家。于是红布、黄星本身成了人化的对象，具有了客观的社会性质、社会意义，所以才美。美学界有人认为他在正确地强调美的社会性的时候夸大了美的社会性，在谈论自然美的时候否定了自然物的美的属性，并就这方面的问题展开了争鸣。

（二）美的主观论

这个观点影响更大一些，因而各种派别、主张更多。比如美存于人的心灵中（英国休谟），美在上帝（罗马圣·奥古斯丁），美存在于主观、不依赖于存在（德国康德），"和谐只存在于听者的心灵里面"（德国费希特），"美是理念"（德国黑格尔），"没有一个主体，美就决不存在"（德国弗歇尔），"美是属于心灵的力量"（意大利克罗齐），等等。现于中外美学家中各举一种观点介绍一下。

休谟说："美并不是事物本身的一种性质。它只存在于观赏者的心里。每一个人心见出一种不同的美。这个人觉得丑，另一个人可能觉得美。每个人应该默认他自己的感觉，也应该不要求支配旁人的感觉。要想寻求实在的美或实在的丑，就像要想确定实在的甜与实在的苦一样，是一种徒劳无益的探讨。"几百年来围绕达·芬奇的名画《蒙娜丽莎》展开的激烈的争论，就是这种美不在物而在心的主观论的典型反映。有人极力称赞《蒙娜丽莎》肖像的逼真美，有人极力颂扬她的善，有人则被她那谜一般的微笑所陶醉。对于她微笑之美、微笑中的含义，更是猜测、演绎，众说纷纭，并且都把自己的感受和理解说成这幅画真正的美之所在。他们认为，美是没有客观尺度的，欣赏者的心灵意识到作品美在何处，也就是作品美之所在。这实际上导致了美的不可知论。

我国著名美学家朱光潜在前期也持美的主观论这一观点，他在所著的《文艺心理学》等许多著作中谈道："凡是美都要经过心灵的创造"，"同是一棵古松，千万人所见到的形象就有千万不同，所以每个形象都是每个人凭着人情创造出来的，每个人所见到的古松形象就是每个人所创造的艺术品"。这种观点，和休谟的观点在本质上一样，都颠倒了美和美感的关系，用审美情趣、审美经验替代了美的属性，否认了美的客观性，是唯心主义的，不科学的。朱光潜在之后通过对马克思辩证唯物主义的学习，放弃了这种观点，并做了理论上的自我反省。

（三）美的主客观统一论

这是朱光潜在中华人民共和国成立后大力主张并阐述的观点，他曾用一首苏轼的《琴诗》来说明这个观点。

> 若言琴上有琴声，放在匣中何不鸣？
>
> 若言声在指头上，何不于君指上听？

他认为，谈琴声在指头上的就是主观唯心主义，说琴声在琴上的就是机械唯物主义。琴声既来源于琴（客观条件），又来源于弹琴的指（主观条件），这便是主客观的统一论。他把琴声比为美，美（琴声）在主观（手指）和客观（琴）相统一的关系上。他把这个观点归结成一个定义："如果给'美'下一个定义，我们可以说，美是客观方面某些事物、性质和形状适合主观方面意识形态，可以交融在一起而成为一个完整形象的那种特质。"并用这样一个公式简明地表达出来：

物甲（客观）+美感（主观）=物乙（即主客观统一的"物的形象"，也就是艺术品、美）

朱光潜虽然力图运用辩证唯物主义来解释美，但可以看出，在这个公式中，并没有肯定客观存在（物甲）的第一性，而是主客观并列的二元论。还可以看出，他认为物甲中并不存在客观的美，只有物甲依附于主观的美感之后才可以产生美，这实际上把美感看成了美产生的源泉，而客观事物不过是美的一种表现形态，因而从根本上看，这种观点还是违反了存在决定意识、"客观决定主观"的辩证唯物论。

（四）美的关系论

这种观点认为美不在孤立的物或凝滞的心中，而在物与物、物与心的特定关系中，在运动着的物与心的特定关系中。它不是纯主观，也不是纯客观的，而在于主观和客观的关系中。这种观点，在具体的阐述和运用过程中，常常不是偏向强调美的主观性，就是偏向强调美的客观性，有时则摇摆于唯心主义和唯物主义之间。

但是，法国美学家狄德罗关于美是关系的论断，却具有重大的积极意义。他在《论美——美之根源及性质的哲学研究》一文中提出："美，相对词；是在我们心里引起对愉快关系的知觉的效力或者能力……一切能在我们心里引起对关系的知觉的，就是美的。"他举了这么一个典型的例子：在高乃依的悲剧《荷拉斯》中，罗马的荷拉斯兄弟同敌人作战，被杀死两个，剩下的一个佯装逃跑。父亲非常生气，对女儿说："让他死吧！"这表现出他的爱国精神和英雄气概。原来无褒无贬、无美无丑的陈述句"让他死吧"，在进入了这种特定的时空关系、人际关系和心理感情关系之后，就具有了审美意识，成为"揭露其与环境的关系而更美"的"绝妙好词"。如果环境、关系改变，让在强盗袭击面前溜走的仆人史嘉本来说这句话：问他同敌人格斗的主人何在，答道："让他死吧！"就完全成为另外一种意义，成为可笑了。"所以美确乎如我们以上所说，是随关系而开始、增长、变化、衰落、消失的"，"我认为组成美的，就是关系"。

显见，狄德罗的美是关系说强调了美的内容、美的社会性，强调了事物之间内在的联系和运动，这实际上也就是强调了美的客观性。他说过，"一个存在物，由于我们注意它的关系而美，我并不是说由我们的想象力移植过去的智力的或虚构的关系，而是说那里的实在关系，借助于我们的感官而为我们的悟性所注意到的实在关系"。这实在的关系，就是客观事物的美的属性。——当我们说一朵花或一条鱼美时，是由于看到了组成它们各部分之间的秩序、安排、对称、关系。这些都是存在于事物本体之中的实在的美。

（五）美的信息论

这是近年来提出的一种新看法。这种看法力图在辩证唯物主义和历史唯物主义基础上，广泛吸收相关学科，特别是自然科学的种种有关成果，从信息论的角度对美的本质做出新的解释，它虽然还不大系统，还需要进一步展开，进一步扩大自己的影响，却在许多方面给人以启发。

这种观点认为，信息是生活主体同外界客体之间交流的对象性的动势序，人类的生活和生活的环境无一不具有整体的形象的动势序，它们焕发着程度不同的对象性正、负美的信息。这种信息流对象性地传递给人，人对它进行个性的创造性的处理，使人本身原有的正、负美动势序受到影响，或更换，或加强，并以这种新的动势去形成事物新的美质、新的正负美结构，使客观事物的负美转化为正美，正美变得更美或变为新的美。这种观点认为，这一信息流程的剖析是揭示美的本质的科学途径。

美的信息首先是以人的五官躯体及脑的生理条件和意识状态为对象、为阈限的一种信息。来自客观现实的各种美的信息，只有在人类感觉器官（眼、耳、鼻、舌、身）和感受能力（感性、知性、理性、悟性）的尺度范围内，才有意义，才可能产生美。因此，不能简单地谈美在事物本身，美的信息如果超出了信息接受的"人类尺度"，一旦失去它的对象性存在物——人，只不过是一种不可能的空幻的设想。这就如马克思说的，"非对象性的存在物是一种（根本不可能有的）怪物"。但人类的美感，却又的确是以客观事物传输出来的、人类能接受到的实在的美的信息为依据的，是对这种信息的能动的接受、感应、加工、创造和反馈的结果。且看李清照的词《醉花阴》：

薄雾浓云愁永昼，瑞脑销金兽。佳节又重阳，玉枕纱橱，半夜凉初透。

东篱把酒黄昏后，有暗香盈袖。莫道不销魂，帘卷西风，人比黄花瘦。

这里，整体的美感，包括物象、形象、意象、情境，无一不建立在"薄雾""浓云""金兽瑞脑""重阳佳节""玉枕纱橱""夜凉""东篱把酒""黄昏""暗香""帘""西风""人""黄花"等客观实在的美的信息中。

这些信息都在人的接受尺度之内，它们通过视觉、听觉、触觉、味觉、躯体觉传输到作者的信息处理系统中，经过加工创造，成为美的艺术，再以文字符号的方式输出去。这种反复不断的输入、输出过程，既是美的信息的形象反馈过程，又是对美的有序自动控制过程。正是通过这种自控，人类依照自己的审美理想不断提高着自己的精神境界。

第三封信：繁纷旖旎觅灵犀
——美的特征释疑

（一）外观的形象性

我们要歌颂生命的力量，歌颂不屈的精神，可以在丰富的例证和资料的基础上说理议论。这种说理议论常常使人茅塞顿开、思路活跃，对人生、对社会的理解进入一个新的境界。这是理性的、逻辑的力量。也可以以另一种方式来歌颂生命的不屈。看看一万多年前西班牙阿尔塔米拉岩洞壁画上的野牛吧！它受了伤，扑倒在地，可是在生命的最后一刻还睁大了眼睛，挣扎着，要站起来。这是失败者的不屈，这种不屈又使失败转化为胜利，生命的意志和力量的胜利。壁画上没有一句说明和议论，却那么强烈地震撼着你，激发着你对人生、对社会的理解。这种理解可能说不清楚，却又那么明确无误。这是感性的、形象的力量，美的力量。马克思说："形象是自然物体的形式"，形象是艺术的生命，也是美的外观。黑格尔说，"美只能在形象中见出"。没有形象性，就没有美，形象性越鲜明，美就显示得越充分。

美的形象性，主要表现为直观、具体、鲜明等可感的特征。直观性就是一目了然的可视性，能够"在视觉中看见了它本身"（马克思）。具体性要求表现出事物的个性和过程，它必须是细致的。鲜明性则是指事物的形象特征所包含的新鲜感和明晰度，它必须是具有较强说明性的。你来到大草原，看见了白云、羊群、平湖和点缀其间的牧民小小的毡房，看见了风在自由地驰骋，鸟在尽兴地翱翔，日月在穹庐上相接，那博大、旷达的感受自会在心中油然而生，美的形象性使你不着一字尽得风流。形象性不但构成生活美、自然美的特征，也构成艺术美的重要特征。王国维认为，戏曲要"写情则沁人心脾，写景则在人耳目，述事则如其口出是也"。填词则要做到"不隔"，要让读者直接接触形象，不要在作品和欣赏者之间横一道屏障，有如雾里看花，终隔一层。美国诗人惠特曼也说："我决不容许任何障碍，哪怕是最华丽的帷幕。"高尔基说托尔斯泰的作品是"感光板，描写得惊人的浮雕"，以至于"当您在读他的作品时……您会感觉到仿佛他的主人公的肉体的存在；他仿佛站在您面前，您想用手指去触摸他"。而鲁迅则谈吴敬梓的《儒林外史》："烛幽索隐，物无遁形，凡官师，儒者，名士，山人，间亦有市井细民，皆现身纸上，声态并作，使彼世相，如在目前。"

（二）生活的肯定性

俄国文艺理论家普列汉诺夫说："人最初是从功利的观点来观察事物和现象，只是到后来才站到美的观点上来看待它们。"这段话奠定了美需要具有生活肯定性的基础。作为美的客体对象，只有显示出对生活肯定的特质，即有益无害的品质，才能被美的接受者、主体的人所接受。作为主体的人，也总是从自己的功利出发，去撷取客体中存在的这种肯定性，进行审美改造，从主体的角度肯定了客体的肯定性。即便是大自然中的现象，比如崇山峻岭、天真活泼的小白兔，主要也是因为它们和肯定性的社会价值观联系在一起之后（如崇高、天真），才具有了审美价值。这是一类，肯定应该肯定的，有点像数学中的正正得正，美其美，当然美。

但生活中应该否定的东西也是可以成为审美对象的，只是它们在成为审美对象的时候，需要经历一个否定过程。《红楼梦》中伪善的贾政和无恶不作的薛蟠，在生活中都是不美的，作者在小说中以自己正确的美善观衡量他们，并在情节的展开、性格的塑造、细节的铺叙中艺术地丑化了他们，批判揭露了他们，于是这两个形象就成为能够正确引导读者认识社会人生的、有独特艺术价值的形象，具有了很高的美学意义。这又是一类，否定应该否定的，有点像数学中的负负得正，丑其丑，也就具有了美的价值。

还有更复杂的情况，比如丑中有美，美中有丑，丑极为美，美丑互换，等等。这些情况虽然复杂，只要认真分析，就知道它们都并没有违背"生活的肯定性"这一特征。老鼠危害人类，不具有生活的肯定性，它是丑的，但是它又有身体轻巧、动作敏捷、机警灵活等特性，当我们摒弃了它危害性的一面，突出强调后一面时，就可以成为肯定性的审美对象。这正是中国传统习俗中以鼠为十二生肖之首，"老鼠嫁女""老鼠成亲"剪纸风行民间，米老鼠形象家喻户晓的原因。有时，环境变了，或形象之间、形象与环境之间的关系变了，美丑可以互换。狐狸在与动物世界的童话和寓言中，主要是狡猾的形象，但组合进人间神话故事之后，比如《聊斋》故事，却常常是善良、美丽、聪慧的狐仙形象。不管怎么变化，从具体的故事情境来看，都从正面或负面表现出生活的肯定性来。还有一种情况就更复杂了，如葛洪在《抱朴子·博喻》中指出的"锐锋产乎钝石，明火炽乎暗木，贵珠出乎贱蚌，美玉出乎丑璞"；刘熙载在《艺概·书概》中说过的"怪石以丑为美。丑到极处，便是美到极处"。这里面充满了辩证法。丑到极处，便有了独特性、新鲜感。独特和新鲜正是美的一个因素。丑到极处，必定或凶狠，或狡狯，或愚鲁，而凶狠、狡狯、愚鲁却和勇敢、机智、质朴一纸之隔，有时只要稍加改造，丑便迸出美的火花来。

总之，情况虽然复杂，归根到底美是离不开生活的肯定性的。车尔尼雪夫斯基有一句名言："美是生活"——"应当如此的生活，那就是美的"。"应当如此的生活"，可以理解为值得肯定的生活，也就是能够促进事物发展的，有助于社会前进的，有利于民族和人民的生活。

（三）形式的愉悦性

我们说，凡是美的，都具有生活的肯定性；但并不能翻过来说，凡是具有生活肯定性的，就必然是美的。大肥猪、乌龟、甲鱼、冬虫夏草等是人所钟爱的美食和补品，它们对于维系人类的生命、促发人类的创造当然都是有贡献的，但却谈不上是美的。为什么呢？因为它们虽然具备了美的一个条件——生活的肯定性，却不具备美的另一个条件——形式的愉悦性，或者说形态的诱惑性。从形态上看，它们不但称不上美，甚至可以说是丑陋的。从这里可以看出，形式的愉悦性、诱惑性是构成美的必要条件，是美的一个重要特征。生活的肯定性和形式的愉悦性之间的关系，是一种辩证统一的关系。

这有好几种情况。一种情况是，生活的肯定性和形式的愉悦性高度和谐地体现于美的事物中。例如服装模特，从形态上看，她们是美的。修长的身材、姣好的容貌，配以色彩协调、样式新颖的服装，具有充分的愉悦感和诱惑感。模特这个职业是美化人类生活的职业，她对促进人们通过衣着之美来实现、肯定自身之美、生活之美，具有积极的作用，具有充分的生活肯定性。又如老山前线的战斗英雄史光柱，他的爱国主义精神和英勇顽强的斗志，把历史的进步性和生活的肯定性都表现到了极致；他双目失明，但又不失对生活的积极信念，用诗歌讴歌时代人生，谱写了壮美的乐章。在这里，生活的肯定性和形象的愉悦性呈现出高度统一的状态。

一种情况是，生活肯定性不明确或呈中性、形式愉悦性很强烈的美的事物之间虽不平衡，却也不表现为矛盾状态，大体是一致的。例如山川自然之美，平畴沃野这类生活肯定性明确的风景是美的，高山峻岭甚至险山恶水这类生活肯定性不是直接、明确表现出来的风景，常常因为强烈的形态美和形式美而令人神往陶醉。有的因为色彩的组合，有的因为构图，有的因为线条，更多的是因为各方面的形式因素共同作用，构成了美的意境和神韵，产生出一种美的愉悦和诱惑，令人赏心悦目，激发美感。

还有一种情况就更为复杂，有些事物有时甚至表现出生活的否定趋向，却也可能被强烈的形式愉悦感和诱惑性所掩映，表现出美来。如"枯藤、老树、昏鸦"，本是一种衰败景象，却因为作者抓住了几种事物的内在对应点，又以工整的对仗表达出来，构成了一种意境而吸引了我们。有位画家用抽象派的笔法表现过被旋风刮倒的麦田，以具有形式美的、带装饰趣味的、倒伏的麦浪，来表现无形的风的形象，令人似乎看到了造化的脚步，感受到一种天籁。于是，本来是不具生活肯定性的自然灾害（风灾），被强大的形式美的力量所掩盖、冲刷，呈现出美来。

虽有这种种复杂情况，我们还是应该看到，作为美的两个特性，生活的肯定性和形式的愉悦性在根本上还是统一的。在客观事物身上，生活肯定性的显示程度是千差万别的。有的事物，肯定性表现得很确定，如英雄史光柱、时装模特，以及苍松翠柏、海棠蜡梅等，他们对人类的功利目的不是大有益处，就是毫无妨碍，形式上又能使人赏心悦目；有的事物，肯定性表现得较隐晦、较复杂，比如画遭到风灾的麦田或对人类有危害性的某种蝴蝶，我们欣赏它们的构图、色彩、舞姿之美时，实际上已经淘汰了它们危害人的功利的一面，肯定了它们陶冶人的审美情操，提高人的精神境界的一面。这一面其实是符合人类功利目的的，也是生活肯定性的一种表现。从这个意义上说，形式愉悦感和生活肯定性是深刻统一着的。

（四）关系的和谐性

美不是凝固僵死的，它充满了空间的差异和时间的变异，美不是孤立片面的，它充满从内到外的多维组合。因而列夫·托尔斯泰说，"永恒的概念是智慧的疾病"。红色美吗？同红旗、红日、红花的形象结合起来当然美，但将狂躁性精神病人的居室油成红色，或像十年"文革"中那样在我们的生存环境中搞清一色的红海洋，红色就与美无缘了。狐狸美吗？对于被偷了鸡的农民来说它是可憎的,然而它一旦脱离了"偷鸡"的具体环境(即关系),它的灵巧和狡黠可以益智,它漂亮的皮毛可以御寒、可以悦目,又可能是美的。这种美的诱惑性致使列宁在一次围猎中有意放跑了一只狐狸。音乐美吗?"管急弦繁拍渐稠,绿腰宛转曲终头。诚知乐世声声乐,老病人听未免愁。"(白居易《乐世》)它虽可以乐世,却不能愉悦老病之人。美是一个处在各种关系中的活的精灵,和谐美一直是历代美学家论述的热点。古希腊的毕达哥拉斯学派提出了美在于和谐与比例的学说,是一切和谐论的滥觞。柏拉图高度赞扬过美在和谐的学说。

什么是和谐呢?黑格尔说,"和谐是从质上见出的差异面的一种关系","各因素之中的这种协调一致就是和谐"。也就是说,和谐是事物各因素间的协调一致。这里有两点很关键:一是差异,即多样性、多维性、对立性,是和谐美的前提;二是消除差异,使多样、多维、对立按一定的关系组合、联结起来,构成新质,是和谐美产生的原因,也就是中国成语所说的,相辅相成,相反相成,和谐有关。没有差异和对立,就没有和谐;单纯的差异和对立,也没有和谐。

事物的差异可以从几个方面去理解。

每个事物内部都是由不同侧面、不同阶段组成的,拿人物性格来说,常常是一定基础上的二重或多重的组合体。在某个具体性格基本色调的基础上,常常可以看到悲剧和喜剧因素、崇高和滑稽因素、现实和浪漫因素、阳刚和灵秀因素,有时甚至是善和恶因素的多重交织。而这种多重因素的性格复合体又不是凝固不变的,随着时间的推移和事物的发展,复合体内部各因素之间此消彼长,复合体的总色调也随之变异。有的人由幼稚变得成熟,有的人由血气方刚变得思前虑后,有的人甚至由英雄变为叛徒。同时,每一事物又总是处在外部的多重关系之中,这外部关系常常制约着美,改变着美的色调和程度。安娜·卡列尼娜的拖地长裙和有羽饰的宽边大帽子,在她所生活的特定时代和社会环境、家庭环境（19世纪俄国上层社会，贵族家庭）中是美的，因为她的服装本是那个时代、那个阶层和特定人物关系审美氛围的产物，服装、人物、环境的协调产生了特定的美。如果20世纪80年代的中国妇女也如此着装，美就变为怪诞。服装和今天的生活节奏、生存环境、审美情趣处在不协调之中，统一的关系被破坏，美也就不复存在。有趣的是，今天中国的观众如果在银幕或舞台（甚至短暂的舞会）上看到安娜的服装，却又会感到是美的，为什么呢？因为这服装又被置放到原来特定的环境中，她和各方面的关系又协调了，尽管在舞台上这种环境只是假定的、短暂的。只要演员一离开影剧特定的环境，穿着戏装走到大街上来，人与环境的关系不协调了，美又荡然无存。

和谐也是多种多样的。有的是比较单纯的二重组合，有的则是多维多重组合。有的是形式上的和谐，有的则是从形式到内容的和谐。有的是相向差异型的统一，有的则是逆向对立型的统一。每一种对立的统一，在其特定意义下都能产生和谐之美，我们很难横向比较这多样的和谐哪种更美。比如，显然不能说单纯的和谐美就一定不如复杂的和谐美——林黛玉和薛宝钗哪个更具美学意义呢？"大漠孤烟直，长河落日圆"和"东边日出西边雨，道是无晴却有晴"，又哪个更美呢？但是却可以说，内在的和谐美比表层的和谐美更难创造，也更感染人。古希腊哲学家赫拉克利特有一句名言，"看不见的和谐比看得见的和谐更好"，也许就是这个意思。而柏拉图在《柏拉图文艺对话集》中通过苏格拉底之口说的"最美的境界"是"心灵的优美与身体的优美和谐一致"，就更完整全面了。的确，从表层到内在、从形式到内容的和谐一致，乃是和谐美的佳境。

第四封信：感触良多终有源
——美感的特征要义

（一）美感

美感是人的一种心理状态，它是由客观对象的审美属性引起的、在人的大脑皮层上所产生的富于情感向心力的电脑波活动，这种心理活动是感受、知觉、想象、情感、思维等心理功能交织形成的。

美感和快感常常交织出现，但二者又是不同的。康德在《美的分析论》中说："在感觉里面使诸官能满意，这就是快适。"又说："对于一种由于香料和其他作料而提高了口味的菜肴，人们毫不踌躇地说，它是令人快适的……因为它直接地能使官能享受。"我们可以说，快感是感觉器官的快适之感，它是生理上的享受，因而它是具有生物性的。还是康德说的，"快适也适用于无理性的动物，美只适用于人类"。这是因为动物只具有眼、耳、鼻、舌、身各种感觉器官，而万物之灵的人类，除了感觉器官外，还具有感受、知觉、想象、情感、思维等心理功能。一头渴极了的小鹿来到清泉边，这里有瀑布，有怪石，有疏林，但对它来说，只能感觉到清泉解渴的快适之感，这种快感是泉水使肌体的焦渴得到解除的结果，是一种生理的满足，一种官能的享受。但是，如果是一个旅游者来到同一道清泉边，情况就发生了变化。泉水也能为他解渴，他也能因此而得到生理的满足和官能的享受，却远不止于此。旅游者会在沁人心脾的泉水的触发下，进一步感到情绪的畅怡，并引起种种想象和联想（清潭如碧澄的宝石，瀑布如生命的运动，怪石如巨兽，疏林似亭亭玉立的仕女，等等）。还可能将山、水、树、石联系到一起，在心灵中布置成一个画面，构成一种意境，获得种种感受和思索（如从喧闹、紧张的城市生活回到怡我情怀、闲适自如的大自然中，有了一种解脱感，现代工业文明造成的情绪焦虑和心理倾斜得到了某种补偿和平衡，甚至进一步思索人与自然的关系或延展深化为出世还是入世、道家还是儒家等等人生的、人类的基本问题）。如果这位旅游者是一位艺术家或艺术爱好者，还可能细致地观察这个景观，评价它的色彩组合、构图布局，思索如何用线条色彩、用镜头、用文字、用音符来再现这幅画面。在这种思索中，对不能尽如人意的地方加以调整、改造，对令人满意的地方加以突出、强化。这便由快感进入了美感，由生理反应进入了心理活动，由官能享受进入了心灵享受，进入了审美判断和艺术创造的境界。

这个例子告诉我们，快感是第一信号系统的产物，美感是第二信号系统的产物。前者是动物和人共有的，后者是人类专有的。苏联生理学家巴甫洛夫解释过，信号系统是指客观世界的刺激物作用于有机体的感受器官而在大脑皮层上所留下的刺激痕迹的联系。如果这种刺激痕迹只刻在形象的表象范围内，而没有思维和语言的参与，那只能形成第一信号系统；如果有思维和语言的参与，便会形成第二信号系统。第一信号系统以感觉、表象为信号，偏重于生物的自然性；第二信号系统以感受、思维、语言为信号，偏重于人的社会性。所以快感是富于自然性的，美感则富于社会性。快感常常是美感的基础，人的审美活动往往依赖于听觉和视觉等生理器官的功能，但对人来说，美感却是更高级的满足。孔子认为听《韶》乐，是最美的享受，以至"三月不知肉味"，完全压倒了口腹的欲求。

（二）美感的特征

美感的特征和美的特征有着密切的联系。美的特征构成了美感特征主要的客观基础。我们不妨从下述三方面来看：

直觉性。直觉就是直接感觉。美感的直觉性是指美的事物引起我们直觉上的美感。它是美感的感性阶段。由于这种美感还处于直觉状态，还未能深入到美的深处，难以感受到"弦外之音""象外之旨""味外之味"，往往更注重到美的形式和表象，而来不及探究美的内容和实质，有人戏称之为

"一见倾心"的美感。

直觉性美感在自然美的欣赏中最为常见。山水花鸟之美、人体之美都最能引起主体的美感直觉，我们只需做感性判断便可以领略到。这是因为自然美偏重于形式，而直觉性的落脚点常常在形式上。直觉性美感表现在社会美的欣赏中，常常止于感性阶段，虽然它并不排斥理性。比如对中国女排的直觉性美感，主要是从力量、速度、机智、配合、坚毅、执着、刻苦和运动员的生命力及人体美中获得的，对她们的奉献精神、夺魁意识、爱国胸怀以及女排精神给中华民族灵魂的烛照和社会主义建设事业的促进，在直观性审美中一般还不涉及。直觉性美感在艺术美的欣赏中，最容易在造型艺术和影剧艺术的活动中表现出来。这些艺术本身就是直观的视觉艺术，容易引起欣赏者直觉的审美反应。符号艺术（文学）、时间艺术（音乐）虽然缺乏这种直观性，却也能在心灵屏幕上引发直观画面，因而在欣赏中也时时具有直觉性美感，只是稍为间接就是了。

需要注意的是，虽然大多数审美活动都具有直觉性，却不能止于直觉性，要向更高更深的层次发展。而我们所说的审美直觉性，也不是完全排斥理性的纯直观审美活动，更不是如有些唯心主义美学家那样，把直觉性降低到下意识活动的水平。如果这样理解审美的直觉性，是荒谬的，会将审美和欣赏活动、将艺术创作导入歧途。

愉悦性。愉悦性是美感的主要特征。它是指，在审美活动中，审美主体受到客体（美的事物）触发、激扬产生的愉快、喜悦、舒畅、陶醉之感。它是人的全部心理机能通力协作构成的整体性心理活动和情绪效应。

美感的愉悦性有积累功能和选择功能，有纵向间歇需求和横向平衡要求。一些简单的线条、色彩组合，简单的旋律、节奏和和声，单纯而明朗的人物形象和生活形象，是大多数人都能感到愉悦的，但一些复杂的审美对象（如书法中的狂草，艺术中的变形，叙事文艺中的复杂性格和复杂社会现象），却只能使有审美经验积累(艺术素养是审美经验积累的一种)的主体赏心悦目。有时,同一审美对象,由于欣赏者的审美经验积累不同,引起愉悦的性质、程度是有很大差异的。积累丰厚者,在审美活动中愉悦感渗透的幅度就更深广。一个京戏迷在欣赏梅兰芳演出时所获得的审美愉悦和满足,比第一次看京剧的青年观众不知要高出多少倍。所谓"不会看的看热闹,会看的看门道","热闹"固然有时也是一种愉悦,一种吸引,比之"门道"自然有天壤之别。更有那种在京戏方面没有任何审美经验积累的人,干脆就看不下去、中途退场。所谓"咱们欣赏不了那个",其实就是引不起任何审美愉悦。京剧对非京剧的"耳朵"的审美主体,不是美。但是,这非京剧的审美主体,一旦进入了他所爱好,并有所积累的审美领域,却灵敏异常,能够获得大量的审美信息。比如,一位不爱京剧的青年在摇滚乐和霹雳舞的欣赏(也可以是自娱性欣赏,即自己唱和跳)中,却能驰骋自如,获得极大的愉悦和满足;相反,那位京戏迷这时却可能变为非现代乐舞的审美主体,引不起任何愉悦。这就涉及了审美的选择性。由于审美主体的民族文化底色和社会文化背景不同,由于个人的文化教养、个性气质、艺术爱好以及进入审美活动时具体的心境不同,美感个体和群体的选择功能是非常强的。对同一个审美对象、同一件艺术作品,仁者见仁、智者见智,众说纷纭甚至水火不容的情况,在生活中也常常能够碰到。前几年,文学界关于"朦胧诗"的争论,音乐界关于通俗唱法的争论,到了大动肝火的程度,那原因就是群体和个体不同选择性在强烈地对峙和碰撞。这种审美选择性决定了愉悦的多样性。因此在美和艺术的领域,应该是有广阔选择余地的,是"百花齐放,百家争鸣"的,包容性、含纳度是很大的。

美感的愉悦性,从纵向上看有一种间歇需求。微观地看,某项具体的审美活动不能持续过久。人的神经系统,有兴奋也有抑制,需要张弛结合。如果审美者脑神经的兴奋愉悦状态持续的时间超过了时限,大脑神经就会疲劳，对美的感受就会迟钝，甚至走向反面，产生厌烦心理。这时就需要在适当间歇和调整之后再进入审美状态，才可能产生新的愉悦。客观地看，群体审美活动不能总是在一个兴奋点上停留过久。再好的歌曲，如果天天播、天天唱，再好的电影，如果天天放、天天看，群体审美也会产生疲劳，由愉悦兴奋到耳熟能详，到熟视无睹，最后逆反，倒了胃口。因此，无论个体还是社会，对美的需求是多姿多彩的，是在间歇和起伏中得到平衡的。美没有永恒的热点，美在变幻莫测中维系着社会对自己的永恒关注。横向平衡需求是指在同一时空平面上，社会不可能只有一个审美愉悦热点。在审美活动中，追新逐浪的现象是经常出现的，畅销作品和各种新潮美，在一个时期可以达到极大的社会普及，甚至家喻户晓的程度。但这种倾斜不可能长久。追新逐浪之后便是喜新厌旧——这也是审美愉悦的一个规律，是对倾斜的平衡。社会的审美活动正是在这种持续—间歇、持续—间歇和倾斜—平衡、倾斜—平衡中向前推移。随着社会生活节奏的加快，审美活动内部纵向横向的这种调节日益加快，以至文坛艺坛出现了"各领风骚三五天"的"走马灯"局面。对社会审美的这种局面，不能简单褒贬。它是内在规律的反映。

功利性。美感有没有功利性？辩证唯物主义的回答是：有。但功利性的表现形态却多样、复杂。从审美主体看，美感是特定审美者的美感，特定审美者在审美活动中不可能不受到构成自身生存环境和文化气氛的、特定的经济、政治、军事、文化、传统、风习各方面的影响，这些影响都具有程度不同的功利性。从审美客体的构成来看，美的内容——生活形象、思想倾向和情绪色彩，往往同生活的肯定性和思想的进步性联系在一起，都带有功利性。美的形式，虽然和特定的生活、思想、情绪有较大的距离，具有更大的跨越性、继承性，但任何形式都是在表现某种特定的内容时诞生和发展，经过长期的积淀，逐渐取得了相对的独立性。以后的社会美、科技美和艺术美，在选择表现形式时,又无不受着特定内容的制约。从各种流行色和新潮服装中,我们是那么明显地感到了一种社会思潮和艺术思潮的搏动(当然还有审美周期性间歇和平衡的原因);从现实主义和现代主义创作方法的嬗递中,从"朦胧诗""意识流""抽象派"各种形式技巧的变换中,我们也能听到社会生活的脚步和时代情绪的流动。甚至建筑美、技术美(如工艺装潢、包装)外观和色彩的选择,也总是曲折地反映着一种时代的兴趣。马克思说,每输进一种商品,就输进了一种观念,商品形式(也是一种实用美的形式)中其实是渗透着观念(内容)的。

当然,功利性十分微弱的美,也是有的。如自然美中的山水花鸟,艺术美中的山水花鸟画和无标题音乐,以及盆景、假山、微雕和某些舞蹈、杂技、工艺品。即便是这一类美,也总是寄托着美的创造者和欣赏者一定的情绪、情趣倾向。其中绝大部分是健康的、积极向上的,有利于提高整个社会的精神文明水平。从更广泛的意义上,这其实就是一种功利性。也有的情趣不健康,寄托着某种畸形的、变态的情绪和心理,这种寄托本身,不也是一种审美功利吗?

第五封信:心迹浩茫漫诗情
——审美心理过程追踪

请看这样一段描绘:"遵四时以叹逝,瞻万物而思纷;悲落叶于劲秋,喜柔条于芳春。"(陆机《文赋》)它表述了四时万物之美、劲秋落叶之美、芳春柔条之美,如何触动了审美者的悲喜之情,产生了美感。这种人对生活美和艺术美的品鉴、欣赏活动,就是审美活动。人被美的事物所吸引,于是主动积极地、情不自禁地去品味和鉴赏事物的美,并做出形象的、情感的反映、判断,这就是审美过程。审美过程是一种复杂的、特殊的心理活动。欣赏者对美的品鉴,以感知为基础和起点,由浅入深,产生种种联想和想象活动,并有不同程度的理解乃至思维活动渗透其间。伴随着审美活动的深化,主观反应方面的感受、情绪和情感活动也由低向高升华。认识过程和情感过程互相作用、互相促进,推动着美感越来越深刻、强烈,从而形成一个完整统一的审美心理过程。这个心理过程大致有以下几个方面。

(一)感知和感受

审美活动是从对美的事物的感知开始的。感觉是客观事物直接作用于人的感觉器官后在人脑中对这些事物个别属性的反映。人对客观事物的认识是从感觉开始的,对美的认识也是这样。例如首先要看到月季花瓣的颜色和形状,闻到花的香味(这是感觉),审美活动才能够开始。这当然远远不够,美不可能在事物某种片断的、孤立的属性中产生,美存在于完整统一的事物中,存在于处于各个环节和关系的完整事物中。月季花美的形象,是由艳红色泽的搭配、花瓣的美妙组合以及花朵和茎叶同背景的关系中,才能显示出来的。对审美对象这种完整的把握,感觉不能胜任了,需要靠知觉。知觉不是对外界事物个别属性的反映,而是对事物的各种属性、各个部分及其相互关系的综合反映。用知觉来反映月季花,才能产生审美感受。

社会美、自然美、技术美和造型艺术、影剧艺术,都具有直观可感的形态,感觉和知觉是在常态下完成的。文学形象是用不直接诉诸感官的文字符号来塑造形象的,不能直接作用于欣赏者的感官,对符号艺术的感知是在符号的间接传统中以异态的方式完成的,但仍然要从形象的感知开始。比如白居易的《暮江吟》:"一道残阳铺水中,半江瑟瑟半江红。可怜九月初三夜,露似珍珠月似弓。"作者通过诗句形象的描绘,读者能够"瞻君而见貌",便在脑子里形成了一幅秋日暮江图,在对这幅图画的感知中开始了审美活动。

在审美活动中,欣赏者要善于准确、敏锐地感知对象在感性形式和形象上的特点,在脑中形成鲜明、独特的印象。欣赏达·芬奇的《蒙娜丽莎》,只一般地看看,没有充分地、细致地去感知对象的形象和形式特征,所得美感是有限的。如果你集中注意力，细察人物面部和双手柔和而美丽的光线，几乎难以用肉眼分辨觉察的色阶变化，由眼神和嘴角所流露的温柔、深情、微妙的微笑、丰润、细致、纤丽的手，脑海中就会活脱脱呈现出一个美丽、典雅的女性形象，产生较强的美感。深入细致的感知过程，是审美主客体消除陌生、互相渗透的过程。唐代的阎立本看张僧繇的画，初看觉得虚有其名，再看感到不愧高手，第三天赞叹名不虚传，坐卧于画下十几天不离去。巴尔扎克读司汤达的《巴马修道院》，初读感到累赘，再看觉得恰当，最后认为似乎啰唆的细节也不可少了，被折服了。所以，培养准确、敏锐、细致地感知对象形象特征的能力，是进行审美活动的必要条件，也是一个人审美感受力的重要标志。

（二）联想和想象

欣赏者在感知审美对象时，常常会浮想联翩，"联类不穷"，产生种种联想和想象。联想和想象在审美活动中联系着感知和理解，是由感性阶段向理性阶段的深入。

联想，回忆的一种形式。在对美的事物的感知中，引起了另外一些事物和现象的再现，事物在大脑中形成的暂时联系在感知的基础上复活了。联想在审美活动中一般有三种形式：

第一，接近联想。李白诗《宣城见杜鹃花》："蜀国曾闻子规鸟，宣城还见杜鹃花。一叫一回肠一断，三春三月忆三巴。"诗人由子规鸟联想到和子规啼鸣同时开放的杜鹃，又由杜鹃花开季节，忆起了春日三月的蜀中故地。这种由一个事物联想到在时空上与之接近的另一事物的心理活动，就是接近联想。

第二，相似联想。在审美活动中，审美对象引起了和它在性质或形态上相类似的联想。一般的比喻大都借重相似联想，中国古诗中的比、兴也是相似联想，这在审美活动中相当普遍。"余霞散成绮，澄江静如练"，谢朓把彩霞比作罗绮锦缎，江水比作白色的丝绸；"江作青罗带，山如碧玉簪"，韩愈把漓江比作青色绸带，江边的山比作美女的玉簪。这些都是由事物的形态、颜色的相似引起的联想。

第三，对比联想。在感知对象时引发对和它具有相反特点的事物的联想、回忆。元好问《颖亭留别》："寒波淡淡起，白鸟悠悠下。怀归人自急，物态本闲暇。"由闲暇的物态，逆向联想到归途之人的急切心情，以对比联想达到了反衬、对照的目的。

想象，是在头脑中改造记忆中的表象而创造新形象的过程，是以过去经验中已经形成的那些暂时联系进行创造性新组合的过程。一些心理学家认为，"想象，或想象力，也像思维一样，属于高级认识过程"，是审美过程中极为重要的心理活动。在审美活动中，人的感性认识和理性认识之所以能够互相渗透而达到高度统一，之所以能够通过对象的感性形式直接达到对理性内容的深刻理解，主要就是通过审美的想象活动来实现的。想象可分两类：

第一，再造想象。它是根据对美的事物的文字叙述和条件描绘，在头脑中形成这一事物的形象的心理活动。欣赏文学作品，欣赏者就要运用再造想象的能力，根据作品中的语言描绘，想象出各种人物、情节、环境，设身处地体验人物的处境和思想感情、内心活动。如果没有这种再造想象的能力，不能复活艺术形象，艺术欣赏也就无从谈起。

第二，创造想象。它是在欣赏中对审美对象进行延展、补充、丰富、加工改造的创造性心理活动。这种想象活动天地十分广阔，陆机说是"精骛八极，心游万仞"，刘勰也说那是"寂然凝虑，思接千载；悄然动容，视通万里"。杨万里在感知自然美的基础上，通过创造想象和月亮玩得多么开心："老夫渴急月更急，酒落杯中月先入。领取青天并入来，和月和天都蘸湿。天既爱酒自古传，月不解饮真浪言。举杯将月一口吞，举头见月犹在天！老夫大笑问客道：'月是一团还两团？'……"（《重九后二日同徐克章登万花川谷月下传觞》)这位酒仙插上想象的翅膀恣意翱翔,浅说深说,直说曲说,正说反说,简直把月亮之美表现得淋漓尽致。如果离开了想象,月是月,酒是酒,我是我,那就索然寡味、黯然失色了。审美想象活动的重要特点,是带有浓厚的感情色彩。欣赏者的想象活动和感情活动互相结合、渗透、推进,在美感中浑然一体。想象和联想活动能够唤起审美主体的情感记忆,并使它与当前对审美对象的情感反应连接和统一起来,推动情感的扩展。同时,情感活动又能够激发、活跃审美主体的想象和联想活动,促使想象深化。这就是刘勰在《文心雕龙·神思》中说的:"神用象通,情变所孕。"

(三)理解和思维

理解是审美欣赏中不可缺少的一种心理活动。理解是通过揭露事物间的联系而认识新事物的过程。理解可以揭示事物间的外部联系,也可以揭示事物间的内部联系,不同水平的理解在欣赏中都有重要的作用。理解是渗透在知觉、联想和想象活动过程中的。对审美对象的感知要借助于过去的知识和经验,理解美的事物内部、美的事物之间和美与环境之间的联系。审美主体已经形成的美好的观念也在审美感知中起重要作用。在审美的联想和想象活动中,理解的作用更为显著。没有对事物关系起码的理解,任何联想都不能形成。巴甫洛夫说过,联想是对事物关系的认识,"当你下一次利用它们时,这就叫作'理解'","利用获得的联系就是理解"。想象更具有深刻的理性因素,比起联想来,它还需要对事物内部关系的理解。

最高水平的理解表现在思维过程中。思维是对客观现实概括的间接反映。它所反映的不是个别事物、个别特征,而是一类事物的共同本质特征;不是事物的外部联系,而是事物的内部联系。思维使人的认识由感性进入理性,达到深刻认识。美的认识既然包含有理性认识,就不能排斥思维的作用。感性认识使我们直观地感受美,但要更深地认识美,产生感情的愉悦和感动,则需要有深入的理性认识活动。

苏轼的《水调歌头·中秋》，上阕是对自然美的感知、联想、想象："明月几时有？把酒问青天。不知天上宫阙，今夕是何年。我欲乘风归去，又恐琼楼玉宇，高处不胜寒。起舞弄清影，何似在人间。"到了下阕，由想象引导到人间，便开始有了明显的理性思维活动："转朱阁，低绮户，照无眠。不应有恨，何事长向别时圆？人有悲欢离合，月有阴晴圆缺，此事古难全。但愿人长久，千里共婵娟。"这无限的感慨中，有着对人生、社会的深刻理解和复杂的思想活动、形象、情感。可见，自然美的欣赏虽然偏重于感官快适和感性认识，但也离不开思维和理性。

在社会美的欣赏中，就要更多地借助于理性认识和思维活动。社会美主要是人在社会关系中的美，它在人的性格美中得到了最完满、最全面的表现。人的性格美固然也表现于外在的语言、行为、态度、作风中，主要却是内在的心灵美、精神美，不是单凭感性印象能够认识的，必须依靠对人的思想、品质、情操的深入了解，依靠理性认识和思维活动。马克思说："我们从那些由于劳动而变得粗黑的脸上看到全部人类的美。"这是为什么呢？因为这种外部特征体现了人类艰苦奋斗、改造自然的美好品质。欣赏者由审美对象的个体特征中感受到"全部""人类"的美，即感受到整体的、内在的美，不是单纯的感性印象所能解释的。这方面最典型的例证是作家对社会美、性格美的把握过程。许多作家都曾说过，他们在生活中发现、认识人物性格美，虽然是由于某些突出的感性印象而被吸引，但要经过深入接触和理解，反复思考和分析，才能透过人物的个性认识它所充分体现的社会关系的普遍性，在个性与共性的统一上真正把握人物性格之美。

在艺术美欣赏中也同样，由于艺术品是艺术家在生活美的基础上创造的结晶，不但对客观世界中最精华的部分做了典型化的再现，不但着重表现了人类生活中最复杂精微的领域——人的内心世界和社会的精神生活，而且熔铸进了作家、艺术家对生活的理解、感知，以及他的个性气质和艺术爱好，这使得艺术美的欣赏更为内在、更为复杂，不是凭感性印象一下子就能把握的，往往要通过反复地琢磨和思考才能认识它，也只有经过理性思考之后，美的感受才更强烈、更深刻。比如我们欣赏鲁迅的小说《药》，肤浅的感性印象，只不过给我们讲述了一个吃人血馒头治肺病的愚昧故事。我们的审美活动停止在这个层次上，可以说基本没有感受到这篇作品的内在美，是谈不上什么审美收获的。只有对小说构思中的一个最基本的内在联结进行思考之后，才能逐步理解它。这个内在的联结就是：革命者夏瑜们为了老百姓华老栓们的幸福、解放而牺牲了，华老栓们却丝毫不理解，反而用馒头蘸着烈士的血让孩子吃了治病。对这个基本构思深入思考之后，你会发现表层故事中完全没有的一个天地：原来，鲁迅要说的是，愚昧如何使我们民族病入膏肓，那不是人血馒头可以治好的，需要德先生和赛先生在民间的普及，需要首先疗救精神上的痼疾；革命的先驱如果不在更大范围内联系群众、发动群众，不但不可能获取胜利，甚至得不到群众起码的理解。这是夏瑜们的无谓牺牲和华老栓们的精神窒息双重悲剧的协奏曲。"哀莫大于心死"，通过人之死，写出心之死，何等深刻。对小说理解到这一步，会感到一种新的发现，既是美的发现，也是思的发现；会感到一种新的满足，既是审美的满足，也是思考的满足。反过来，夏瑜和华老栓的形象便以更新的面貌出现在我们脑际，以更深的力量震撼我们的心灵。

审美欣赏中的理性活动和思维活动，也要经过由此及彼、由表及里的把握综合过程，达到对审美对象本质和规律的理解，但这种理解不是用抽象的概念和逻辑推理，而是通过具体感性的形象直接达到对于对象本质的把握。理性不脱离感性，思维不脱离形象，逻辑思维和形象思维相结合，一切都融化在对具体形象的品鉴、咀嚼之中，不着痕迹地起作用。这是审美欣赏理性思维的特点。

（四）情绪和情感

情绪和情感是审美过程中最明显、最突出的一种心理活动。美感以美的认识为内容，却以主观体验的形式——感情表现出来。同时作为感情这种复杂心理现象的表现，情绪和情感有所区别。心理学家唐日昌认为："情感这一概念较多地用于表达感情的内容，具有较大的稳定性和深刻性。而情绪则常用于感情的表现形式方面，具有较大的情景性。"

触景生情、情以物迁，是欣赏自然美时常见的现象。《文心雕龙·物色》篇说："春秋代序，阴阳惨舒，物色之动，心亦摇焉……是以献岁发春，悦豫之情畅；滔滔孟夏，郁陶之心凝；天高气清，阴沉之志远；霰雪无垠，矜肃之虑深。岁有其物，物有其容；情以物迁，辞以情发。"讲的是季节的推移、景观的变化，怎样引起了人的不同感触和情绪。同样，一定的情绪也能反过来影响人对自然景物的感受。李白诗《劳劳亭》："天下伤心处，劳劳送客亭。春风知别苦，不遣柳条青。"长亭、春风、柳条唤起了诗人的离情别绪，激起了一种痛苦悲伤的感情。故而王夫之说："情景虽有在心在物之分，而景生情，情生景，哀乐之触，荣悴之迎，互藏其宅。"

在艺术欣赏中，欣赏者的情绪活动更为丰富、更为强烈、更为复杂。艺术作品比较注意反映生活中更具感情色彩的部分，而且总是浸透着作家的感情评价；作品中塑造的人物也都是具有活生生的思想感情的人。在欣赏活动中，我们会随着作者爱其所爱，憎其所憎，哀其所哀，乐其所乐，产生各类情绪共鸣。梁启超认为小说有一种"刺"（即刺激）的作用："刺也者，能入于一刹那顷忽起异感而不能自制者也。我本蔼然和也，乃读林冲雪天三限、武松飞云浦厄，何以忽然发指？我本愉然乐也，乃读晴雯出大观园、黛玉死潇湘馆，何以忽然流泪？我本肃然庄也，乃读实甫之《琴心》《酬简》，东塘之《眠香》《访翠》，何以忽然情动？若是者，皆所谓刺激也。"（梁启超《论小说与群治之关系》）所谓"忽起异感而不能自制"，就是艺术欣赏中的情绪活动。

审美情感是对事物的美的认识而引起的总的感情体验。它和审美中的感知、联想、想象、理解乃至情绪活动都有密切关系，是欣赏者由审美对象所引起的各种心理活动和心理功能互相配伍、结合的结果。它和上述审美对象的具体内容所引起的各种不同的情绪体验既有联系又有区别。欣赏中的情绪体验，随着审美对象中所蕴藏的情绪变化起伏，可能时而快乐，时而愤怒，时而悲哀，时而恐惧……但一段审美过程结束之后（如看完一部电影），得到的仍然是一种肯定性的、满意的情感，愉快的情感。人在审美中越是被打动，情绪体验越是强烈（包括愤怒、悲伤等类型的情绪体验），审美情感越能得到满足，得到丰富，得到深化。

由于具体审美对象的性质、形态不同，所形成的美感也不尽一致。对秀美事物欣赏所产生的情感，始终是愉快的、喜悦的；对崇高事物的欣赏所产生的情感，既是愉快的、喜悦的，却又夹有惊惧、崇敬之感。欣赏悲剧，既使人感到愉快、喜悦，却又伴随着悲哀、沉痛。悲哀和愉快虽然在形式上相反，在悲剧的欣赏中却能统一为强烈的美感，如看古典戏曲《梁山伯与祝英台》和《窦娥冤》，随着剧情的变化发展，激起了我们悲哀的情绪，但舞台大幕一拉上，所有具体的悲哀情绪，都转化为审美满足、审美喜悦的感情。

第六封信：情理通贯作神驰
—— 审美特点意絮

审美的特点可以概括为三点：一是感性与理性的统一，二是感情与认识的统一，三是受动与能动的统一。

（一）感性与理性的统一

在美的欣赏中，我们都有这样的经验：无论游山玩水还是听乐观画，并不需要先经过一段理性的分析、思考才能感受到自然美和艺术美。见到九寨沟澄澈碧秀的高山湖泊，见到苏杭的小桥流水人家，我们常常情不自禁地感慨：真美！沉浸在《梁祝小提琴协奏曲》中，我们会感到某种审美愉悦和某种情绪满足，一时却说不清这种愉悦、满足的具体内容和性质特点。美与思的不同，在于它具有直观性，是一种感性认识。但是，把婴儿带到风景区或画廊中，虽然他们也对美的形态有直觉，却不会产生美感，也谈不上什么审美活动。因而文化素养和理性思维处在不同水平的人，面对同一审美对象，所接受到的美的信息、美的启示，所获得的美的愉悦、美的满足是不同的。没有理性思维的人，会认为薛宝钗贤淑端庄，而有分析思考能力的人，则从这贤淑端庄中感觉到深深的伪善。可见，审美活动不是为克罗齐等西方非理性主义理论者所认为的，只是一种直觉，一种混沌不清的形象，一种动物本能式的低级感觉。没有起码的思维能力不能感知美，没有较高的思维能力不能深刻地认识美。审美活动是一种形象思维活动，它的感性因素是非常重要的，始终离不开对具体形象的感受。但它不是感性认识，不只是形象的感受。美的对象既是感性的、个别的、形象的，又表现着一定的本质、规律和关系。审美活动是感性认识和理性认识的结合。不论是观赏哪一种美，我们所感受到的既是活生生的感性形象，又是饱和着理性内容的形象。当然，在面临不同审美对象时，理性与感性结合的情况是不一样的。观赏自然美，感性因素比较突出。而在社会美及艺术美的欣赏中，则要较深入地想象和思考，因而理性因素更强。

（二）感情与认识的统一

感性和理性的统一，是从人对客观美的认识的角度来谈的，在认识美的过程中，还会产生主观的感受和感动等一系列主观情感反应活动。这样，对客观美的认识和与之伴随的主观情感活动也呈现为一种统一整体状态，构成审美的另一个特点：感情与认识的统一。这是审美活动和科学认识活动明显区别之处。陈子昂的名作《登幽州台歌》"前不见古人，后不见来者，念天地之悠悠，独怆然而涕下"是自然美引发艺术家感情最典型的例证。诗人登上古老的幽州台，苍茫、寥廓的宇宙和壮丽、广阔的河山，触发了他内心种种积郁的感情：遇不到可以同心戮力建立功业的知音，感到孤立无援的悲愤；宇宙的悠远无穷和人生的短促有限，难以实现雄伟壮志的慨叹；感情愤发到极点，竟"独怆然而涕下"。这就是朗吉弩斯说的，"诗的形象以使人惊心动魄为目的……有影响人们情感的企图"，"和谐的乐调不仅对于人是一种很自然的工具，能说服人、使人愉快，而且还有一种惊人的力量，能表达强烈的感情。例如笛音就能把情感传给听众，使他们如醉如狂地欢欣鼓舞"。这也就是中国《荀子·乐论》中说的："夫乐者乐也，人情之所必不免也。"——音乐能使人产生愉快激动的情感，这是满足人的感情需要所不可缺少的东西。但审美活动中的感情愉悦不能和生理的快感混为一谈。生理快感大约可分两类：一类如饮料、新鲜空气等生理需要的满足所得到的快感，这是纯物质的快感，和审美愉悦没有必然联系。一类是由感觉到对象的个别属性而引起的感官的快适，如颜色、声音、形体，带有一定认识的成分，但也不是感情的愉悦。审美快感是赏心怡神，是一种精神的愉悦。这种精神愉悦，主要是通过美的认识而得到理智的满足，不是生理欲望满足后引起的身心快适，而是以美的认识为基础，随着理智而产生发展的。达·芬奇说："爱好者受到所爱好的对象的吸引，正如感官受到所感觉的对象的吸引，两者结合，就变成一体……这种对象是凭我们的智力认识出来的。"总之，美的欣赏虽然开始于感觉，但却有着深刻的理智活动，欣赏者通过审美对象的感性形象认识了某种真理内容，得到理智的启发和满足，才能随之产生感情的感动、愉悦。故而，在美的欣赏中，感情和认识有着内在联系，情与理是辩证统一的。

（三）受动与能动的统一

审美活动不仅是由客观的审美对象所引起的，而且始终要受到审美对象的客观制约，这是它的受动性；但审美主体又不是对审美对象刻板的摹写和简单的接受，不是被动的、机械的反映，而是能动的反映。实际上，审美活动是一种在审美对象基础上的再创造活动，是受动与能动统一的认识、感受活动。高尔基说："作家的作品要能够相当强烈地打动读者的心胸，只有作家所描写的一切——情景、形象、状貌、性格等等，能历历地浮现在读者眼前，使读者也能够各式各样地去'想象'它们，而以读者自己的经验、印象及知识的积蓄去补充和增补。由作家经验和读者经验的结合和一致，能够产生艺术的真实——言语艺术的特殊的说服力。"

审美活动中的再创造，就其心理活动形式来说，主要是想象。欣赏者总是根据客观审美对象进行相应的想象，才会产生强烈的美感。海南岛的"天涯海角"，无锡的"鼋头渚"，特别是昆明附近的"石林奇观"，或像阿诗玛，或像唐僧师徒取经，无一不是观赏者根据审美对象的特点，经过想象加以再创造的结果。艺术欣赏也如此。艺术作品把无限广阔的内容凝练地熔铸在有限的具体形象之中，艺术欣赏就是要通过作品中直接呈现的有限形象去领会它所表现的更广阔、更深远的内容，从而获得美感享受和思想启迪。看齐白石画的花草虫鱼，感受到的不仅仅是花草虫鱼，还感受到了画中清新活泼的春天般的生活气息；听柴可夫斯基的音乐，感受到的也不只是旋律的优美，而是听到了从俄国苦难的生活中发出的悲怆。毛泽东的词《忆秦娥·娄山关》"苍山如海，残阳如血"，不仅使人感受到那色彩鲜明的壮丽景色，而且使人想象到娄山关的血战和红军的英勇壮烈、雄强豪迈。这种从有限到无限、从实到虚、从形到神的过渡，必须依靠欣赏者的想象活动作为桥梁。文艺作品为欣赏者的想象提供了必要的基础和引发，欣赏者的想象却为艺术形象做了无形的扩大和延伸。这就是受动和能动的统一。

艺术中许多表现手法和艺术技巧的运用，都是以欣赏者在想象中对艺术形象的丰富、补充作为条件的。如电影中的蒙太奇技巧，就是借助欣赏者的想象，才能产生连贯、呼应、悬念、对比、暗示、联想等画面组合的效果；

文学中对人物的侧面描写,也要通过读者的想象,才能感受到人物的美;戏曲中的虚拟动作,绘画中寓实于虚、寓显于隐的笔法,如果脱离了欣赏者的想象,也不能达到所追求的艺术效果。莱辛在《拉奥孔》中说,"最能产生效果的只能是可以让想象自由活动的那一顷刻"。

第七封信:思接外化造心源
——审美规律归纳

审美客体是指审美对象,审美对象中的美(或美的属性)是其核心,故而也可以将审美客体称之为美。审美主体是指审美过程中的审美意识,其核心是审美感受,故而也有人将审美意识称为美感。审美的规律,主要是探讨审美主体和审美客体的对立统一、审美的差异性和共同性这两种规律性现象。

(一)美和美感的对立统一

中国自古有"情人眼里出西施"的说法,外国也有类似的理论。黑格尔说:"假如不能说每个丈夫都觉得他的妻子美,至少可以说每个未婚夫都觉得他的未婚妻美,而且世上只有她美",但不须多加解释的是,世上并不是所有的未婚妻都像西施那么美。当审美客体(未婚妻)真的很美,"情人眼里出西施"就表现为审美主体和审美客体的一致和统一。当审美客体(未婚妻)并不很美甚至很不美,"情人眼里"虽然仍旧会"出西施",这时则表现为审美主体和审美客体的差异和矛盾。

美和美感的统一状态。美和美感的统一性,从根本上说是从美决定美感、美感反映美这方面提出问题的。一般来说,美的内容、性质、程度、形状(种类、姿态、存在方式)决定美感的内容、程度、形状,有什么样的美,就有什么样的美感。但实际上并不这么简单。美和美感的统一起码有这么几种情况:有时,审美对象从内(灵魂、品格)到外(形貌、风度)都是很美的(如林黛玉),因而能激起情人(贾宝玉)强烈的美感,这是一种审美主客体高度统一的状态。有时，审美对象外美而内丑、形美而质丑，但当内丑、质丑没有得到充分暴露时，审美主体对外美和形美也能产生美感，这是一种审美主客体相对的统一。如我们只要不吸鸦片而仅仅欣赏罂粟花之形美时，美与美感是一致的。有时，审美对象外丑而内美、形丑而质美。当内美、质美已经突破外丑、形丑而充分显示出来时，审美主体对内美、质美产生的美感，也是一种审美主客体相对的统一。如英国小说《牛虻》的主人公牛虻（亚瑟），脸上有一条长长的刀痕，加上岁月的折磨，容貌是不美的，性格也有怪僻之处，他原来的恋人琼玛不但认不出他，而且开始时对他有点厌恶。但随着情节的进展，亚瑟在为进步事业的斗争中逐步显示出他过人的见解和坚定、勇毅、机智、执着的品格，琼玛深深地感受到他的内美和质美，情不自禁地再度爱上了他。这也是一种差异中的统一，相对状态下的统一。有时，当某个审美对象孤立地、静止地存在时，也许是丑的，但一进入某种关系（环境）和某种运动状态，却显示出美来。这时，审美主体对处在关系和运动状态中的审美客体所产生的美感，主客体也是一种相对状态的审美主客体的统一。如中国画中的岣嵝怪石，形态不美，但组合到特定的构图中，特别是暗示着一定的社会情绪和人物性格（如不事权贵的傲骨），它就显示出特殊的美来。反映着这种美的美感和岣嵝怪石之美二者间，当然是统一的。

美和美感的矛盾状态。美和美感也有不一致的一面，其表现也是多样而复杂的。上面谈到的几种美和美感的相对统一状态，在一致中其实也就包含了不一致的、矛盾的一面。此外还表现在：有时，有些美的事物、人物，在某些人心目中、在某种情况下，被不同程度地缩小了。比如由于误解，你对你本来感到很美的朋友产生了成见，这时你会感到她不像原来那么美了。有时候在一种特定心情下，对象的美又被明显夸大，"偏爱"便在这种情况下产生。偏爱者也，偏激之爱也，那原因便是对美夸大的结果。有时，有些美丑互见的人物和事物,给人的美感也是复杂的。当审美者见美不见丑，或多见美少见丑时，人的美感就增强；当审美者见丑不见美，或多见丑少见美时，人的美感就减弱甚至消失；当审美者美丑互见时，人就感觉到有美有丑、忽美忽丑。最后这种情况，是人物和事物品格二重组合导致的一种美和美感的复杂状态。英国作家哈代的著名小说《德伯家的苔丝》，写单纯美丽的姑娘苔丝如何执着地爱着克莱，但遭到社会的恶势力及其代表人物亚雷一再的玷污和迫害，被逼进绝望的境界，最后选择了一条罪恶的道路：杀死亚雷追赶上了克莱，最后被捕处以死刑。她用恶的手段来维护爱，用丑的方式实现美。丑中蕴含着美，美又表现为丑。苔丝这个形象给我们以极大的审美满足，但这种审美满足是在美与丑的矛盾统一中，在审美主客体的矛盾统一中获得的。

美和美感，既有对立又有统一，原因要从主客观两方面去寻找。作为客观的美是具有稳定性的，而作为主观的美感，当如实地反映了客观的美时，它就也具有稳定性，这就产生了美和美感的一致、统一、相符。但正由于美感具有主观性，就决定了它在表现客观的美时，不可能在任何时间、任何地点都显得十分确定，甚至有时表现出较强的任意性、游动性，这就容易夸大或缩小固有的美，形成美感的不确定性同美的确定性之间的矛盾。

（二）审美的差异性和共同性

审美的差异性。不同的人面对同一审美对象所产生的审美感受常常不完全一样，有时同一个人面对同一审美对象，在不同的时候、不同的条件下，也可能会产生不同的审美感受。这就是美的欣赏的个人差异性。这种差异，是由于欣赏者的主观条件造成的。

不同审美能力和文化艺术素养对审美感受个性差异有影响。人欣赏美是以视、听两种感官为主的，与审美对象相适应的听觉和视觉的感受能力，是人的审美能力的重要方面。马克思说："对于不辨音律的耳朵说来，最美的音乐也毫无意义，音乐对它说来不是对象……因为对我说来任何一个对象的意义都以我的感觉所能感知的程度为限。"而各种审美对象的性质不同，它所要求的与它相适应的感觉的性质也不同。"眼睛对象的感受与耳朵不同，而眼睛的对象不同于耳朵的对象"。欣赏绘画的美，需要有"感受形式美的眼睛"，需要有对于色彩、线条、明暗、形体各方面视觉的敏感。这种审美感觉能力的形成，就整个人类来说，是"以往全部世界史的产物"，是人类历史长期发展的结果。特别是其中参加艺术创作和欣赏的活动，对审美能力的培养和提高，起着十分重要的作用。

不同的思想感情和生活经验对审美感受个性差异有影响。欣赏者往往是根据自己的生活经验和思想感情来选择审美的角度和关注点，从而进行感知、感受、联想、想象、理解的。生活经验和思想感情，即审美共鸣腔不同，审美对象所引起的感应、共鸣也有所不同，这便形成了美的欣赏个性的差异。这一点在艺术欣赏中表现得更为突出。因为艺术欣赏是在艺术作品所提供形象的基础上的再创造，欣赏者往往是根据自己的生活经验、情绪记忆和思想感情来感受、理解和想象作品中的形象，"各以其情而自得"，这就使艺术美的欣赏表现出相当大的差异性。

个人特定的心境、注意等心理因素不同，也对美的欣赏的个性差异有一定影响。所谓心境，是指使人的一切其他体验和活动都感染上情绪色彩的比较持久的情绪状态。心境是可以弥散、覆盖的。当一个人处于某种心境中，他往往以这种心境去看待各种事物。马克思说，"忧心忡忡的穷人甚至对最美丽的景色都无动于衷"。《淮南子·诠言训》中也谈道："心有忧者，筐床衽席，弗能安也；菰饭刍牛，弗能甘也；琴瑟鸣竽，弗能乐也。"心境不好，吃饭睡觉不安，欣赏音乐也高兴不起来。而一个人处在欢乐的心境下，则容易对事物产生肯定的、愉快的情绪体验。由于这个缘故，同是欣赏春景，既有"红杏枝头春意闹"的感受，也有"桃花为春憔悴"的感受，既有"杨柳岸晓风残月"的感受，也有"春风杨柳万千条"的感受。审美感受的差异，除了审美对象的丰富性、多样性之外，也与审美主体的心境有关。

上述种种由个人主观条件不同而形成的审美感受的差异，不仅存在于不同个人之间，在同一个人身上，也会因为主观条件的变化和差异而导致审美感受的变化和差异。郭沫若谈道："同是一部《离骚》，在童稚时我们不曾感到什么，然到目前我们能称道屈原是我国文学史上第一个有天才的作者。"海涅在儿童时很喜欢《堂吉诃德》，但当他长成为青年以后，因为生活经验和思想的变化，关心和梦想的已不再是侠义行为，而是光荣和爱情，再读《堂吉诃德》便感到扫兴乏味了。这都和一个人随着年龄和生活环境的变化，在生活经验、思想感情、审美能力、文化修养、个人心境等方面的变化有关。

而这些审美欣赏中的差异性，不仅表现在不同个人之间，而且总是不同程度上反映出时代的、阶级的差异来。一个人对某个对象感到美，产生美的愉悦，不仅仅是个人情趣的产物，归根到底要受他所处时代、阶级、民族的社会生活条件的制约，因而也就不能不具有一定时代、一定阶级、一定民族的客观的功利的内容。普列汉诺夫曾经通过对某些原始部落民族审美意识的分析，科学地阐明了人们对美的欣赏是如何受到客观社会生活条件制约的。他说："为什么一定社会的人正好有着这些而非其他的趣味，为什么他正好喜欢这些而非其他的对象，这就取决于周围的条件。"这些条件说明了一定的社会的人（即一定的社会、一定的民族、一定的阶级）正是有着这些而非其他的审美的趣味和概念。车尔尼雪夫斯基在他的美学论著《生活与美学》中曾经指出普通农民和上流社会的人对于人体美的两种截然不同的审美观点和感受。他说，辛勤劳动却又不精疲力竭的生活的结果，是使青年农民或农家少女都有非常鲜嫩红润的面色——这些普通人民的理解，就是美的第一个条件。上流社会弱不禁风的美人在乡下人看来是不漂亮的，他们认为那不是疾病就是苦命的结果。上流社会的审美观点就完全不同了，他们不知有物质的缺乏，也不知有肉体的疲劳，反而因为无所事事和没有物质的忧虑而常常百无聊赖，寻找强烈的感觉、激动、热情。但强烈的感觉和炽烈的热情很快就会使人憔悴，他怎能不为美人的慵倦和苍白所迷惑呢？因此，和劳动者相反，"病态、柔弱、委顿、慵倦，在他们心目中也有美的价值。因为那正是奢侈的无所事事的生活的结果"。

审美的共同性。不同阶级、不同时代的人对同一审美对象往往会产生不同的审美感受，这是一种审美现象。但另一方面，不同阶级、不同时代的人，在一定条件下，对同一审美对象又可能产生大致相同的审美感受和审美评价，这又是一种审美现象。例如自然美，妩媚多姿的杭州西湖、清奇秀丽的桂林山水、飞流直下的庐山瀑布、变幻无穷的黄山云海等，不同阶级、时代、国家、民族的人都会感到美。社会美，一类是人类劳动和智慧的结晶，如万里长城、金字塔、秦皇兵马俑；另一类是人类精神文明的闪光，如岳飞、文天祥、郑成功所表现出来的爱国精神和民族气节，也受到不同阶级和时代的人们的赞美。艺术美，如希腊神话和史诗，马克思称赞为"至今仍然能够给我们以艺术享受，而且就某方面说还是一种规范和高不可及的基本"。贝多芬的乐曲，既为列宁所喜爱，又为罗曼·罗兰所喜爱，现在仍然拨动着世界各国欣赏者的心弦。齐白石的画、关汉卿的戏、唐代的歌舞、汉代的石雕，也受到中外人士的喜爱。在美的欣赏中，既存在着阶级、时代的差异，又存在着某些共同性。正如毛泽东指出的："各个阶级有各个阶级的美。各个阶级也有共同的美。"

产生这种"共同的美"的现象，原因很多。我们不妨从审美对象和审美主体两方面来看。

从审美对象来看，有以下三种情况。第一，有些审美对象本身没有阶级性或者阶级性表现得比较淡薄、隐晦，常常对各个阶级和时代的人都具有共同的审美价值。自然美就是不依存于人的社会关系和思想感情而存在的美，它本身是没有阶级性的。草原白云、高山流水、平湖秋月，各阶级的人都喜爱，

"单是有教养者所喜爱而普通人却认为不好的风景，是没有的"（车尔尼雪夫斯基）。虽然喜好的角度、内容也许不一样，但大家都会从中感受到美的愉悦。有些描绘自然美的艺术作品，虽然寄寓着一定的思想感情，但因为没有直接表现作者的政治观点、道德观点，而只是着重描绘了自然景物的典型形象，抒发了作者对自然景物的热爱之情，阶级性显得非常淡薄和隐晦。描绘西北大草原景色的北朝乐府民歌《敕勒歌》"敕勒川，阴山下，天似穹庐，笼盖四野。天苍苍，野茫茫，风吹草低见牛羊"，描绘西湖风景的苏轼的《饮湖上初晴后雨》"水光潋滟晴方好，山色空蒙雨亦奇。欲把西湖比西子，淡妆浓抹总相宜"，以及列维坦描绘俄罗斯风景的油画都是此类艺术作品。由于作者热爱自然之情是人类共有的，阶级、时代的色彩比较淡，渗透进作品构成艺术美之后也就易于为人类所共有。

第二，还有些作品只是以生动的形象高度概括了某种生活经验和人生哲理，这些经验和哲理是客观永存的，有些甚至是人类共有的，因而也就能够为不同时代、阶级的人所欣赏。"白日依山尽，黄河入海流。欲穷千里目，更上一层楼。"写了风景，更由风景生发出"欲穷千里目，更上一层楼"的哲理。"大江东去，浪淘尽千古风流人物"，由景致引出一种人生的慨叹，对不同阶级、不同时代的人都有启发，便能激发出一种共同美来。

第三，形式美作为艺术美的一种相对独立因素，特别是当它从所依附的内容中剥离出来之后，一般是没有阶级性的，时代的包容性也更大，它往往成为人类共同欣赏的对象。马克思在论及金、银的美学属性和引起的美感时，就主要从现象美或形式美着眼的。金银饰品和青铜器、陶器以及其他工艺美术品一样，都以形式美取胜，所以各个阶级、各个时代的人都欣赏它。当然，在一般情况下，形式总是被一定内容所决定并为它服务，但它自己也有相对的独立性。各种美的形态和艺术的形式，本身都有自身美的规律，如文学的文体与语言之美，绘画的色彩和线条之美，音乐中的节奏和旋律之美，舞蹈中的形体和运动之美,都有不依赖于作品内容的独立规律,如平衡、对称、比例、和谐、变化整齐、多样统一等等。高尔基说,"我所理解的'美',是各种材料——也就是声调、色彩和语言的一种结合体,它赋予艺人的创作——制造品——以一种能影响情感和理智的形式,而这种形式就是一种力量,能唤起人对自己的创造才能感到惊奇、骄傲和快乐"。鲁迅在论述中国语言文字时说,它是按照形美、音美、意美的规律来创造的。我国古典诗歌讲究句式、平仄、押韵、对仗,从而形成了诗歌语言的声律、音韵、节奏之美和变化整齐的均衡之美。"细雨鱼儿出,微风燕子斜""大漠孤烟直,长河落日圆""无边落木萧萧下,不尽长江滚滚来""日出江花红胜火,春来江水绿如蓝"——我们除了从这些诗句的内容上得到审美享受外,从它语言的节奏鲜明、抑扬顿挫的音律美以及字句整齐而又变化错落的形式美中,不也能获得一种美感吗?许多诗歌能世世代代脍炙人口,为不同阶级、不同时代的人诵读,这是一个重要原因。

从审美主体方面来看,不同阶级、不同时代的人何以能在一定条件下具有基本一致的审美观点、审美理想和审美趣味呢?第一,在阶级社会中,人们都是属于一定民族的,不同阶级的人受到共同的民族生活条件和民族文化传统的影响,可能具有某些民族共同性,其中也包括审美的共同性。这正如伏尔泰所说:"每个民族的风俗习惯仍然在每个国家也造成了一种特殊的审美趣味。"比如对于人体美,同一民族由于生活乃至肤色关系就形成了某些一致的审美观点和审美习惯。普列汉诺夫说:"原始部落通常十分引以自豪的,就是自己种族的身体的一切特点。白色皮肤在黑色皮肤民族看来是非常难看的,因此,他们在日常生活中总是尽力设法,如我们已经看到的,加深和加强自己皮肤的黑色。"在烹饪美、服饰美方面,民族的共同性也十分显著。

第二,在阶级社会中,不同阶级的人在一定条件下可能具有某些共同一致的利益、要求和思想感情，因此在某些方面也可以表现出大致相同的审美观点和审美要求。例如，在历史上处于相似地位的阶级，在其利益、思想感情中就有某些共同因素。不同时代的被剥削阶级（奴隶、农民、工人阶级）都有反抗残暴统治、向往平等自由的要求，反映这一类生活和这一类精神的作品，便能引起他们共同的美感。同时，处在上升时期的统治阶级和被统治阶级之间，在利益和精神要求上也可能有某些一致性，反映在审美上也会出现某些一致性。进行革命的阶级，在推翻旧的统治阶级这一点来说，代表的是全社会的利益和要求。资产阶级在进行反对封建统治的革命时期，它和被剥削的劳动群众就有着某种共同利益，审美上也就有某种一致性。还有，当民族矛盾上升为主要矛盾时，同一民族内部不同的和对立的阶级之间的矛盾下降为次要矛盾，甚至出现某种联合，这时，审美的一致也就随之出现了。如我国抗日战争时期《放下你的鞭子》《义勇军进行曲》等文艺作品，在全民族各阶层中引起震撼；法国人民反抗普鲁士侵略时期出现的都德的小说《最后一课》也激发了法国各阶层人民的情感。

第三，在阶级社会中，社会意识形态具有阶级性，又具有历史的继承性。特别是审美活动和艺术欣赏活动，作为一种文化心态，历史的传承更显著。自然美、社会美、艺术美，作为人类文化宝库的财富，是一代一代积累下来的，我们不能轻易地抛弃。列宁说，无产阶级思想体系赢得了世界历史性的意义，"是因为它并没有抛弃资产阶级时代最宝贵的成就，相反地却吸收和改造了两千年来人类思想和文化发展中一切有价值的东西"。

归结起来看，审美的同一性的产生，有着许多具体的、历史的、社会的原因，而不是由于什么抽象的共同的人性。

1990年4—6月，西安